LA BONTÉ HUMAINE

JACQUES LECOMTE

LA BONTÉ HUMAINE

Altruisme, empathie, générosité

Odile Jacob

15, RUE SOUFFLOT, 75005 PARIS

www.odilejacob.fr

ISBN 978-2-7381-2710-5

« La bonté de l'homme est une flamme qu'on peut cacher mais qu'on ne peut jamais éteindre. »

Nelson MANDELA[1].

« La destination à la bonté est plus forte, plus profonde que le penchant au mal. »

Paul RICŒUR[2].

« Elle est, cette bonté folle, ce qu'il y a d'humain en l'homme, elle est ce qui définit l'homme, elle est le point le plus haut qu'ait atteint l'esprit humain. La vie n'est pas le mal, nous dit-elle. »

Vassili GROSSMAN[3].

---

1. Mandela N. (2002), *Un long chemin vers la liberté*, Paris, Le Livre de Poche, p. 753.

2. Changeux J.-P. & Ricœur P. (1998), *Ce qui nous fait penser. La nature et la règle*, Paris, Odile Jacob, p. 323 et 324.

3. Grossman V. (1980), *Vie et destin*, Lausanne, L'Âge d'homme, p. 384.

Introduction

« Avant, la seule chose qui me plaisait au lycée, c'était la bagarre. Maintenant, ce que j'aime le plus, c'est de rendre service aux autres... » La jeune fille passionnée qui vient de parler vit dans une banlieue qualifiée de « sensible ». La violence, elle connaît cela depuis bien longtemps. Ce qui a provoqué cette métamorphose en elle ? La médiation entre élèves, également appelée « médiation scolaire » par les pairs. Dans son collège, des enseignants formés à cette méthode ont proposé aux jeunes qui le souhaitaient de suivre une formation leur apprenant les fondements de la gestion non violente des conflits. Celles et ceux qui y participent découvrent des règles d'écoute et de communication ; des principes simples mais remarquablement efficaces pour permettre à chacun d'exprimer et de satisfaire ses besoins sans passer par la voie illusoire de la violence.

Brigitte Liatard et Babeth Diaz, qui ont mis au point cette méthode il y a une vingtaine d'années, sont intarissables lorsqu'il s'agit de raconter des histoires de médiation entre élèves. Elles sont toujours aussi admiratives de l'enthousiasme et de l'énergie que des élèves sont disposés à consacrer à des médiations. Et surtout du bonheur d'être utiles qu'ils en retirent. Aujourd'hui, des dizaines d'établissements scolaires bénéficient de telles initiatives[1].

La phrase de cette jeune fille résume parfaitement les connaissances rassemblées dans ce livre. D'une part, bien évidemment, la violence et l'égoïsme existent, mais ils ne correspondent pas aux aspirations profondes de l'être humain et les satisfactions qu'ils peuvent éventuellement procurer ne sont que de fragiles faux-semblants, de trompeuses apparences. La neurobiologie nous apprend par exemple que notre cerveau contient des zones de la récompense et de la satisfaction qui sont activées lorsque nous sommes généreux, lorsque nous faisons preuve d'empathie ou encore lorsque nous coopérons avec d'autres personnes. Inversement, nous avons des zones cérébrales du dégoût qui sont activées lorsque nous sommes confrontés à une injustice. Ces travaux de recherche ne font que confirmer ce que nous ressentons intuitivement. La cruauté nous révolte et nous serions choqués d'apprendre que cela ne produit pas les mêmes réactions chez d'autres. Cela vient de ce qu'il y a au plus profond de nous quelque chose qui réagit positivement à la bonté humaine et qui s'indigne de la violence.

Lorsque j'ai parlé autour de moi de ce livre que j'étais en train d'écrire, cela n'a laissé personne indifférent. J'ai globalement suscité deux sortes de réactions. Certaines personnes étaient très enthousiastes, tenant des propos du type : « Enfin ! Enfin, je vais pouvoir argumenter face aux gens qui se moquent de moi en me traitant de gentil(le) idéaliste ! » D'autres étaient nettement plus critiques : « Ah oui, je vois… Vous êtes du genre rousseauiste. Vous ne croyez tout de même pas au mythe du bon sauvage, si ? » Des travaux de psychologie ont montré que nous sommes perçus comme plus intelligents quand nous tenons des propos négatifs plutôt que positifs, même si la teneur des affirmations est d'égale qualité[2]. Autrement dit, en étant optimiste, on risque de paraître un peu niais.

Je ne suis pas un naïf, cherchant à me voiler la face devant les turpitudes de l'espèce humaine ; j'essaie simplement de faire la part des choses. Certes, si je devais me fier au journal télévisé pour me faire une opinion sur la nature humaine, alors oui, je serais profondément pessimiste, mais les médias mettent surtout l'accent sur la face sombre de l'humanité et négligent sa face lumineuse, ce qui conduit beaucoup d'entre nous à une vision partielle et même partiale de l'être humain. En revanche, la vie quotidienne de la plupart d'entre nous se déroule sans que nous soyons témoins ou acteurs d'actes de violence physique, et ce depuis des semaines, des mois et souvent des années. Or il se trouve qu'affirmer que l'humain est fondamentalement égoïste et violent peut avoir des effets autoréalisateurs. En d'autres termes, on peut créer ce que l'on croit (voir chapitre 11). Il est donc essentiel de ne pas dire n'importe quoi. Cette remarque m'a été suggérée par Laurent Bègue. Ce professeur de psychologie est l'auteur d'un très intéressant ouvrage : *Psychologie du bien et du mal*. Même les individus qui ont pour « mission » de tuer ne le font qu'après avoir inhibé leur répugnance spontanée à le faire (voir chapitre 4). De multiples « outils » sont alors utilisés pour les y aider : le conditionnement général des esprits, la soumission à l'autorité, l'augmentation de la distance physique entre le tueur et ses victimes, la consommation d'alcool, etc.

L'être humain a des potentialités pour la bonté comme pour la cruauté. À côté de tendances potentiellement agressives chez l'être humain sont présentes, *et d'une manière plus importante encore*, des tendances à l'empathie, à l'altruisme et à la coopération. C'est cette meilleure partie de nous-même, trop longtemps négligée par beaucoup de chercheurs, que j'aimerais mettre en relief dans cet ouvrage, qui repose sur des centaines d'études scientifiques et de très nombreux témoignages.

J'opérerai cette démonstration en deux temps. Dans la première partie, je décris et explique des situations où l'on s'attendrait à ce que la violence et le « chacun pour soi » dominent, alors que c'est le contraire qui se produit. Des personnes en sauvent d'autres au risque de leur vie ; des individus violents changent radicalement d'orientation après avoir rencontré des personnes qui ont su reconnaître leur fond de générosité ; d'autres pardonnent des actes d'une grande violence dont ils ont été victimes, etc. L'une des histoires les plus émouvantes décrit l'impressionnante métamorphose de Larry Trapp, antisémite acharné qui, bouleversé par l'amour que lui témoigne un couple juif, abandonne ses croyances, devient militant des droits de l'homme et se convertit au judaïsme. Introduit dans la communauté juive, il prend place dans la synagogue qu'il avait menacé de faire exploser quelques années auparavant.

Et je n'oublie pas non plus la bonté quotidienne, celle que nous exprimons et que nous côtoyons chaque jour sans même nous en rendre compte – j'y consacre également un chapitre.

Ces réalités humaines très concrètes, qui contredisent les sombres prédictions des prophètes de malheur, ne peuvent être éludées d'un revers de main. Dès lors, il faut s'efforcer d'en comprendre les origines profondes. J'aborde donc, dans une seconde partie, les fondements de ce qui constitue l'être humain. Plusieurs disciplines sont tout particulièrement aptes à nous éclairer, car elles nous fournissent des informations sur l'être humain au plus proche de ses origines : la psychologie du bébé et du jeune enfant, la primatologie et l'anthropologie (tout particulièrement l'étude des peuples premiers). Des données récentes issues de deux disciplines en plein essor complètent ce tableau : la neurobiologie et l'économie expérimentale. Ces recherches, menées aux quatre coins du monde, sont malheureusement encore peu connues du grand public. Le but de ce livre est précisément de les diffuser le plus largement possible. Une partie importante de ces recherches a été réalisée à partir des années 2000 – autrement dit, je n'aurais pas pu écrire un ouvrage aussi documenté il y a seulement dix ans.

Au fil des pages, le lecteur découvrira que beaucoup de certitudes sur la violence et l'égoïsme sont fondées sur des affirmations sans preuves ou des rumeurs, voire des mensonges. J'avoue avoir moi-même longtemps cru certains « faits » rapportés par des spécialistes reconnus et qui étaient tout simplement inexistants. Par exemple, j'ai longtemps pensé que les écrits de Konrad Lorenz – l'un des fondateurs de l'éthologie – sur l'instinct d'agression chez l'être humain reposaient sur de solides bases scientifiques. Or il n'en est rien. Lorenz est certes un expert lorsqu'il décrit le comportement animal, mais il fait preuve de beaucoup de légèreté lorsqu'il transpose certaines observations à l'espèce humaine. De même, j'ai longtemps considéré comme une évidence l'existence passée – voire présente – de tribus cannibales. Or il n'existe aucun témoignage visuel fiable de telles pratiques. J'ai longtemps cru également que les Yanomami, des Indiens de la forêt amazonienne, étaient l'un des peuples les plus violents de la terre. Il s'agit probablement là d'une des « connaissances » les plus répandues chez les anthropologues. La vérité est que Napoleon Chagnon a fait fortune en inventant et en diffusant ce déplorable mensonge. Son livre sur les Yanomami, vendu à plusieurs millions d'exemplaires dans le monde, a causé un tort considérable à cette population et a plus largement donné une image très violente de l'« homme primitif ». Autre exemple : les économistes disent et redisent que l'être humain est fondamentalement égoïste, mais sans fournir d'études empiriques à l'appui de leurs dires. Or, lorsque cette théorie est testée, elle est systématiquement contredite. Autre exemple encore : la presse a rendu compte de la situation dramatique des habitants de La Nouvelle-Orléans après le passage de l'ouragan Katrina en 2005 ; la ville était sous la coupe de hordes de pilleurs, violeurs et assassins, au point que l'État fédéral a envoyé plus de 72 000 militaires afin de rétablir l'ordre. Grâce à la télévision, le monde entier a assisté au retour de l'homme à la barbarie lorsqu'il est laissé libre d'agir. Pourtant, quelques semaines plus tard, les médias, la police et les responsables officiels faisaient leur mea-culpa : dans les faits, la solidarité et l'altruisme avaient largement prédominé, et non les pillages et la violence qui n'étaient, le plus souvent, que des rumeurs sans fondement. Le lecteur pourra également découvrir dans le chapitre 11 consacré à l'économie à quel point cette image négative de l'être humain est essentiellement une construction occidentale contemporaine (voir aussi l'annexe en fin d'ouvrage).

Les découvertes actuelles sur la bonté humaine nous font assister à une captivante confluence de traditions millénaires et de modernité scientifique. Ainsi, la vision de l'être humain qui ressort clairement de ces recherches est en plein accord avec la notion africaine d'*ubuntu*, qui signifie bonté naturelle, sentiment d'une commune humanité, générosité, gentillesse, grandeur d'âme. Un proverbe sud-africain dit : « *Umuntu ngumuntu ngabantu* », ce qui signifie : « Un être humain est un être humain au travers des autres êtres humains[3]. » Nelson Mandela définit ainsi l'*ubuntu* : « Le sentiment profond que nous ne sommes humains qu'à travers l'humanité des autres ; que s'il nous est donné d'accomplir quelque chose en ce monde, le mérite en reviendra à parts égales au travail et à l'efficacité d'autrui[4]. » C'est dans cette approche philosophique qu'il a puisé pour résister à de longues années d'emprisonnement, puis pour mener son pays de l'apartheid à la démocratie. Sa conviction, déjà présente en exergue de ce livre et que je développerai en conclusion, est que « la bonté de l'homme est une flamme qu'on peut cacher mais qu'on ne peut jamais éteindre[5] ».

Définir la bonté n'est d'ailleurs pas une tâche facile, car elle rassemble plusieurs facettes. Prenons d'autres mots proches pour bien comprendre cela : la bienveillance, la compassion, l'altruisme.

- La bienveillance est surtout une pensée envers autrui.
- La compassion et l'empathie sont surtout des émotions.
- L'altruisme est une forme de motivation qui s'exprime sous forme de comportement.

La bonté, elle, est un peu tout cela ; c'est une façon de considérer favorablement autrui, d'éprouver des émotions positives à son égard et d'agir dans son intérêt. Quelqu'un qui affirmerait avoir des pensées positives sur les autres, tout en leur faisant du mal, ne nous semblerait pas quelqu'un de bon. De même et à l'inverse quelqu'un qui rendrait service aux autres, mais en les considérant comme des incapables ou des paresseux. Pour que l'on puisse parler de bonté, il faut donc que la personne manifeste une cohérence entre ses pensées, ses émotions et ses actes. Ce qui me conduit à proposer la définition suivante : la bonté est une aptitude générale de l'individu, reposant sur une considération positive d'autrui et sur une propension à l'empathie et qui s'exprime sous forme d'actes altruistes.

Les connaissances scientifiques actuelles amènent à considérer que ce n'est pas la violence qui est fondamentale[6] dans notre espèce, mais la bonté. Le goût pour la violence n'existe que par défaut, comme réponse à un manque existentiel (dont les sources peuvent être très diverses) ; c'est une motivation parasitée qui se manifeste lorsque des aspirations essentielles de l'être humain ne sont pas – ou ne semblent pas – suffisamment satisfaites, ainsi que l'a clairement montré Daniel Favre, neurobiologiste et professeur de sciences de l'éducation à l'université de Montpellier[7]. Ce chercheur s'est intéressé à la violence des élèves et surtout aux moyens de réduire celle-ci, ce qui l'a conduit à élaborer un modèle de la motivation humaine particulièrement intéressant, composé de trois systèmes.

– *La motivation de sécurisation* : elle est prépondérante dans la petite enfance, pendant laquelle elle est liée à la satisfaction des besoins fondamentaux (nourriture, contacts, etc.). Cette satisfaction entraîne la réduction temporaire immédiate de la tension. Cette motivation aide le jeune enfant à acquérir la confiance en lui-même et en l'existence. Elle reste cependant active durant toute l'existence (mais moins fortement) et se manifeste par exemple lorsque nous prenons plaisir à réaliser des tâches que nous maîtrisons bien ou que nous retrouvons des personnes que nous aimons. Elle est cependant à l'origine de frustrations, voire de crises, lorsqu'« on ne peut plus faire comme avant ».

– *La motivation d'innovation* : le plaisir vient du fait que l'individu gagne de l'autonomie en surmontant des difficultés, en résolvant des problèmes, en faisant preuve de créativité, etc. Ce type de plaisir ne s'épuise pas, car il ne résulte pas de l'apaisement d'une tension, mais d'une démarche de croissance personnelle. Les adultes qui encouragent la conquête d'autonomie de l'enfant lui permettent d'expérimenter cette forme de motivation. La frustration correspondante est due à la sensation d'être enfermé dans des activités routinières ou de ne pas utiliser ses potentialités.

Nous vivons tous des allers-retours entre ces deux formes de motivation. Car nous avons à la fois besoin d'évoluer dans un monde connu, où nous avons nos repères, et de découvrir de nouvelles facettes de l'existence. Mais cela n'est possible que si notre motivation de sécurisation n'est pas « parasitée », en raison par exemple d'expériences précoces d'abandon, de violence ou de frustration. Dans ce cas, l'individu peut se réfugier dans la troisième forme de motivation.

– *La motivation de sécurisation parasitée* : elle consiste en une quête obsédante et généralement inconsciente de ce qui est connu et répétitif. La satisfaction est alors liée à la reproduction de situations de dépendance, que ce soit envers des produits (alcoolisme, toxicomanie) ou des comportements (jeu pathologique, violence, etc.).

S'appuyant sur cette théorie de la motivation, Daniel Favre considère donc que le recours fréquent à la violence constitue une forme d'addiction, une motivation de sécurisation parasitée qui entre en compétition avec la motivation d'innovation associée au développement de l'autonomie. Il en conclut que la meilleure manière de résoudre la violence consiste à sécuriser affectivement les personnes tout en les incitant à s'ouvrir à la nouveauté (motivations de sécurisation et d'innovation). On peut renforcer la motivation de sécurisation en acceptant inconditionnellement la personne, ce qui ne signifie pas que l'on accepte inconditionnellement ses comportements.

À sa manière, le poète Khalil Gibran a exprimé cette « présence » du mal, par défaut, bien mieux que je ne pourrais le faire :

« Et l'un des anciens de la cité dit : “Parlez-nous du Bien et du Mal.”

« Et il répondit : “Du bien qui est en vous je puis parler, mais non du mal.

« Car le mal qu'est-ce sinon le bien torturé par sa propre faim et sa propre soif ?

« En vérité, lorsque le bien est affamé, il cherche sa nourriture même dans les caves obscures, et lorsqu'il est assoiffé, il s'abreuve même d'eaux mortes[8].” »

D'ailleurs, les « preuves » d'une violence inscrite au cœur de notre espèce, fournies par la guerre ou par l'attirance vers les films de violence, ne résistent pas à un examen attentif (voir chapitre 4 et annexe). Comme l'affirme le philosophe Paul Ricœur, « la radicalité du mal est en surimpression sur l'originalité du bien. (…) La destination à la bonté est plus forte, plus profonde que le penchant au mal[9]. »

Pour autant, je ne prétends pas remplacer un déterminisme – celui de la violence et de l'égoïsme – par un autre, celui de la bonté. Même les chapitres de ce livre les plus imprégnés de biologie (ceux concernant la neurobiologie et les primates) ne conduisent pas à penser que nous sommes déterminés à faire le bien. Prédisposés oui ; prédestinés non. La distinction est subtile, mais essentielle. Il en est de même pour les conditions familiales ou sociales : elles peuvent faciliter ou limiter le développement de la bonté, mais elles ne le déterminent pas. Il n'y a pas de déterminisme – ni biologique ni social – du bien ou du mal.

Au final, cet ouvrage peut se lire comme un hymne à la liberté. Car chacun de nous peut choisir de s'engager ou non dans le sens de la bonté humaine.

PREMIÈRE PARTIE

Quand la bonté surmonte le mal radical

CHAPITRE 1

Face aux grandes catastrophes, la solidarité plutôt que l'égoïsme

L'ouragan Katrina, un cas emblématique

Le 29 août 2005, l'ouragan Katrina frappe de plein fouet les côtes de la Louisiane, faisant de cette catastrophe l'une des plus dévastatrices de l'histoire des États-Unis et laissant 1 836 victimes dans son sillage.

À ce drame vient rapidement s'en ajouter un autre. Dès les premiers jours qui suivent cet événement, les médias rendent compte de comportements humains effrayants. Ainsi, le 31 août, un reporter de CNN déclare qu'il y a eu des tirs d'armes à feu et du pillage et que « La Nouvelle-Orléans ressemble plus à une zone de guerre qu'à une métropole américaine moderne[1] ». Le même jour, le *New York Times* déclare qu'un officier de police a été grièvement blessé par balle et cite le colonel Terry Ebbert, chef de la sécurité nationale de La Nouvelle-Orléans : « Nous avons un gros problème de pillage. Ce ne sont pas des individus qui pillent, mais de grands groupes de gens armés. » Il précise que des pilleurs ont volé une importante réserve d'armes dans un supermarché et que les policiers, surtout occupés à sauver des vies, ne peuvent limiter cette criminalité galopante[2]. La situation est si grave que Ray Nagin, le maire de La Nouvelle-Orléans, ordonne à 1 500 policiers de stopper leur mission de sauvetage de la population pour consacrer leur énergie à faire cesser les pillages qui deviennent de plus en plus dangereux[3].

Le 1er septembre, le journaliste Tucker Carlson s'entretient avec un pasteur qui lui fait remarquer que le gouvernement américain, à commencer par le président George W. Bush, n'assume pas ses responsabilités d'aide aux victimes et que les gens prennent de la nourriture et de l'eau dans les magasins parce qu'ils sont en train de mourir. « Ce n'est pas du pillage », précise-t-il. « Attendez une seconde, révérend Sharpton, lui répond le journaliste, personne ne prétend que les gens qui sont affamés ou qui meurent de soif ne devraient pas se servir eux-mêmes. (…) Mais ce n'est pas de cela qu'il s'agit. Des personnes sont violées. Des gens sont assassinés. Des policiers ont été la cible de tireurs. Des hélicoptères également. Et c'est l'une des raisons pour lesquelles les gens dans le besoin ne reçoivent pas d'aide. Il n'y a aucune excuse à de tels comportements[4]. »

La situation devient vite incontrôlable au point que, comme le souligne Joseph W. Matthews, directeur du Bureau de la préparation des urgences (Office of Emergency Preparedness), « la cité est dirigée par des voyous[5] ». De même, Edward Compass, le chef de la police, affirme que des voyous armés ont pris le contrôle d'un centre de refuge improvisé, qu'ils ont repoussé huit brigades de onze policiers chacune qu'il avait envoyées pour sécuriser le lieu, que des viols et des agressions ont eu lieu dans les rues adjacentes, les criminels s'attaquant aux passants, y compris aux touristes. Devant ce marasme, le président George W. Bush prend la situation en main : « Nous allons restaurer l'ordre à La Nouvelle-Orléans (…). Le peuple de ce pays s'attend à ce qu'il y ait de la loi et de l'ordre, et nous allons travailler dur pour qu'il en soit ainsi[6]. » Même son de cloche chez le gouverneur de la Louisiane, Kathleen Blanco, qui déclare : « Nous restaurerons la loi et l'ordre. Ce qui me met le plus en colère, c'est que des catastrophes comme celle-ci révèlent souvent ce qu'il y a de pire chez les gens. Je ne tolérerai pas ce genre de comportement.[7] » Blanco précise qu'un détachement de 300 hommes de la Garde nationale a été envoyé à La Nouvelle-Orléans, avec l'autorisation de tirer et de tuer les truands. « Ces troupes, dit-elle, reviennent juste d'Irak, elles sont bien entraînées, expérimentées sur le champ de bataille et elles sont sous mes ordres pour rétablir l'ordre dans les rues. (...) Ces troupes savent comment tirer et tuer et elles sont plus que désireuses de le faire s'il le faut, et je m'attends à ce qu'elles le fassent[8]. » Toujours selon Blanco, les besoins militaires sont bien plus importants : 40 000 soldats sont nécessaires pour la seule Nouvelle-Orléans. Cette vision apocalyptique de La Nouvelle-Orléans se diffuse alors dans le monde entier, par le biais des médias.

Dès lors, les autorités réagissent comme si elles se trouvaient confrontées à une insurrection armée, plutôt qu'à une catastrophe naturelle. L'incapacité de l'État fédéral et des autorités locales à secourir les sinistrés suscite des réactions d'indignation, aux États-Unis et dans le reste du monde. Le directeur de l'Agence fédérale de gestion des urgences, considéré comme le principal responsable de cette débâcle, donne sa démission le 12 septembre. Il est alors remplacé, non par un autre civil, mais par l'amiral Thad Allen. Des militaires armés de plus en plus nombreux envahissent les rues de La Nouvelle-Orléans. La militarisation de la réponse concerne également les journalistes dont l'accès à certains sites à l'intérieur de la ville est désormais limité. L'expression « zone de guerre » devient une formule familière.

Pour Robert D. McFadden, journaliste au *New York Times*, cette présence militaire rassure la population : « Dans des rues où les combats à poings nus ou avec des armes à feu, les hold-up, les vols de voitures et les pillages de gangs ont dominé tout au long de la semaine, la simple vue de troupes en tenue de camouflage et avec des fusils d'assaut procure un sentiment de soulagement à ces milliers de survivants isolés qui ont subi des journées de terreur et de souffrance révoltantes[9]. » Le 13 septembre, le déploiement de forces militaires destinées à rétablir l'ordre s'élève à plus de 72 000 hommes, nombre le plus élevé de toute l'histoire des États-Unis lors d'une catastrophe naturelle.

En résumé, à en juger par ce qui s'est passé en Louisiane, un être humain, quand il est laissé sans contrôle de l'État, retourne à ses penchants naturels les plus vils et meurtriers, sans aucune sensibilité à la souffrance d'autrui.

À un détail près : ces effroyables descriptions sont TOTALEMENT FAUSSES.

N'ayant pas eu accès – ou un accès très limité – aux zones sinistrées, les journalistes ont rendu compte de la situation à partir d'« informations » de seconde, voire de troisième main. Une fois la frénésie médiatique apaisée, en revanche, ils ont pu faire leur autocritique. Ainsi, un mois après le passage de l'ouragan, le *Los Angeles Times* titre : « Katrina paye un tribut à la vérité et à l'exactitude des informations » et place en sous-titre : « Les rumeurs ont remplacé les informations exactes et les médias ont exagéré les problèmes. Les viols, la violence et l'estimation du nombre de morts étaient faux[10]. » Pour sa part, le *New York Times* place en une : « La peur a dépassé la réalité du crime à La Nouvelle-Orléans[11] ». L'article précise notamment que, dans le quartier français historique, la bijouterie et les magasins d'antiquités n'ont pratiquement pas été pillés, bien que des victimes se soient installées dans certains hôtels proches. Seuls quelques magasins d'alimentation ont été touchés. Surtout, cet article cite Edward Compass, le chef de la police de La Nouvelle-Orléans, que j'ai précédemment présenté pour avoir déclaré que des voyous avaient pris le contrôle de la ville et que des viols (notamment d'enfants) et des agressions avaient eu lieu. Cet homme, qui a été considéré comme l'une des sources d'information les plus fiables, affirme alors que ses déclarations antérieures, basées sur des informations de seconde main, se sont révélées fausses. Interrogé au sujet des viols et des meurtres, il reconnaît : « Nous n'avons d'information officielle sur aucun meurtre, aucun viol, aucune agression sexuelle. » Compass a d'ailleurs démissionné après qu'un organe de presse locale, *The Times-Picayune*, a mis en évidence que l'ensemble de ses propos n'avaient aucun fondement[12]. Dans cet article, l'ancien chef de police dit : « J'ai pensé que l'information dont je disposais à ce moment-là des faits était fiable. » Interrogé sur la source de ses informations, il a déclaré ne pas s'en souvenir. Le journal et son équipe recevront deux prix Pulitzer (récompense suprême chez les journalistes) pour le « compte rendu courageux » de l'ouragan. Un rapport publié en 2006 par la Chambre des représentants (l'équivalent de l'Assemblée nationale en France) reconnaîtra officiellement que le maire Ray Nagin et le chef de la police Edward Compass avaient répété aux médias des rumeurs de criminalité sans fondement, contribuant à une image exagérée de violation généralisée des lois[13].

Durant la frénésie médiatique, le lieu présenté comme le cœur de l'activité criminelle était le Superdome, stade qui a accueilli plus de 30 000 personnes. Les responsables de la Garde nationale ont déclaré, lors de l'enquête de la Chambre des représentants, qu'il y avait eu de nombreuses rumeurs de viols et d'agressions, mais que les gardes et la police n'avaient trouvé aucune victime et aucun témoin direct de tels actes[14].

Dans le sillage de cette catastrophe naturelle, une équipe de huit chercheurs du Centre de recherches sur les catastrophes (Disaster Research Center) de l'Université du Delaware est allée enquêter sur place afin de rassembler des informations de première main (150 entretiens avec des responsables locaux, des observations participantes et le recueil d'un maximum de documents). Ils ont également emmené dans leurs bagages des tentes, des sacs de couchage et d'autres éléments de camping pour secourir les sinistrés. Leur premier constat est que la réponse globale des habitants de La Nouvelle-Orléans ne correspond en rien à l'image générale de chaos et de violence décrite par les médias[15]. Certes, certains services officiels de secours ont cessé de fonctionner pour toutes sortes de raisons pratiques, mais des centaines de petits groupes d'entraide ont spontanément émergé. Par exemple, dans un quartier ouvrier, un groupe s'est formé pour rassembler les habitants dans une école. Au départ, chacun a été invité à s'y réfugier, mais quelques voyous ont commencé à vandaliser le bâtiment, détruisant des distributeurs automatiques et brandissant des armes à feu. Les leaders du groupe les ont alors courageusement expulsés de l'école, les empêchant de revenir. Les chercheurs notent au passage que de nombreuses photographies ont circulé dans les médias, décrivant généralement les Noirs comme des pilleurs et les Blancs – ayant exactement le même comportement – comme des personnes cherchant du ravitaillement[16].

Un groupe particulièrement original fut les « Robins des bois pilleurs », surnom que les membres se sont eux-mêmes donné. Le noyau principal de ce groupe d'habitants d'un quartier ouvrier était constitué de onze amis qui se sont d'abord préoccupés de placer leur famille en un lieu sûr, en dehors des zones le plus à risque, puis qui ont décidé de demeurer sur place, malgré le danger, pour sauver les habitants. Pendant deux semaines, ils ont réquisitionné des bateaux, cherché de la nourriture, de l'eau et des vêtements dans des maisons abandonnées. Ils s'étaient imposé quelques règles, notamment le fait de ne jamais porter d'armes sur eux. Ce groupe a collaboré avec la police locale et la Garde nationale, lesquelles leur ont confié des survivants pour qu'ils les fassent sortir du périmètre dangereux.

Par ailleurs, ces chercheurs ont recueilli des « témoignages » sur les pillages. Il est apparu que la plupart des personnes interrogées avaient seulement entendu parler de pillages, mais n'avaient pas assisté à ces scènes et ne connaissaient personne de leur entourage qui y ait participé. Les rares personnes qui connaissaient des personnes ayant volé ont précisé qu'il s'agissait de biens de première nécessité (en particulier alimentation, eau et couvertures), lesquels avaient ensuite été partagés pour aider la population à survivre. Un officier de police de service dans une gare ayant précisément servi de prison pour pilleurs a déclaré que 75 % des actes commis concernaient des besoins prioritaires, nécessaires à la survie, et que les 25 % restants avaient été accomplis par des personnes déjà criminelles qui avaient profité de l'absence de forces de sécurité.

Finalement, comme le soulignent les chercheurs, « bien que quelques actes de délinquance aient eu lieu, la très grande majorité des activités spontanées ont été de nature altruiste[17] ». Par exemple, un rescapé, réfugié dans un hôtel, a livré ce témoignage : « Tout le monde a été très gentil et serviable. (...) Nous n'avons pas eu faim. » Un agent du maintien de l'ordre a confié que « la plupart des gens s'étaient vraiment, vraiment, vraiment aidés les uns les autres et n'avaient rien demandé en retour ».

Les médias n'ont pas seulement eu un impact négatif sur l'image des habitants de La Nouvelle-Orléans ; ils ont probablement provoqué une augmentation du nombre des victimes, et ce pour deux raisons. D'une part, plusieurs personnes ont refusé de quitter leur logement en raison d'informations selon lesquelles la ville était infestée de pilleurs. D'autre part, les informations alarmistes ont entraîné une diminution des secours. Certains secouristes ont eu peur d'approcher des zones sinistrées – 1 000 employés de l'Agence fédérale de gestion des urgences ont ainsi rebroussé chemin au moment d'entrer dans La Nouvelle-Orléans[18]. Et puis, surtout, au cours des trois premiers jours qui ont suivi l'ouragan, Kathleen Blanco et Ray Nagin, respectivement gouverneur de la Louisiane et maire de La Nouvelle-Orléans, ont ordonné aux responsables de la sécurité publique de poursuivre les délinquants plutôt que de se concentrer sur les opérations de sauvetage. Pour Kathleen Tierney et ses collègues du Centre de recherche sur les catastrophes, la décision de militariser la zone n'a pas diminué le nombre de victimes, mais l'a au contraire très certainement augmenté : en se focalisant sur la lutte contre des pillages et des violences imaginaires, les responsables officiels n'ont pas su tirer profit de la bonne volonté et de l'altruisme des habitants. De plus, en réaffectant des intervenants depuis des activités de sauvetage vers des fonctions de maintien de l'ordre, ils ont placé la loi et l'ordre avant la vie des survivants[19].

Anecdote révélatrice de cet état d'esprit : la photo illustrant l'article intitulé « Les troupes ont reçu l'ordre de "tirer pour tuer" à La Nouvelle-Orléans[20] » montre une dizaine d'hommes noirs allongés sur le ventre sous la surveillance d'hommes armés. La légende précise : « Des gardes-chasses texans surveillent des individus qui ont été arrêtés alors qu'ils utilisaient un camion de la poste pour essayer de fuir La Nouvelle-Orléans. Ils ont été libérés, mais obligés de continuer à pied. » La vie de ces hommes valait probablement moins qu'un camion…

La peur engendrée par les rumeurs, associée à l'autorisation de tuer accordée aux forces de l'ordre, a eu des conséquences dramatiques. À la suite de l'ouragan, neuf enquêtes visant la police de La Nouvelle-Orléans ont été menées. La plus importante concerne l'affaire du pont Danziger, au cours de laquelle deux personnes ont été tuées et quatre autres blessées par des policiers[21]. Deux autres personnes ont été tuées par la police dans d'autres situations. Le drame du pont Danziger a eu lieu le 4 septembre

2005, six jours après l'ouragan. Des policiers arrivent sur les lieux après avoir reçu un appel de détresse d'un collègue, leur disant que des hommes leur tirent dessus. Les policiers commencent par tirer sur un groupe de personnes, ils font un mort et quatre blessés. À ce moment-là, deux frères, Ronald et Lance Madison, entendant les coups de feu, se mettent à courir. La police tire et abat Ronald. Ces tirs ont initialement été présentés comme un joli coup réalisé par la police, comme une victoire dans la restauration de l'ordre. L'enquête, elle, a montré qu'aucune victime n'était armée ; Ronald Madison était un handicapé mental de 40 ans, il a été abattu d'une balle dans le dos alors qu'il courait. Il est facile aujourd'hui d'accuser la police, mais n'oublions pas que les autorités avaient explicitement déclaré qu'il était de son devoir de tuer si elle constatait des choses anormales.

Trois mythes largement répandus

Selon le sociologue Lee Clarke, lors d'une catastrophe, comme celle du 11 Septembre, « les gens réagissent en toute responsabilité et civilité[22] ». Ce fait a été systématiquement constaté dans les enquêtes ; le décalage entre les présentations médiatiques et la réalité décrite par les chercheurs en sciences humaines est parfois impressionnant. Mais enfin, les images sont là, quand même, dira-t-on. Mais quelles images ? Des pilleurs brisant des vitrines ou s'introduisant dans des villas pour voler des biens ? Et s'il s'agissait de personnes luttant pour leur survie ou celles d'autres personnes, comme nous venons de le voir, ou encore de propriétaires qui, après avoir fui dans l'urgence, sont revenus, le temps d'une accalmie, récupérer dans leur maison ce qu'ils ont de plus cher avant que les flots ne les engloutissent ?

Les images de panique sont construites par les médias, en particulier par la télévision lorsque celle-ci montre des gens qui courent pour fuir un incendie ou une tornade. Des personnes qui ont été au cœur du drame semblent le confirmer quand elles déclarent : « C'était vraiment la panique ! » Et puis, ce ne sont pas seulement les médias d'information qui nous conditionnent pour établir un lien entre catastrophe et panique, il y a aussi les films de fiction. Les productions à gros budget comme *La Tour infernale* ou *Independance Day* n'hésitent pas à montrer des gens qui en piétinent d'autres pour s'en sortir... Les premiers « spécialistes » qui se sont intéressés aux foules ont malheureusement, eux aussi, joué un rôle important dans la diffusion de cette conception négative. Au début du XXe siècle, le sociologue Gustave Le Bon a ainsi affirmé que la foule était moins rationnelle et plus émotionnelle que l'individu seul[23], idée fausse qui sera ensuite reprise par Freud[24]. Le Bon et Freud ne font reposer leur théorie sur aucune enquête de terrain. À la différence de ce que font depuis une cinquantaine d'années les membres du Centre de recherche sur les catastrophes de l'Université du Delaware, auquel j'ai fait allusion à propos du cyclone Katrina. Ce centre possède la collection d'archives la plus importante au monde sur les réactions humaines face aux catastrophes.

Aujourd'hui, les recherches effectuées dans de très nombreuses situations ont conduit *tous* les chercheurs à cette certitude : trois croyances, largement répandues dans la population, sur le comportement des gens lors de catastrophes, n'ont aucune réalité :

- la panique générale ;
- l'augmentation importante de comportements égoïstes, voire criminels ;
- le sentiment d'impuissance dans l'attente des secours.

Je vais détailler ci-dessous les deux premiers mythes ; le troisième apparaîtra de façon évidente au fur et à mesure de mon propos.

Même effrayés, les gens réagissent calmement et rationnellement

Les victimes de catastrophes perdent rarement leur sang-froid. La terre a beau trembler, les flots ont beau envahir les habitations, le feu a beau les entourer, rares sont celles qui se mettent à courir dans tous les sens en hurlant. Certes, elles ont généralement très peur, mais leur comportement reste rationnel. D'ailleurs, il ne faut pas confondre peur et panique. Le terme « panique » est un cliché, souvent utilisé lorsqu'on décrit la fuite devant un danger. En réalité, la panique, c'est de la peur *plus* de la perte du contrôle de soi et un comportement de fuite irrationnel et inefficace[25]. Car en elles-mêmes, la peur et la fuite sont généralement des réactions parfaitement adaptées à une situation de danger ; ce n'est que si elles sont accompagnées de comportements irrationnels (courir dans tous les sens, crier sans raison, etc.) que l'on peut parler de panique. Filmer des gens apeurés en fuite et interpréter systématiquement cela comme de la panique est donc trompeur. Et les victimes qui disent aux journalistes que « c'était la panique » veulent généralement simplement dire que les gens avaient très peur.

Par exemple, Thomas A. Glass, de l'Université Johns Hopkins, et ses collaborateurs ont analysé les réactions humaines lors de dix catastrophes très diverses survenues entre 1989 et 1994[26] : deux tremblements de terre, deux déraillements de trains, un crash d'avion, deux explosions de gaz, un ouragan, une tornade, une explosion de bombe avec incendie. Le nombre de victimes est allé de 3 à plus de 200. Les chercheurs ont systématiquement constaté que les victimes avaient spontanément formé des groupes, animés par des leaders, fixé des règles communément admises et en se répartissant les rôles en vue de la survie d'un maximum de personnes. Dans une autre enquête portant spécifiquement sur des incendies, les chercheurs se sont particulièrement intéressés au comportement des gens qui fuyaient le drame. La fuite panique a été si rarement constatée que les enquêteurs ont finalement abandonné le concept de « comportement de panique[27] ».

Certes, c'est ce mot « panique » qui vient dans la bouche de certains survivants, mais ce qu'ils décrivent alors n'est généralement pas de la panique, mais de la peur. Par exemple, au cours d'une recherche consécutive aux attentats à la bombe à Londres en 2005[28], le terme « panique » a été utilisé par quelques survivants, mais plus encore par des commentateurs qui n'avaient pas assisté aux événements. Et, chaque fois que les témoins ont utilisé ce terme, c'était pour décrire une sensation de peur intense, jamais un comportement désordonné.

Autre exemple : le 1er juin 1999, les pilotes d'un avion tentent d'atterrir dans l'Arkansas lors d'un orage important, mais ils ne peuvent s'aligner sur l'axe prévu pour cela. Le feu se déclare à bord, tuant 11 des 145 personnes. Le Conseil national de sécurité des transports a ensuite demandé un rapport ; il apparaît que la plupart des personnes interrogées ont déclaré qu'il n'y avait pas eu de panique, mais au contraire des actes altruistes de sauvetage et d'entraide[29]. Deux hommes ont bien affirmé qu'il y avait eu panique, mais la suite de leur propos montre clairement qu'ils parlaient de peur, car leur comportement est resté parfaitement rationnel. Ayant compris que la porte arrière de l'avion était bloquée, l'un des deux a découvert une brèche dans le fuselage et, avec plusieurs hommes, il a élargi l'issue, laissant passer six à huit personnes avant de s'échapper. L'autre homme a souligné que les gens avaient coopéré pour ouvrir une issue de secours et qu'il avait lui-même aidé d'autres passagers à dégager une femme coincée sous une rangée de sièges. Bien que les passagers aient pu à peine respirer et voir en raison de la fumée qui envahissait l'appareil, ils sont restés dans la file d'attente, sans bousculade.

Les rares fois où il y a panique, elle ne concerne que quelques personnes, elle n'est pas « contagieuse » et dure peu de temps. Cela dit, il est très probable que si un reporter-cameraman est présent et qu'il voit deux ou trois personnes qui paniquent sur une centaine, c'est sur ces individus qu'il va braquer sa caméra. Ces images fugitives et isolées feront le tour du monde, répandant le mythe de la panique collective comme une traînée de poudre, « preuves à l'appui »…

Plusieurs conditions sont habituellement nécessaires pour qu'une victime de catastrophe manifeste de la panique :

- la victime perçoit une menace immédiate d'enfermement dans un espace confiné ;
- les issues repérées se ferment rapidement ;
- la fuite semble être le seul moyen de survie ;
- personne ne peut aider la victime[30].

Par exemple, des clients d'un night-club ou d'un théâtre peuvent paniquer si quelqu'un crie : « Au feu ! » et qu'ils constatent que des portes de sortie sont bloquées. Pourtant, même dans ces conditions, la plupart des gens parviennent généralement à évacuer les lieux dans le calme. C'est effectivement le calme qui a dominé lors des deux attentats contre le World Trade Center, l'un le 26 février 1993, l'autre bien plus mémorable le 11 septembre 2001. La panique a été pratiquement absente tandis que la coopération et l'entraide étaient fréquentes. L'attentat de 2001 a fait 2 754 victimes, mais 99 % des occupants situés sous l'impact des avions ont survécu, essentiellement grâce au fait qu'ils n'ont pas paniqué. Un informaticien qui sortait du métro au moment où le premier avion s'est écrasé sur la tour a déclaré : « Je dirais que 95 % étaient totalement calmes. Quelques-uns se lamentaient bruyamment, d'autres couraient, mais la majorité des gens était calme. Ils marchaient. Pas de bousculade, ni de panique[31]. »

La panique est parfois invoquée après coup, pour expliquer les morts, écrasés par la pression du reste du groupe. Mais les études scientifiques de plusieurs cas ont montré que ce n'était pas la véritable cause. Par exemple, en décembre 1979, 11 jeunes ont trouvé la mort lors d'un concert du groupe de rock The Who. L'événement a immédiatement été qualifié de « panique » par la presse locale, et les commentateurs ont dénoncé la « psychologie des foules » et le comportement égoïste des participants. Un psychologue a déclaré que ce drame illustrait le fonctionnement irrationnel de la foule dans laquelle « le groupe développe une sorte de personnalité amorphe et la pensée individuelle s'arrête ». En fait, ce n'est pas la panique, mais l'ignorance de ce qui se passait qui a provoqué ces morts. En effet, environ 8 000 personnes attendaient de pouvoir assister au spectacle, mais le bâtiment n'était pas conçu pour accueillir autant de monde. Quand les portes ont été ouvertes, 25 personnes sont tombées. Les gens autour d'elles ont tenté de les protéger, mais la pression des impatients, qui ne voyaient pas ce qui se passait, a été trop forte[32].

Au cours de l'enquête, un témoin a déclaré : « C'étaient les personnes les plus serviables que je n'aie jamais connues… Tout le monde essayait d'aider l'autre. Mais, à un moment, les gens ne pouvaient plus aider. Ce n'est pas qu'ils ne voulaient pas. Ils étaient physiquement incapables de le faire. » Quelques-uns sont cependant parvenus à en aider d'autres à sortir. Un homme a raconté que lui et ses amis avaient réussi à relever deux jeunes filles presque inconscientes qui étaient tombées. Deux tiers des personnes qui ont dit avoir été aidées l'ont été par des gens qu'elles ne connaissaient pas. Comme l'a déclaré une personne dans une lettre adressée à un journal, « ce sont de parfaits inconnus qui m'ont probablement sauvé la vie ». Le rapport de police conclut que la plupart des gens ont essayé d'en aider d'autres le plus longtemps possible[33].

Très peu de pillages, mais beaucoup de comportements altruistes

Le rapport de la Chambre des représentants des États-Unis sur l'ouragan Katrina consacre un chapitre au maintien de l'ordre, dans lequel sont, il est vrai, cités des cas de pillages. Néanmoins, la grande majorité de ces actes concerne des biens de première nécessité. Par exemple, le rapport dit : « Des gens ont pillé des magasins pour leur survie et pour diminuer la souffrance, prenant des choses comme de la nourriture, de l'eau, des vêtements, des lampes de poche, des batteries et du matériel de camping[34]. »

Qualifier ces actes de pillage est clairement incorrect. De même qu'ils différencient nettement peur et panique, les chercheurs font une claire distinction entre pillage et appropriation pertinente. Ce qu'ils appellent appropriation pertinente concerne le fait de prendre des objets appartenant à une autre personne ou à une organisation pour un besoin d'urgence, avec l'intention de rendre cet objet ultérieurement, si possible, sauf évidemment s'il s'agit de biens comme de la nourriture ou de l'eau. Les chercheurs ont également constaté que, lorsqu'il y a pillage à l'occasion de catastrophes, celui-ci est rarement le fait de groupes organisés, mais d'individus qui le font en se cachant, qu'il est généralement le fruit d'une occasion qui se présente plutôt que d'une véritable stratégie et, enfin, qu'il est condamné par les autres survivants[35].

Par ailleurs, les catastrophes ne génèrent pas de comportement brutal et égoïste, mais, au contraire, de la solidarité et de l'empathie envers les autres victimes. Beaucoup de personnes n'hésitent pas à risquer leur vie pour sauver leur prochain. Ainsi, loin de rendre les gens individualistes et égoïstes, les catastrophes ont surtout pour effet de renforcer les liens déjà existants ou de créer des liens de solidarité et d'entraide entre personnes qui ne se connaissent pas. Prenons les attentats contre le World Trade Center en 2001. Ce drame a causé d'immenses souffrances au sein de familles américaines, mais il a également fourni de multiples démonstrations de la capacité d'altruisme de l'être humain, au plus fort du danger[36]. Dans un premier temps ont été loués à juste titre les actes héroïques des pompiers et des policiers. Mais il s'est révélé au fil des jours que le courage et l'altruisme avaient aussi été largement présents chez les victimes elles-mêmes. Des personnes ont détruit des murs et déplacé des gravats pour extirper des victimes, d'autres sont restées auprès de blessés en attendant une assistance médicale, d'autres en ont porté dans des fauteuils récupérés dans des bureaux, etc. Tout le monde a descendu les escaliers dans le calme, passant parfois d'une double file à une simple file pour laisser un accès prioritaire aux pompiers ou aux hommes portant des blessés.

Citons quelques exemples d'hommes qui se sont tout particulièrement investis dans le sauvetage. L'agent de police John Perry se trouvait au siège de la police, à quelques rues des tours lorsque le premier avion s'est écrasé. Il avait décidé de quitter la police pour une carrière juridique et était en train de remplir un formulaire pour prendre sa retraite. Lorsque la nouvelle s'est répandue dans le commissariat, il a immédiatement repris son insigne et s'est porté au secours des victimes. Frank de Martini, responsable de la construction pour le port autonome, a participé aux premiers secours à son étage, puis il a pris la tête d'un groupe qui s'est efforcé d'ouvrir les portes des douze étages situés juste au-dessus de la zone d'impact. Ce groupe s'est sacrifié en sauvant la vie d'au moins 70 personnes. Les derniers instants où ils ont été vus vivants, ils essayaient d'en sauver d'autres.

Rick Rescola est un homme dont l'efficacité altruiste a été particulièrement impressionnante au cours de cette journée[37]. Cet officier à la retraite de 62 ans était alors chef de la sécurité des services financiers de la banque Morgan Stanley. Juste après l'impact du premier avion sur la Tour 1, Rescola a organisé l'évacuation dans le calme des 2 700 employés de Morgan Stanley de la Tour 2 et des 1 000 employés de la Tour 5, ainsi que d'autres personnes présentes. Pendant ce temps, un deuxième avion percutait la Tour 2. Après avoir mis en sécurité de nombreuses personnes, il est retourné dans l'immeuble pour sauver d'autres victimes. Lorsqu'un de ses collègues lui a dit qu'il devait lui aussi quitter les lieux, il a répondu : « Dès que je serai sûr que tout le monde est dehors. » Grâce à son action, tous les employés de Morgan Stanley sauf 6 ont été sauvés. Parmi les 6 victimes se trouvaient Rick Rescola et 3 collègues qui l'ont suivi lorsqu'il est retourné dans l'immeuble.

La solidarité s'est également exprimée à l'extérieur des tours[38]. Immédiatement après les attentats, un système improvisé d'évacuation des victimes par bateaux a été organisé. Des propriétaires de grosses embarcations ont mis celles-ci à disposition des garde-côtes : selon ces derniers, environ 500 000 personnes ont pu quitter Manhattan par bateau, que ce soit par vaisseaux militaires, ferries ou embarcations privées. Une société propriétaire de 6 ferries a ainsi pu transporter 30 000 personnes. Peter Cavrell, l'un des responsables de Circle Line, la compagnie de croisières, a ensuite déclaré : « Il n'y a pas eu d'efforts coordonnés. Nous nous sommes mis à le faire, c'est tout. À notre humble mesure, Circle Line est un symbole de New York. Nous voulions juste faire notre part. »

Par ailleurs, l'organisation des soins de santé de l'État de New York a rapidement mis en place une hotline, faisant appel à des médecins bénévoles ; elle a reçu plus de 40 000 appels dès le premier jour. À 17 heures le lendemain, ceux qui appelaient entendaient ce message : « Nous avons reçu une énorme quantité d'appels en vue d'apporter de l'aide. Merci pour votre intérêt. Nous ne pouvons plus accepter d'autres appels. » Quant à la Croix-Rouge, en deux semaines, elle a reçu 22 000 offres d'aide de bénévoles.

Ces faits montrent à quel point est fausse la théorie de la foule irrationnelle et des comportements égoïstes lors d'une catastrophe. Alors que cette approche postule la dissolution des liens sociaux, d'autres conceptions soulignent au contraire leur maintien et même la création de liens avec des personnes totalement inconnues jusqu'alors. Ainsi, une équipe de chercheurs britanniques a constaté que, lorsque survient une catastrophe, une identité collective se crée spontanément entre les victimes[39]. Ils ont interviewé 21 survivants de 11 catastrophes, lesquelles avaient toutes impliqué plusieurs centaines de personnes. Certaines personnes ont signalé qu'elles avaient été très préoccupées par le sort de leurs proches ou amis qui se trouvaient avec elles au moment du drame, mais la plupart des actes d'aide ont concerné des gens qui ne se connaissaient pas. L'une de ces personnes, victime de la tragédie survenue au stade de Hillsborough en Angleterre en 1989, a ainsi déclaré : « À ce moment, il n'y avait plus que des êtres humains en lutte. (...) Je pense que personne n'a vu des fans de Liverpool ou des fans de Notts Forest. Les gens ont arrêté d'être des supporters d'une équipe de foot et étaient seulement des personnes. »

Alors que la théorie de la panique collective prédit que plus la menace de mort imminente est importante, plus l'individu agira égoïstement pour sauver sa peau, c'est exactement le contraire qui se produit. La foule n'est donc pas un problème qui vient s'ajouter à la catastrophe ; elle en est au contraire l'une des solutions.

On retrouve ces mêmes idées d'« identité commune » et de « foule ressource » dans une autre étude menée par une équipe britannique[40]. Lors des attentats à la bombe à Londres en 2005 (3 explosions dans le métro, 1 dans un bus), qui ont coûté la vie à 56 personnes et en ont blessé 700 autres, le comportement le plus fréquent a été d'aider son prochain, alors que celui-ci était la plupart du temps un parfait inconnu et que la peur de nouvelles explosions ou de l'effondrement du tunnel était dans tous les esprits. Cette aide a pris différentes formes : parler à d'autres victimes et les écouter pour les rassurer ; les extirper des décombres puis les porter pour les amener en lieu sûr... Toutes les personnes interrogées sauf deux, mais qui ont fourni un témoignage très bref, ont signalé avoir observé des personnes qui en aidaient d'autres, malgré leurs propres blessures et souffrances. L'une des victimes raconte par exemple : « Je me souviens d'avoir monté les escaliers et, arrivée en haut, j'ai vu un gars qui arrivait dans l'autre direction. Je me rappelle sa façon d'être ; il m'a dit poliment : “Vous d'abord.” Ça m'a frappé ; j'ai pensé que même dans une situation comme celle-ci, on pouvait encore avoir de bonnes manières. C'est une petite chose, mais je m'en souviens. »

Aucune des personnes interviewées n'a parlé d'individualisme. En revanche sont revenus à de multiples reprises des mots comme « unité », « similitude », « affinité », « partie d'un groupe », « tout le monde », « ensemble », « chaleur », « empathie »... Une victime a déclaré : « J'ai senti que nous étions tous dans le même bateau (...) et que ce que je ressentais pouvait aussi être ressenti par d'autres (...), c'était une situation stressante, nous y étions tous ensemble et le meilleur moyen de nous en sortir était de nous aider les uns les autres. » Tous ces témoignages ont conduit les chercheurs à parler d'« identité commune », concept identique à celui d'« identité partagée » présenté précédemment.

Ces chercheurs se réfèrent à la « théorie des normes émergentes » pour interpréter les comportements altruistes constatés. Selon cette approche, tous les comportements collectifs dépendent de normes. Puisque les catastrophes sont des événements extraordinaires, où les règles habituelles de conduite ne s'appliquent plus nécessairement, de nouvelles normes sont élaborées. Cette théorie prédit que plus le niveau de danger perçu est élevé, plus les nouvelles normes et la mobilisation des participants émergent rapidement. Les auteurs de cette étude qualifient l'ensemble des comportements observés de « résilience collective ». Selon eux, c'est la foule elle-même qui est la base de la résilience manifestée par les survivants ; la foule est bien une ressource psychologique plus qu'un obstacle. Il est possible que ce sentiment d'une communauté de destin se diffuse ensuite plus largement dans la société, ce qui expliquerait ce fait à première vue surprenant, mais constaté à de multiples reprises : la baisse de la criminalité à la suite de catastrophes (ouragan Betsy en 1965 ; tremblement de terre de San Francisco en 1989 ; attentat à Oklahoma City en 1995 ; ouragan Katrina en 1995 ; attentats contre le World Trade Center en 2001 ; etc.)[41].

Quelles leçons tirer ?

Un premier enseignement que l'on peut tirer de ces connaissances est que les citoyens ordinaires sont des êtres responsables et altruistes sur lesquels peuvent s'appuyer les services publics d'assistance. La plupart des personnes secourues le sont par d'autres survivants et par des voisins, et c'est encore plus vrai lorsque la catastrophe rend la zone difficile d'accès pour les secours. Cela a été constaté dans des pays aussi différents que l'Italie, l'Arménie, les États-Unis, la Chine, le Mexique, les Philippines[42]. Nancy Oberijé, chercheuse à l'Institut hollandais de la sécurité (Netherlands Institute for Safety), en conclut que l'implication des civils est non seulement appréciable, mais également nécessaire pour sauver des vies en cas de catastrophe[43]. Pour Enrico Quarantelli, il existe malheureusement une fausse opinion largement répandue selon laquelle, lors de catastrophes, la principale source de problèmes vient des individus dont le comportement aberrant doit être géré par des organismes de secours, alors que c'est exactement l'inverse qui se passe[44].

Selon Erik Auf der Heide, médecin urgentiste spécialisé dans les catastrophes, « le problème avec la fausse conception de la panique est que le public, les médias et même les services d'urgence y croient. À cause de cela, il arrive que les pouvoirs publics hésitent à envoyer des messages d'alerte car ils sont convaincus que la panique qui va en résulter entraînera plus de dommages que la catastrophe elle-même. Cette croyance a conduit à des recommandations visant à éviter la panique (1) en fournissant une information minimale aux occupants d'un immeuble en feu et (2) en poursuivant une activité normale jusqu'au dernier moment possible[45] ». Cela a entraîné une augmentation du nombre de victimes. Par ailleurs, faire planer la menace de la panique collective et de la désintégration du lien social sert également à justifier des politiques sécuritaires (voire militaires, comme l'a montré l'exemple de l'ouragan Katrina), plutôt que des politiques visant à renforcer la capacité des communautés à prendre des initiatives.

La deuxième leçon, plus fondamentale, est au cœur de ce livre : la bonté humaine est bien plus fréquente qu'on ne le suppose généralement, même dans des conditions de menace de mort imminente. Alors qu'il serait plus « raisonnable », égoïstement parlant, de sauver sa peau, ce n'est pas ce que font la plupart des victimes. Beaucoup de survivants, même blessés, viennent au secours de ceux qui sont plus atteints qu'eux-mêmes s'ils le peuvent. Ce n'est aucunement l'irrationalité qui entraîne ce comportement, mais au contraire une rationalité supérieure, fondée sur le sentiment d'empathie envers la personne souffrante et d'identité partagée dans un destin commun. Ces résultats démontrent sans ambiguïté à quel point l'être humain est avant tout un être de relations. Et s'il est capable de bonté dans les situations extrêmes, c'est qu'il l'est également dans la vie de tous les jours. Le chapitre suivant va confirmer que sauver d'autres personnes au péril de sa propre vie n'est pas réservé aux héros hors du commun ; il est aussi, plus généralement, le fait d'individus tout à fait ordinaires.

CHAPITRE 2

Ceux qui ont sauvé des Juifs

Ce qu'ils nous enseignent sur la nature humaine

« Nous sommes chacun de nous la preuve que même en Enfer, même dans cet enfer qu'ils appellent la Shoah, on pouvait rencontrer le bien, l'amour, la bonté et la compassion. »

Abraham FOXMAN,
enfant juif caché pendant la Shoah[1].

« Oui, il y a une mémoire du Bien. L'explorer, la mettre en lumière à travers la recherche de ces Justes me paraît urgent. Il y va de la dignité de l'homme. Elle seule pour conjurer le Mal. »

Marek HALTER[2].

L'hiver de 1940-1941 est particulièrement rigoureux. Une femme frappe à la porte du presbytère du temple du Chambon-sur-Lignon, petite ville cévenole. La femme du pasteur ouvre et la visiteuse lui explique qu'elle est une Juive allemande en danger de mort ; on lui a dit qu'elle trouverait de l'aide au Chambon ; peut-elle bénéficier de l'hospitalité ? « Naturellement, entrez, entrez… », lui répond Magda Trocmé[3]. C'est ainsi que commence l'une des plus extraordinaires entreprises d'aide aux Juifs persécutés.

À des milliers de kilomètres de là, d'autres femmes et hommes luttent également pour leur survie. Dans un camp de concentration, un prisonnier affamé est entré par effraction il y a quelques jours dans le magasin de réserves alimentaires, sans doute pour y voler des pommes de terre. Le vol a été découvert et certains prisonniers connaissent manifestement le responsable. Les autorités ordonnent que le coupable leur soit livré ; sinon, tous les prisonniers du camp seront privés de nourriture pendant une journée. Viktor Frankl, qui a vécu cette histoire, conclut : « Les deux mille cinq cents détenus choisirent bien entendu le jeûne[4]. »

Le courage manifesté par ces personnes est impressionnant. Qu'il s'agisse de Magda Trocmé ou des prisonniers, c'est au péril de leur vie qu'ils ont agi ainsi. Pourtant, ce n'est pas cela qui me frappe le plus ; non, ce qui me trouble, ce sont ces mots très banals, mais qui changent tout : « Naturellement, entrez, entrez… » et « les deux mille cinq cents détenus choisirent bien entendu le jeûne. » *Naturellement… Bien entendu…* D'où vient ce sentiment d'évidence qui s'est imposé avec une telle force à l'esprit de ces personnes ? C'est ce que j'ai voulu comprendre dans ce chapitre.

« Nous ignorons ce qu'est un Juif. Nous ne connaissons que des hommes… »

L'accueil d'une femme juive par Magda Trocmé a été le point de départ d'une expérience exceptionnelle, l'une des plus vastes opérations d'aide portée aux Juifs en Europe. Plus de 5 000 Juifs sont passés par la petite ville du Chambon pendant l'Occupation.

Lorsque pendant ce terrible hiver de la fin 1941, André Trocmé réunit les membres du conseil presbytéral et leur soumet l'idée d'accueillir des Juifs persécutés, ils acceptent sans difficulté la proposition. Dès lors, c'est par centaines que des Juifs sont dirigés vers Le Chambon. Un jour, le préfet vient en visite officielle. Au cours d'une discussion houleuse avec André Trocmé, il lui annonce qu'il a reçu l'ordre de recenser les Juifs résidant dans la ville et qu'il les exécutera. Pour convaincre le pasteur, il lui fait remarquer que les Juifs étrangers résidant en Haute-Loire n'appartiennent ni à son Église ni à sa patrie. Trocmé lui répond alors : « Nous ignorons ce qu'est un Juif. Nous ne connaissons que des hommes[5]. » Le préfet menace de le faire déporter. Deux semaines plus tard a lieu une descente de police. Le chef convoque Trocmé à la mairie et exige qu'il lui remette la liste des Juifs cachés. Celui-ci refuse, déclarant que ces personnes sont venues chercher de l'aide dans la région et qu'il ne les dénoncera pas. Le chef de la police se met en colère et le menace de déportation. Il le laisse néanmoins sortir de la pièce. Une fois dehors, celui-ci réunit immédiatement un groupe de jeunes qu'il charge de prévenir les Juifs afin qu'ils se cachent dans les bois. Les policiers restent au Chambon pendant trois semaines ; ils ne trouveront aucun Juif.

La scène qui suit en dit long sur le malaise suscité dans la police par les lois antijuives. Étienne Grand, le fils du maire, lit, adossé à un arbre, quand un gendarme s'arrête à quelques pas de lui. « Pstt, pstt... », fait le gendarme. Étienne lève les yeux. Par ses gestes, le gendarme lui indique qu'il doit partir. Étienne ne comprend pas. Le gendarme, mal à l'aise, s'approche de lui : « Allez-vous-en. Je ne vous ai pas vu ! » Le jeune ne comprend pas ; le policier lui explique qu'il recherche des Juifs et que si son interlocuteur ne part pas, il sera obligé de l'arrêter. Celui-ci lui répond qu'il n'est pas Juif. « Tant mieux. » Plus l'aide aux Juifs prend de l'ampleur au Chambon, plus certains policiers désobéissent et font tout ce qu'ils peuvent pour aider la population. En particulier, les Trocmé reçoivent parfois des appels téléphoniques les avertissant : « Attention ! Attention ! Demain matin ! » Et puis on raccroche à l'autre bout du fil.

Des années plus tard, en 1990, le gouvernement israélien a déclaré toute la région et ses habitants « Justes parmi les nations » pour leur action. Ce titre, qui récompense habituellement les personnes qui ont sauvé des Juifs pendant la Shoah, sans en tirer de profit financier, a été ici exceptionnellement décerné à titre collectif.

La littérature sur l'aide des Juifs est exceptionnellement riche[6]. S'efforcer de trouver LA cause qui a poussé des personnes à sauver des Juifs serait une entreprise vaine. Les raisons sont multiples et parfois très différentes d'une personne à l'autre. Cela peut être selon les cas : le devoir, le milieu familial, la religion, l'empathie, les conditions matérielles, des valeurs universalistes, etc. Plusieurs classifications ont d'ailleurs été opérées[7]. Pour ma part, j'ai constaté qu'on pouvait les répartir dans trois grandes catégories de philosophie morale :

- L'éthique des vertus (on aide parce que l'on est quelqu'un de bon) ;
- L'éthique de la sollicitude (on aide parce qu'une personne souffre à côté de nous) ;
- L'éthique de justice (on aide parce que l'on croit à de grands principes universels).

Bien évidemment, ces diverses attitudes sont complémentaires, bien plus qu'opposées. Selon les cas, c'est plutôt telle ou telle motivation qui prédomine. Je voudrais montrer maintenant comment ces trois formes d'inspiration morale se sont exprimées dans le secours apporté aux Juifs.

L'éthique des vertus : « N'importe quelle personne respectable aurait fait la même chose à ma place... »

Pour certains, l'aide apportée est quelque chose d'évident, qu'il n'y a aucune raison d'expliquer. Voici quelques témoignages qui rendent bien compte de cette attitude : « Je pensais que c'était une chose tout à fait naturelle. On savait qu'il fallait aider les gens. Ce n'est même pas de la pitié, c'est normal, c'est tout simple[8]. » De même, quand on honore Tine zur Kleinsmiede en Israël en 1983, celle-ci déclare à l'Assemblée qu'elle n'a rien fait de spécial en cachant des Juifs aux Pays-Bas pendant la guerre : « N'importe qui aurait fait la même chose à ma place. N'importe quelle personne respectable » ; elle insiste bien sur le mot « respectable[9] ».

Dans son ouvrage *La Main de la compassion. Portraits de choix moral pendant l'Holocauste*, Kristen Monroe, professeure de sciences politiques à l'Université de Californie, souligne que les actes éthiques ne découlent pas d'un choix, mais de l'identité de la personne. En recueillant les témoignages, Monroe a entendu mentionner différents facteurs comme le devoir, l'éducation, la religion, etc., mais elle n'a jamais entendu prononcer le mot « choix ». Comme si ces actes avaient été le fruit d'une évidence bien plus que d'une décision. Ainsi, Otto, qui a sauvé plus de 100 Juifs déclare : « Je n'ai jamais pris la décision morale de sauver des Juifs. (...) Je sentais que je devais le faire. (...) Ce n'était pas une décision. Cela faisait simplement partie de mon caractère[10]. » Pour Otto, « la main de la compassion était plus rapide que le calcul de la raison[11] ». Même réaction chez Margot : « On ne pense pas à ces choses-là. C'est arrivé si vite. (...) Supposez que quelqu'un tombe dans l'eau. Vous allez vous demander : "Il le faut ou pas ?" Mais le gars va se noyer ! Vous savez, il n'y a pas d'autre solution. (...) Je n'ai pas décidé[12]. » Et quand Kristen Monroe lui demande si elle se considère comme une personne spéciale, Margot répond que non, qu'elle n'a rien fait d'extraordinaire, car beaucoup de gens aident les autres[13].

Cela peut nous sembler assez étonnant, à nous qui sommes habitués à raisonner sur les actions morales en termes de choix conscients, parfois douloureux, entre plusieurs options bien distinctes. Ici, la sensibilité à autrui faisait tellement partie de l'identité profonde de ces personnes qu'elle a rendu spontanés et naturels les actes remarquables qu'elles ont accomplis. D'ailleurs, aucune des personnes interviewées par Kristen Monroe n'a dit qu'elle avait été changée par ces activités. Le fait d'aider des Juifs a moins été la conséquence d'une décision prise à un moment précis de leur vie que le fruit d'un cheminement personnel. Ces personnes ont d'ailleurs été nettement plus nombreuses à participer à des actions caritatives avant la guerre que les autres (aide à des personnes malades ou âgées, enseignement, dons, etc.).

Certaines ont acquis cette personnalité altruiste dans leur milieu familial, comme le montre une vaste enquête menée par deux universitaires, Samuel et Pearl Oliner. Dans les gens interviewés par les Oliner, il y en a légèrement plus qui se disent très proches de leurs parents parmi ceux qui ont secouru des Juifs. Surtout, on observe que, chez eux, les relations familiales servent de prototype à toute relation humaine, impliquant toujours la notion d'obligation. On peut également faire remarquer que l'esprit d'indépendance est plus développé dans ces familles : seulement 1 % ont dit que leurs parents valorisaient l'obéissance, contre 12 % chez les observateurs passifs. Autre élément distinctif, clairement ressorti de l'enquête : les parents étaient trois fois plus nombreux (39 % contre 13 %) que les autres à souligner que les valeurs morales qu'ils enseignaient à leurs enfants devaient s'appliquer universellement à tous les êtres humains.

Il n'y a cependant aucun déterminisme lié à l'éducation familiale, dans un sens ou dans l'autre. Les Oliner citent par exemple le cas de Stanislas, qui a un niveau élevé d'empathie alors qu'il était fréquemment fessé par ses deux parents quand il n'étudiait pas assez[14], et, inversement, le cas d'une femme dont les parents affectueux lui avaient appris à être serviable et attentionnée. Or elle a à peine remarqué la disparition d'une famille juive qui vivait dans le même immeuble et, pourtant médecin, elle a laissé mourir un homme juif, amené aux urgences de l'hôpital par sa femme, en raison de l'interdiction qui avait été faite de soigner les Juifs. « Je ne pouvais pas[15] », déclare-t-elle.

L'éthique de sollicitude : « J'ai fait ce que mon cœur me disait de faire… »

Pour Samuel et Pearl Oliner, dans l'aide apportée aux Juifs, c'est la sensibilité à autrui qui est déterminante[16]. Dans les témoignages recueillis, les mots « sympathie », « gentillesse » et « compassion » reviennent régulièrement[17]. De même, lorsque Philip Hallie demande à Magda Trocmé pourquoi elle s'est sentie obligée d'accueillir des réfugiés dans sa maison, elle ne comprend pas le sens de la question : « Écoutez… Écoutez… Qui aurait pris soin d'eux si nous ne l'avions pas fait ? Ils avaient besoin de notre aide et ils en avaient besoin à ce moment-là. (...) Je ne cherche pas à aider des gens. Mais je ne ferme jamais ma porte, je ne refuse jamais d'aider quelqu'un qui vient à moi et qui me demande quelque chose[18]. »

Pour le couple Oliner, l'empathie est centrée sur les besoins d'autrui et émerge d'un lien direct avec la personne en souffrance. En ce sens, la rencontre d'un Juif persécuté a souvent été un élément déterminant, comme le montre ce témoignage d'un homme polonais de 35 ans : « Comment pouvais-je laisser partir cette femme ? Ma conscience me disait qu'elle était condamnée à mort à cause de son physique. C'est la seule raison pour laquelle je l'ai aidée ; je ne pouvais pas laisser faire ça[19]. » Quant à Stanislas, il explique : « Deux jeunes filles [...] vous disent que leurs parents ont été tués et qu'elles ont été violées. Vous, qu'est-ce que vous leur dites ? Que, désolé, on est déjà complet ? » Et lorsque les Oliner lui demandent pour quelle raison il a sauvé des Juifs, sa réponse est claire : la compassion humaine. Selon lui, la seule réaction possible face à une personne persécutée qui vient demander de l'aide est de la faire entrer, de lui proposer de se reposer, puis de lui offrir le gîte et le couvert[20]. De la même manière, Vytautas Zemkalnis-Landsbergis, interrogé par Marek Halter, qui lui demande pourquoi il a sauvé des Juifs, répond que cette question est assez bizarre et qu'il ne voit pas bien comment y répondre : simplement, il a fait ce que son cœur lui disait de faire[21].

Les relations d'amitié établies avant la guerre ont probablement eu un impact chez certains. Les Oliner soulignent que les gens ayant fourni de l'aide étaient plus de deux fois plus nombreux à avoir entretenu des relations d'amitié avec des Juifs que les autres[22]. À l'âge adulte, ils avaient tendance à se lier d'amitié avec des gens d'appartenances multiples, car les marques extérieures de statut ne leur importaient pas. Toutefois, ce n'est pas l'amitié elle-même qui les poussait à aider, puisqu'il existe des exemples de personnes qui ont aidé des amis, mais aussi des Juifs qu'ils ne connaissaient pas. Par exemple Annie et Bert Bochove ont bien caché une amie juive d'Annie lorsque celle-ci leur a demandé de l'aide, mais ils ont ensuite aidé 36 autres personnes. Bert déclare :

« C'était facile de le faire parce que c'était notre devoir. (...) J'ai trouvé tant de satisfaction à mettre ces personnes en sécurité. (...) On aide les gens parce qu'on est humain et qu'on voit qu'il y a besoin[23]. » Notons toutefois que l'empathie face à la souffrance d'autrui ne conduit pas systématiquement à l'aide. Certaines personnes ont ressenti de l'empathie face à la souffrance de Juifs, mais elles ne sont pas allées plus loin. C'est donc l'empathie *plus* le sentiment de responsabilité personnelle qui conduisent à aider. Examinons ce nouvel aspect.

L'éthique de justice universelle : « tous les hommes sont nés libres et égaux en droits... »

Une enquête menée par Michael Gross, chercheur en sciences politiques à l'Université de Haïfa, auprès de 174 personnes françaises et hollandaises ayant aidé des Juifs a montré que les règles morales (responsabilité sociale et devoir citoyen de s'opposer au régime nazi et de protéger les droits) apparaissent comme la source de motivation la plus importante[24]. Puis viennent les principes religieux, en particulier l'obligation chrétienne de protéger les Juifs. Les motivations matérielles sont très peu présentes.

Les Oliner soulignent que ceux qui ont agi prioritairement selon cette orientation considéraient la persécution des Juifs comme une violation de principes moraux ; leur comportement d'aide reposait sur le besoin de réaffirmer ces principes et d'agir en se fondant sur eux. L'une des caractéristiques de ces individus réside dans une forte indépendance vis-à-vis de l'opinion et du jugement d'autrui, ce qui fait qu'ils ont souvent agi seuls et de leur propre initiative. En revanche, ils avaient généralement des relations plus impersonnelles avec les Juifs qu'ils aidaient que les personnes motivées par l'éthique de sollicitude, et ils ressentaient plus de colère et de haine envers les nazis. À noter que l'antinazisme était présent des deux côtés. Cette réaction n'a donc pas été suffisante en elle-même pour inciter à aider. Cela est résumé de manière un peu abrupte par un résistant polonais : « Je voulais combattre les nazis, mais je n'étais pas intéressé par les Juifs[25]. »

Les Oliner citent l'exemple de Suzanne, né en 1909 à Paris dans une famille protestante modérément religieuse. Quand le second statut des Juifs est publié, elle écrit une lettre aux trois rabbins de sa région, déclarant qu'elle est profondément bouleversée par la persécution qui les frappe. Elle leur demande comment elle peut les aider[26]. L'une des lettres de Suzanne est interceptée, la jeune femme est accusée d'être une provocatrice, mais elle poursuit ses efforts. Une semaine plus tard, elle reçoit des réponses la remerciant et lui demandant de fournir des vêtements d'enfants. Elle met alors à contribution tout un réseau d'amis pour subvenir aux besoins de familles juives, voire les cacher.

À la différence de ce que l'on observe quand c'est l'éthique de la sollicitude qui entre principalement en jeu, les actions de Suzanne ne sont pas une réponse à un contact direct avec la souffrance. Pendant trois années, elle a aidé plusieurs centaines de personnes, qui lui étaient toutes inconnues et elle a commencé son action de façon totalement indépendante, sans aucun lien avec les réseaux de résistance. La raison fournie par Suzanne est très simple : « Tous les hommes sont égaux et sont nés libres et sont égaux en droits. » Incitée par l'enquêteur à fournir d'autres raisons, elle répond qu'il n'y en a pas d'autres. Par ailleurs, son niveau d'empathie (mesurée à l'aide d'une échelle) se révèle même sensiblement inférieur à la moyenne des personnes interrogées !

Arnold Douwes, membre d'un réseau qui a aidé des centaines de Juifs en Hollande, dit pour sa part : « On ne pouvait rien faire d'autre ; c'est aussi simple que cela. C'était une évidence. Lorsque vous assistez à une injustice, vous faites quelque chose contre. Quand vous voyez des gens persécutés, et je ne me suis pas préoccupé de savoir s'ils étaient juifs ou esquimaux ou catholiques ou quoi que ce soit, ce sont des gens persécutés que vous voyez ; on devait les aider[27]. »

Ce qui caractérise cette catégorie, c'est avant tout la perception d'une commune humanité réunissant tous les membres de notre espèce. Kristen Monroe s'est particulièrement intéressée à cette attitude. Dans son ouvrage *Le Cœur de l'altruisme. Perceptions d'une commune humanité*[28], elle étudie trois catégories de personnes ayant manifesté de l'altruisme : les philanthropes, les héros (personnes ordinaires qui ont risqué leur vie pour en sauver d'autres) et les gens ayant sauvé des Juifs – et elle y ajoute une quatrième catégorie non altruiste : les entrepreneurs. Dans son ouvrage, Monroe constate que pratiquement tous les individus interrogés, dans les quatre catégories, expriment des convictions éthiques similaires, qu'il s'agisse de la sincérité, de l'honnêteté ou de l'intégrité professionnelle. La seule différence morale vraiment significative entre altruistes et non-altruistes réside dans le fait que les premiers ont une vision du monde où nous sommes tous reliés les uns aux autres par une humanité partagée. Penser ainsi les conduit à considérer que toute personne mérite d'être traitée avec respect et dignité.

Tony déclare ainsi : « Nous sommes tous comme les cellules d'une même communauté très importante. Pas l'Amérique ; je veux dire l'espèce humaine. Et on devrait toujours être conscient du fait que toute personne est fondamentalement nous. On devrait toujours traiter les gens comme s'ils étaient nous ; et cela vaut pour les méchants nazis comme pour les juifs amis qui sont en difficulté[29]. » L'idée d'Irène est que « nous appartenons à une famille humaine[30] » ; Bethe reprend cette idée en disant : « Quand on sait que l'on est relié à une entité plus grande, on ne peut vraiment pas agir autrement[31]. »

Pour certains, la conviction de notre commune humanité va même plus loin que l'appartenance à l'espèce humaine ; elle concerne également la propension de chacun de nous à pouvoir faire le bien ou le mal. Ainsi, Tony poursuit-il son propos en disant que les nazis n'étaient pas des monstres, mais des Allemands normaux qui, en raison de leur éducation, de leur formation, de la culture et de la cupidité ambiantes, sont devenus ce qu'ils ont été. Pour lui, « le mal et le bien sont en chacun de nous[32] ».

Associer le cœur et la raison

La distinction que j'ai opérée entre plusieurs formes de morale poussant à l'action est un raccourci pratique, mais qui ne doit pas nous leurrer : beaucoup de gens ont agi en suivant plusieurs types de motivation. Ainsi, pour le pasteur André Trocmé, un acte est mauvais à la fois parce qu'il fait mal à quelqu'un et parce qu'il viole un impératif, un commandement, donné par Dieu dans la Bible et dans nos propres cœurs[33]. De même, Louisa tient des propos qui relèvent à la fois d'une éthique de sollicitude et d'une éthique de justice[34]. Si elle affirme qu'elle a tout simplement aidé des gens dans le besoin (sollicitude), elle a aussi répondu à sa mère – qui lui reprochait de mettre ses propres enfants en danger – qu'il était plus important pour ses enfants d'avoir des parents qui agissent selon leur conscience, même au péril de leur vie. L'opposition traditionnelle entre le cœur et la raison n'a pas de raison d'être ici. Tous deux ont contribué à sauver des Juifs. Et c'est lorsque la sensibilité et le raisonnement étaient en pleine harmonie au sein d'une personne que celle-ci avait le plus de probabilité de se mettre au service de l'humanité souffrante.

La satisfaction d'agir en accord avec sa conscience

Un élément est particulièrement troublant lorsqu'on lit les témoignages de gens qui ont sauvé des Juifs ou qui n'en ont pas sauvé. Les uns et les autres disent fréquemment : « Je ne pouvais pas faire autrement. » Pour les premiers, cela correspond à un appel impératif de leur conscience et, pour les autres, à une soumission aux circonstances.

Mettre en accord ses convictions et ses actes, être cohérent, est source de satisfaction. Ainsi Janka Polanska, qui a sauvé 10 Juifs en les cachant dans son appartement, déclare-t-elle : « Je dois être en paix avec moi-même ; ce que les autres pensent de moi n'est pas important. C'est ma conscience que je dois satisfaire, pas l'opinion des autres (...). Quand j'ai délivré Adas des griffes de la police, je me suis sentie aussi légère que si j'avais des ailes. J'étais si contente ; je savais que j'avais agi correctement[35]... » Consul général de Turquie sur l'île de Rhodes, Selahattin Ulkumen a réussi, après plusieurs jours de requêtes obstinées, à persuader un général de la Gestapo à ne pas envoyer un groupe de Juifs en déportation ; il raconte l'immense satisfaction qu'il a éprouvée d'avoir ainsi permis à 42 hommes d'échapper à la mort[36]. Même sentiment chez un autre diplomate turc, exerçant à Marseille, cette fois : Necdet Kent a réussi à convaincre les autorités allemandes de faire redescendre plusieurs dizaines de Juifs qui étaient déjà dans un train. Il dit ne jamais avoir ressenti une telle paix intérieure que ce jour-là[37].

« Le Seigneur voulait que nous sauvions ces gens... »

Environ 15 % des personnes interviewées par les Oliner citent la foi religieuse comme l'une des raisons de leur action ; un pourcentage plus élevé de survivants juifs (26 %) ont perçu la religion comme une motivation essentielle chez les personnes qui les ont sauvés. Conscience religieuse et conscience citoyenne semblent alors intimement mêlées. Par exemple, quand on demande à Otto Busse pour quelle raison il a sauvé des Juifs, il déclare : « J'ai considéré qu'il était de mon devoir d'agir ainsi, conformément à mon interprétation de ce qu'est une conscience chrétienne[38]. » De même, Selahattin Ulkumen, le consul de Turquie dont je viens de résumer l'expérience, a-t-il déclaré : « Je crois en Dieu, je suis musulman et je n'ai fait qu'écouter la voix de ma conscience. Ma conscience m'a appelé. Je suis musulman, oui, mais je suis avant tout un homme qui pense à l'humanisme, à l'humanité. Je me suis mis à la place de ces personnes qui allaient mourir. Ma conscience m'a dit de faire ce que je pouvais[39]. »

De son côté, Aristides de Sousa Mendes, consul général portugais installé à Bordeaux, signe en quelques semaines, contre les ordres de son gouvernement, environ 30 000 visas dont 10 000 pour des réfugiés juifs. Lorsqu'il ouvre la porte de la chancellerie le 16 juin 1940, il lance : « Désormais, je donnerai des visas à tout le monde, il n'y a plus de nationalités, de races, de religions[40]. » Catholique convaincu, le consul confiera à sa famille qu'il a entendu une voix, celle de sa conscience ou celle de Dieu, qui lui dictait la conduite à suivre et que cela était très clair pour lui. Selon Eva Fogelman, cette conviction chez les croyants d'être redevables envers une autorité supérieure est l'aspect le plus remarquable de leur identité de « sauveur[41] ».

Lorsque Marek Halter rencontre Klara Münzer et qu'il fait allusion au danger qu'elle a couru en sauvant des Juifs, celle-ci lui répond qu'elle avait parfaitement conscience des risques qu'elle prenait, mais que son amour du prochain, acquis au travers de son éducation catholique, était plus important pour elle[42]. Et lorsqu'il demande à Marie Brottes, une habitante du Chambon-sur-Lignon, si elle referait la même chose cinquante ans après, celle-ci répond sans hésiter : « Mais enfin, comment laisser quelqu'un qui est pourchassé avoir faim, avoir soif, avoir froid, sans essayer de lui rendre service ! Mais c'est la parole de Dieu : "Tu aimeras ton prochain comme toi-même[43]." »

Ainsi, aux heures les plus noires de l'histoire, des femmes et des hommes ont accepté de risquer leur vie pour d'autres, et ce simple fait nous donne le droit, et plus encore le devoir, d'espérer en l'avenir. Certains lecteurs peuvent être tentés de considérer que c'étaient des gens exceptionnels, des héros inaccessibles, que leur expérience est certes intéressante, mais qu'ils ne sont aucunement représentatifs de l'individu moyen. Il s'agit là d'une erreur, et ce pour plusieurs raisons. Tout d'abord, le véritable nombre de gens ayant protégé des Juifs – qui ne sera jamais connu – est certainement bien plus important que dans les chiffres officiels. Comme nous venons de le voir, beaucoup n'ont pas souhaité mettre leur expérience en avant, en particulier parce qu'ils estimaient n'avoir fait que leur devoir humain. Il a fallu parfois une longue enquête de certains survivants juifs pour retrouver ceux à qui ils devaient leur salut. Par ailleurs, parmi ces derniers, des milliers ont été exécutés et leurs protégés ont également disparu. La trace de ces Justes a définitivement disparu de l'histoire. Mais je voudrais surtout insister sur deux éléments qui me font penser que cette situation n'est en rien exceptionnelle :

- ces gens eux-mêmes se considèrent comme des gens ordinaires ;
- la très grande majorité des personnes sollicitées ont répondu positivement.

« Je ne me considère pas comme un héros. Je n'ai fait que mon devoir... »

J'ai été impressionné, au fil de mes lectures, de constater à quel point ces personnes considéraient leur action comme normale et en aucun cas héroïque. Cette idée revient à de très nombreuses reprises dans les témoignages. Par exemple, dans son enquête, Nechama Tec a noté ce contraste : les Juifs qu'elle a rencontrés étaient heureux et impatients de féliciter leurs protecteurs, tandis que les protecteurs étaient réticents à parler de l'aide qu'ils avaient apportée ; ceux qui ont accepté l'ont fait en restant très réservés et seuls 3 % ont estimé que sauver des Juifs relevait d'un comportement extraordinaire[44]. Au cours des entretiens, certains ont d'ailleurs omis de parler de situations qui les auraient particulièrement mis à l'honneur – Nechama Tec qui rapporte ces actes n'en a eu connaissance que par le témoignage d'autres personnes. C'est vrai, par exemple, d'une femme polonaise qui a caché et entouré de son affection une jeune fille juive. La femme a été dénoncée et lorsque le policier est venu pour emmener la fille, bouleversée, elle lui a demandé de la tuer à la place. L'homme a eu pitié et a laissé la vie sauve à l'enfant[45].

Pour plusieurs, l'idée d'une récompense extérieure, que ce soit sous forme de reconnaissance publique, d'honneurs ou de compensation financière, leur paraît répugnante. À leurs yeux, ce qu'ils ont fait est juste ordinaire. Un couple n'a accepté de témoigner auprès des Oliner qu'en raison de l'émergence de néonazis et de révisionnistes niant que l'Holocauste ait existé. Une femme l'a fait pour que le monde sache que la bonté existait même en ces temps de ténèbres[46]. Léonie a refusé la médaille des Justes, estimant que d'autres personnes avaient fait bien plus qu'elle pour la mériter[47]. Comélia Schroeder n'a accepté de parler du salut d'un couple de Juifs qu'elle et son mari ont caché pendant des années qu'après une négociation de plus de deux heures avec Marek Halter. Et encore, elle a refusé d'être filmée[48]. Certains sont restés silencieux pendant de longues années et n'ont brisé ce silence qu'après avoir été contactés pour être récompensés de la médaille des Justes. Margot, elle, a refusé toute récompense ; elle n'a parlé de son action à personne, au point que lorsque Samuel Oliner l'a contactée, quarante ans plus tard, son mari a réagi en disant : « Mais qu'est-ce que c'est que ça[49] ? »

Deux sociologues ayant étudié l'expérience vécue au Chambon-sur-Lignon sont arrivés à la conclusion que la bonté pourrait bien être plus ordinaire que nous ne l'affirmons habituellement[50] : « Peut-être nous trompons-nous dans notre tendance à croire que la bonté est l'apanage des héros et des saints, écrivent-ils. (...) Ceux qui ont refusé d'obéir aux ordres des autorités et ont aidé des personnes persécutées n'étaient ni des saints ni des héros. Leur bonté était celle d'hommes et de femmes ordinaires qui ont été sensibles au besoin d'aide des victimes. » De leur côté, les personnes qui ont sauvé un nombre impressionnant de Juifs avaient, bien sûr, leurs limites et des imperfections humaines, comme chacun de nous. André Trocmé, principal artisan à Chambon-sur-Lignon, était un homme capable de colères terribles. Aristides de Sousa Mendes était un fonctionnaire sans envergure jusqu'à ce qu'un matin, après trois jours d'un intense mal-être, il décide de donner un visa à tous ceux qui lui en feraient la demande. Oskar Schindler (à l'origine du film de Steven Spielberg *La Liste de Schindler*) était initialement un industriel nazi opportuniste qui a employé des Juifs dans son usine parce qu'ils constituaient une main-d'œuvre gratuite. Ce n'est qu'au fil du temps qu'il a décidé de les sauver sans en tirer de profit, au péril de sa propre vie. Certains étaient même antisémites[51] ! Ils ont certes été très rares, mais ils ont existé : malgré leurs préjugés, ces personnes considéraient néanmoins qu'il était inacceptable de tuer une personne innocente ; elles ont sauvé des Juifs pour cette raison, au risque d'en mourir.

En Israël, il existe une commission chargée de désigner quelles personnes méritent de recevoir le titre de « Juste parmi les nations ». Le critère est qu'il faut avoir sauvé des Juifs au péril de sa vie, sans chercher à en tirer un profit financier. Durant une certaine période, il y a eu débat parmi les membres de cette commission pour savoir s'il fallait distinguer entre les « simples sauveurs » et les héros. Finalement, la distinction a paru inapplicable, ce qui fait que le Jardin des Justes, où chaque Juste est représenté par un arbre planté en sa mémoire, est le « jardin des hommes normaux[52] ».

La plupart des personnes sollicitées ont accepté

Deux chercheurs ont repris les informations statistiques des Oliner et sont arrivés à deux constats impressionnants[53]. D'une part, les deux tiers des personnes qui ont aidé ont déclaré qu'elles avaient commencé leur action parce qu'on le leur avait demandé. La plupart du temps, ce n'étaient pas des Juifs qui leur en faisaient la demande, mais des intermédiaires (surtout des membres du clergé ou de réseaux de résistance, ou encore des enseignants). D'autre part, sur 247 personnes sollicitées pour aider des Juifs, seulement 10 ont refusé, soit environ 4 % ! Certes, il y a ce que les sociologues appellent l'« effet de sélection » : les intermédiaires s'adressaient plutôt aux personnes dont ils pensaient qu'elles donneraient une réponse favorable. Cette proportion de 96 % de personnes répondant positivement n'en demeure pas moins remarquable. Elle montre qu'il y a un potentiel de bonté disponible chez la plupart des gens, qu'il suffit de solliciter, même pour des actions particulièrement risquées. On peut donc supposer que beaucoup plus de Juifs auraient été sauvés si davantage de personnes avaient été sollicitées.

L'expérience vécue par Irena Sendler confirme cette bonté disponible[54]. En tant qu'assistante sociale, elle faisait partie des rares personnes autorisées par les Allemands à aller et venir dans le ghetto de Varsovie. Elle en a profité pour organiser la sortie clandestine de 2 500 enfants. Ensuite, avec des amies, elle les plaçait dans des familles d'accueil et des couvents. « Jamais on ne m'a refusé un enfant », dit-elle. Très surpris, Marek Halter lui demande comment elle a fait pour trouver assez de Polonais prêts à accueillir autant d'enfants. Elle répond simplement qu'elle connaissait beaucoup de monde à Varsovie, sa ville natale : « Dans mon milieu, les gens étaient bons. J'avais des listes entières de volontaires. »

Soulignons à ce propos l'utilité d'une « culture » de l'hospitalité. Dans de nombreux pays, l'aide aux Juifs a été la plus efficace quand elle était le fruit d'une action collective[55]. Par exemple, Refik Vesili, le premier Albanais à avoir reçu le titre de « Juste parmi les nations », explique ainsi les raisons du comportement de son pays : « Il n'y a pas d'étrangers en Albanie, il n'y a que des hôtes. Notre code moral en tant qu'Albanais exige que nous offrions l'hospitalité dans nos maisons et dans notre pays. » Quand on lui demande si des Albanais ont dénoncé des Juifs aux Allemands, il déclare qu'il pense que cela n'a pas eu lieu, mais que si c'était le cas, une telle personne a certainement causé le déshonneur de sa famille et de son village[56]. Autre exemple : la Bulgarie qui fut, avec le Danemark, le seul pays d'Europe allié à l'Allemagne nazie dont la population juive n'a pas été déportée ni anéantie[57].

La leçon à tirer : redécouvrir la bonté en nous-mêmes

Primo Levi, interné dans un camp auxiliaire d'Auschwitz, travaillait dans une usine de production de caoutchouc. Il raconte que chaque jour, pendant six mois, un ouvrier italien lui a apporté un morceau de pain et sa gamelle de soupe ; il lui a également donné un chandail : « Il ne demanda rien et n'accepta rien en échange, parce qu'il était bon et simple, et ne pensait pas que faire le bien dût rapporter quelque chose. (...) Je crois que c'est justement à Lorenzo que je dois d'être encore vivant aujourd'hui, non pas tant pour son aide matérielle que pour m'avoir constamment rappelé, par sa présence, par sa façon si simple et facile d'être bon, qu'il existait encore, en dehors du nôtre, un monde juste, des choses et des êtres encore purs et intègres que ni la corruption ni la barbarie n'avaient contaminés, qui étaient demeurés étrangers à la haine et à la peur ; quelque chose d'indéfinissable, comme une lointaine possibilité de bonté, pour laquelle il valait la peine de se conserver vivant. (...) Lorenzo était un homme : son humanité était pure et intacte, il n'appartenait pas à ce monde de négation. C'est à Lorenzo que je dois de n'avoir pas oublié que moi aussi j'étais un homme[58]. »

Selon Kristen Monroe, l'aide apportée aux Juifs pendant la Seconde Guerre mondiale constitue un important défi à toute conception de l'être humain fondée sur l'intérêt personnel, qu'il s'agisse de l'économie néoclassique, de la biologie darwinienne ou encore de la psychologie freudienne. En effet, contrairement à la vision égoïste de l'être humain, les personnes qui ont aidé n'ont pas raisonné en termes de coûts-bénéfices[59]. Du côté des coûts, elles étaient évidemment conscientes des immenses risques qu'elles couraient, mais elles n'ont pas pris cet aspect en considération. Du côté des bénéfices, elles n'ont pas fait cela pour l'argent (c'est d'ailleurs l'un des critères pour être considéré comme « Juste parmi les nations » par le Mémorial de Yad Vashem) ni pour la reconnaissance, comme nous l'avons vu.

Mais alors, si cette vision est erronée, par quoi pouvons-nous la remplacer ? Les pages qui précèdent ont commencé à nous fournir des pistes de réponse à la question que je posais au début de ce chapitre : d'où vient le sentiment d'évidence qui s'est imposé avec une telle force à l'esprit de ces personnes ? La réponse définitive, je pense l'avoir trouvé dans un texte de Mordecai Paldiel[60], qui fut directeur du Département des Justes parmi les nations, en Israël. Selon lui, c'est la bonté fondamentale, présente en chacun de nous, qui est la clé qui nous ouvre la compréhension de ces comportements.

Selon lui, les actions des Justes démontrent que l'altruisme est une « prédisposition humaine innée[61] ». « Plus j'examine les actes des Justes parmi les nations, écrit-il, plus je doute de la validité de la tendance habituelle à magnifier ces actions dans des proportions déraisonnables. (...) La bonté nous stupéfie, car nous refusons de la reconnaître comme une caractéristique humaine naturelle. Aussi, nous cherchons longuement une motivation cachée, une explication extraordinaire de ce comportement si particulier. (...) En cherchant une explication aux motivations des Justes parmi les nations, ne sommes-nous pas en train de dire : "Mais qu'est-ce qui n'allait pas chez eux ?" Ne sommes-nous pas, dans un sens plus profond, en train de sous-entendre que leur comportement était anormal ? Est-ce possible que nous créions ainsi un problème là où il ne devrait pas y en avoir ? (...) Au lieu d'essayer de mettre poliment de la distance entre eux et nous tout en louant leurs actions, ne serait-il pas préférable de redécouvrir le potentiel altruiste en nous ? Aider de temps en temps quelqu'un, même si c'est particulièrement difficile, fait partie de notre nature humaine et de nos comportements. (...) Ne cherchons pas des explications mystérieuses de la bonté chez les autres, mais redécouvrons plutôt le mystère de la bonté en nous-mêmes. » Ainsi, l'aide portée aux Juifs pendant la Seconde Guerre mondiale est le révélateur, non de l'existence de personnalités exceptionnelles, mais plutôt de la bonté fondamentale présente en chacun de nous. Nous venons de voir que la bonté peut surgir même aux pires moments de l'histoire. Ce que nous montre le chapitre suivant, c'est que les victimes elles-mêmes peuvent devenir sources de bonté pour autrui. Au lieu de s'enfermer dans le cercle infernal de la vengeance, elles s'ouvrent à la spirale de la bienveillance, voire du pardon.

CHAPITRE 3

L'altruisme et le pardon nés de la souffrance

> « Protéger les enfants de ce que j'ai subi moi-même durant mon enfance a été le moteur de mon combat contre l'utilisation d'enfants à des fins sexuelles. »
>
> Latifa BENNARI,
> fondatrice de l'association L'Ange bleu[1].

J'ai eu le privilège de rencontrer à plusieurs reprises Latifa Bennari, une femme remarquable qui vient en aide depuis plus de quarante ans aux jeunes victimes de violence sexuelle. Quand elle était petite fille, elle a été abusée sexuellement à de nombreuses reprises par un des employés de son père, lequel dirigeait un atelier de tailleurs au Maroc. En 1999, elle met en ligne le site de l'association L'Ange bleu. Comme d'autres associations, L'Ange bleu se fixe comme objectif de soutenir des victimes d'abus sexuels, notamment par la mise en place de groupes de paroles, mais Latifa Bennari souhaite aller plus loin et agir en faveur de la prévention de ces actes. En assistant à des colloques et à des conférences données par des spécialistes, Latifa Bennari a été étonnée de constater que, lorsque ceux-ci abordent le sujet de la prévention des abus sexuels d'enfants, ils ne parlent que de deux aspects : la prévention de la récidive et les campagnes d'information à destination des enfants. Rien sur la prévention primaire, celle qui peut permettre à des individus attirés sexuellement par des enfants de ne pas passer à l'acte. Limiter la prévention à la prévention de la récidive est absurde et honteux selon elle, car cela revient à attendre que des pédophiles commettent des infractions sexuelles pour intervenir. Or, affirme-t-elle, dans bien des cas, les attirances pédophiliques précèdent les abus de plusieurs années. Latifa Bennari souligne d'ailleurs qu'un individu peut être pédophile – attiré sexuellement par des enfants – sans passer à l'acte. Une part importante des auteurs de maltraitance sexuelle qu'elle a rencontrés n'ont commis leur premier abus qu'après l'âge de 30 ans, bien après l'apparition de leurs attirances. Plusieurs lui ont confié : « Si j'avais pu en parler dès le début, je ne m'en serais sans doute jamais pris à un enfant. »

Latifa Bennari a recueilli de nombreux témoignages qui l'amènent à considérer qu'un pédophile ne passe généralement à l'acte qu'après avoir éprouvé pendant des mois et souvent des années une attirance sexuelle envers les enfants. Ils luttent généralement contre ce désir en s'efforçant de ne pas avoir de relations pédosexuelles. Elle en conclut que si la répression est nécessaire, elle n'est pas suffisante, car elle « ne forme que des prisonniers[2] ». D'où la nécessité d'une prévention précoce, par la recherche du dialogue avec les jeunes pédophiles.

L'Ange bleu est donc une réponse à l'absence de structures d'écoute et de soutien psychologique pour les pédophiles. Cette association organise, non seulement des groupes de parole de victimes, mais également des groupes de parole de pédophiles au cours desquels ils peuvent exprimer leur mal-être. Une condition est toutefois exigée d'eux : qu'ils manifestent la claire volonté d'apprendre à gérer leurs attirances sans avoir de relations sexuelles avec des enfants. Quant à l'animateur du groupe, il doit être capable d'empathie et d'un authentique respect pour la personne, s'abstenant d'exprimer ses opinions ou ses sentiments. Le parcours de Latifa Bennari constitue un témoignage exemplaire de ce que les psychologues appellent l'« altruisme né de la souffrance » : elle a su transcender son malheur et en tirer profit pour imaginer des initiatives particulièrement originales.

L'altruisme né de la souffrance

Confrontés aux traumatismes, les psychologues se sont surtout intéressés aux troubles psychiques qui en résultent. Depuis quelques années, toutefois, certains d'entre eux s'intéressent à d'autres effets, paradoxalement favorables, des drames de l'existence. Certes, les souffrances existent, mais, à côté d'elles, une vision positive de l'existence peut se développer[3]. Une facette remarquable de ce processus est l'altruisme né de la souffrance[4], le fait que des personnes qui ont souffert soient ensuite particulièrement motivées à aider les autres, en raison même de l'expérience douloureuse qu'elles ont traversée.

L'altruisme peut se manifester au cœur même de la souffrance, comme nous l'avons déjà noté dans le chapitre sur les réactions humaines face aux catastrophes. De même, au cours d'une enquête menée auprès de survivants de la Shoah, 82 % d'entre eux ont déclaré avoir à la fois reçu et donné de l'aide durant cette époque[5], que ce soit sous forme de vêtements et de nourriture, en cachant des personnes, en les aidant à fuir ou encore en les soutenant psychologiquement. Lorsque les chercheurs ont demandé à l'un de ceux qui étaient passés par les camps de concentration si quelqu'un l'avait aidé dans ces circonstances, sa réponse fut : « Nous nous sommes toujours aidés les uns les autres. » Enfin, dans deux études réalisées auprès d'enfants gravement malades, ceux-ci étaient plus altruistes que d'autres enfants en bonne santé[6]. Pour les auteurs de l'une de ces recherches, cette différence est probablement due au fait que les enfants hospitalisés ont été en contact avec des adultes altruistes (infirmières et médecins) qui leur ont servi de modèles et avec d'autres enfants malades.

L'aptitude humaine à aider les autres alors même que l'on souffre est au cœur de la création de l'association Emmaüs[7]. Élu député en 1945, l'abbé Pierre loue une grande bâtisse en piteux état et la restaure. Il y accueille de nombreux jeunes et transforme finalement l'édifice en auberge internationale de jeunesse, à laquelle il donne le nom d'Emmaüs, en rappel des disciples de

Jésus qui discutaient avec lui sur le chemin d'Emmaüs (Luc 24, 13-35).

Un jour, on alerte l'abbé Pierre : « Venez vite, un homme a essayé de se suicider ! » Cet homme désespéré est sans famille, tuberculeux et alcoolique. L'abbé Pierre essaie de le réconforter, mais sans résultat. Il lui explique alors qu'il n'arrive pas à aider toutes les personnes qui font appel à lui. « Mais toi, enchaîne-t-il, puisque tu veux mourir, tu n'as rien qui t'embarrasse. Alors est-ce que toi, tu ne voudrais pas me donner ton aide pour aider les autres ? » C'est ainsi qu'a commencé la grande aventure d'Emmaüs. À sa mort, ce premier compagnon répétera à l'abbé Pierre les paroles qu'il lui avait dites le premier jour de leur rencontre : « N'importe quoi que vous m'auriez donné, j'aurais recommencé à me tuer parce que ce qui me manquait, ce n'était pas seulement de quoi vivre, mais des raisons de vivre. »

L'altruisme né de la souffrance peut également continuer à s'exprimer des années après le drame vécu. Par exemple, des étudiants ayant subi des violences ou une catastrophe naturelle ont éprouvé plus d'empathie envers les victimes du tsunami du Sud-Est asiatique de 2004 et un sentiment plus fort de responsabilité personnelle à les aider que d'autres étudiants qui n'avaient pas vécu d'expérience aussi douloureuse[8]. Les fondateurs d'associations caritatives sont d'ailleurs souvent des victimes ou proches de victimes d'un traumatisme. En voici quelques exemples. Bernard Barataud, père d'un enfant atteint de myopathie, est à l'origine du Téléthon. Catherine Enjolet, abusée sexuellement par son beau-père quand elle était petite, a fondé l'association Parrains par mille, qui offre un parrainage de proximité aux enfants en souffrance, en diffusant ce message : « Tout près de chez vous un enfant a besoin de vous. » Maria Nowak, qui a fui à l'âge de 8 ans la Pologne occupée par l'armée nazie – laquelle a incendié sa maison, fusillé ou déporté sa famille – a fondé l'Association pour le droit à l'initiative économique, importante structure de microcrédit qui permet à des personnes ayant peu de moyens financiers de démarrer une activité économique indépendante. Et l'on pourrait continuer ainsi pendant des pages et des pages…

Il y a des années de cela, j'ai eu l'occasion d'interviewer Mustapha Tarabhat, qui a perdu la vue à l'âge de 11 ans, deux ans après le décès de sa mère[9]. Il est alors confié aux services de protection de l'enfance, ce qui lui permet d'être scolarisé pour la première fois de sa vie. Ses progrès sont fulgurants : en une année, il apprend à lire et à écrire en braille. Il passe son bac à 20 ans. Devenu professeur de français au lycée Racine à Paris, il consacre la majeure partie de son temps libre à transcrire bénévolement en braille des ouvrages scolaires ou littéraires. Il a reçu au Sénat le « Prix du courage quotidien » qui récompense « toute personne ayant supporté d'importantes épreuves et devenue bénévolement utile aux autres ». Il a immédiatement fait don de la somme reçue à des associations qui s'occupent de non-voyants en Afrique.

Au cours d'entretiens que j'ai menés auprès d'adultes ayant été maltraités dans leur enfance, j'ai pu constater à quel point ces personnes étaient désireuses d'entourer leurs enfants d'une atmosphère d'amour, et qu'elles y parvenaient effectivement[10]. L'une d'elles, qui subissait l'inceste régulièrement quand elle était petite, avait créé à l'école un petit groupe d'enfants qui essayait d'aider les enfants tristes. Lorsque je demandais aux personnes qui répondaient à mon enquête pourquoi elles avaient choisi de témoigner, la réponse la plus fréquente était : « Je sais que ça va remuer des choses difficiles en moi, mais je pense que si mon expérience peut servir à d'autres personnes, alors ça vaut la peine de le faire. » Certaines personnes ayant vécu une enfance douloureuse deviennent d'ailleurs éducatrices dans le domaine de la protection de l'enfance, dans le but explicite de permettre à d'autres enfants de ne pas connaître les souffrances qu'elles-mêmes ont traversées[11].

D'autres travaux de recherche vont dans le même sens. Dans l'un d'eux, réalisé auprès d'hommes résilients ayant été abusés sexuellement dans leur enfance, les chercheurs constatent que la plupart disent qu'ils se sont engagés pour aider d'autres personnes, en particulier des gens vulnérables[12]. L'un, maltraité par son père et abusé sexuellement par deux oncles, se décrit comme « celui qui trouve des solutions aux problèmes ». Il a toujours aimé faire du bénévolat, et il aide toutes sortes de personnes, pauvres, handicapées, atteintes du sida. Bien entendu, il ne faudrait pas en tirer la conclusion qu'il faut avoir subi des violences pour être altruiste. Il existe heureusement d'autres moyens pour le devenir. Je montrerai dans le chapitre 9 quelles sont les attitudes parentales susceptibles de faciliter l'expression de cette caractéristique chez les enfants.

Pour la thèse qu'elle a réalisée sur l'altruisme chez les victimes de violences sexuelles, Andrea Warner Stidham a recueilli des témoignages de personnes qui, au-delà de la douleur éprouvée, estiment être des personnes meilleures en raison de la compassion et de l'empathie qu'elles ressentent envers ceux qui souffrent[13]. Elles tiennent des propos comme : « Je déteste voir quelqu'un souffrir. » Bien que la question de l'altruisme ne leur ait pas été posée, plus des deux tiers de ces personnes y ont fait spontanément allusion. On observe aussi qu'elles ont un meilleur équilibre psychologique que celles qui n'en parlent pas quand elles décrivent leur existence.

Des enfants de la guerre qui s'engagent au service d'autrui

Les enquêtes sur les enfants de la guerre aboutissent à des résultats comparables. Par exemple, 1 000 enfants juifs survivants de l'Holocauste ont été accueillis en Grande-Bretagne dans des familles ou des maisons d'enfants, après la guerre. Devenus adultes, la plupart ont mené des existences épanouies, marquées notamment par la compassion envers autrui[14]. Hedi a créé un jardin d'enfants pour les gamins d'un village arabe en Israël ; Fritz est engagé auprès de personnes handicapées physiques ; Berli est en lien avec un orphelinat au Vietnam ; Judith est impliquée auprès de femmes israéliennes veuves de guerre ; Leah désire travailler dans un centre pour convalescents.

Une étude menée au début des années 1990, chez des enfants âgés de 5 à 6 ans, à Zagreb en Croatie, a montré que les comportements altruistes (partager des bonbons, prêter des jouets ou encore être désolé qu'un enfant soit dans le besoin) étaient d'environ 10 % plus fréquents après la guerre, tandis que le niveau de comportements agressifs restait identique[15]. Selon les auteurs, ces enfants ont vu leurs parents, leurs enseignants ou d'autres personnes faire preuve d'altruisme : ceux-ci leur ont servi de modèles. Pendant la guerre, on a également demandé aux enfants d'écrire des lettres, de donner des jouets et des bonbons, de faire des dessins, etc., pour d'autres enfants, ce qui leur a probablement enseigné la valeur de l'altruisme. Une autre étude menée auprès d'enfants libanais âgés de 10 à 16 ans conclut que certaines expériences de grande violence semblent avoir un impact paradoxalement positif sur des enfants, bien que très probablement à un coût psychologique élevé[16]. Les enfants séparés de leurs parents et les enfants témoins d'actes violents (voir des proches menacés, blessés ou tués par des militaires) étaient ensuite plus altruistes. Ce qu'ils avaient vécu les incitait à condamner les injustices et à aider les personnes en difficulté.

Ervin Staub et Johanna Vollhardt se sont efforcés d'inventorier les principales origines de l'altruisme né de la souffrance. Le soutien et l'exemple d'autres personnes jouent un rôle majeur, comme je l'ai déjà souligné. Plus une personne est aidée au moment où elle traverse un traumatisme, plus il y a de probabilités qu'elle en aide d'autres par la suite. À ce titre les groupes de soutien mutuel constituent un milieu très propice. J'ai notamment pu le constater en accompagnant des groupes de l'association Jonathan Pierres vivantes[17] qui rassemble des parents ayant perdu leur(s) enfant(s). Les membres de cette association ne se complaisent aucunement dans la douleur commune ; au contraire, ils puisent dans leur expérience les ressources susceptibles d'aider d'autres parents, lesquels se sentent précisément profondément compris par ces « aidants » qui ont vécu un drame proche du leur. Il n'y a que d'eux qu'ils peuvent entendre une phrase telle que : « Je me mets à votre place. »

Un autre facteur préparant la voie à l'altruisme né de la souffrance est le fait d'avoir réussi à surmonter la souffrance psychique provoquée par le drame. Une spirale vertueuse se met d'ailleurs en place : se sentir bien incite à vouloir aider les autres, et aider les autres conduit à se sentir bien. Certains psychothérapeutes intègrent d'ailleurs l'altruisme dans la démarche qu'ils proposent à leurs patients, qu'il s'agisse de jeunes ayant subi des violences, de victimes de torture, d'anciens combattants[18].

Le pardon

« Quelque chose de terrible s'est passé. Maman a été assassinée. Il y avait du sang sur le tapis, sur les murs. Du sang qui couvre[19]... » Le jour de la Saint-Sylvestre 1995, Everett Worthington reçoit cet appel désespéré de son frère Mike. Arrivé sur place, il apprend que la police pense qu'il s'agit d'un cambriolage qui a mal tourné. Sa mère âgée a été battue à mort avec un pied-de-biche et une batte de base-ball. La maison est dévastée.

La première réaction d'Everett Worthington est la haine absolue, au point qu'il lance : « J'aimerais l'avoir seul dans une pièce avec une batte de base-ball pendant une demi-heure. Je lui ferais exploser la cervelle. » Worthington n'a pas du tout pensé au pardon pendant une grande partie de la nuit qui a suivi. Or, à cette époque, c'est un chercheur internationalement reconnu pour ses recherches sur le pardon ; il a déjà écrit plusieurs livres sur le sujet et conseille souvent à ses patients de pardonner aux personnes qui leur ont causé du tort. Une question s'impose donc progressivement à son esprit : « À qui s'applique le travail de toute ma vie – enseigner aux gens à pardonner ? Était-ce pour les autres mais pas pour moi ? Ou est-ce que cela me concernait aussi ? »

Worthington connaissait tous les arguments des opposants au pardon (le pardon empêche la justice ; le pardon est de la lâcheté ; etc.), ainsi que ceux des partisans (le pardon est libérateur et thérapeutique). Il note : « J'ai été effrayé par la haine, la colère et l'amertume qui se sont soudain manifestées dans ma propre vie. (...) Me confronter à mon absence de pardon fut un choc puissant. » Pour finir, ce ne sont pas les arguments rationnels ni ses convictions chrétiennes qui l'ont poussé à pardonner, mais le fait d'être fatigué de lutter contre la haine qui l'envahissait. Il souhaitait un soulagement à sa colère et à sa tristesse. « Si seulement je pouvais pardonner, écrit-il, je serais en paix. » Il a finalement réussi à pardonner, et continue ses recherches dans ce domaine et ses consultations thérapeutiques.

Le pardon est une forme bien spécifique d'altruisme né de la souffrance. La propension à pardonner est plus fréquente qu'on ne le pense, comme l'a montré une enquête menée en France auprès d'environ 500 personnes[20]. Une série de phrases leur ont été proposées, sur lesquelles elles devaient s'exprimer en cochant sur une échelle allant de 0 (« pas du tout d'accord ») à 10 (« tout à fait d'accord »). La phrase : « Je pense qu'il vaut mieux pardonner que se venger » obtient une moyenne proche de 9, tandis que les énoncés : « J'applique toujours la loi du talion lorsque quelqu'un m'a fait du tort » et « Ma façon de voir les choses me conduit à ne jamais rien pardonner » recueillent une moyenne proche de 2. Certes, les personnes qui ont répondu n'ont pour la plupart évidemment pas vécu de drames aussi lourds que celui que je viens de présenter, mais ce résultat reste impressionnant.

Jusqu'où peut aller le pardon ? Une enquête réalisée aux États-Unis montre que 6 étudiants sur 10 et 4 adultes sur 10 pensent que certains actes sont impardonnables (le meurtre, le viol et les violences sur enfants étant les actes le plus souvent cités)[21]. De son côté, le philosophe Jacques Derrida formule un paradoxe : « Il faut partir du fait que, oui, il y a de l'impardonnable. N'est-ce pas en vérité la seule chose à pardonner ? La seule chose qui appelle le pardon ? Si l'on n'était prêt à pardonner que ce qui paraît pardonnable, ce que l'Église appelle le péché véniel, alors l'idée même de pardon s'évanouirait. S'il y a quelque chose à pardonner, ce serait ce qu'en langage religieux on appelle le péché mortel, le pire, le crime ou le tort impardonnable. D'où l'aporie qu'on peut décrire dans sa formalité sèche et implacable, sans merci : le pardon pardonne seulement l'impardonnable. On ne peut ou ne devrait pardonner, il n'y a de pardon, s'il y en a, que là où il y a de l'impardonnable. Autant dire que le pardon doit s'annoncer comme l'impossible même. Il ne peut être possible qu'à faire l'impossible[22]. »

Derrida nous dit que l'impardonnable est la seule *chose* à pardonner, mais il me semble que le pardon concerne des personnes plutôt que des actes. Un élément essentiel du pardon est précisément la dissociation faite entre le coupable et la faute commise. Il est possible de condamner l'acte tout en pardonnant son auteur. Inversement, si le coupable est réduit à sa faute, alors tout pardon est impossible. Or toute personne est pardonnable, même celle qui a pu faire les pires choses ; en revanche, il y a des actes inexcusables, qu'aucune rationalisation humaine ne peut justifier. Il faut donc bien distinguer entre les personnes (toutes pardonnables) et leurs actes (certains inexcusables).

De plus en plus d'études scientifiques sont produites sur le pardon, processus à la fois émotionnel et cognitif – autrement dit, changement du cœur et des pensées envers l'offenseur. L'une des définitions le plus souvent citées dans la littérature scientifique est celle de Robert D. Enright et ses collaborateurs : « Processus interpersonnel par lequel un individu, qui a été victime d'une offense par l'injustice d'une autre personne, choisit d'abandonner le ressentiment plutôt que de se venger[23]. » Le pardon véhicule souvent une connotation religieuse, ce qui a pour conséquence que de nombreuses personnes qui vivent cette expérience préfèrent ne pas utiliser ce terme. Certes, de nombreuses expériences de pardon ont un fondement religieux, mais pas nécessairement. En effet, il n'existe pas, à ma connaissance, de mot strictement laïc qui reflète parfaitement cette expérience. Des expressions comme « lâcher prise », « arrêt de la haine et du désir de vengeance » ne recouvrent pas pleinement la densité de ce mot. C'est pourquoi je pense qu'il est aujourd'hui nécessaire d'aborder ce mot sans y associer automatiquement un sens religieux. Comme le souligne Hannah Arendt, « c'est Jésus de Nazareth qui découvrit le rôle du pardon dans le domaine des affaires humaines. Qu'il ait fait cette découverte dans un contexte religieux, qu'il l'ait exprimée dans un langage religieux, ce n'est pas une raison pour la prendre moins au sérieux en un sens strictement laïc[24] ».

J'ai déjà eu l'occasion de décrire le pardon dans des écrits antérieurs, en soulignant notamment les points suivants[25] :

- le pardon n'est pas l'oubli de l'acte, ni sa justification, mais la distinction entre la personne et l'acte ;
- le pardon n'est pas un devoir, ni un acte méritoire, mais un processus de libération ;
- le pardon n'est pas synonyme de réconciliation avec l'autre, mais correspond souvent à la réconciliation avec soi-même ;
- le pardon n'est pas réservé aux croyants, mais peut concerner toute personne.

J'aimerais ici m'inspirer des approches complémentaires de deux spécialistes internationalement reconnus du pardon, Everett L. Worthington, que j'ai déjà présenté[26], et Étienne Mullet[27] et retenir cinq aspects essentiels du pardon, à savoir :

- se souvenir de l'offense ;
- tenir compte des circonstances entourant l'acte ;
- tenir compte de l'attitude de l'offenseur ;
- ne pas éprouver de désir de vengeance et peu ou pas de ressentiment ;
- manifester de l'empathie envers l'offenseur ;
- s'engager publiquement et maintenir cet engagement dans la durée.

Ces cinq facettes du pardon me fourniront l'occasion de présenter, pour chacune d'elles, une histoire vécue particulièrement illustrative. J'ai volontairement choisi des expériences fortes, qui mettent clairement en jeu des ressources étonnantes de bonté humaine.

Se souvenir de l'offense : le pardon sans oubli de Nelson Mandela

Le pardon n'a rien à voir avec l'oubli, et d'ailleurs on ne peut pardonner que ce dont on se souvient. La distinction entre l'acte et la personne, présentée ci-dessus, explique que l'on puisse conserver la mémoire de la faute tout en pardonnant la personne qui l'a commise[28].

L'expérience de Nelson Mandela illustre parfaitement ce fait. Au cours du passage difficile de l'apartheid à la démocratie, la question fondamentale que Mandela et ses collaborateurs devaient résoudre était : comment favoriser la cohabitation de deux communautés dont les relations ont été marquées par une profonde violence, en évitant à la fois le déni du passé et le désir de vengeance ? La solution trouvée a été la mise en place de la commission Vérité et Réconciliation. Ce n'était pas historiquement la première commission de réconciliation[29], mais elle a présenté des caractéristiques qui en font un modèle historique[30]. Il y a tout d'abord la personnalité du président Nelson Mandela lui-même, qui a décidé de sa création. Cette victime emblématique de l'apartheid a très clairement exprimé son refus de la vengeance, son choix en faveur du pardon et de la réconciliation. Dans un texte remarquable, intitulé « Nous devrions pardonner, mais ne pas oublier[31] », Mandela déclare que la quête d'une réconciliation a été l'objectif fondamental de son combat pour l'instauration d'un gouvernement démocratique, puis il parle du pardon, très différent de l'oubli. Pour lui, « les Sud-Africains doivent se souvenir du terrible passé, de façon à pouvoir le gérer, pardonner quand le pardon est nécessaire mais ne jamais oublier. En nous souvenant, nous nous assurons que plus jamais une telle barbarie ne nous meurtrira et nous supprimons un héritage dangereux qui reste une menace pour notre démocratie ». Mandela a d'ailleurs concrètement montré la voie en invitant chez lui, pour le thé, le magistrat blanc qui l'avait condamné à perpétuité au bagne et en recevant à déjeuner les veuves des fondateurs de l'apartheid. Il a également demandé à son geôlier blanc d'assister, en tant qu'invité d'honneur, à la cérémonie d'investiture à la présidence. L'expérience de Mandela montre bien que le pardon n'est pas une expression de faiblesse, mais au contraire la manifestation d'une véritable force morale.

Mandela a dicté cette orientation à la commission Vérité et Réconciliation. Toute enquête sur le passé ne devait mener qu'à la réconciliation et à la réparation, non aux vengeances ni aux représailles. Comme le souligne le rapport de la commission, « il ne s'agit pas de balayer les souvenirs du passé, mais de créer une forme de mémoire expurgée de souffrance, d'amertume, de revanche, de crainte ou de culpabilité[32] ». Desmond Tutu, chargé par Mandela de présider la commission, a déclaré : « Nous concevons uniquement une justice punitive, qui n'a d'autre but que de châtier. (...) Je soutiens qu'il existe une autre forme de justice, une justice réparatrice qui était le fondement de la jurisprudence africaine traditionnelle. Cette approche est en accord avec le concept d'*ubuntu*, terme qui désigne l'essence même de l'être humain, marquée par la sensibilité à autrui et l'hospitalité. Dans ce contexte, le but recherché n'est pas le châtiment, les préoccupations premières sont la réparation des dégâts, le rétablissement de l'équilibre, la restauration des relations interrompues, la réhabilitation de la victime, mais aussi celle du coupable, auquel il faut offrir la possibilité de réintégrer la communauté à laquelle son délit ou son crime ont porté atteinte[33]. » Dans la préface du rapport de la commission, Desmond Tutu souligne à quel point cette manière d'agir est susceptible de faciliter les perspectives d'un avenir commun : « Après avoir regardé dans les yeux la Bête de notre passé, après avoir demandé et reçu le pardon et nous être amendés, refermons la porte sur notre passé, non pas pour l'oublier mais afin qu'il ne nous emprisonne pas. Avançons vers l'avenir glorieux d'une société nouvelle où les individus comptent par eux-mêmes et non pas au nom de critères biologiques sans importance et autres attributs extérieurs, mais en tant que personnes de valeur incommensurable, créées à l'image de Dieu[34]. »

Tenir compte des circonstances entourant l'acte : une épouse pardonne son mari qui a voulu la tuer

« Jean-Claude, mon mari, l'homme que j'aime depuis quarante ans, a tiré sur moi ! Comment une chose aussi épouvantable a-t-elle pu arriver ? Qu'est-ce qui a pu le conduire à commettre un tel acte, après trente-cinq années de vie commune ? » Une balle vient de traverser le crâne de Chantal Godrie, la rendant définitivement aveugle. Son mari, architecte indépendant, n'avait plus de commandes, mais a préféré ne pas en parler à sa femme. Désespéré, il avait prévu de la tuer puis de se supprimer. Dans son ouvrage *Blessure d'amour, la force du pardon*[35], Chantal Godrie raconte les années de partage et d'attachement qui ont précédé le drame. Ce drame n'a rien changé à l'intensité de leur relation. Au contraire, serait-on tenté de dire.

Au procès, leurs amis évoquent le couple uni qu'ils ont toujours formé. Par exemple, Nicole affirme que Chantal n'est pas victime de son mari, mais des circonstances de la vie. Leur fils témoigne dans le même sens. Bien sûr, ce qui bouleverse le plus les jurés, ce sont évidemment les propos tenus par Chantal elle-même : « Je l'aime, mon Jean-Claude, et je veux vivre avec lui… Non, il n'a pas voulu me tuer, il a voulu en finir. Il ne voyait pas d'autre issue. Son acte était un acte de désespoir. Je l'ai compris et je lui pardonne. Oui, je veux revivre avec lui[36]. »

La présidente lui fait alors remarquer :

« Vous êtes aveugle, à présent…

— Oui, et je vis avec… Mais le mal d'être séparée de Jean-Claude est pire que la cécité. »

Fait rarissime, les avocats des deux parties tiennent un discours presque similaire, insistant tous deux sur l'amour qui unit ces deux êtres. Après une délibération d'un peu plus d'une heure, le jury rend son verdict : Jean-Claude Godrie est reconnu coupable à l'unanimité du jury et condamné à cinq ans de prison avec sursis et mise à l'épreuve. Jean-Claude est donc libre. La salle applaudit à l'énoncé du verdict. Le couple et leur fils s'étreignent longuement.

Bien évidemment, Chantal Godrie s'est parfois trouvée confrontée au discours de certaines personnes, notamment de psychologues, qui ont dénoncé son attitude, considérée comme anormale. À tous ses détracteurs, elle répond : « Mon pardon n'est pas une énigme. Le pardon est, tout simplement, un acte d'amour. Rien d'autre… Mais un acte d'amour qui a la vertu essentielle de grandir celui qui pardonne et de permettre à celui qui est pardonné de repartir, de se reconstruire[37]. » Sans commentaires…

Tenir compte de l'attitude de l'offenseur : un homme torturé passe de la haine au pardon

Il est évidemment plus facile de pardonner après une demande de pardon de la part de l'offenseur. Dans une enquête réalisée en France par l'équipe d'Étienne Mullet, la moyenne enregistrée pour la phrase : « Je pardonne plus volontiers lorsque la personne qui m'a fait du tort est venue s'excuser » est supérieure à 7, sur une échelle de 0 à 10[38]. Eric Lomax a ainsi conservé une haine très vive pendant près de cinquante ans, jusqu'à ce qu'il reçoive une demande de pardon de la part de l'homme qu'il considérait comme le principal responsable de ses souffrances. La haine et le désir de vengeance ont alors laissé place au pardon et à l'amitié.

Eric Lomax rejoint l'armée britannique en 1939, à l'âge de 20 ans, est capturé par l'armée japonaise à Singapour et demeure prisonnier de guerre pendant trois ans. Dans les camps, il doit participer à la construction du rail près du pont de la rivière Kwaï. À un moment, Lomax et d'autres officiers fabriquent en secret une radio pour obtenir des nouvelles du monde. L'appareil est découvert et Lomax et ses compagnons sont violemment frappés et torturés. La haine de Lomax se focalise surtout sur un interprète, qui lui a annoncé dès le début qu'il serait finalement tué.

Après sa libération, la souffrance morale et le désir de vengeance d'Eric Lomax ne font qu'augmenter au fil des ans. Son mal-être permanent et ses crises de colère rendent sa vie sociale particulièrement difficile : sa première épouse divorce et la seconde a de plus en plus de mal à le supporter. Il décide de suivre une psychothérapie dans un centre d'aide aux victimes de torture.

À force de recherches, Lomax découvre que le fameux interprète s'appelle Nagase Takashi, qu'il est très engagé dans des actions humanitaires depuis la fin de la guerre et qu'il a récemment fait construire un temple bouddhiste près de la ligne de chemin de fer[39]. Lomax reçoit cette information avec un scepticisme froid et ressent encore plus de répugnance envers Takashi, ne croyant aucunement qu'un Japonais puisse éprouver du remords. Apprenant que ce dernier a également organisé une réunion de réconciliation à l'emplacement du pont de la rivière Kwaï, il pense à une imposture pure et simple.

Une amie lui transmet un article qui décrit la vie actuelle de Takashi : l'homme a consacré une partie importante de son existence à tenter de réparer le traitement que l'armée japonaise a fait subir aux prisonniers de guerre. Lomax découvre aussi que Takashi se souvient très bien de lui et qu'il éprouve des troubles identiques aux siens : horribles cauchemars, flash-back douloureux et sensation de dépossession de soi. Il en conclut que la mission que cet homme s'est assignée lui est dictée par les souvenirs de ses cris de souffrance à lui, Eric Lomax. Malgré tout, le désir de vengeance demeure dans son esprit. Ces révélations le soulagent pourtant : quand il revient à la maison, sa femme lui dit que pour la première fois depuis des années, elle le trouve vraiment épanoui.

Puis Lomax découvre que Takashi a écrit un petit ouvrage, qu'il achète. Ce dernier décrit l'horreur des scènes de torture subies par Lomax et son dégoût à y assister. Il raconte également que, dix-huit ans après la fin de la guerre, il s'est rendu avec sa femme au grand cimetière militaire portant le nom de chaque soldat mort. Il y a déposé une couronne de fleurs et a alors profondément éprouvé le sentiment d'être pardonné. En lisant cela, la femme de Lomax est indignée et lui écrit une lettre dans laquelle elle lui demande comment il peut se sentir pardonné, alors même que la victime ne lui a pas pardonné. Elle ajoute qu'elle espère qu'une rencontre pourra avoir lieu un jour entre les deux hommes afin de panser les blessures. Takashi lui répond rapidement en lui disant que la lettre a pénétré jusqu'au fond de son cœur, qu'il souhaite revoir Lomax et qu'il est prêt à répondre à toutes ses questions.

Le couple est très touché par la lettre et Eric Lomax commence à croire à la sincérité de Nagase Takashi. « La colère m'a quitté, laissant jaillir une source de compassion à la fois pour Nagase et pour moi, jointe à une profonde sensation de tristesse et de regret. En cet instant, j'ai perdu toute l'armure de dureté dont je m'étais entouré, et j'ai commencé à penser à l'impensable : rencontrer Nagase en toute bonne volonté. Le pardon était devenu plus qu'une idée abstraite : c'était maintenant une réelle possibilité[40]. »

Une correspondance débute entre les deux hommes et, un an plus tard, le couple Lomax s'envole vers l'Orient. Dès les premiers instants de leur rencontre, Takashi répète, le visage inondé de larmes : « Je regrette très, très sincèrement. » Ce qui conduit à cette situation paradoxale : c'est Eric qui doit réconforter son ancien interrogateur dont la douleur lui semble plus intense que la sienne. Il le conduit sur un banc et lui murmure des paroles d'apaisement.

Takashi continue : « Cinquante ans, c'est long. Mais pour moi, ces années ont été des années de souffrance. Je ne vous ai jamais oublié, je me souviens de votre visage, de vos yeux surtout[41]. » Les deux hommes en viennent même à rire en se rappelant les souvenirs du passé : « Nous étions heureux en compagnie l'un de l'autre… »

Les Lomax passent plusieurs jours en compagnie du couple Takashi et de leurs amis. Eric Lomax constate qu'à aucun moment il n'a senti un seul éclair de la colère qu'il avait longtemps entretenue envers Takashi. Le besoin d'exprimer son pardon se fait de plus en plus pressant dans son esprit. Il demande à Takashi de le rencontrer seul à seul et l'assure alors de son pardon absolu, même s'il ne peut pas oublier ce qu'il a subi. Takashi est submergé par l'émotion. Le lendemain, les deux couples se retrouvent à l'aéroport. Au moment du décollage, Eric prend la main de son épouse, l'esprit serein : « Je partais avec la sensation d'avoir accompli plus que je n'aurais jamais pu rêver. D'un ennemi haï, avec qui l'amitié avait si longtemps semblé impensable, la rencontre avait fait un frère de sang[42]. »

Ne pas éprouver de désir de vengeance : ses filles sont tuées, mais il refuse la haine

Le docteur Izzeldin Abuelaish a consacré l'essentiel de son existence à soulager l'humanité souffrante et à tenter de faciliter la paix entre Israéliens et Palestiniens. En janvier 2009, au cours d'une attaque israélienne, sa maison est bombardée par erreur : trois de ses filles et une nièce sont tuées et deux autres de ses enfants sont gravement blessés. Il découvre le corps décapité de sa fille Mayar, des bouts de cerveau pendent au plafond et des morceaux de mains et de pieds jonchent le sol. Malgré son extrême souffrance, il n'a pas la moindre idée de vengeance. Certains en appellent à verser le sang israélien pour soulager sa douleur. À ceux qui lui demandent pourquoi il ne hait pas les Israéliens, il répond que ce sont des infirmières et des médecins israéliens qui tentent de sauver la vie de ses enfants encore vivants. Il déclare aux adeptes des représailles que la haine est une maladie qui ne ramènera jamais ses filles et sa nièce à la vie, et qu'elle empêche la réconciliation et la paix[43].

Ayant perdu son épouse qu'il aimait énormément quelques mois plus tôt d'une leucémie, venant de perdre trois de ses enfants et une nièce, le docteur Abuelaish s'interroge sur le sens de sa vie : « J'ai compris que je faisais face à deux possibilités : choisir le chemin des ténèbres, ou celui de la lumière. Le choix des ténèbres, c'était celui de la haine qui agit comme un poison, de la revanche, celui des difficultés et de la dépression qui vont de pair avec la maladie. Pour choisir le chemin de la lumière, je devais me concentrer sur l'avenir de mes enfants[44]. »

Il a tiré de son drame une force pour continuer à œuvrer pour la paix : « Cette tragédie m'a rendu plus fort, et je suis plus déterminé que jamais à poursuivre mes efforts pour le bien de l'humanité. (...) C'est l'homme qui est à l'origine de la violence, et ma mission est de tenter de toutes mes forces qu'il en résulte du bien, que nous échappions à la spirale du mal, de la violence et du désespoir. (...) Haine et obscurantisme ne peuvent être combattus qu'avec amour et lucidité. Faisons en sorte qu'une génération nouvelle adopte comme projet l'avancement de la civilisation humaine, qu'elle considère l'humanisme et la liberté comme les deux valeurs les plus sacrées au monde[45]. » Depuis, le docteur Izzeldin Abuelaish a créé la fondation Daughters for Life, destinée à payer des études universitaires à de jeunes filles au Moyen-Orient, en souhaitant que celles-ci participent au mouvement de réconciliation entre Israéliens et Palestiniens.

Manifester de l'empathie envers l'offenseur : une résistante accueille chez elle son tortionnaire

En 1984, Maïti Girtanner reçoit un appel téléphonique. À l'autre bout du fil, un homme lui dit en allemand : « Je suis à Paris, je voudrais vous voir. » Elle reconnaît immédiatement sa voix, malgré les années qui ont passé. Cet homme, c'est Léo, un médecin allemand de la Gestapo qui l'a retenue enfermée pendant plusieurs mois et dont les actes de torture ont laissé des séquelles dont elle souffre encore une quarantaine d'années plus tard[46].

L'origine de tout cela, c'est le petit réseau de résistance non violente qu'elle avait fondé à l'âge de 17 ans. Du groupe de 17 résistants qui ont été, comme elle, soumis à la torture, seuls trois hommes et elle ont survécu, mais ceux-ci se sont suicidés peu après, conscients de ce que serait leur existence après ces tortures. Elle-même a songé à cette issue possible durant de longues années. Après la guerre, elle a passé huit ans à l'hôpital. Depuis cette époque et jusqu'à aujourd'hui, elle souffre jour et nuit et doit s'accorder plusieurs heures de repos quotidien. En raison du handicap entraîné par les violences subies, Maïti Girtanner a dû accepter deux renoncements, très douloureux : la fondation d'une famille et une carrière de pianiste. Pendant de longues années, elle a pleuré en entendant quelqu'un jouer du piano. Cela ne l'a cependant pas conduit à haïr Léo et ses compagnons.

Lorsqu'elle reçoit l'appel téléphonique, Maïti a l'impression que la maison s'écroule sur sa tête car elle se retrouve soudain replongée dans ce drame vécu quarante ans plus tôt. C'est la foi qui l'a aidée à tenir durant les moments d'épreuve et à reconstruire son existence : « Cette foi au Christ m'enjoignait d'aimer et de croire au pardon. » Toutefois, Maïti croyait avoir pardonné à cet homme, mais n'en avait jamais été sûre, ne l'ayant pas revu depuis son emprisonnement. « À celui qui m'avait conduite au seuil de la mort, je voulais montrer le chemin de la Vie. Mais on ne pardonne pas dans le vide. Au fond de mon cœur, je pensais sincèrement avoir pardonné à ce Léo. Mais aurais-je été capable de lui dire, en vérité : “Je vous pardonne” ? Je n’aurais pas su le dire[47]. »

Après quelques instants de discussion, l’homme lui propose de venir la voir l’après-midi même. Lorsqu’ils se rencontrent, il lui annonce qu’il a un cancer, qu’il ne lui reste que six mois à vivre et qu’il a peur de la mort ; il explique qu’il n’a jamais oublié ce que Maïti disait aux autres prisonniers sur la mort ; il avait été impressionné par le climat d’espérance qu’elle instaurait malgré la situation tragique.

Maïti Girtanner lui demande s’il est bien conscient du mal qu’il a causé. Malgré quelques tentatives de justification, il finit par exprimer des regrets, qui paraissent sincères aux yeux de Maïti, puis il lui demande pardon. « Instinctivement, écrit Maïti Girtanner, je saisis son visage de mes deux mains et l’embrassai sur le front. À ce moment-là, j’ai su que je l’avais vraiment pardonné. Ce baiser fut un authentique baiser de paix. Le plus vrai et le plus sincère que j’ai jamais donné ou reçu. »

L’homme lui demande alors comment il peut réparer le mal commis. Elle lui dit que la seule réponse possible au mal est l’amour et lui conseille d’utiliser les mois qui lui restent à faire le bien autour de lui[48]. C’est effectivement ce que va faire cet homme. De retour dans son village, il confesse son passé à sa famille et à ses amis et leur annonce son désir de faire tout ce qui est en son pouvoir pour être utile aux autres. Et il consacre les derniers mois de sa vie à mettre ses actes en accord avec ses paroles.

S’engager publiquement : une petite fille atrocement brûlée pardonne au pilote du bombardier

La photo de Kim Phuc a fait le tour du monde. C’est celle de cette petite fille de 9 ans, brûlée au napalm en pleine guerre du Vietnam, qui court nue et terrorisée sur une route. Profondément atteinte au dos et à un bras, Kim Phuc sera sauvée *in extremis* de la mort. Dix-sept ans plus tard, en août 1989, elle annonce dans le *Los Angeles Times* que, si elle rencontrait les pilotes qui ont largué ces bombes, elle leur dirait que tout cela est du passé et elle leur demanderait ce qu'ils peuvent faire pour aider à une réconciliation[49].

L'occasion se présente quelques années plus tard, le 11 novembre 1996. Devant le Mémorial des vétérans du Vietnam, 3 000 personnes sont rassemblées pour une cérémonie à la mémoire des anciens combattants. Kim Phuc réitère son message et embrasse un colonel en retraite de l'US Air Force. Dans l'assistance, un homme est bouleversé. Il écrit sur un morceau de papier : « Kim, je suis cet homme. » C'est au moment où Kim Phuc s'apprête à monter dans la voiture qui doit la ramener à son hôtel que son accompagnateur l'informe que l'ancien pilote se trouve juste derrière elle. Kim se retourne et le prend dans ses bras. John Plummer lui demande : « Pardonnez-moi, je vous en supplie, pardonnez-moi. » Elle répond : « Mais oui, c'est fini, je vous pardonne[50]. »

Un an plus tard, l'Unesco a nommé Kim ambassadrice pour la paix, chargée de « répandre un message nécessaire sur la réconciliation, la compréhension mutuelle, le dialogue et la négociation, seules réponses possibles à la violence et aux affrontements ». En 1997, elle a créé la fondation Kim Phuc, destinée à aider les enfants victimes de la guerre partout dans le monde[51]. Vingt-cinq ans après la fin de la guerre du Vietnam, des vétérans continuent à sonner à la porte du photographe Nick Ut, en Californie : « Nous voulons juste vous remercier d'avoir pris cette photo : c'est elle qui a mis fin à la guerre. »

CHAPITRE 4

La répugnance des soldats et des exécuteurs à tuer, sauf lorsque...

« Aucun d'eux n'est né assassin. »

Simon WIESENTHAL,
« chasseur » de nazis[1].

« Il faut des conditions sociales propices plutôt que des gens monstrueux, pour produire des actions atroces. »

Albert BANDURA[2].

La paix est la condition normale des sociétés

L'un des arguments le plus souvent avancés en faveur de la thèse de l'instinct de violence chez l'être humain est celui du nombre considérable de guerres dans l'histoire de l'humanité[3]. Or cet argument n'en est pas un : il fait l'économie d'une véritable analyse des processus aboutissant à ces déplorables événements. Comme nous allons le voir, parmi les multiples explications proposées des guerres et des génocides, celle faisant appel à une nature humaine sanguinaire est la moins convaincante.

Notons tout d'abord que, contrairement à une idée commune, la guerre n'est pas un phénomène universel dans l'espèce humaine, comme je le montre au chapitre 8. De plus, quel crédit accorder aux statistiques censées nous démontrer la permanence des guerres au cours des siècles ? Une série de chiffres a été citée à de multiples reprises, que ce soit par des journaux réputés sérieux comme le *New York Times* ou par d'importants responsables politiques de différents pays. Ils nous apprennent qu'« il y a eu seulement 292 années de paix depuis l'an 3600 avant J.-C. ; que 3 640 000 000 personnes sont mortes lors des 14 531 guerres au total que compte cette période. Le volume de personnes ainsi tuées pourrait constituer un anneau autour de la planète Terre, de 156 kilomètres de large et 10 mètres d'épaisseur ». Dans certains cas, il est également précisé que ces chiffres ont été obtenus avec l'aide d'un ordinateur, par une équipe internationale d'historiens dirigée par l'ancien président de l'Académie norvégienne des sciences, ce qui confère évidemment une aura de forte crédibilité aux propos.

Constatant les multiples répétitions de ces « données », Joel Singer et Melvin Small ont cherché à en connaître l'origine, et leur conclusion est impressionnante[4] : « Au cours de notre enquête, nous avons découvert une série de rapports dont l'apparence ne peut être expliquée que par un complet mépris des règles universitaires élémentaires. » Interrogé sur ces statistiques, le secrétaire de l'Académie norvégienne des sciences a répondu : « Nous ne connaissons rien de la source de ce canular[5]. » Singer et Small ont poursuivi leur enquête et découvert que c'est le journaliste Norman Cousins qui était à l'origine de ces informations. Celui-ci commençait très honnêtement son propos par ces mots : « L'éditorial qui suit est bien entendu imaginaire. » Interrogé sur ses sources, Cousins a répondu que certains chiffres étaient le résultat d'extrapolations, que d'autres étaient des estimations, d'autres encore le fruit de son imagination – par exemple, l'image d'un anneau autour de la Terre.

Deux autres chercheurs sont remontés encore plus loin, en essayant de retrouver la source ultime des extrapolations de Cousins[6]. Ils y sont finalement parvenus : il s'agit d'un ouvrage publié en 1864 par un auteur français quasiment inconnu Odysse

Barot, *Lettres sur la philosophie de l'histoire*. Mais la lecture attentive de ce livre a amené les chercheurs à la conclusion suivante : « Il n'y a aucune base factuelle pour les chiffres de 14 531 guerres, petites ou grandes, dans l'histoire humaine. Le chiffre est une pure invention, même pas de la "science-fiction". Il en est de même pour le nombre de victimes et de tous les autres chiffres. Sur ce sujet, les auteurs, même sérieux ou sceptiques, n'ont fait que se répéter les uns les autres sans faire preuve d'esprit critique. »

Prenons des chiffres récents, nettement plus fiables. Sur la base d'une considérable base de données sur les guerres, le politologue Giacomo Chiozza a associé deux à deux les pays du monde pour voir s'ils étaient en paix ou en guerre, pour la période 1946-1997. Résultat : sur 400 000 observations, il n'y a que 3 142 conflits, soit 0,8 %[7]. Autre constat : en 2002, 1,6 million de personnes sont mortes de violence, sur une population mondiale de 6 301 463 000 personnes ; parmi elles, 870 000 l'ont été par suicide, 560 000 par homicides et 170 000 par la guerre[8].

Certes, 170 000 personnes mourant par la guerre au cours d'une année, c'est trop, beaucoup trop, mais il faut cependant ramener ces chiffres à de justes proportions. Ils signifient qu'en 2002 environ 27 personnes sur 1 million sont mortes de guerre et 89 sur 1 million sont mortes d'homicide (dont les homicides involontaires, par exemple lors d'accidents de la route), soit respectivement 0,0027 % et 0,0089 %. Chiffres incompatibles avec l'idée d'un être humain fondamentalement poussé au meurtre par ses pulsions agressives.

On commet une erreur de raisonnement lorsque l'on affirme que l'humanité a pratiquement toujours connu des guerres. Si l'on s'arrête sur un moment précis, l'engagement dans une guerre ne concerne alors qu'une infime minorité de personnes sur la face de la Terre. Certaines batailles de l'histoire ont duré une journée et ont concerné quelques centaines de combattants. Considérer que cette année-là, l'humanité était en guerre est une considérable exagération. En fait, au cours de l'histoire, l'immense majorité des gens sont morts de causes autres que l'homicide ou la guerre. C'est la paix – non la guerre – qui est la condition normale des sociétés.

La répugnance fondamentale à tuer lors des guerres

Autre fait qui va à l'encontre de l'argument de la guerre comme preuve d'un instinct violent chez l'être humain : ce ne sont généralement pas les soldats eux-mêmes qui décident de l'entrée en guerre, mais des responsables hiérarchiques bien éloignés des zones de combat. L'association de deux mécanismes psychologiques a de terribles effets meurtriers : d'un côté, le leader politique donne des ordres sans voir concrètement ce que signifie tuer quelqu'un ; à l'autre bout de la chaîne, le soldat obéit aux ordres, par un mécanisme aujourd'hui bien connu de soumission à l'autorité.

D'ailleurs, face à l'ennemi, les soldats éprouvent généralement une véritable répugnance à tuer. Un témoignage, parmi d'autres, nous montre les effets immédiats de cet acte. Il provient d'un membre d'un commando allemand chargé d'exécuter des Juifs avec des armes à feu. Cet homme qui a déjà tué trois fois note : « La mise à mort de ces hommes me répugnait tellement que j'ai raté le quatrième. (...) Ce n'est pas que je ne pouvais plus viser correctement, la quatrième fois, j'ai plutôt fait exprès pour rater. Puis j'ai couru dans la forêt, j'ai vomi et je me suis assis contre un arbre. Pour être sûr qu'il n'y avait personne aux alentours, j'ai crié fort dans les bois, car je voulais être seul. Aujourd'hui, je peux dire que mes nerfs étaient totalement délabrés[9]. »

Le premier auteur à mettre en évidence la répugnance des soldats à tirer n'était pas un militant pacifiste ou un philosophe convaincu de la bonté naturelle de l'être humain, mais un militaire. En 1947, le général Samuel Marshall publie *Les Hommes opposés au tir. Le problème du commandement au combat*[10], livre qui va durablement marquer la pensée militaire. Marshall a interrogé de nombreux soldats d'infanterie ayant combattu dans le Pacifique et en Europe et il a constaté qu'en moyenne, pas plus de 15 % d'entre eux n'avaient tiré. Même les troupes bien entraînées ne dépassaient pas le taux de 25 %[11].

Selon Marshall, les soldats éprouvent, face à l'ennemi, une inhibition à tuer que l'entraînement militaire, tel qu'il est pratiqué à l'époque, ne parvient pas à éliminer : « Puisqu'il s'agit d'un handicap émotionnel et non intellectuel, il n'est pas effaçable par un raisonnement intellectuel comme “tuer ou être tué”. (...) La peur de tuer, plutôt que la peur d'être tué, a été la plus fréquente cause individuelle d'échec au combat. (...) Il est donc raisonnable de croire que l'individu moyen normalement sain – l'homme qui peut supporter le stress physique et mental du combat – éprouve une résistance intérieure, très forte et généralement incomprise, à ôter la vie de sa propre volonté s'il peut éviter cette responsabilité. (...) Au moment crucial, il devient un objecteur de conscience, sans le savoir. (...) “Laissons-les partir, laissons-leur une chance” était une remarque souvent faite lorsque l'ennemi se présentait sans précaution et s'offrait comme cible[12]. » En publiant ces résultats, Marshall visait un objectif très clair : alerter le haut commandement sur ce problème afin que l'entraînement des soldats soit plus réaliste et reflète les véritables conditions de la guerre en vue d'augmenter le taux de tirs réels[13]. Le travail de Marshall a été critiqué par plusieurs auteurs depuis le début des années 1980[14], puis en grande partie réhabilité par une longue enquête menée par son propre petit-fils, dont le but était d'établir la vérité, non de laver à tout prix l'honneur de son aïeul (ses relations avec son grand-père avaient d'ailleurs été particulièrement difficiles)[15].

Quoi qu'il en soit, le but de Marshall a été atteint : son livre a été pris très au sérieux par les responsables militaires et l'entraînement des soldats ressemble aujourd'hui bien plus aux conditions réelles du combat qu'à de simples exercices d'adresse face à une cible. Le taux de tirs a sensiblement augmenté, passant de 55 % en Corée à 90-95 % au Vietnam[16]. L'« amélioration » du taux de tir a cependant eu son revers : une augmentation considérable du nombre d'anciens combattants souffrant de stress post-traumatique, situation aggravée en raison de la réprobation dont ils ont souvent fait l'objet, une fois revenus au pays.

D'autres chercheurs ont confirmé cette répugnance des soldats à tuer. Un cas particulièrement marquant, rapporté par Joanna Bourke, est celui de la troupe menée par le lieutenant-colonel

Robert G. Cole. Celui-ci constatait avec horreur que lorsque ses hommes avaient été attaqués le 10 juin 1944, il lui avait été impossible de les faire tirer en retour. « Aucun homme sur les 25 ne s'est servi volontairement de son arme. (...) Lorsque j'ai ordonné aux hommes autour de moi de tirer, ils l'ont fait. Mais dès que je tournais les talons, ils arrêtaient. J'allais et venais en criant : “Putain ! Allez, tirez !” Ça ne faisait pas grand-chose. Ils ne tiraient que si moi ou un autre soldat les surveillions[17]. »

Un autre militaire, le lieutenant-colonel Dave Grossman, a marché dans les pas de Marshall. Il confirme, sur la base de nombreux écrits historiques, que la grande majorité des combattants dans l'histoire ont été incapables de tuer au moment crucial où ils le devaient[18]. Par exemple, en 1870 au cours de la bataille de Wissembourg, les soldats français ont tiré 48 000 cartouches sur des Allemands avançant *à découvert*, et en ont tué 404, soit un taux de 1 mort pour 119 balles. Et il semble que la majorité des victimes aient été produites par des canons, lesquels réduisent la répugnance à tuer, en raison de la distance. Grossman écrit d'ailleurs, dans la préface à la seconde édition de son livre, qu'aucun des milliers de lecteurs de son ouvrage n'a contesté ses propos, mais qu'au contraire il a reçu des témoignages de soldats confirmant ce fait. Selon lui, la grande majorité des soldats font semblant de tirer ; ils tirent certes, mais au-dessus de la tête des ennemis. Il cite le témoignage du lieutenant George Roupell, qui commandait un peloton britannique au cours de la Première Guerre mondiale et qui a constaté que le seul moyen d'empêcher ses soldats de tirer en l'air était de sortir son épée et de descendre dans la tranchée, de frapper ses hommes dans le dos et de leur dire de tirer plus bas[19].

Selon Grossman, ce comportement vient d'une « puissante résistance humaine innée à tuer un individu de sa propre espèce[20] ». Il rappelle que l'histoire est pleine de récits de soldats qui se sont suicidés ou qui se sont infligé de terribles blessures pour éviter de combattre. Même le philosophe David Livingstone Smith, l'auteur de *L'Animal le plus dangereux*, peu suspect par conséquent d'entretenir une vision pacifique de la nature humaine, est obligé de reconnaître que les êtres humains éprouvent une puissante inhibition à se tuer les uns les autres. « Pour bien accomplir leur rôle au combat sans ressentir de malaise, les soldats ont besoin d'alléger la souffrance de la guerre et de vaincre leur horreur naturelle du meurtre, tout en préservant ou même en augmentant leur moral et leur efficacité. Cela peut apparaître comme un véritable défi, mais l'évolution nous a dotés de cette capacité. Pour que cela se produise, le soldat doit se plonger dans une forme particulière de mensonge à lui-même. Aussi étrange que cela puisse paraître, son aptitude à se mentir peut faire la différence entre la survie et l'extermination, la victoire et la défaite. Toutefois, si avantageux que soit ce procédé, il est également très dangereux, car il immobilise les inhibitions naturelles contre la violence mortelle et peut libérer un torrent de brutalités[21]. »

Quand, soudain, se révèle notre commune humanité

Dans les situations de contact proche, l'humanité de l'autre se révèle dans son évidente lumière. Cet ennemi anonyme devient alors notre semblable, qu'il est très difficile de faire souffrir et de tuer. L'inhibition à tuer est alors à son paroxysme, surtout si des détails rappellent notre appartenance à une commune humanité, comme le montrent les deux situations suivantes.

Philibert Jean Grange, engagé volontaire dans la guerre 1914-1918, avait fait le serment de tuer le premier Allemand valide qu'il rencontrerait. L'occasion se présente justement : un homme se rend, à trois mètres devant lui. Mais l'homme lui montre son alliance et lui fait comprendre qu'il a cinq enfants. Le voisin de Jean Grange le retient : « Laisse-le, va, tu auras encore le temps d'en descendre d'autres ! » La scène n'a pas duré trente secondes. Grange est incapable de tirer[22]. Même Ernst Jünger, soldat exalté par la violence guerrière, a eu un geste d'humanité quand il s'est trouvé face à face avec un ennemi : « Soudain, j'aperçois, juste à quelques pas de moi, le premier ennemi. (...) Je sais que je vais le tuer, et il le sait tout comme moi. (...) Alors, à l'ultime instant, tandis que mon index éprouve déjà la résistance de la gâchette, sans prononcer un mot il me tend un bout de papier comme une sorte de sauf-conduit. Je le lui arrache de la main et je vois une photographie, apparemment la terrasse d'une villa où se trouve un homme en uniforme à côté d'une femme et entouré d'une ribambelle d'enfants. C'était un appel ultime, désespéré. Comme par miracle, j'arrive à me replonger dans cet univers aboli dont les valeurs sont parties au diable dans ce paysage barbare. J'abaisse mon pistolet. (…) J'ai par la suite considéré comme un grand bonheur de m'être dominé et d'avoir passé mon chemin. C'est justement cet adversaire qui depuis m'apparut souvent en rêve. Cela me fit espérer que ceux qui me suivaient lui laissèrent aussi la vie[23]. »

Dans ce contexte, le cas des « refusants » est intéressant à analyser. Ces personnes, étudiées par Philippe Breton, diffèrent des Justes présentés dans le chapitre 2. Ce sont des individus qui participent au système meurtrier (pendant la période nazie, certains étaient même engagés dans des organisations telles que la SS), mais qui, au moment où ils doivent tuer, ne peuvent accomplir cet acte. Comme l'explique Breton, « le refusant est donc, si l'on peut dire, un criminel potentiel qui refuse de le devenir. (…) On ne tue pas sans raison, (…) si l'on n'a pas assez de raisons pour tuer, on ne le fait tout simplement pas[24] ».

La réaction du refusant est clairement d'ordre émotionnel, elle relève de cette répugnance fondamentale à faire souffrir autrui, profondément enracinée au fond de notre être. Comme le fait encore remarquer Breton, ces hommes « n'opposent aucune morale, aucune idéologie, aucun point de vue religieux, aucun argument véritablement constitué aux massacres. (…) L'acte du refusant échappe, lui, à toute logique visible, à toute raison manifeste. Il ne s'entoure d'aucune argumentation. (…) La refusance est souvent un acte enraciné dans les profondeurs de l'être, bien en amont de toute idéologie ou de toute croyance[25] ». Ce sont donc clairement leurs « tripes » qui parlent, non une morale abstraite.

Prendre du plaisir à tuer autrui

Malgré cette répugnance générale à faire souffrir son semblable, quelques témoignages de soldats font pourtant état du plaisir ressenti à tuer autrui[26]. Deux cas de figure sont alors possibles : il s'agit soit d'émotions ressenties par des psychopathes, soit d'une réaction d'excitation dans le feu du combat, mais suivie de remords. Examinons successivement ces deux situations.

Les personnes insensibles à la souffrance d'autrui et qui peuvent même parfois éprouver spontanément du plaisir à faire souffrir, voire à tuer leur semblable, ne constituent qu'une infime minorité, comme le montrent ces quelques chiffres :

- environ 1 % des femmes et 3 % des hommes sont des individus à la personnalité antisociale. Ils ressentent peu ou pas d'empathie envers autrui ni de remords lorsqu'ils font du mal à leur semblable. Ils peuvent aisément tromper par profit ou par plaisir et sont souvent impliqués dans des bagarres et des agressions[27] ;
- dans une étude sur l'infanterie américaine, seuls 2 % des soldats n'éprouvaient aucun scrupule à tuer[28] ;
- dans les expériences de Stanley Milgram sur la soumission à l'autorité (que je présenterai plus loin), 1 ou 2 personnes sur 636 ont semblé éprouver une certaine délectation à pénaliser la victime[29].

Ces individus présentent généralement des troubles neurophysiologiques. L'erreur serait d'en conclure qu'il s'agit de monstres irrécupérables. En effet, la majorité de ces personnes sont capables d'évoluer positivement à la suite d'une psychothérapie bien adaptée[30].

La deuxième situation, celle où le soldat éprouve du plaisir à tuer, se produit lorsqu'un individu normal ressent, dans le feu de l'action combattante, une sorte d'ivresse euphorisante. Pour la plupart, cette phase est suivie par la culpabilité, non seulement d'avoir tué, mais encore plus d'avoir éprouvé du plaisir à le faire. Comme le dit le lieutenant-colonel Dave Grossman, dont j'ai présenté les travaux précédemment, « quand survient l'étape du remords, ils pensent qu'il doit y avoir quelque chose de mauvais ou de malade chez eux pour avoir éprouvé une joie aussi intense. La réponse habituelle est quelque chose comme : "Mon Dieu, je viens de tuer un homme et ça m'a plu. Qu'est-ce qui ne va pas chez moi ?" Ils se sentent mal de ne pas se sentir mal[31] ». Ce sentiment de dégoût entraîne souvent des vomissements.

Divers mécanismes de défense psychologique peuvent cependant se mettre en place, précisément pour éviter la culpabilité, sans pour autant résoudre le problème. Rudolf Hoess, le commandant du camp d'Auschwitz, résume en quelques mots l'alternative devant laquelle lui et ses collaborateurs étaient placés : « Soit devenir cruel, insensible, et ne plus respecter la vie humaine, soit être faible et sombrer dans la dépression nerveuse[32]. »

Une situation proche de l'euphorie illusoire est le rire nerveux, voire hystérique, dont chacun conviendra qu'il ne constitue en rien un plaisir. Par exemple, un villageois musulman qui a survécu à un massacre perpétré par des soldats serbes en juillet 1995, déclara : « Ils riaient comme des hommes fous. Ils devaient avoir pris de la drogue, c'est tout ce que je peux en penser[33]. » On retrouve le même type de réaction chez certains participants aux expériences de Stanley Milgram sur la soumission que je vais bientôt décrire. Ce chercheur souligne que la majorité des sujets ont manifesté des signes de forte nervosité lorsqu'ils administraient des chocs électriques violents[34]. Ils transpiraient, tremblaient, bégayaient, se mordaient les lèvres, grognaient, s'enfonçaient les ongles dans la peau. L'une des réactions les plus fréquentes était précisément le rire nerveux incontrôlable. Dans les entretiens post-expérimentaux, les participants à l'expérience précisaient systématiquement qu'ils n'étaient pas des sadiques et que leur rire ne signifiait pas qu'ils prenaient plaisir à faire souffrir la victime. Par exemple, un assistant social éclatait de rire chaque fois qu'il administrait un choc[35]. Il se frottait alors le visage pour le dissimuler, mais il était incapable de réprimer son rire, malgré des efforts visibles. Dans l'entretien postexpérimental, il a déclaré que ce rire était dû au fait qu'il se trouvait dans une situation contradictoire très pénible : d'un côté, il faisait souffrir un être sans défense et, de l'autre, il se sentait totalement impuissant à se libérer des circonstances qui le poussaient à agir ainsi. En revanche, dès qu'un sujet choisissait de désobéir à l'expérimentateur en refusant d'administrer des chocs, son anxiété et sa nervosité disparaissaient presque totalement.

La culpabilité d'avoir tué

Tuer son semblable... puis découvrir son humanité

Si le soldat parvient à surmonter sa répugnance innée au meurtre, il risque fort d'être hanté par la culpabilité, comme je l'ai déjà souligné. Grossman cite notamment le cas d'un vétéran de la Seconde Guerre mondiale. Au cours de l'entretien, cet homme a évoqué librement ses expériences de guerre, mais lorsque Grossman l'a interrogé au sujet des morts qu'il avait lui-même provoquées, il s'est mis à pleurer et n'a pas réussi à en parler. Grossman lui a demandé si la douleur d'avoir tué était toujours présente, malgré les années. Il a répondu « oui » et n'a plus voulu aborder le sujet[36].

À la suite d'une conférence de Grossman devant un groupe d'anciens combattants, l'un d'eux a souhaité lui parler en privé. Lorsqu'ils furent seuls, il lui a raconté quelque chose qu'il n'avait encore jamais révélé à quiconque. Il était officier dans le Pacifique Sud durant la Seconde Guerre mondiale et, une nuit, les Japonais ont lancé une attaque. Il s'est retrouvé nez à nez avec un soldat japonais et a tiré. À la fin des combats, il a aidé à rechercher son corps pour les services de renseignements, et il a découvert une photographie. Celle d'une femme et de deux enfants. « Depuis cela, a-t-il dit à Grossman en pleurant, j'ai été hanté par la pensée de ces deux beaux enfants grandissant sans leur père, parce que je l'avais assassiné[37]. »

Voir de près l'homme qu'on vient de tuer, ne plus le considérer comme un ennemi abstrait, mais le regarder comme un être humain à part entière comme soi-même est une expérience bouleversante. Un autre exemple nous est fourni par un roman, mais qui s'inspire probablement d'une scène réelle. Son auteur est, en effet, un ancien combattant de la Première Guerre mondiale. *À l'Ouest, rien de nouveau,* d'Erich Maria Remarque, est l'un des plus grands best-sellers de la littérature de guerre. Paul, le narrateur, jeune soldat allemand d'une vingtaine d'années, se retrouve soudain face à un soldat ennemi qui vient de tomber dans le grand trou d'obus où il était caché. Sous l'empire de la peur, Paul le transperce de plusieurs coups de poignard, mais regrette immédiatement son geste. Pour la première fois, il vient de tuer un homme de ses mains. Il s'adresse à lui : « Camarade, je ne voulais pas te tuer. (...) À présent je m'aperçois pour la première fois que tu es un homme comme moi. J'ai pensé à tes grenades, à ta baïonnette et à tes armes ; maintenant c'est ta femme que je vois, ainsi que ton visage et ce qu'il y a en nous de commun. (...) Pardonne-moi, camarade ; comment as-tu pu être mon ennemi[38] ? »

Une anecdote particulièrement troublante de « réhumanisation » d'un ennemi anonyme a été racontée par un jeune soldat israélien, alors qu'il participait à la guerre du Liban en 1982. Lui et ses camarades tiraient sur des combattants de l'OLP dans un camp de réfugiés. Deux réfugiés, distants d'une vingtaine de mètres, se sont approchés d'eux en tendant un objet et en criant. Les soldats purent discerner que cet objet était une bouteille de soda et que les cris étaient une invitation à partager la boisson. Le jeune soldat a ensuite réfléchi : « S'ils avaient été à 200 mètres, nous leur aurions tiré dessus et nous aurions été heureux de les toucher. À quelle distance un homme doit-il se trouver avant de devenir une cible ? À quelle proximité doit-il se trouver avant que nous voyions que c'est un humain[39] ? »

Le père Zabelka : de la bombe atomique à la non-violence

La prise de conscience se fait parfois plus tardivement. C'est par exemple le cas de George Zabelka, le prêtre qui a béni les soldats qui ont largué les bombes atomiques tombées sur Hiroshima et Nagasaki[40]. Il l'avait déjà fait à de multiples reprises pour d'autres bombardements moins destructeurs. Cela lui semblait normal. Ni lui ni ses collègues ne s'étaient jamais interrogés sur la moralité des bombardements. Tous pensaient que c'étaient des actes terribles, mais nécessaires. Et jamais les responsables religieux n'avaient émis la moindre objection face à ces actes destructeurs, au contraire. Le père Zabelka décrit ainsi cette situation paradoxale : d'un côté, l'Église catholique a toujours interdit la destruction de civils à la guerre, et il aurait évidemment répondu catégoriquement « non » à un soldat qui lui aurait demandé s'il pouvait tirer une balle dans la tête d'un enfant ; de l'autre, il n'était nullement troublé de voir des avions décoller pour aller massacrer des milliers d'enfants et de civils. En tant qu'aumônier, ce prêtre a souvent eu l'occasion de discuter avec de jeunes hommes qui souffraient de troubles psychiques à cause de ce qu'ils avaient fait à la guerre. L'un d'eux était au bord d'un total effondrement mental. Il avait participé à une mission de bombardement à faible hauteur, volant au-dessus d'une des principales rues de la cité, lorsque juste devant lui est apparu un petit garçon, au milieu de la rue, levant les yeux vers l'avion avec surprise. L'homme savait que, dans quelques secondes, l'enfant serait brûlé à mort par le napalm qu'il venait de larguer.

L'impact de la première bombe atomique impressionne Zabelka lorsqu'il apprend que 80 000 personnes sont mortes dans cette seule explosion. Cela fait plus de morts en un seul bombardement que lors des centaines qui l'ont précédé. Mais les statistiques ne donnent aucune image de l'horreur : George Zabelka ne ressent pas de sentiment de culpabilité à ce moment. D'ailleurs, nous sommes tous des Zabelka, à notre manière. Avez-vous remarqué que vous avez été plus touché émotionnellement par la description du petit enfant qui va mourir du napalm que par l'évocation du massacre de milliers d'enfants ? Cette prise de conscience de l'horreur de la guerre, le père Zabelka va la vivre quelques mois plus tard. Ce ne sont plus des chiffres abstraits qui traversent son esprit, mais ce sont des êtres souffrants qu'il voit directement. La guerre est terminée et les Américains ont installé des troupes d'occupation au Japon, dont le groupe de Zabelka. Il a vu les ruines de Nagasaki et parlé avec certains survivants. Il dit : « Je pense que c'est la première fois que j'ai vraiment pris conscience de ce qui s'était passé. Il y avait là des petits garçons qui n'avaient rien à voir avec la guerre et qui étaient en train de mourir ; beaucoup étaient très calmes, très silencieux. Ils étaient juste silencieux, en train de mourir. » Au cours de l'occupation, Zabelka et les militaires américains font connaissance des Japonais et découvrent qu'il ne s'agit aucunement des monstres que leur hiérarchie avait décrits.

Des années plus tard, cet homme analyse son passé ; il reconnaît ne jamais avoir pensé à dénoncer publiquement les conséquences des raids aériens massifs : « J'étais convaincu que cette destruction de masse était juste, convaincu au point que la question de sa moralité n'avait jamais sérieusement atteint mon esprit. J'avais eu un lavage de cerveau, non par la force ou la torture, mais par le silence de mon Église. » Très marqué par son expérience, le père Zabelka s'est ensuite engagé dans l'action non-violente au service des Noirs et des plus pauvres, dans le mouvement de Martin Luther King, dont il a adopté le slogan : « Le choix est entre la non-violence et la non-existence. »

Même les chefs de guerre les plus glorieux sont parfois las de la mort répandue. Ce fut le cas du général Sherman, l'un des principaux artisans de la victoire de l'armée de l'Union lors de la guerre de Sécession. Voici ce qu'il écrit à son épouse, quelques semaines avant la fin du conflit : « Je suis fatigué du combat, sa gloire n'est que de l'alcool de contrebande ; même le succès le plus brillant se fait au détriment de corps morts et mutilés, avec l'angoisse et les lamentations des familles éloignées, me suppliant au sujet de leurs fils, de leurs frères et de leurs pères. (...) Il n'y a que ceux qui n'ont jamais entendu un coup de feu, jamais entendu les hurlements et les gémissements des blessés et des mutilés (amis ou ennemis) qui peuvent hurler pour qu'il y ait plus de sang, plus de vengeance, plus de désolation[41]. »

Le traumatisme lié au fait de tuer un autre être humain peut poursuivre un individu toute sa vie et ressurgir à la moindre occasion. L'historien Antoine Prost, spécialiste de la Première Guerre mondiale, raconte ce qui s'est passé au cours d'un entretien avec l'écrivain Maurice Genevoix[42]. Celui-ci témoignait presque tranquillement des horreurs de la guerre depuis une douzaine de minutes, lorsque Prost lui demande de raconter comment il a tué deux Allemands en septembre 1914, soit plusieurs décennies auparavant, Genevoix est alors submergé par l'émotion, son visage s'empourpre. Il parvient cependant à se ressaisir et raconte l'événement dans les termes mêmes où il l'a décrit dans ses ouvrages. Mais, après l'entretien, Prost subit les reproches véhéments de l'épouse de Genevoix, car celui-ci relevait d'un infarctus. « Vous voulez le tuer », lui dit-elle.

La période nazie n'a évidemment pas échappé à ces manifestations de culpabilité. De très nombreux témoignages confirment les souffrances psychologiques générées chez les exécuteurs, au point que Himmler dut créer des hôpitaux psychiatriques et des maisons de repos pour les SS en dépression après avoir exécuté des femmes et des enfants. Rudolf Hoess, le commandant du camp d'Auschwitz, rapporte que beaucoup de membres des Einsatzgruppen se sont suicidés ou sont devenus fous, tandis que la majorité avait recours à l'alcool pour effacer le souvenir de leur horrible besogne[43].

*« Je ne suis pas né assassin.
On a fait un assassin de moi… »*

L'un des cas les plus troublants de traumatisme consécutif à un massacre a été raconté par Simon Wiesenthal, le célèbre « chasseur » de nazis. Prisonnier d'un camp de concentration, Wiesenthal est amené à rencontrer un jeune soldat allemand sur son lit de mort dans l'hôpital d'une ville voisine. La tête de ce dernier est entièrement entourée de pansements, hormis la bouche, le nez et les oreilles. Cet homme a demandé à rencontrer un Juif avant de mourir pour lui parler et lui demander pardon, faute de quoi il ne pourra pas mourir tranquille. Dès le début de la rencontre, il précise : « Je ne suis pas né assassin. On a fait un assassin de moi[44]. »

Au cours d'une opération militaire, lui et ses compagnons d'armes ont dû obliger un groupe d'hommes juifs à installer de nombreux bidons d'essence dans une grande maison. Puis ils ont poussé violemment dans cette maison environ 200 Juifs, dont beaucoup d'enfants, de femmes âgées et de vieillards. La porte a ensuite été fermée et une mitrailleuse a été installée devant. On devine la suite : ils ont dégoupillé les grenades et les ont lancées par les fenêtres sans vitres de la maison, gardant leurs fusils prêts à tirer sur ceux qui essaieraient de fuir. D'affreux hurlements jaillirent de la maison.

Une famille l'a particulièrement marqué : au bord d'une fenêtre se tenaient une femme et un homme dont les vêtements étaient en flammes ; l'homme portait un enfant dans ses bras. De sa main libre, il a caché les yeux de l'enfant, puis il a sauté avec lui dans la rue, suivie par la mère. Les soldats ont tiré. À ce moment de son récit, le jeune soldat pose la main sur les pansements qui lui entourent la tête comme pour ne plus voir ces images : « Je ne sais pas combien ont préféré le saut par la fenêtre à la mort dans les flammes, mais cette famille-là, je ne l'oublierai jamais – surtout l'enfant[45]. » Il demande pardon à Wiesenthal d'avoir participé à cette odieuse opération. Ce dernier ressent une véritable sincérité et du remords dans les propos du jeune homme. Quelques minutes s'écoulent et Wiesenthal décide finalement de quitter la pièce sans dire un mot. Ce qu'il a entendu l'a néanmoins ébranlé jusqu'au plus profond de son être.

Revenu dans le camp, il raconte la scène à quelques compagnons d'infortune, puis il dit : « Il m'a témoigné ce repentir de son plein gré. Cela suffit à me prouver qu'il n'était pas né criminel et qu'il ne voulait pas mourir criminel : ce sont les nazis qui en ont fait un homme capable de massacrer d'autres hommes sans défense. (...) L'époque sans merci a fait de lui un assassin. » Il leur explique qu'il a failli répondre positivement à la demande de pardon, mais qu'il pensait ne pas pouvoir le faire. Certes, il a eu pitié de ce jeune homme, mais il estimait ne pas être l'instance voulue pour répondre à sa question. Et il conclut : « Ai-je eu raison ou ai-je eu tort[46] ? » Dans son commentaire de cet épisode, Matthieu Ricard considère avec pertinence que le soldat SS aurait agi d'une manière plus courageuse et efficace s'il avait appelé ses camarades sur son lit de mort pour les exhorter à renoncer à leur comportement inhumain[47].

Par la suite, Simon Wiesenthal s'est fixé la mission de rechercher le maximum de criminels nazis et de les amener devant la justice. À ce titre, il a étudié l'existence de beaucoup d'entre eux. La conviction qu'il en a retirée est très claire : « Aucun d'eux n'est né assassin[48]. » Ce sont l'endoctrinement et les circonstances historiques qui les ont transformés.

La même idée est exprimée par Françoise Sironi, maître de conférences en psychologie et cofondatrice du centre Primo-Levi, spécialisé dans l'aide aux victimes de torture : « On ne naît pas tortionnaire, on le devient. On le devient par la construction délibérée, intentionnelle, chez le bourreau, de la perte de sa capacité d'empathie. (...) L'objectif central du travail avec des anciens combattants ou des agresseurs, c'est de casser la "désempathie". Il s'agit de restaurer la complexité des êtres et de les sortir du monde unique de la guerre pour lequel ils avaient été fabriqués. Il s'agit de les réhumaniser en les rendant accessibles à la représentation de la diversité des mondes et des intentions qui leur sont liées[49]. »

La culpabilité, principale source du traumatisme de guerre

Le stress post-traumatique est une forme grave de souffrance psychique qui se manifeste chez des personnes ayant subi un traumatisme et qui s'exprime par des souvenirs et des rêves répétitifs et envahissants de l'événement, avec le sentiment intense de le revivre. Les psychiatres l'ont souvent observé chez les anciens combattants et ont longtemps pensé qu'il était dû à la peur. On sait aujourd'hui que le fait d'être témoins des tueries et bien plus encore d'y participer est la principale source de ce traumatisme.

C'est parmi les vétérans de la guerre du Vietnam qu'ont été effectuées le plus grand nombre de recherches sur le stress post-traumatique lié à la guerre. Une étude menée auprès de 100 vétérans souffrant de ce trouble montre que la culpabilité de combat est le prédicteur le plus important des tentatives de suicide[50]. Les chercheurs décrivent le cas typique suivant. Ayant vu des amis tués au combat, un artilleur invite des collègues à tirer sur un village. Prenant ses jumelles, il voit une femme âgée tomber tandis qu'elle court vers les tirs, comme si elle voulait les arrêter. À ce moment, il se met à rire. Ensuite, il n'arrive pas à croire qu'il ait pu être aussi inhumain. Dans le cauchemar qui revient le plus souvent en tant que vétéran, il est capturé et attaché à un poteau ;

les villageois lui crachent dessus, au commandement de la vieille femme.

Deux autres études, réalisées auprès d'environ 1 600 vétérans du Vietnam, montrent que le combat en soi n'a pas d'effet direct sur le stress post-traumatique ; c'est le fait de tuer au combat qui est essentiellement à l'origine de cette souffrance[51]. De plus, les soldats ayant tué sont de plus gros consommateurs d'alcool, de cannabis et d'opioïdes ; ils ont également plus de cauchemars rappelant des scènes de l'époque et se sentent plus souvent incapables de parler de ce qui s'est passé au Vietnam. Cela a conduit Rachel MacNair, directrice de l'Institut pour l'analyse sociale (Institute for Integrated Social Analysis), à proposer un nouveau concept, celui de « stress traumatique produit par la perpétration d'actes ayant conduit à la mort ».

On peut cependant retirer un enseignement positif de tout cela : l'être humain n'est clairement pas fait pour tuer son semblable. Certes, des hommes peuvent faire atrocement souffrir et tuer, mais ils le font parce qu'ils sont alors des pions entre les mains de décideurs bellicistes, non en raison d'un instinct qui ne cherche qu'à se réveiller. Se servir de la guerre comme argument en faveur du caractère fondamentalement violent de l'humanité est au pire un mensonge, au mieux une profonde méconnaissance des recherches scientifiques en psychologie et en histoire sur le sujet.

La fraternité dans les tranchées

J'ai fait allusion précédemment à des refus spontanés de tuer entre soldats ennemis, mais cela peut même aller jusqu'à la fraternisation. L'expérience la plus impressionnante à cet égard, en raison de son ampleur, est celle qui a eu lieu pendant l'hiver 1914, puis dans une moindre mesure par la suite. Elle a été présentée dans plusieurs ouvrages, qui conservent la mémoire de ces *Frères de tranchées*[52] et dans le film *Joyeux Noël* de Christian Carion.

Dans de multiples endroits, à l'occasion du premier Noël de la guerre 1914-1918, des soldats de pays en guerre ont entonné des chants de Noël les uns pour les autres, échangé des souvenirs, posé pour des photos de groupe ou encore joué au football. Ces réactions spontanées se sont produites à de multiples reprises, et sans aucune concertation ; ce fut chaque fois une expérience nouvelle, ni préméditée ni organisée.

Par exemple, le capitaine Rimbault explique que certains postes ennemis ne se trouvaient qu'à huit mètres les uns des autres. Des deux côtés, des soldats fumaient leur pipe ou rédigeaient leur correspondance à découvert. Quand un chef venait, ils se prévenaient mutuellement et chacun rentrait dans sa tranchée. Pendant la nuit, les soldats des deux camps posaient des fils de fer barbelés, les uns passant parfois ce qui manquait de matériel aux autres[53].

Au cours de ces trêves, le soldat d'en face n'est plus une bête sauvage sanguinaire, ni une cible anonyme qu'il s'agit d'abattre, mais un être humain comme soi-même, avec d'identiques soucis, peurs et joies. Comme l'écrit Louis Barthas, « la même communauté de souffrances rapproche les cœurs, fait fondre les haines, naître la sympathie entre gens indifférents et même adversaires. Ceux qui nient cela n'entendent rien à la psychologie humaine[54] ». Cela est confirmé par le fait que les artilleurs, postés plus en arrière de la ligne de front, continuent eux à tirer avec leurs canons. Ne faisant pas l'expérience de la proximité physique, ils ne sont généralement pas impliqués dans ces fraternisations. Pour les soldats des tranchées, en revanche, l'ennemi, ce n'est plus le combattant d'en face, c'est la guerre elle-même, avec ses conditions déplorables d'existence et, surtout, les chefs politiques et militaires, considérés comme responsables d'une violence qui n'est pas souhaitée par les soldats du front. S'il ne tenait qu'à eux, les soldats des différents camps arrêteraient immédiatement la guerre. Ainsi, lors de la fraternisation de décembre 1915 près de Neuville-Saint-Vaast, les Français écoutent le discours prononcé par un Allemand, puis applaudissent lorsque l'orateur brise son fusil en deux sur un tronc d'arbre dans un geste de colère. Barthas poursuit : « Ah ! Que n'étiez-vous là, rois déments, généraux sanguinaires, ministres jusqu'au-boutistes, journalistes hurleurs de mort, patriotards de l'arrière, pour contempler ce sublime spectacle[55] ! » En 1930, un ancien officier écossais, le commandant Murdoch McKenzie Wood, s'exprimera lors d'un débat au Parlement sur les objecteurs de conscience et le fait de tuer pendant les guerres. Il se dira fier d'avoir participé à la trêve de Noël en 1914 et convaincu que si les choses n'avaient dépendu que d'eux, ils n'auraient ensuite jamais tiré un coup de feu supplémentaire[56]. Cette conviction est présente chez beaucoup de soldats, sur divers fronts de guerre.

Bien évidemment, les autorités militaires réagissent à cette situation. Des généraux font saisir toutes les photographies de fraternisation et interdisent les appareils photo dans les tranchées afin que tout témoignage disparaisse. Des menaces s'abattent. Par exemple, le général Horace Smith-Dorrien, l'un des plus importants chefs militaires de l'armée britannique, interdit la fraternisation avec l'ennemi et menace de cour martiale les officiers qui y participeraient[57]. Le soldat Maurice Gandolphe raconte qu'un colonel français arrive à l'improviste et exige que cesse « la mascarade » ; il ordonne de tuer des soldats ennemis en menaçant du conseil de guerre. Deux minutes sont cependant nécessaires pour organiser la première salve. Mais, avant de tirer, le sergent fait signe aux Allemands de se cacher, car cela aurait été « un abus de confiance » de les tuer[58]. Dans un autre cas, un jeune lieutenant en tournée d'inspection découvre que quelques Français festoient gaiement dans l'abri d'une brigade allemande. Il les fait arrêter immédiatement, ce qui stoppe cette expérience de fraternisation[59].

Malgré cela, la résistance de certains soldats est tenace ; la trêve spontanée est un moment de fraternisation si puissant humainement que les soldats des deux camps n'ont plus le cœur à se tirer dessus, et certains officiers ont toutes les peines du monde à faire rétablir l'« ordre ». La trêve s'est ainsi prolongée dans certains secteurs jusqu'aux mois de janvier et février, parfois même au-delà. Il est d'ailleurs assez extraordinaire que de nombreux témoignages de ces actes pacifiques aient été décrits dans des courriers adressés par les soldats à leurs proches. Il leur fallait un certain courage en raison d'une intense activité de la censure. Plusieurs soldats font une discrète allusion à la censure dans leur lettre à leur famille, en précisant qu'ils donneront plus de détails sur la fraternisation lors de leur prochaine permission[60]. Sans la censure, nous aurions certainement connaissance de bien plus d'expériences de ce type.

Pour tromper la vigilance de leurs supérieurs hiérarchiques venant faire des inspections, les soldats font semblant de se faire la guerre, en veillant à tirer au-dessus des têtes des « ennemis ». Un jeune lieutenant rapporte à ses parents ce récit qu'on vient de lui faire : les soldats des deux camps appréciaient particulièrement les talents de chanteur d'un soldat. Quand ils souhaitaient l'entendre, quelqu'un criait : « Mi-temps ! » et les coups de feu cessaient. Le « chanteur » montait alors sur le rebord de la tranchée et les soldats l'accompagnaient en chœur. Si un officier supérieur apparaissait, un signal était donné et une fusillade enragée s'ensuivait... à trois mètres au-dessus des têtes de l'ennemi. Une fois l'officier parti, ravi de constater le zèle guerrier de ses hommes, le récital reprenait de plus belle[61]. Pour sa part, Ernst Jünger souligne que ces scènes étaient caractérisées par un certain humour : « Hé, Tommy, t'es toujours là ? — Ouais ! — Alors, planque ta tête, je vais tirer[62] ! »

Les scènes de fraternisation ont eu lieu, non seulement durant la Première Guerre mondiale, mais également lors de la guerre de Crimée, la guerre de Sécession, la guerre des Boers en Afrique du Sud, la guerre russo-japonaise, etc.[63]. Elles invitent évidemment à se poser la question de la nature humaine, comme l'ont fait certains commentateurs de l'époque. Ainsi du *Manchester Guardian* qui note : « Nous qui sommes tranquillement chez nous, nous ferions bien de considérer cette trêve de Noël avec émerveillement et gratitude. Car les hommes qui l'ont respectée ont prouvé (...) que l'âme humaine a des ressorts très simples et qu'elle est d'une bonne volonté infinie[64]. » Le capitaine J. L. Jack, officier d'infanterie britannique, écrit pour sa part : « Ces incidents semblent suggérer que, si l'on excepte les ardeurs guerrières ou l'occurrence de sérieux griefs, les hommes éduqués n'ont aucun désir de s'entre-tuer, et sans l'agressivité des politiques nationales ou la peur que s'inspirent les nations, la guerre entre des peuples civilisés aurait rarement lieu[65]. »

Notons pour finir les retombées ultimes de ces fraternisations. Louis Barthas, que j'ai déjà cité, fait cette déclaration dans ses carnets : « Qui sait ! Peut-être un jour sur ce coin de l'Artois on élèvera un monument pour commémorer cet élan de fraternité entre des hommes qui avaient l'horreur de la guerre et qu'on obligeait à s'entre-tuer malgré leur volonté[66]. » Or, à la suite du film *Joyeux Noël* de Christian Carion, qui met ces faits en lumière, une association a été créée afin précisément de faire édifier le monument commémoratif dont parlait Barthas. Selon Carion, ce sera le seul lieu de mémoire, sur la planète, commémorant un acte de paix sur le champ de bataille. Le monument sera situé sur la commune de Neuville-Saint-Vaast, précisément celle où Louis Barthas a fraternisé avec les Allemands[67].

Quelques conditions nécessaires pour tuer

Puisque la répugnance à tuer est si profondément ancrée dans notre espèce, comment se fait-il que des millions d'êtres humains soient tués dans des guerres et des génocides ? Il serait trop long ici de reprendre l'ensemble des tentatives d'explications de ces comportements aberrants. Je retiendrai six facteurs facilitateurs, classés *grosso modo* depuis les plus institutionnels jusqu'aux plus intimement personnels, tout en étant conscient que je suis loin d'épuiser toutes les conditions susceptibles de faciliter la violence. Il s'agit :

- du conditionnement général des esprits ;
- de la soumission à l'autorité ;
- de la solidarité du groupe de soldats ;
- de l'augmentation de la distance physique entre le tueur et ses victimes ;
- du dédoublement de la personnalité ;
- de la consommation d'alcool et d'autres substances.

Le conditionnement général des esprits

Guerres et génocides ne s'improvisent pas. Une intense stratégie de conditionnement mental est nécessaire pour rendre acceptables ces actes meurtriers[68]. Si les humains avaient véritablement une tendance innée au meurtre et à la guerre, il ne serait pas nécessaire de les endoctriner pendant des années avec des « valeurs » guerrières. Dans chaque camp, les dirigeants sélectionnent dans l'histoire les épisodes leur permettant d'affirmer que leur pays est victime et que l'ennemi est coupable, afin de générer un sentiment de vengeance au sein de la population[69].

Le langage joue alors un rôle essentiel. Nous avons vu que plus un soldat reconnaît l'appartenance d'un ennemi à notre commune humanité, plus il lui est difficile de tuer. C'est pour cela que les adversaires sont déshumanisés par les fauteurs de guerre, notamment en les affublant de divers noms d'animaux nuisibles. Par exemple, Hitler n'hésite pas, dans *Mein Kampf*, à qualifier les Juifs de parasites vivant sur le corps des autres peuples ou de bacilles nuisibles[70]. Ce genre de vocabulaire est caractéristique des incitateurs aux divers génocides.

Des euphémismes sont largement utilisés pour faciliter le désengagement moral[71] à l'occasion de massacres. Les nazis parlaient de transfert et de réinstallation ou encore de traitement spécial pour décrire l'extermination des Juifs ; de « service médical à la rampe » pour désigner la sélection des personnes destinées à la chambre à gaz. Pendant la guerre d'Algérie, les militaires français utilisaient l'élégante expression « saut de l'ange » pour décrire une pure monstruosité : jeter une personne vivante d'un hélicoptère en vol, ou encore la formule « corvée de bois » pour éviter de dire « exécution sommaire ». Chaque conflit, chaque génocide véhicule ainsi avec lui tout un langage destiné à limiter la confrontation de l'esprit humain avec l'horreur. Raul Hilberg, grand spécialiste de l'Holocauste, a examiné pendant des années des dizaines de milliers de documents nazis sans jamais y trouver le mot « tuer », avant de le rencontrer finalement à propos d'un règlement concernant les chiens[72].

Le psychologue Roy Baumeister nous propose de comparer deux discours imaginaires qu'il place dans la bouche d'un responsable d'un camp de la mort s'adressant à un membre de son équipe :

« Je vous charge du meurtre de masse intitulé Groupe 2. Beaucoup de victimes innocentes vont arriver cette semaine. J'ai besoin que vous les massacriez aussi rapidement que possible. Et ne laissez aucun corps sanguinolent sur place, parce que cette puanteur est répugnante. »

Ou bien :

« Je vous charge de l'opération intitulée Groupe 2. Un nombre inhabituel d'unités va arriver cette semaine, et vous devrez donc les traiter aussi efficacement que possible. Mais assurez-vous que les ouvriers nettoient ensuite proprement, de telle façon que la zone de travail reste présentable[73]. »

Sans commentaires…

Les médias constituent fréquemment un instrument de choix dans la diffusion des messages de haine. L'un des exemples récents les plus marquants fut celui du Rwanda, avec notamment la propagande haineuse de la radio Mille Collines qui diffusait des messages de type : « Tuez tous les cafards[74]. »

La soumission à l'autorité

En 1961, la philosophe Hannah Arendt suit le procès d'Adolf Eichmann, logisticien en chef de l'extermination des Juifs par l'État nazi. La conclusion qu'elle tire des audiences crée un choc : elle affirme que cet homme n'est pas un monstre, mais un personnage tout à fait banal, un petit fonctionnaire efficace et soumis à ses supérieurs hiérarchiques[75]. Arendt élabore le concept de « banalité du mal » pour décrire ce phénomène. Le propos heurte la pensée commune, car cela signifie que tout un chacun peut être à l'origine d'actes effroyables.

L'une des déclarations d'Eichmann vers la fin de son procès est aussi révélatrice que terrifiante : « Je considère ce meurtre, l'extermination des Juifs, comme l'un des crimes majeurs de l'histoire de l'humanité. (…) Mais à mon grand regret, étant lié par mon serment de loyauté, je devais dans mon secteur m'occuper de la question de l'organisation des transports. Je n'ai pas été relevé de ce serment… Je ne me sens donc pas responsable en mon for intérieur. Je me sentais dégagé de toute responsabilité. J'étais très soulagé de n'avoir rien à faire avec la réalité de l'extermination physique. J'étais adapté à ce travail de bureau dans la section, j'ai fait mon devoir, conformément aux ordres. Et on ne m'a jamais reproché d'avoir manqué à mon devoir[76]. »

Ce concept de banalité du mal développé par Hannah Arendt a trouvé une étonnante confirmation dans les recherches expérimentales de Stanley Milgram sur la soumission à l'autorité, menées dans les années 1960 à l'Université Yale[77].

Imaginez l'expérience suivante : à la suite d'une petite annonce, deux personnes se présentent à un laboratoire de psychologie effectuant des recherches sur la mémoire. L'expérimentateur explique que l'une d'elles va jouer le rôle de « maître » et l'autre celui d'« élève ». Le maître va soumettre des associations de mots à l'élève et, chaque fois que celui-ci se trompera dans un exercice de mémoire, il devra le sanctionner par une décharge électrique.

Devant le maître, on attache l'élève sur une chaise et on fixe des électrodes à ses poignets. Puis on place le maître devant un impressionnant appareil destiné à délivrer des chocs électriques, allant de 15 à 450 volts. Les manettes sont accompagnées de diverses mentions allant de « Choc léger » à « Attention : choc dangereux ! » Les deux dernières manettes sont simplement accompagnées d'une étiquette « XX ».

L'expérience commence et, à chaque nouvelle erreur de l'élève, le maître doit infliger une décharge d'une intensité supérieure de 15 volts à la précédente. Le maître est rapidement amené à des intensités importantes. À 75 volts, l'élève gémit. À 150 volts, il supplie qu'on arrête l'expérience. À 270 volts, sa réaction est un véritable cri d'agonie. Après 330 volts, on n'entend plus rien : l'élève est complètement silencieux. Si, pendant l'expérience, le maître désire arrêter, l'expérimentateur l'incite à poursuivre, avec une pression de plus en plus forte.

Si vous découvrez cette expérience pour la première fois, vous êtes certainement horrifié(e) et convaincu(e) que vous auriez rapidement arrêté d'appuyer sur les boutons. C'est d'ailleurs la réaction qu'ont la plupart des personnes à qui l'expérience est décrite. En fait, l'élève est un comédien professionnel qui simule la douleur ; l'appareil, les sangles et les électrodes sont des artifices destinés à tromper le maître qui, lui, est le véritable sujet de l'expérience, celle-ci portant sur la soumission à l'autorité. Évidemment, le sujet est ensuite informé de toute cette mise en scène et de la véritable finalité de l'expérience.

Les résultats sont très impressionnants : sur 40 personnes, 26, soit 65 %, sont allées jusqu'à 450 volts ! Rappelons que dès 330 volts, l'élève ne répondait plus : des maîtres ont cru qu'il était mort, mais ont néanmoins continué à lui infliger des chocs électriques.

Quand l'expérience est décrite pour la première fois à des hommes et des femmes ordinaires, ils réagissent généralement en l'expliquant par le sadisme et l'argument de « la bête qui ressort chez l'homme[78] ». Or Milgram rejette catégoriquement cette interprétation. Pour quelles raisons ?

Tout d'abord, il constate que la très grande majorité des participants à cette expérience, obéissants ou non, éprouvent de la répulsion à infliger les chocs. Il parle d'ailleurs de « répugnance instinctive de l'individu à faire souffrir un innocent[79] ». J'ai signalé précédemment qu'ils manifestent une extrême nervosité, qui s'exprime sous forme de transpiration, de tremblements, de rires nerveux, etc. Par ailleurs, Milgram a réalisé plusieurs variantes de l'expérience. Dans l'une d'elles, l'expérimentateur dit au maître qu'il doit s'absenter, mais qu'ils vont rester en contact par téléphone, puis il quitte la salle. Dans ce cas, le maître administre à plusieurs reprises la décharge la plus faible, tout en disant par téléphone à l'expérimentateur qu'il augmente progressivement l'intensité des chocs selon ses instructions. Dans une autre variante, le sujet est libre de choisir le niveau du choc électrique. Dans ce cas, il n'y en a que 1 sur 40 qui va jusqu'à 450 volts : la majorité s'arrête à 60 volts ou moins (rappelons que la victime ne commence à exprimer un léger désagrément qu'à partir de 75 volts).

Ainsi, chaque fois que les sujets peuvent se libérer de la pression de l'autorité, la très grande majorité évite d'infliger des chocs douloureux. Milgram en conclut qu'on ne peut pas attribuer le comportement des sujets à une prétendue libération de pulsions agressives, mais plutôt à l'obéissance aux ordres : « C'est peut-être là l'enseignement essentiel de notre étude, note-t-il : des gens ordinaires, dépourvus de toute hostilité, peuvent, en s'acquittant simplement de leur tâche, devenir les agents d'un atroce processus de destruction[80]. »

Cette pression morale de l'autorité est extrêmement puissante. Des sujets de l'expérience ont fait des efforts pathétiques pour se dégager de l'emprise de l'autorité, sans y parvenir. L'un d'eux a dit à l'expérimentateur : « Il ne peut pas le supporter. Je ne vais quand même pas tuer cet homme ! Vous l'entendez bien crier. Il ne peut pas le supporter[81]. » Il a cependant continué à obéir aux ordres de l'expérimentateur. Selon Milgram, la disparition du sens de la responsabilité personnelle est de très loin la conséquence la plus grave de la soumission à l'autorité. Dans cette situation, l'individu ne se considère plus du tout comme un être humain assumant pleinement sa conduite, mais comme un instrument aux mains d'une autorité étrangère. Au cours de l'entretien d'explication qui suivait l'expérience, Milgram demandait aux sujets pourquoi ils avaient continué et il obtenait invariablement ce type de réponse : « Je n'aurais pas agi ainsi de moi-même. J'ai fait ce qu'on me disait de faire, c'est tout[82]. »

On pourrait croire que c'est le sens moral qui a disparu. Non, nous dit Milgram, mais il a radicalement changé d'objectif. L'intéressé ne porte plus de jugement de valeur sur ses actions ; ce qui le préoccupe désormais, c'est de se montrer compétent et digne de ce que l'autorité attend de lui[83]. Milgram appelle « état agentique » cette condition dans laquelle l'individu se considère comme l'agent exécutif d'une volonté étrangère, par opposition à « état autonome », état dans lequel il estime être l'auteur de ses actes. Le langage courant fournit de nombreux termes valorisants pour désigner ce type d'attitude : loyauté, devoir, discipline.

Cette interprétation est confirmée par la série d'entretiens menée par le psychiatre Henry Dicks auprès d'exécuteurs SS[84]. Dicks constate que, contrairement à ses hypothèses de départ, les huit tueurs SS ne sont pas des psychopathes primaires et impulsifs. Il a demandé à être protégé avant de commencer son entretien avec le plus terrible d'entre eux, le capitaine A, mais cette précaution s'est avérée inutile. Dicks comprend alors que, dans un contexte anodin, ces tueurs auraient certainement été des gens ordinaires. Ils sont d'ailleurs retournés tranquillement à la vie civile une fois leur rôle de SS terminé, pour y reprendre une carrière normale et sans histoires… Jusqu'à ce que la justice les rattrape. En prison, on dit aussi que ce sont « les détenus les plus faciles qui soient[85] » ! Toujours aussi parfaitement obéissants à l'autorité, en somme.

L'influence des autorités ne suffit pas toujours pour inciter un individu à tuer son semblable. Alors que les légendes dorées des guerres exaltent l'ardeur guerrière des soldats, la réalité est souvent bien différente. La manière forte de la part du commandement se révèle alors bien utile. C'est ainsi que l'historien Frédéric Rousseau constate que le patriotisme était très rare lors de la Première Guerre mondiale[86]. « De nombreux gradés, écrit-il, utilisent la brutalité, la contrainte physique ; la dernière carte du gradé confronté à la désobéissance de ses subordonnés réside dans la menace du renvoi devant le conseil de guerre, véritable promesse de mort par douze balles ; plus une, pour le coup de grâce dans la tempe[87]. » Même si elles furent rares, ces exécutions sommaires ont suffisamment frappé les esprits pour créer une forte obéissance aux ordres. Les contraintes et les menaces constituent, selon Rousseau, la principale explication de la résistance des soldats de 14-18 : « Comme leurs semblables français, britanniques, italiens, autrichiens, etc., les soldats allemands puisent avant tout leur courage quotidien dans la formidable oppression militaire qui leur est imposée. Car, enfin, qu'est-ce qu'un soldat, sinon un homme opprimé, brisé, déshumanisé, terrorisé et menacé de mort par sa propre armée ? (…) À de rares exceptions près, le sentiment national, que l'on prête si complaisamment aux poilus de 1914, doit beaucoup, sinon tout, aux revolvers brandis par les sergents serre-files. De même, le sentiment national est singulièrement renforcé par le droit de mort octroyé aux chefs de toutes les armées sur les hommes qui hésitent, désobéissent ou rompent le combat[88]. »

La solidarité du groupe de soldats

De multiples témoignages mettent en évidence le rôle capital joué par la camaraderie dans la motivation au combat. Selon Rousseau, c'est le deuxième facteur explicatif (après les menaces de mort par les supérieurs) de l'endurance des soldats de 14-18 : « Le soldat en situation d'insécurité est un animal grégaire. Le groupe de combat auquel il appartient représente tout son univers. Il y puise un sentiment de sécurité ; il y puise aussi son énergie vitale, et son esprit combatif[89]. » Les chefs militaires savent exploiter ce phénomène pour motiver leurs troupes : ils rappellent sans cesse que la survie de tous dépend de l'implication de chacun ! La fraternité et la solidarité peuvent être la meilleure ou la pire des choses. En période de guerre, elles ont malheureusement pour effet de faciliter la barbarie.

Sebastian Haffner, envoyé dans un stage de formation idéologique, en tant que magistrat stagiaire sous le IIIe Reich, explique qu'il a lui-même été pris au « piège de la camaraderie ». Certes, écrit-il, la camaraderie est un bonheur, mais « c'est précisément ce bonheur, précisément cette camaraderie qui peut devenir un des plus terribles instruments de la déshumanisation (...). La camaraderie est partie intégrante de la guerre. (...) Elle corrompt l'homme, elle déprave plus que ne le font l'alcool et l'opium. (...) La camaraderie dispense l'homme de toute responsabilité pour lui-même, devant Dieu et sa conscience. Il fait ce que tous font. Il n'a pas le choix. Il n'a pas le temps de réfléchir (...) Sa conscience, ce sont ses camarades ; elle l'absout de tout, tant qu'il fait ce que font tous les autres[90]. »

La camaraderie fut précisément au cœur d'un des épisodes les plus noirs du nazisme, raconté par l'historien Christopher Browning[91]. Plusieurs dizaines de milliers de Juifs seront exécutés en un an et demi par les 450 hommes du bataillon 101A. Pour la première opération de tuerie massive, le commandant Trapp explique à ses hommes la mission sanglante qui les attend. Toutefois, au moment crucial, il se garde bien d'être présent, car il ne peut pas supporter cette vision de cauchemar, ce qui rend furieux ses subordonnés, traumatisés par ce qu'ils font[92]. Un policier se rappelle que Trapp pleurait en pensant à ce qu'il ordonnait de faire.

Trapp pleure, mais, pendant ce temps, ses hommes tuent, tuent et tuent encore. Certains, dégoûtés, disent qu'ils trouvent cela répugnant et demandent une autre affectation à leur sergent-major Kammer. D'autres ratent systématiquement leur cible. Pour qu'ils puissent accomplir leur tâche, on leur sert abondamment de l'alcool pendant la tuerie. Et, une fois le massacre terminé, ils reviennent à la caserne, mangent peu, mais boivent énormément. Beaucoup d'entre eux sont ivres morts. Le bilan de la journée est très lourd : 1 500 Juifs de Jozefow ont été exécutés ; 80 à 90 % des policiers ont tué, alors même que presque tous étaient horrifiés et écœurés par ce qu'ils faisaient, au moins au début. Pour Browning, la soumission à l'autorité n'explique pas ce carnage, car le commandant Trapp a expliqué, avant cette opération, que ceux qui, parmi les plus âgés, ne se sentaient pas capables d'y participer pouvaient se retirer. Il y a tout de même un point commun avec l'expérience de Milgram : lorsqu'ils étaient laissés sans surveillance, de nombreux policiers n'obéissaient plus aux ordres[93], ce qui confirme bien qu'ils ne massacraient pas pour assouvir une pulsion violente innée.

Browning conclut, sur la base des témoignages recueillis, que c'est la pression du groupe qui a eu l'impact le plus fort[94]. Refuser de tirer revenait à ne pas prendre sa part dans une pénible obligation collective et, par conséquent, à être rejeté par le groupe, ce qui aurait été particulièrement désagréable au sein d'une communauté très soudée. Les témoignages parallèles de deux policiers sont ici particulièrement éclairants. Le premier n'a pas participé à la tuerie : « Ils m'abreuvaient de mots tels que “salaud” et “chiffe molle” pour bien me montrer le dégoût que je leur inspirais. Mais je n'ai pas eu à souffrir des conséquences de mes actes. Je dois dire que je n'ai pas été le seul à m'abstenir de participer aux exécutions[95]. » Le second a, lui, participé : « Si on me demande pourquoi j'ai tiré avec tout le monde, je répondrai en premier lieu que personne ne veut passer pour un lâche[96]. » Situation paradoxale par excellence : ce sont les hommes les plus courageux qui ont été traités de lâches…

L'augmentation de la distance physique entre le tueur et ses victimes

Stanley Milgram a réalisé de multiples variantes de son expérience sur la soumission à l'autorité, notamment en modifiant la distance entre le maître et l'élève. Résultat : plus le sujet et la victime sont proches, plus la désobéissance à l'expérimentateur augmente. Il en tire une conséquence pour les temps de guerre : « Du point de vue purement quantitatif, il est plus odieux de massacrer dix mille hommes en envoyant un obus au beau milieu d'une ville que d'en tuer un seul en le frappant avec une pierre. Cependant, sur le plan psychologique, ce dernier acte est de très loin le plus difficile à accomplir[97]. » L'historien Stéphane Audoin-Rouzeau constate qu'au cours des deux guerres mondiales, le combat de corps à corps a engendré 1 % du total des blessures, les balles 10 à 30 % et l'artillerie 70 à 80 %[98]. Le lieutenant-colonel Dave Grossman consacre de longs développements à ce thème de la distance physique entre le tueur et le tué, à partir de ses connaissances sur la guerre. Sa conclusion est identique : plus les deux personnes sont proches, plus l'inhibition à tuer est puissante[99].

Ainsi, le 28 juillet 1943, la Royal Air Force britannique a bombardé Hambourg, ce qui a entraîné la mort de 70 000 personnes, essentiellement des femmes, des enfants et des personnes âgées, puisque la plupart des hommes adultes étaient au front. Ces victimes sont mortes de manière horrible, en brûlant et suffoquant. Grossman souligne que si les membres de l'équipe de bombardement avaient dû égorger un par un ces 70 000 personnes, l'horreur et le traumatisme inhérents à l'acte auraient été tels que l'action n'aurait tout simplement pas eu lieu. Mais le meurtre est réalisé depuis des kilomètres de hauteur, là où les hurlements ne peuvent pas être entendus et où les corps en feu ne peuvent pas être vus, cela devient très facile. Grossman note qu'au cours d'années de recherche et de lecture, il n'a pas trouvé un seul exemple de traumatisme psychiatrique associé à cette manière de tuer. Inversement, William Manchester, vétéran de la Seconde Guerre mondiale décrit ce qui s'est passé juste après son premier combat rapproché : il a tiré sur un soldat ennemi et a immédiatement ressenti du remords et de la honte ; il a chuchoté : « Je suis désolé » et a vomi. « C'était une trahison de tout ce que l'on m'avait enseigné depuis mon enfance[100] », écrit-il.

La proximité transforme l'ennemi : celui-ci redevient un être humain aux yeux du soldat, comme le montrent les deux anecdotes suivantes, très semblables. Au cours de la Seconde Guerre mondiale, un petit groupe d'Américains vient de sauter dans un fossé pendant un tir d'artillerie, mais cinq Allemands s'y trouvent déjà... et personne ne songe à tirer en premier. Une pause a lieu, des soldats sortent des cigarettes et les font circuler. « C'était une sensation que je ne peux pas décrire, raconte l'un d'eux, la sensation que ce n'était pas le moment de nous tirer dessus... C'était des êtres humains, comme nous, ils avaient aussi peur que nous[101]. » Autre exemple pendant la Première Guerre mondiale : un soldat a reçu l'ordre de s'emparer d'une île : « J'ai vu un jeune Allemand venant vers moi et à ce moment je ne pouvais pas l'assassiner et j'ai baissé mon fusil, il m'a vu le faire et il a fait pareil, en criant : "M..., est-ce que tu veux me tuer ? Je ne veux pas te tuer[102]." » Dans la minute qui suit, les deux soldats partagent une ration de repas.

Le génie maléfique de la machine d'extermination nazie a précisément consisté à exploiter à la fois la distance tueur-tué et la soumission à l'autorité. D'un côté, les décideurs ne voyaient pas concrètement les atrocités générées par les ordres qu'ils donnaient ; de l'autre, les exécuteurs considéraient qu'ils ne faisaient qu'obéir aux ordres. De part et d'autre, la répugnance fondamentale de l'être humain à tuer s'en trouvait fortement réduite, voire éliminée. Ce sont les intermédiaires, tels qu'Eichmann, qui se trouvaient dans la position la plus « confortable » moralement et émotionnellement : ils n'étaient ni responsables des décisions prises, ni témoins des souffrances infligées.

Il existe un épisode remarquable au cours duquel cette coupure entre ces deux univers n'a plus existé. C'est lors d'une visite de Himmler à un groupe d'exterminateurs[103]. Dans ce cas, le donneur d'ordres, l'un des plus hauts responsables nazis, a été directement confronté à l'impact de ses décisions. Désireux de voir concrètement une opération d'extermination, Himmler demande à Artur Nebe, commandant en chef de l'Einsatzgruppe B, de faire fusiller devant lui une centaine de jeunes gens. C'était la première fois qu'il voyait un homme se faire tuer. Bach-Zelewski, qui assistait à la scène, déclara ensuite : « Himmler était très nerveux. Il ne tenait pas en place. Son visage était blanc comme un linge, son regard était devenu fou et il regardait le sol à chaque salve. » Toutes les personnes exécutées étaient des hommes, sauf deux femmes. Quand le tour de ces dernières vint d'être tuées, les nerfs des membres du peloton ont flanché et ils ont tiré n'importe comment. Ces deux femmes ne sont pas mortes immédiatement, ce qui a mis Himmler dans une tension extrême. Il s'est levé d'un bond et a hurlé au commandant du peloton : « Arrêtez de torturer ces femmes ! Tirez ! Dépêchez-vous et tuez-les ! » Le *bourreaucrate* est ici directement confronté à l'horreur qu'engendrent ses ordres. Tant qu'il était bien calé dans son fauteuil à rédiger des sentences de mort à distance, il n'imaginait pas la barbarie qui en résultait. Ici, la violence des actes lui est humainement insupportable, comme ce serait le cas pour tout être normalement constitué.

Après l'exécution, Himmler discute avec Bach-Zelewski, qui lui dit : « Regardez les hommes, à quel point ils sont perturbés ! Ces hommes sont finis pour le reste de leur vie. Quelle sorte d'hommes sommes-nous en train de créer ? Des brutes et des névrosés ! » C'est d'ailleurs à la suite de cet épisode que Himmler demandera à ses collaborateurs de trouver des méthodes d'exécution plus « humaines » pour la sensibilité des exécuteurs, que les armes à feu, ce qui conduira aux camions à gaz, puis aux chambres à gaz. Felix Kersten, médecin personnel de Himmler, a décrit le clivage de personnalité de son patient. Témoin de réactions très douloureuses, il déclare : « Le sort l'avait mis dans une situation qu'il n'était pas capable d'assumer. La division était chez lui fondamentale, il était lui-même faible et il prêchait la dureté, il faisait les choses qui étaient totalement étrangères à sa nature pour la simple raison que son Führer en avait donné l'ordre, et cela allait jusqu'à la destruction pure et simple d'êtres humains. Ces terribles spasmes abdominaux n'étaient pas simplement dus, comme il le pensait, à une santé défaillante, au surmenage, ils étaient l'expression d'une division psychique dont il avait toujours souffert[104]. »

Selon Raul Hilberg, auteur de la plus complète recherche historique sur la Shoah, « les problèmes majeurs du processus de destruction n'étaient pas d'ordre administratif, mais psychologique. La conception même d'une "solution finale" radicale dépendait de la faculté de ses auteurs à assumer les puissants freins et blocages psychologiques qui l'accompagnaient. (...) On pouvait toujours résoudre et éliminer un problème administratif, mais il fallait sans cesse traiter le problème des difficultés d'ordre psychologique. On les contrôlait, jamais on ne les gommait de manière définitive[105]. »

Le dédoublement de la personnalité

L'expérience de dédoublement de la personnalité vécue par Himmler est une réaction très fréquente chez les individus impliqués dans l'horreur. Lors du procès d'Eichmann, le juge Halevi lui a demandé :

« Ne vous est-il jamais arrivé d'avoir un conflit, ce qu'on appelle un conflit de conscience, entre votre devoir et votre conscience ?

— J'appellerais plutôt ça un état dédoublé, une sorte de dédoublement. Un dédoublement vécu consciemment qui vous fait passer indifféremment d'un côté à l'autre, et *vice versa.*

— Il fallait donc renoncer à sa conscience personnelle.

— Oui, en quelque sorte. Parce qu'on ne pouvait pas la réguler, ni l'organiser soi-même[106]. »

Ce thème du dédoublement de la personnalité a été tout particulièrement étudié par le psychiatre Robert Lifton dans son étude des médecins nazis agissant dans les camps de concentration, dont une des principales responsabilités consistait à sélectionner des gens pour la chambre à gaz[107]. Le cas le plus troublant est probablement celui d'Eduard Wirths, nommé médecin-chef d'Auschwitz en septembre 1942, car ses prédécesseurs n'ont pas réussi à arrêter les épidémies de typhus persistantes qui affectent de plus en plus les SS. Wirths parvient à cet objectif en généralisant les procédures de désinfection et en s'attachant la coopération des médecins prisonniers pour identifier, isoler et traiter les malades. Chez lui, le dédoublement de la personnalité est porté à son paroxysme : d'une part, c'est un nazi loyal et dévoué, convaincu de la supériorité de la race allemande et du danger que représentaient les Juifs ; de l'autre, c'est un défenseur convaincu de l'humanité médicale et de l'amélioration du sort des prisonniers. Wirths s'est constamment élevé contre la brutalité et les mauvais traitements infligés arbitrairement aux déportés, et la plupart des déportés qui ont été en contact avec lui en ont gardé un bon souvenir. Il souhaitait d'ailleurs quitter Auschwitz, mais ce sont les déportés eux-mêmes qui l'en ont dissuadé car son remplacement aurait conduit à une situation bien pire encore pour eux.

Selon Lifton, le dédoublement de la personnalité est la clé qui permet de comprendre comment les médecins nazis ont accepté d'accomplir leur travail à Auschwitz : « Le médecin nazi avait besoin de son moi d'Auschwitz pour fonctionner psychologiquement dans un environnement aussi moralement contraire à son éthique antérieure et devait aussi conserver son moi antérieur afin de continuer à se considérer comme un médecin, un époux et un père normal[108]. » Ces médecins vivaient ce que Lifton appelle un « engourdissement psychique », c'est-à-dire une diminution radicale de la sensibilité, qui leur évitait tout sentiment de culpabilité pour sa participation aux exécutions. Leur forte consommation d'alcool jouait aussi un rôle essentiel dans ce processus. Ce qui m'amène à cet autre facteur susceptible de supprimer la répugnance innée à tuer.

La consommation d'alcool et d'autres substances

Par l'affaiblissement de la lucidité qu'il entraîne, l'alcool constitue l'une des manières les plus efficaces d'éliminer la répugnance innée à tuer. Par exemple, au cours de la guerre 1914-1918, c'était un carburant essentiel dans les tranchées et dans l'arrière-front. L'historien Frédéric Rousseau parle même de « bouclier alcoolique », soulignant que « le combattant a besoin de ce dopage pour combattre et l'armée a besoin de combattants[109] ». L'institution militaire adopte une position ambiguë sur le sujet : elle encourage la consommation d'alcool en raison de ses vertus désinhibitrices, mais elle se méfie également des dérives possibles qu'elle peut entraîner[110]. La consommation est parfois impressionnante : certains officiers britanniques ne tiennent le coup qu'en ingurgitant deux bouteilles de whisky par jour[111]... On retrouve la même situation pendant la Seconde Guerre mondiale. À Okinawa, le soldat américain John Garcia consomme une bouteille de whisky par jour et déclare après coup : « Il n'y a que comme ça que je pouvais tuer. (...) Tous les jours, dès que j'étais levé, je me mettais à boire. Je n'aurais pas pu faire la guerre autrement[112]. »

Les gardes et les officiers des camps de concentration sont souvent saouls et les médecins chargés de la sélection pour la chambre à gaz boivent abondamment avant d'effectuer ce crime[113]. En dehors des camps, lorsqu'une compagnie doit effectuer des massacres, les soldats sont largement ravitaillés en alcool. Et, une fois la tuerie terminée, ils se replongent dans l'alcool pour éviter l'enfer du remords.

Le parcours de réhumanisation d'un exécuteur

Après avoir exploré ce parcours de l'horreur, j'aimerais terminer par une note d'espoir. Car s'il est possible de déshumaniser mentalement d'autres êtres humains, le processus inverse est tout aussi réalisable, comme nous le montre l'histoire d'Eugène De Kock, racontée par Pumla Gobodo-Madikizela, une psychologue noire qui a été membre de la commission Vérité et Réconciliation sud-africaine[114]. De Kock était l'homme de main le plus craint sous le régime d'apartheid ; il a non seulement commandité des meurtres, mais a tué lui-même à de multiples reprises, au point de ne plus savoir combien de personnes sont mortes de ses mains. Lors des audiences de la commission, il a demandé pardon aux femmes de victimes. Au cours d'une séance particulièrement émouvante, trois veuves lui ont accordé leur pardon. L'une d'elles, Doreen Mgoduka, a déclaré que les aveux de De Kock leur avaient procuré un immense soulagement car elles savaient enfin la vérité sur ce qui était arrivé à leur mari[115].

L'attitude de De Kock a incité Pumla Gobodo-Madikizela à le rencontrer à plusieurs reprises en prison. Les responsables de la prison lui ont précisé que, bien qu'il soit enchaîné, De Kock restait quelqu'un de potentiellement très dangereux et qu'elle devait rester très prudente. Or, dès sa première conversation, Pumla ne constate aucun signe de dangerosité en lui. Lorsqu'elle lui parle des veuves, le visage de De Kock est immédiatement transformé par la souffrance intérieure. D'une voix brisée, les larmes aux yeux, les mains et la bouche tremblantes, il déclare : « J'aimerais pouvoir faire beaucoup plus que de dire "Je suis désolé". Je souhaiterais qu'il y ait un moyen de ramener leurs corps à la vie. J'aimerais pouvoir leur dire : "Voici vos maris", mais malheureusement, je dois vivre avec ça[116]. »

Le remords manifeste qu'éprouve De Kock conduit Gobodo-Madikizela à ressentir de l'empathie envers lui, ce qui la déstabilise profondément. « Cette expérience m'a fait comprendre quelque chose à laquelle je n'étais pas préparée, le fait que le bien et le mal existent dans nos vies, et que le mal, comme le bien, est toujours une possibilité. Et c'est ce qui m'effrayait. (...) Ressentir de l'empathie pour quelqu'un qui a commis des actes terribles envers d'autres êtres humains, comme je l'ai vécu avec Eugène De Kock, place dans une relation étrangement déstabilisante avec l'agresseur[117]. » Un moment particulièrement troublant est celui où De Kock lui demande s'il a tué un de ses amis ou un membre de sa famille. Gobodo-Madikizela regarde De Kock et constate que ses yeux sont remplis de souffrance. Elle répond : « Non. » « Ce que j'avais entendu, ajoute-t-elle, était la voix d'un proscrit demandant à rejoindre le monde des vivants[118]. »

Ces rencontres sont l'occasion d'une double réhumanisation. Par De Kock qui considère ses victimes noires et leurs proches comme des êtres humains à part entière, mais aussi par Gobodo-Madikizela qui ne le voit plus comme un monstre : « Quand les criminels, même de la pire espèce, manifestent du remords et expriment des excuses, ils agissent fondamentalement comme des êtres humains[119]. »

Cette attitude confronte les innocents à leur potentialité de violence, mais confronte aussi les agresseurs à leur propre potentiel de bonté. Selon Gobodo-Madikizela, le fait de reconnaître les criminels les plus graves comme étant pleinement humains place ceux-ci devant une plus grande responsabilité morale, alors que les diaboliser comme monstres les excuse trop facilement[120].

L'empathie n'est donc aucunement une expression de faiblesse, comme certains pourraient le croire. « J'ai parfois éprouvé cette sensation de triomphe en visitant De Kock, note encore

Gobodo-Madikizela. Je ressentais un sentiment de pouvoir sur lui comme une personne qui avait besoin de ma compréhension, car dans son remords, et derrière toutes ses défenses psychologiques, c'était un être humain demandant à être compris, prêt à tout pour que quelqu'un l'aide à se comprendre lui-même. (...) Il n'y avait rien d'aussi satisfaisant que de revenir d'un entretien avec De Kock et de réaliser que je ne pouvais pas le considérer avec la même haine et le même mépris déshumanisant qu'il avait ressentis envers ses victimes[121]. »

J'ai choisi de terminer par ce témoignage, non seulement pour conclure sur une note d'espoir, mais également pour souligner l'importance de la conscience morale comme source d'action et d'évolution personnelle. Car, même si l'on alignait des dizaines et des dizaines de causes susceptibles d'expliquer pourquoi l'être humain peut commettre l'horreur, cela ne justifierait en rien ces actes, ne serait-ce que parce que d'autres personnes, placées dans des circonstances identiques, ont choisi une autre voie. Les réflexions philosophiques et sociales sur la conscience morale et le libre arbitre ont trop souvent eu tendance à privilégier l'une ou l'autre des deux faces de la médaille : soit la liberté morale personnelle, soit le déterminisme, qu'il soit familial, social ou biologique. Or ces deux réalités sont parfaitement compatibles. On peut naître et grandir dans un milieu familial sordide et prendre une tout autre direction, comme nous l'avons vu au chapitre 3. On peut également vivre dans un régime totalitaire et ne pas en accepter l'idéologie, ni accomplir des actes immoraux.

La conscience morale de De Kock s'est tout de même (r)éveillée. Bien tard, trop tard, assurément, mais cela confirme ces paroles de Nelson Mandela que j'ai citées en exergue du livre : « Même aux pires moments de la prison, quand mes camarades et moi étions à bout, j'ai toujours aperçu une lueur d'humanité chez un des gardiens, pendant une seconde peut-être, mais cela suffisait à me rassurer et à me permettre de continuer. La bonté de l'homme est une flamme qu'on peut cacher mais qu'on ne peut jamais éteindre[122]. » Ce processus de réhumanisation, au cours duquel un individu passe de la violence à la non-violence, c'est aussi celui traversé par les nombreuses personnes qui ont quitté l'univers de la délinquance et de la criminalité. À nouveau, la conscience morale joue un rôle, parmi d'autres motifs. C'est à ces personnes que je vais maintenant m'intéresser.

CHAPITRE 5

Même les pires gangsters peuvent redevenir comme vous et moi

« On peut être le pire à un moment de sa vie et devenir le meilleur à d'autres. »

Yazid KHERFI,
ex-braqueur devenu éducateur et formateur[1].

« Celui-là même qu'on érige en symbole du mal peut prouver qu'il est aussi susceptible de retrouver la voie qui lui rend une place dans la communauté des hommes. »

Robert BADINTER, avocat de Philippe Maurice,
ex-condamné à mort, devenu historien[2].

On l'appelait le « lieutenant de Mesrine » ou encore l'« anguille » en raison de ses multiples évasions, mais François Besse, célèbre truand, est un homme bien différent lorsqu'il se présente à la barre, lors de son ultime procès. En prison, il a suivi des cours de philosophie dispensés par un professeur, devant une quinzaine de détenus ; un homme à qui Besse dira des années plus tard : « Merci, tu m'as sauvé la vie. » En effet, les réflexions sur le sens de l'existence engendrées par ces discussions et par la lecture d'ouvrages de philosophie ont radicalement transformé ce gangster. Mathieu Delahousse, journaliste qui a suivi les débats judiciaires et qui a écrit un ouvrage sur François Besse, rapporte cet impressionnant dialogue au tribunal :

« Aujourd'hui, je suis capable de vous dire que je peux avoir un regard sur ce passé. Sans conteste, c'est un jugement négatif : je me suis trompé !

— À l'extérieur, pourtant, on vous a pris pour un modèle ?

— Je le pense. Je le déplore. L'imaginaire des gens travaille plus que la réalité. Personne ne me connaît[3]. »

Son avocat, maître Henri Leclerc lui pose la question :

« Est-ce que vous avez envie de vivre libre ?

— Je suis déjà libre !

— Est-ce que vous avez envie de vous évader ?

— Non[4]. »

Besse demande pardon à ses victimes, notamment aux personnes qu'il a prises en otages, puis déclare avoir une grande conscience du mal qu'il a pu faire. L'avocat général Philippe Bilger, habituellement peu indulgent envers les malfaiteurs, entre en scène. Comme il l'expliquera plus tard, il cherche la faille, la mauvaise foi, la fausse pitié pour les victimes, mais en vain[5]. Besse dit que, quel que soit le verdict prononcé, il ne fera pas appel. Il ajoute : « J'estime que j'ai été bien traité. J'ai eu la parole. Vous m'avez posé des questions très fortes. J'ai eu l'occasion de rencontrer les victimes. C'est nécessaire. J'ai tenté de me réconcilier avec elles. Je tiens à bien intégrer en moi le fait que j'ai pu faire du mal et que je me dois de réparer[6]. »

François Besse est un cas exemplaire de « désistance », terme qui désigne la sortie de la délinquance et de la criminalité.

La plupart des délinquants finissent par mener une vie normale

En 1986, John Laub et Robert Sampson, respectivement criminologue et sociologue, découvrent par hasard, dans la cave de la faculté de droit de Harvard, les soixante cartons d'archives poussiéreuses d'une étude classique, intitulée *Comprendre la délinquance juvénile*[7], menée à partir des années 1940 par Sheldon et Eleanor Glueck. Cette étude comparait 500 jeunes délinquants récidivistes et 500 non-délinquants aux caractéristiques identiques en ce qui concerne l'âge, le groupe ethnique, le QI et le milieu familial (à faible revenu). Des données très riches avaient alors été recueillies sur ces 1 000 garçons à trois moments : à 14, 25 et 32 ans. Sampson et Laub reprennent ces données et en tirent de multiples constats sur la désistance[8].

Selon ces auteurs, il y a certes une relation statistique entre la délinquance juvénile et la criminalité adulte, mais elle est indirecte. La délinquance juvénile conduit généralement à de faibles liens sociaux à l'âge adulte, ce qui conduit à son tour à la criminalité. Cela a pour corollaire que, si l'adolescent ou le jeune adulte fait des rencontres significatives positives, il peut radicalement modifier sa trajectoire. Pour Sampson et Laub, deux événements majeurs sont susceptibles de provoquer ce changement : d'une part, la rencontre amoureuse et l'installation dans une vie de famille ; d'autre part, la stabilité dans un emploi. Sampson et Laub constatent que plus les liens adultes au travail et à la famille sont forts, moins il y a de délinquance et de criminalité.

Inversement, une incarcération prolongée réduit la probabilité ultérieure de trouver un travail stable, ce qui à son tour augmente le risque de délinquance. Par la suite, Sampson et Laub se sont efforcés de retrouver les sujets de cette enquête, ce qui leur a permis d'étudier des parcours de vie sur une durée d'environ cinquante ans, et qui fait de leur enquête la plus longue étude criminologique longitudinale dans le monde. Ils en ont tiré un ouvrage au titre significatif : *Démarrages identiques, existences divergentes*[9]. Ils retrouvent évidemment les éléments déjà notés précédemment (vie de famille et travail), mais également d'autres comme le fait bénéfique que le jeune soit « coupé » de son environnement délinquant, ce qui est notamment favorisé par le service militaire et par certains emplois. Enfin, il y a la volonté personnelle. Ainsi, beaucoup d'hommes, écrivent-ils, se sont engagés dans une « action transformatrice » tournée vers l'avenir. D'ailleurs, s'il est exact que la plupart des délinquants et criminels adultes ont eu une enfance particulièrement problématique, l'inverse n'est pas vrai. Ce n'est pas parce qu'un enfant grandit dans des conditions difficiles, ni même qu'il passe par une phase délinquante qu'il deviendra nécessairement criminel.

La conclusion générale que l'on peut tirer de l'étude de Sampson et Laub, ainsi que de multiples autres recherches sur la désistance, est donc que la plupart des délinquants finissent par abandonner la déviance et « se rangent ». Tous les spécialistes connaissent bien la fameuse « courbe du crime » qui a été observée dans de multiples pays où des enquêtes statistiques ont été effectuées.

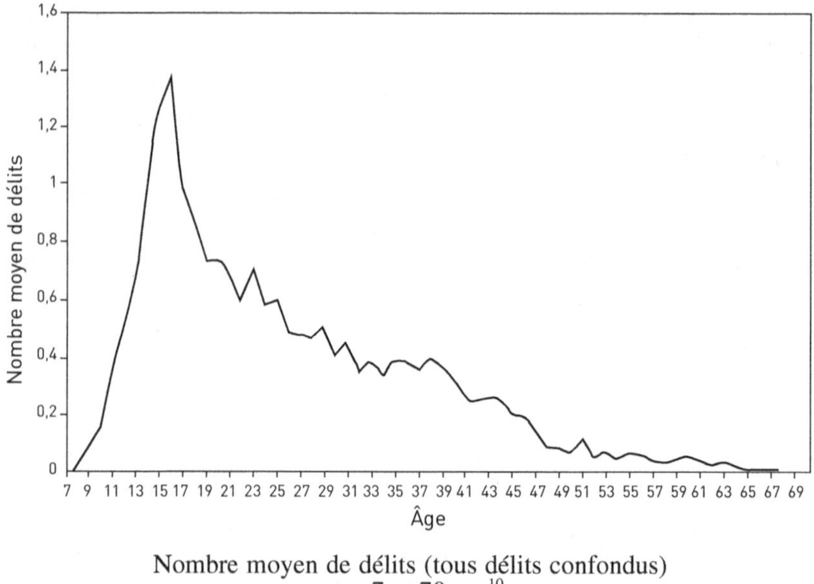

Nombre moyen de délits (tous délits confondus) entre 7 et 70 ans[10].

Au cours du processus de désistance, l'individu se sent de plus en plus insatisfait de son activité criminelle pour diverses raisons : dangerosité, risque d'être emprisonné, diminution des relations sociales, effets négatifs sur la femme et les enfants pendant les périodes d'emprisonnement. Le « coût » global de ce mode de vie commence à paraître de plus en plus lourd. Cette insatisfaction peut fournir la première incitation au changement, mais elle n'est pas suffisante, car il faut que, parallèlement, l'individu perçoive qu'une autre vie plus satisfaisante est possible et qu'il cultive cet espoir[11]. C'est ce double processus qui est à l'origine de la désistance. Dès lors, les principaux facteurs de désistance repérés par Sampson et Laub sont : la vie en couple, le travail, la volonté et la décision personnelle. Je vais les examiner successivement.

« C'est ma femme qui m'a mis sur le droit chemin… »

L'individu en couple stable n'a plus l'envie ni le temps de continuer sa vie de délinquance. Plus la vie en couple est satisfaisante, plus le parcours de désistance est probable. L'une des vies affectives les plus réussies, parmi celles présentées par Sampson et Laub, est celle de Léon[12]. Et pourtant, son enfance ne laissait rien présager de bon. Il a grandi dans un quartier pauvre, au sein d'une famille de dix enfants, dont plusieurs sont morts jeunes. Ses parents étaient très portés sur la boisson et ont été arrêtés pour coups et blessures et vandalisme, et ils ne s'occupaient pas vraiment de leurs enfants. Léon a été arrêté pour cambriolages à trois reprises au cours de sa jeunesse (la première fois à 11 ans). Or, une fois devenu adulte, il a mené une vie remarquablement stable. Il a travaillé comme cadre dans une pâtisserie pendant trente ans et comme technicien de laboratoire dans une usine chimique pendant douze ans. Bien qu'ayant été scolarisé seulement jusqu'en cinquième, il est aujourd'hui propriétaire et passe sa retraite à voyager aux États-Unis et en Europe avec son épouse.

Pour lui, le principal tournant de son existence a été son mariage. Lui et sa femme se sont connus à l'âge de 17 ans. Elle connaissait son histoire délinquante, mais a décidé de lui donner sa chance. Lorsque les Glueck les ont rencontrés pour leur enquête, tous deux avaient 25 ans. Les deux chercheurs les ont trouvés très amoureux, exprimant leur attachement réciproque de multiples manières. Et lorsque Sampson et Laub les ont à leur tour interrogés quand ils avaient 70 ans (ils étaient mariés depuis quarante-neuf ans), ils ont fait le même constat, notant par exemple que Léon et sa femme terminaient réciproquement leurs phrases et se manifestaient beaucoup de tendresse. Léon souligne : « Si je n'avais pas rencontré ma femme à ce moment-là, je serais probablement mort aujourd'hui. Ça a changé toute ma vie. (…) Ça a été le tournant de ma vie. (…) C'est ma femme qui m'a mis sur le droit chemin. » Son épouse explique qu'ils s'entendent très bien car ils ont les mêmes centres d'intérêt. Malgré les risques, le mariage de Léon a donc été un succès. Il a délaissé ses anciens amis, les a remplacés par les amis de sa femme et a fait de sa famille le cœur de son existence, travaillant beaucoup pour subvenir aux besoins de son foyer.

Sampson et Laub soulignent que la vie à deux modifie l'identité profonde de la personne. En particulier, pour beaucoup de personnes, se marier signifie devenir sérieux, vraiment adulte, et prendre ses responsabilités dans l'existence. Ils soulignent que, même si cela peut sembler rétrograde à certains aujourd'hui, il n'en était pas de même lorsque ces hommes étaient jeunes. Bien sûr, on peut à juste titre se demander si c'est bien le mariage qui entraîne la désistance, ou si c'est l'inverse ; après tout, ceux qui se marient étaient probablement déjà dans une certaine trajectoire de réinsertion. En fait, expliquent Sampson et Laub, les deux phénomènes sont présents ; il y a en quelque sorte une spirale vertueuse : une certaine orientation positive dans l'existence facilite la rencontre avec la future compagne, et la vie en couple facilite la désistance.

Un aspect inattendu de la vie conjugale a d'ailleurs beaucoup marqué les chercheurs : le mariage conduit à la désistance non seulement en raison de l'affection manifestée par l'épouse, mais aussi du contrôle de celle-ci sur la vie de son mari. Ceci était surtout vrai dans les mariages des années 1950 et 1960, examinés dans cette étude. En effet, les femmes prenaient en main l'organisation du foyer et agissaient donc comme des « surveillantes » informelles des activités de leur mari. Parfois d'ailleurs, ce type d'intervention était explicite. C'est ce qui s'est passé avec Léonard[13]. Quand il a rencontré celle qui allait devenir sa femme, il avait déjà un lourd passé derrière lui, ayant été arrêté à plusieurs reprises pour cambriolages, vols de voitures et vols divers. Lorsque les amis de sa femme ont entendu celle-ci parler de mariage, certains l'ont traitée de folle, convaincus que Léonard ne ferait jamais rien de sa vie : « Il aura toujours des problèmes. » Elle a pourtant persévéré, mais en posant des conditions très claires à son futur mari : elle ne tolérerait aucun écart de conduite. Elle lui a notamment clairement mis le marché en main : « Ce sont tes amis ou moi. » Léonard s'est incliné... Quelque temps après le mariage, il a voulu arrêter son travail car il considérait qu'il n'était pas assez payé. Il avait la nostalgie de l'argent facilement gagné et n'avait pas peur de la prison. Il a dit à sa femme : « Je gagne des clopinettes. Je peux avoir la même somme en une seule journée. » La réponse a été sans appel : « Si tu quittes ton travail, tu pars d'ici. » Léonard a de nouveau obéi. Ce qu'il ne regrette aucunement des années après.

Carlo déclare pour sa part : « Ma femme et mes enfants m'ont maintenu vivant. Ils m'ont donné un but. (...) Ma femme m'a soutenu. Elle m'a donné l'envie de vivre... de laisser la haine derrière moi. » Cet homme a travaillé dur pour donner à ses enfants ce qu'il n'avait jamais eu : « Je suis heureux de leur avoir donné un bon départ. Maintenant, je peux mourir[14]. » Quant à André Bellaïche, qui fut le cerveau du fameux gang des postiches, il affirme que c'est son enfant qui l'a poussé à se réinsérer, car il a voulu être un exemple pour lui[15].

Ces propos illustrent un fait assez général chez les malfaiteurs : la plupart d'entre eux n'ont aucune envie que leurs enfants suivent leurs traces. Par exemple, les trois quarts d'un groupe de criminels londoniens ont déclaré qu'ils seraient très mécontents que leur fils ou leur fille commette un délit[16]. Même les plus endurcis – qui avaient fait l'objet d'au moins huit condamnations – pensaient cela. Plusieurs hommes de l'enquête de Sampson et Laub sont même allés plus loin, en adoptant des enfants nés de mères adolescentes. L'exemple le plus remarquable est celui d'un homme et de sa femme qui ont accueilli chez eux pendant de nombreuses années des enfants malades.

« C'est le travail qui a changé ma vie... »

Un autre élément facilitateur de la désistance est le travail. Comme pour le mariage, il y a une sorte de spirale vertueuse : le désir de changer de vie incite à chercher du travail, et l'emploi stable facilite la désistance. Toutefois, ce n'est pas le travail en soi qui est essentiel, mais plutôt la satisfaction qui en est retirée, en particulier en raison de bonnes relations avec ses collègues et son patron. Par exemple, un ancien délinquant déclare à l'âge de 25 ans : « Mon patron (...) m'a fait confiance à propos de l'argent, il a mis sa confiance en moi ; j'ai appris à respecter cette confiance et j'ai été loyal envers lui. »

Plus encore que le mariage, le travail modifie le rythme quotidien de l'existence. Le temps passé à travailler réduit évidemment considérablement les occasions d'avoir des activités délinquantes. L'employeur a aussi parfois un rôle de « contrôleur », surtout auprès d'un jeune. Par exemple, Léonard, dont je viens de décrire le parcours, déclare que son patron était comme un père strict qui l'a pris sous son aile. Ce jeune est devenu un employé modèle, au point que l'entreprise lui a payé la maison dans laquelle il vit aujourd'hui et lui a acheté une voiture de luxe tous les deux ou trois ans. Notons que c'est le même Léonard qui voulait initialement quitter son travail parce qu'il s'estimait insuffisamment payé.

Charlie illustre l'action conjointe du travail et des responsabilités familiales[17]. À l'adolescence, il avait déjà été arrêté dix fois, principalement pour vols et cambriolages, incarcéré à trois reprises (la première fois à 11 ans) et avait passé deux ans et demi en maison de redressement. Un tel début dans l'existence pourrait laisser envisager un parcours de plus en plus délictueux. Or, à partir de 17 ans, il n'a plus eu d'activité délinquante. À ce moment, son agent de probation pense qu'il serait bon que Charlie puisse travailler dans la marine marchande pour l'éloigner de ses mauvaises fréquentations. Charlie est embauché comme marin pendant deux ans et demi. Il laisse pratiquement tous ses revenus à sa mère pour qu'elle les place à la banque et il revient à la maison tous les trois mois. À la même époque, il entretient une relation amoureuse avec une jeune fille avec laquelle il se marie à 21 ans. Au cours d'une première rencontre avec les enquêteurs, alors qu'il a 25 ans, le couple semble très uni. Charlie apprécie particulièrement le soutien de son épouse et ils ont pour projet de construire leur maison. Quand les chercheurs lui demandent les raisons de son changement, il répond : « Je suis marié, plus âgé, et je me suis fixé maintenant. » Revu à l'âge de 32 ans, il vit avec sa femme et leurs deux enfants dans une banlieue de Boston, semble heureux et se consacre particulièrement à ses enfants. Il est chef d'équipe dans une usine où il est décrit comme un ouvrier travailleur qui ne pose aucun problème.

Pour la plupart des hommes interviewés, le travail n'est rien d'autre que le moyen de gagner suffisamment d'argent pour mener une existence agréable. D'autres, toutefois, éprouvent une satisfaction personnelle dans l'activité professionnelle. D'ailleurs, diverses recherches ont mis en évidence que le travail peut constituer une source profonde de sens à l'existence[18]. Par exemple Gilbert dit : « C'est le travail qui a changé ma vie[19]. » Cela a paradoxalement commencé en prison. Au cours de son incarcération, il a discuté avec Jack, un électricien qui travaillait pour la prison. Celui-ci a constaté l'intérêt de Gilbert pour l'électricité et l'a formé « sur le tas ». Gilbert raconte : « Jack m'a retourné. Jack était un humanitaire et s'est occupé de moi comme d'une personne. Parlons sérieusement. Qu'est-ce qui se serait passé si Jack n'avait pas été là ? S'il ne m'avait pas offert cette occasion ? » Notons cependant que, d'après l'enquête de Sampson et Laub, l'incarcération réduit la probabilité de désistance chez ces adolescents et jeunes adultes, notamment en limitant les possibilités d'avoir ultérieurement un emploi stable. Le cas de Gilbert montre clairement que ce n'est pas l'emprisonnement qui l'a aidé à s'en sortir, mais l'humanité de Jack.

Les ouvrages qui témoignent de parcours de désistance sont aujourd'hui fort nombreux[20]. Certains voyous et gangsters qui se rangent ont d'ailleurs ensuite des parcours remarquables : c'est notamment le cas d'Antonio Villaraigosa[21], maire de Los Angeles, James Galipeau[22], policier, René-Luc[23] et Nicky Cruz[24], respectivement prêtre et pasteur, Patrick Henderickx[25], chef d'entreprise, Philippe Maurice[26], historien universitaire, Jacques Lerouge[27], Yazid Kherfi[28] ou Jacky Van Thuyne[29], éducateurs, Claude Lucas[30] et Frank Henry, écrivains, Michel Vaujour[31], scénariste, Larry Trapp[32], militant des droits de l'homme.

« La haine me détruisait progressivement et je devais l'extraire de mon cœur… »

Un autre élément essentiel de la désistance, c'est le rôle des choix personnels et de la volonté. Prenons l'exemple d'un autre Charlie[33]. Il a arrêté tardivement ses activités délinquantes, à l'âge de 43 ans. Le revirement s'est produit à la mort de sa sœur, à laquelle il était très attaché. Il était en prison à ce moment-là et il a été conduit à l'hôpital pour la voir alors qu'elle était mourante. Celle-ci lui demande de lui promettre d'arrêter la délinquance et de s'occuper de ses enfants (elle en a huit). Il lui répond : « Tu as ma parole. » Et c'est effectivement ce qui s'est passé. Charlie n'a plus jamais recommencé. « Je pense que ça a été le tournant de ma vie, ma sœur en train de mourir. (…) Ç'a été dur, croyez-moi, parce que j'avais beaucoup d'occasions de me faire rapidement du fric. Simplement, je ne voulais plus avoir de problèmes et je ne voulais pas trahir ma parole envers elle. Et depuis, j'ai toujours travaillé, j'ai gagné correctement mon argent. » Charlie dit que son épouse l'a également aidé à éviter de reprendre ses activités d'autrefois. Par exemple, lorsque Charlie était inquiet au sujet des factures à payer, elle l'encourageait à persévérer et à ne pas retomber dans la délinquance. L'idée de responsabilité personnelle est également présente dans ces propos de José Giovanni, gangster devenu romancier, scénariste et réalisateur, qui visitait des jeunes en prison en les incitant à se réinsérer : « Tant que vous n'aurez pas pris conscience de ce que vous avez fait, vous ne pourrez pas vous en sortir. Tout se passe dans la tête. Même si une responsabilité de la société existe, même si vous avez été entraîné, c'est vous qui avez commis l'acte[34]. »

On retrouve la même prise de distance vis-à-vis de la haine destructrice chez Philippe Maurice, condamné à mort en 1980, pour avoir tué un policier. Il a bénéficié de l'ultime grâce, par le président François Mitterrand, avant l'abolition de la peine de mort. Il était considéré comme irrécupérable, au point que l'avocat général de la cour d'assises de Paris, requérant la peine de mort lors de son procès, avait déclaré : « La mort est inscrite dans le destin de Philippe Maurice, car s'il n'est pas tué, il tuera encore[35]. » La suite des événements lui a donné tort. « Je découvrais, écrira-t-il plus tard, combien la haine qui avait grandi en moi depuis 1977 était devenue une partie de moi. Elle me permettait de vivre, de survivre, mais elle me rongeait et me rendait difficilement contrôlable. (…) La haine me détruisait progressivement et je compris que je devais la repousser et l'extraire de mon cœur[36]. »

Robert Badinter fut l'avocat de Philippe Maurice. Dès le lendemain de l'élection de François Mitterrand, il lui annonce que le président le gracierait et que la peine de mort serait abolie en France. Il lui précise également que, puisqu'il devait sa vie à l'abolition imminente, il symboliserait d'une certaine façon l'abolition elle-même. S'il tentait de s'évader, les partisans de la peine de mort se serviraient probablement de cet acte pour dénoncer l'abolition. En revanche, s'il adoptait un comportement exemplaire, il pourrait constituer un remarquable témoignage de la valeur de l'abolition : « Celui-là même qu'on érige en symbole du mal peut prouver qu'il est aussi susceptible de retrouver la voie qui lui rend une place dans la communauté des hommes[37]. » Badinter constate que Philippe l'a écouté avec une attention plus forte que jamais auparavant. Ce dernier lui assure qu'il l'a compris et qu'il ne le décevra pas. Et c'est par les études qu'il s'en est sorti : « Les études permettent à l'homme de s'instruire, de réfléchir, de s'enrichir et de s'élever, elles sont un accomplissement et un épanouissement personnels[38]. » En prison, il a fait des études d'histoire par correspondance et a soutenu sa thèse sur un sujet pointu en 1995[39]. Pour ce faire, il est arrivé menotté jusqu'à l'entrée de la bibliothèque universitaire où avait lieu la soutenance, et il a été remenotté dès sa sortie de la salle. Commentant son parcours, son directeur de thèse, Bernard Chevallier, a parlé d'« une histoire un peu exemplaire, un peu extraordinaire (...) qui doit démontrer que personne n'est irrécupérable[40] ». Dans son autobiographie, intitulée *De la haine à la vie*, Philippe Maurice tire cet enseignement de son parcours : « Un homme, lorsqu'il tombe à terre, doit se relever, il doit marcher, il doit refuser la facilité et il doit se battre pour s'améliorer[41]. »

Le remords et la culpabilité peuvent donc avoir un rôle positif dans la renaissance d'un délinquant. Mais à une condition toutefois : que cette réaction soit liée à une claire distinction entre l'acte et la personne. Ainsi, selon le criminologue John Braithwaite et ses collègues, il existe deux types de honte. Il y a, d'une part, la honte réintégratice, par laquelle la personne regrette les actes qu'elle a commis tout en conservant le sentiment de sa valeur personnelle ; elle seule facilite la désistance. Et puis il y a la honte stigmatisante, par laquelle la personne dénigre à la fois l'acte et elle-même ; cette forme de honte conduit plutôt à la récidive[42].

Les attitudes qui facilitent la désistance

Le livre de Shad Maruna, *Faire le bien. Comment d'anciens détenus changent et reconstruisent leur existence*[43], complète très utilement celui de Sampson et Laub. En effet, ceux-ci se sont surtout intéressés à l'impact de la vie de couple et du travail sur la désistance, tandis que Maruna cherche plutôt à découvrir les caractéristiques de personnalité qui facilitent la réinsertion sociale. Il insiste lui aussi sur la nécessité d'une démarche de volonté de la part du délinquant : « La famille, le travail, l'âge ou le temps ne peuvent pas changer une personne qui ne fait pas un effort personnel pour changer de l'intérieur[44]. »

Ce criminologue a consacré sa thèse de doctorat à la désistance, ce qui n'a pas été une tâche aisée, pour plusieurs raisons. D'une part, il lui a été difficile de trouver des désistants, non parce qu'ils sont rares, mais parce qu'ils ont généralement tendance à cacher leurs activités criminelles passées et n'aiment pas revenir sur cette période de leur histoire. De plus, s'est posée la question des critères de désistance : en particulier, au bout de combien de temps une personne sans délinquance peut-elle être qualifiée de désistante ? Des esprits soi-disant rigoureux peuvent exiger dix, vingt, voire trente ans sans délinquance. Et, à l'extrême, on pourrait considérer qu'il n'est possible d'affirmer définitivement qu'une personne est désistante qu'une fois qu'elle est décédée. Une posture aussi rigide interdirait toute recherche sur ce thème pourtant passionnant.

À ce propos, lorsque Maruna a voulu commencer sa recherche, il s'est heurté au scepticisme de ses collègues et des représentants de la justice qui lui ont dit à maintes reprises : « Comment pouvez-vous prouver qu'ils sont vraiment *clean* ? » ou : « Comment sais-tu qu'ils ne te mentent pas ? » Et lorsqu'il leur présentait une personne ayant clairement abandonné la délinquance, la réaction était toujours la même : « Eh bien, ce n'est pas un vrai criminel. C'est juste un brave gars qui a eu des ennuis. » Maruna critique ce « paradigme de l'essentialisme criminel » qui conduit à considérer, une fois qu'une personne a vraiment changé de vie, qu'en fin de compte il ou elle n'avait jamais vraiment été un criminel. Ce qui fait qu'il devient quasiment impossible de contredire l'idée que les « vrais criminels » ne peuvent pas changer. Dans cette vision du monde en noir ou blanc, il y a des gens bien et des gens mauvais, et l'on est, soit une bonne personne qui fait parfois des erreurs pardonnables, soit un criminel invétéré qui ne mérite aucune sympathie.

La récidive survient essentiellement au cours de la première année après la sortie de prison ; Maruna a donc considéré comme désistantes des personnes qui n'avaient plus commis de délits depuis plus de deux ans. Au final, la population qu'il a étudiée était composée de 30 désistants et 20 délinquants persistants. La plupart de ces jeunes ont grandi à Liverpool, ville réputée pour son fort taux de chômage et sa pauvreté. Les conditions de vie familiale ont joué un rôle important pour l'entrée en délinquance, puisque 80 % des personnes des deux groupes avaient grandi dans un quartier dangereux et un pourcentage à peu près équivalent avait des parents chômeurs ou ouvriers non qualifiés. Plus d'un tiers d'entre eux avaient été maltraités ou gravement négligés dans leur enfance. Un quart avait été placés dans des foyers d'accueil en raison de la violence familiale. Leur première arrestation a eu lieu en moyenne à 14-15 ans.

Comme le souligne Maruna, mener une vie honnête n'est pas facile pour un ex-condamné issu d'un milieu pauvre, peu instruit, ayant peu de relations et de liens familiaux, et sans économies. Cela est particulièrement difficile, étant donné que, comme l'a souligné un interviewé, il suffit de faire comme ça (claquement des doigts) pour avoir tout l'argent que l'on désire, en devenant trafiquant de drogue. Pour le criminologue, le plus important n'est pas tant de comprendre pourquoi une personne arrête ses activités criminelles, mais plus encore pourquoi elle persévère dans cette nouvelle orientation, malgré les multiples tentations qui l'environnent. Selon cet auteur, les raisons qui conduisent à l'arrêt de la criminalité sont différentes de celles qui facilitent le maintien de cet arrêt. L'élément catalyseur du changement initial est généralement une force extérieure, tandis que la désistance durable provient de l'intérieur même de l'individu. L'approche proposée par Maruna a des conséquences politiques : les programmes devraient surtout viser à soutenir ceux qui ont déjà fait un effort initial de changement, plutôt que de chercher à changer les criminels. Les désistants interviewés par Maruna ont souligné que c'est précisément l'inverse qui se produit : des ressources considérables sont dépensées pour inciter les criminels à stopper leurs activités, mais une fois que l'un d'eux s'engage dans cette voie, il est généralement abandonné par les services sociaux. Or c'est précisément à ce moment qu'il en a le plus besoin.

Maruna repère trois attitudes personnelles conduisant à la désistance :

- la croyance en un soi profond fondamentalement bon ;
- le sentiment de maîtriser sa destinée ;
- le désir d'être utile et de donner quelque chose à la société en retour, en particulier à la génération suivante[45].

Examinons-les successivement.

La croyance en un soi profond fondamentalement bon

La plupart des sujets désistants considèrent que le fond de leur être est fondamentalement bon. Cette conviction est l'aspect de l'étude de Maruna qui m'a le plus impressionné. Ces désistants ne disent pas qu'ils découvrent une nouvelle personnalité, mais plutôt qu'ils reviennent à leur personnalité la plus profonde et la plus authentique. Il s'agit pour eux de « trouver le diamant caché » au fond d'eux-mêmes, complètement distinct de la partie responsable des délits, égoïste et violente, mais illusoire. Cette conviction est parfois hésitante au début, mais peut pleinement s'exprimer si elle est soutenue par la confiance d'une ou de plusieurs personnes qui croient en eux (un partenaire, un travailleur social, un visiteur de prison, un aumônier, etc.).

Un remarquable exemple de cette vision de soi comme fondamentalement bonne nous est fourni par l'autobiographie de Patrick Henderickx, divisée en trois parties : « Je veux devenir ce que je suis », « Je deviens l'opposé de ce que je suis » et « Je deviens enfin ce que je suis[46] ». Henderickx et ses jeunes compagnons d'infortune placés dans un foyer y ont subi de multiples vexations et violences, y compris sexuelles, de la part des adultes censés les protéger. La haine et le désir de vengeance grandissent en lui. Dans la deuxième partie du livre (« Je deviens l'opposé de ce que je suis »), il raconte son premier séjour en prison à 21 ans. Cette période constitue pour lui un stage intensif d'apprentissage du métier de gangster. Il note : « On était logés et nourris pour se perfectionner dans le meurtre, le vol de voitures et le braquage de banques[47]. » Dans les années qui suivent, il devient l'un des braqueurs les plus redoutés en Belgique. Par la suite, il dira de cette période : « Je crois que je deviens un homme, mais en fait, je ne suis devenu que l'opposé de moi-même : un gangster[48]. » La troisième période (« Je deviens enfin ce que je suis ») débute alors qu'il est incarcéré[49]. Un policier, Pierre-Bernard Velge, le fait convoquer à la police judiciaire. Première surprise, il lui dit bonjour. La réaction intérieure d'Henderickx est immédiate : « Flic de merde… J'en ai rien à foutre de ton bonjour ! »

Le silence s'établit entre les deux hommes, puis, soudain, le policier se lève et ôte les menottes de Henderickx. Celui-ci a un code de l'honneur : il ne trahit jamais la confiance qu'on lui fait. Mais il veut tester le policier et lui dit qu'il a besoin d'aller aux toilettes. Le policier le laisse y aller, après que Henderickx lui a donné sa parole qu'il reviendrait ensuite. Henderickx est abasourdi. Il va aux toilettes et revient. Pourtant le couloir est vide et il a été très tenté de s'enfuir. Le policier ouvre alors un dossier et Henderickx aperçoit une photo d'enfant meurtri. Le policier se lève et sort du bureau. Henderickx en profite pour consulter le dossier. Et là, son pressentiment se confirme : « J'ai envie de pleurer. Le gosse que je vois sur la photo est lui aussi passé par l'école du cul défoncé, et son regard est comme un appel au secours mélangé à la souffrance. Je suis dans le bureau d'un flic qui s'occupe de ça. Je savais qu'il était différent. J'ouvre un autre dossier, puis un autre. Tout ce que je vois me rappelle ce que j'ai vécu. Maintenant je suis assis à la place du flic. Devant moi trônent des centaines de dossiers, donc autant d'enfants. »

Le policier revient alors que Henderickx est toujours en train de consulter les dossiers et il lui annonce qu'il a besoin de son aide pour sauver des gosses. Henderickx est écartelé. D'un côté, il n'est pas question pour lui, gangster, d'aider un policier ; de l'autre, les mots « sauver des gosses » résonnent très fort à ses oreilles et à sa conscience. Il demande trois jours de réflexion.

Quand ils se revoient, le policier lui explique la situation : depuis trois ans, les enfants ont été enlevés par une secte avec la complicité du père. Toutes les tentatives légales ont échoué et Henderickx est la dernière solution. Celui-ci réfléchit intensément et décide de tester le policier une fois de plus en lui demandant d'aller seul au fast-food du coin, tout en lui donnant sa parole qu'il reviendra ensuite. Le policier pâlit ; si Henderickx ne revient pas, c'est lui qui va se retrouver en prison. « Cela veut dire que tu acceptes de m'aider ? » demande-t-il. « Je n'aide pas un flic, que ce soit clair entre nous. J'aide des enfants en danger. »

« Il a plus à perdre que moi, trois enfants et une femme fantastiques, se dit Henderickx. Moi, je ne mets que ma vie en jeu. S'il accepte le deal, il aura ma confiance à vie et, flic ou pas, je pourrai alors donner ma vie pour sauver la sienne. »

Pierre-Bernard Velge, le policier, l'accompagne jusqu'à la porte d'entrée. À nouveau, la tentation de la liberté est grande… mais Henderickx se dit que la liberté de trois gosses dépend de sa décision et que sa parole d'honneur vaut plus que quinze ans de prison. Il revient dans le bureau du policier. Entre-temps, il a téléphoné à des collègues du milieu, ce qui lui permet d'expliquer où se trouvent les enfants.

Par la suite, le gangster et le policier sont devenus amis. Et Henderickx a découvert que Velge s'occupe d'une association baptisée Flic et voyou, qui permet à des jeunes délinquants de se dépasser dans des activités sportives ou de découvertes hors du commun[50], de se prouver qu'ils sont capables d'autre chose que d'agresser des personnes âgées.

Un soir, Henderickx regarde une émission de télévision, *Tous à la une*, qui a pour but de mettre à l'honneur des gens exceptionnels par leur courage ou leur volonté[51]. Il se réveille au milieu de la nuit suivante et décide d'écrire à TF1 pour parler de ce que fait Pierre-Bernard Velge. « Le vrai Patrick H. vient de reprendre le dessus. (…) Le sentiment de faire le bien vient de me sauver du monde de fausses illusions dans lequel je me promenais. » Quelques jours plus tard, il est appelé au greffe du tribunal pour une communication téléphonique urgente. C'est une des responsables de l'émission qui lui demande s'il est d'accord pour une interview qui passerait à la télévision, tout en lui précisant que l'équipe a l'autorisation du ministre belge de la Justice pour venir le filmer en prison. Il accepte, mais réalise immédiatement que cette décision vient de le condamner à mort. Les détenus vont lui faire payer très cher cette faute suprême que constitue la collaboration avec un policier. « Paradoxe incroyable, écrit-il, un voyou va mourir pour aider un flic. »

L'émission est suivie par tous les prisonniers et… l'invraisemblable se produit. Après plusieurs minutes de silence se fait entendre la voix de Michel, ennemi public numéro un à la fin des années 1970, qui crie « bravo » et applaudit de toutes ses forces. Puis un autre, encore un autre. Ce sont maintenant plusieurs dizaines de détenus qui applaudissent. Patrick Henderickx est ému au plus profond de lui-même : « Je vis l'un des plus beaux moments de ma putain de vie, et ce sont des voyous qui me l'offrent. » Henderickx sera libéré des années plus tard et participera à des raids organisés par Pierre-Bernard Velge pour faire sortir des jeunes de leur quotidien[52].

Le sentiment de maîtriser sa destinée

Au début du processus de désistance, il arrive souvent que l'individu ne croie pas vraiment en lui-même. Cependant, quelqu'un d'autre croit en lui et lui fait comprendre qu'il a de la valeur. Ainsi, un homme de 28 ans déclare : « Avant que j'aille à l'université, ma copine m'a dit qu'elle savait que j'avais des possibilités ; personne ne m'avait dit cela avant, que je pouvais faire quelque chose de ma vie[53]. » Les désistants apprennent ainsi progressivement à maîtriser leur existence.

À l'inverse, ceux qui persistent dans la délinquance déclarent également qu'ils aimeraient changer de vie, mais ils s'estiment impuissants à changer de comportement, pour diverses raisons : dépendance à la drogue, pauvreté, absence de diplômes, préjugés à leur égard. Par ailleurs, ils n'ont pas une vision claire de leur futur et beaucoup considèrent que leur scénario de vie a été écrit des années auparavant, tandis que les désistants ont un plan et pensent qu'ils peuvent le mettre en œuvre. Ces derniers choisissent de prendre leurs responsabilités pour le présent et l'avenir.

Le désir d'être utile

Pour maintenir leur nouveau choix de vie, les désistants ont besoin de donner un sens à leur existence. Cela peut se faire par le travail et le sentiment de gagner sa vie honnêtement, ou bien de fonder un foyer. Mais un élément majeur est le sentiment d'être utile aux autres. Maruna a entendu à de multiples reprises ces personnes lui dire qu'elles voulaient consacrer leur vie aux autres. Une manière d'y parvenir consiste à tirer profit de leur propre expérience pour aider des jeunes à éviter la délinquance. Dans ce type de situation, l'ancien déviant constitue un vivant exemple de la transformation possible. Face à lui, le délinquant peut se dire : « S'il a réussi à s'en sortir, je peux y arriver aussi. »

C'est précisément l'expérience qu'a vécue Bill Sands. Après sa sortie de prison, il a mené une brillante carrière professionnelle, qu'il a finalement abandonnée pour aider des prisonniers à changer de vie. Voici comment il s'est présenté à un jeune délinquant : « Salut ! Je m'appelle Bill Sands. Un de tes amis m'a dit que tu étais ici. Quand j'avais ton âge, j'étais assis dans une cellule comme celle-ci, à la prison de Saint-Quentin. Je me bagarrais comme un dingue contre le monde entier, comme tu le fais. J'ai entendu dire que tu te bagarrais beaucoup. Mais je me rends compte qu'en plus de ces muscles tu as aussi un bon QI. Pourquoi est-ce que tu ne l'utiliserais pas pour marcher droit, en dehors d'ici[54] ? »

Notons que plusieurs programmes ont été mis en place, à partir des années 1960, dans lesquels d'anciens prisonniers travaillent à la réhabilitation d'autres agresseurs. Ainsi, une étude menée auprès de 228 anciens prisonniers visait à examiner les bénéfices éventuels du fait d'aider les autres[55]. Les trois quarts des participants regrettaient les souffrances causées aux autres par leurs activités criminelles passées. Et c'était le remords, parmi diverses attitudes, qui avait l'impact le plus important sur le désir d'aider.

Cette aptitude à la bonté, présente chez les délinquants comme chez les personnes ordinaires, c'est bien ce dont est convaincu Gérard Guérinet. Cet éducateur a rencontré à plusieurs reprises Yazid Kherfi quand celui-ci est sorti de prison, qu'il avait connue en raison de braquages. Un jour, il lui propose de travailler à la mission locale, en échange d'un petit pécule. Yazid accepte avec plaisir cette marque de confiance ; au fil du temps, il se sent bien au sein de l'équipe et constate qu'il peut aider les plus jeunes à ne pas faire les erreurs que lui-même a commises. On lui confie les clés du local, lequel contient de l'argent. « Ces gens me faisaient confiance, écrit-il, je ne voulais pas les décevoir ou les tromper, alors j'ai décidé de donner le meilleur de moi-même. (...) ils étaient persuadés que je ne volerai plus jamais. Pour eux, mon passé était passé, ils ne voulaient pas réduire ce que je devenais à ce que j'avais été[56]. »

L'histoire de James Galipeau est également exemplaire à cet égard[57]. Il est devenu délinquant fort jeune, il se battait, volait des voitures, braquait des magasins de spiritueux. Son père a dû aller le chercher au poste à de multiples reprises, mais un soir fut décisif. Les policiers appellent son père en pleine nuit et l'informent qu'ils vont mettre James en prison. Cet homme s'effondre et supplie les policiers en sanglotant de laisser une autre chance à son fils. Celui-ci réalise enfin ce qu'il faisait subir à son père. Il regarde le policier et lui dit : « Laissez-moi une chance. » Le lendemain, il quitte son gang.

Depuis, James Galipeau est devenu... policier et, contrairement à beaucoup de ses collègues, il pense que la très grande majorité des criminels sont récupérables : « La plupart d'entre eux, affirme-t-il, seraient bien contents de trouver un boulot et de mener une vie normale, si seulement ils pouvaient s'en sortir en sauvant la face. Moi, j'essaie de leur fournir une occasion. » La surveillance à long terme pratiquée par Galipeau s'avère même financièrement très rentable : elle coûte 2 000 dollars par an et par jeune contre 30 000 dollars si ce dernier est en prison.

La puissance de la foi

De nombreuses histoires de désistance sont liées à une conversion religieuse. C'est le cas de Jacky Van Thuyne, qui a grandi auprès d'un père alcoolique (sept litres de vin par jour) et violent, qu'il n'a jamais pu appeler « papa », et qui finira par se suicider ; quant à sa mère, elle était très effacée et est décédée lorsqu'il avait 16 ans. Il devient un gangster redouté : « Je faisais le mal d'une manière déterminée, il n'y avait de place pour aucune humanité. On sait qu'il n'y a plus d'avenir, qu'on va mourir dans le ruisseau, c'est l'escalade, un suicide à long terme[58]. »

Emprisonné, il participe un soir à une séance de spiritisme, qui le convainc qu'il entre en contact avec son père. Deux mois plus tard, il se dit que s'il y a une vie après la mort, alors Dieu existe. Dès cet instant, une grande paix intérieure l'envahit. Cet état de grâce dure trois jours, mais son effet va se maintenir. Jacky rencontre l'aumônier de la prison qui lui offre une Bible. Son état d'esprit et son comportement sont complètement transformés : il se sent habité de pensées altruistes, éprouve une sensibilité envers les êtres humains qu'il n'a encore ressentie jusqu'à présent. Il se met à écrire des poésies, à lire des ouvrages de philosophie et de pédagogie et commence à parler de sa foi. Les gardiens et sa femme ne le croient pas (celle-ci pense qu'il s'agit d'une nouvelle combine pour sortir de prison car il y a des écoutes au parloir), tandis que ses codétenus pensent qu'il est devenu un peu fou. Mais ils finissent par constater réellement le changement et s'adressent à lui pour leur confier leurs soucis, au point qu'à un moment, il s'occupe de trente personnes. « Je m'épanouis dans ce boulot que me donnent tous mes protégés[59] », note-t-il ainsi. Il organise même des groupes d'études de la Bible en prison !

Alors qu'il pensait écoper de trente ans de prison, il n'est finalement condamné qu'à six, pour bonne conduite (en particulier, il a sauvé de justesse un autre détenu qui s'était pendu et a essayé en vain d'en sauver un autre). Une fois libéré, Jacky devient directeur d'un centre d'accueil qui reçoit trente hommes sortant de prison. Aujourd'hui, il résume ainsi sa vision de l'être humain : « La vraie question, c'est l'homme : l'homme est-il amendable ou pas ? S'il ne l'est pas, il faut le tuer. Tuer le moindre petit voleur de 14 ans puisqu'il n'est pas récupérable et qu'il recommencera. Pour ma part, je crois que l'homme est amendable, je crois même qu'il est bon puisqu'il ne se bonifie que dans le bonheur. S'il était mauvais, il se réjouirait d'être en prison et d'être une source de malheurs pour ses semblables, pour sa famille et pour lui-même[60]. »

… et le miracle de l'amour

Comme nous l'avons vu, la plupart des histoires de désistance reposent sur les relations humaines. Une personne croit dans le délinquant, envers et contre tout, et sait voir en lui ce qu'il a de meilleur, l'amenant à découvrir son vrai moi, empreint de bonté. La force de l'amour peut briser la carapace des cœurs les plus endurcis, des êtres apparemment les plus haineux et cruels, comme le montre l'étonnante histoire qui suit. Larry Trapp constitue un témoignage impressionnant du fait que tout homme peut évoluer positivement dès lors qu'il rencontre l'amour sur son chemin, surtout s'il ne l'a jamais connu auparavant[61].

Cet homme d'une quarantaine d'années, était un néonazi, dirigeant local du Ku Klux Klan dans l'État du Nebraska. Il s'était forgé une solide réputation en passant ses journées à envoyer des courriers haineux et à inciter ses amis à agir de même, pour terroriser les Noirs, les Juifs et les membres d'autres communautés. Par exemple, une femme noire avait reçu un courrier lui expliquant la manière dont elle mourrait, de cinq balles dans le dos. Larry Trapp était bien connu des services de police, car il fabriquait des explosifs chez lui et avait amassé de nombreuses armes à feu. Une des familles visées par Larry Trapp était celle du rabbin Michael Weisser, avec son épouse et leurs trois enfants adolescents. Larry leur téléphonait en les menaçant par des propos comme : « Le KKK vous surveille… » M. Weisser a appelé Trapp en laissant des messages destinés à lui faire comprendre à quel point il était insensé de vouloir construire un monde sur la haine, et que si, un jour, il était fatigué de haïr, tout un monde d'amour lui tendait les bras.

Larry souffrait de diabète grave et se déplaçait en fauteuil roulant. Après avoir vu une émission de télévision dans laquelle celui-ci était interviewé avec les habits du Ku Klux Klan et devant un drapeau nazi, Michael lui téléphone et laisse un message sur son répondeur, dans lequel il lui signale que les premières lois édictées par les nazis étaient dirigées contre les personnes handicapées physiques et qu'il aurait donc été l'une des premières victimes de Hitler[62]. Ces messages ont fini par toucher Larry. Il racontera plus tard : « Quand Michael a commencé à appeler ma hotline raciste, j'ai ressenti quelque chose dans sa voix que je n'avais jamais entendu avant... quelque chose que je n'avais encore jamais expérimenté. C'était l'amour. »

Un jour, Larry téléphone aux Weisser en disant qu'il veut abandonner son univers raciste, mais qu'il ne sait pas comment s'y prendre. Michael lui propose de venir le voir ; après avoir beaucoup hésité, Larry accepte. Avant de partir lui rendre visite, Julie Weisser prend une bague appartenant à son mari, pour l'offrir en cadeau à Larry. Michael considérait ce bijou comme un symbole de fraternité car elle était composée de filaments entremêlés. Bien que très attaché à cet objet, c'est avec joie qu'il accepte la proposition de son épouse.

En serrant la main de Larry, Michael lui exprime leur joie de le rencontrer en personne. À cet instant, Larry ressent comme un choc électrique et fond en larmes. Il enlève de ses doigts deux bagues en argent ornées de la croix gammée, en disant qu'il ne peut plus les porter car elles représentent toute la haine dans sa vie. Il donne les bagues à Michael qui les met dans sa poche. Julie et Michael se regardent, stupéfaits de la coïncidence et lui offrent la bague de la fraternité.

Au cours de la discussion, Larry exprime de profonds regrets, essayant de reprendre sa respiration entre des accès de larmes. Michael et Julie l'entourent de leurs bras et l'embrassent en lui disant que désormais tout irait bien pour lui. Tous deux, envahis par l'émotion se mettent aussi à pleurer. « Cela peut sembler fou, mais je sens déjà que j'ai changé d'une manière que je n'arrive pas à croire », leur déclare Larry.

Il exprime à plusieurs reprises son désir de se réconcilier avec les personnes qu'il a pu faire souffrir. Désignant les posters de Hitler, les drapeaux nazis, les croix gammées, les documents de propagande du KKK et les fusils qui emplissent son appartement, il affirme vouloir s'en débarrasser totalement. Avant de quitter Larry dans la nuit, Michael et Julie l'embrassent et lui disent qu'ils l'aiment. Ne pouvant emporter tous les objets racistes de Larry, ils emportent chacun une boîte en carton pleine de propagande et lui promettent qu'ils reviendront le lendemain.

« Je ne sais pas quoi dire, murmure Larry entre des larmes. J'ai été si horrible avec vous et avec tant de gens. Je ne peux pas croire que je vous ai autant haïs. Je n'arrive pas à y croire. Comment pourrez-vous me pardonner un jour ?

— Nous vous pardonnons, dit Julie.

— Je ne sais comment vous pouvez faire ça[63]. »

Larry dira plus tard de ce jour : « C'est mon vrai anniversaire. Le jour où je suis vraiment né et où j'ai commencé à vivre. » Dans les mois qui suivent, Larry présente ses excuses à diverses personnes, rejoint une association de défense des droits de l'homme, fait des conférences dans des écoles, etc. Lorsque sa maladie empire au point qu'il devient clair qu'il va bientôt mourir. Julie et Michael décident de l'accueillir chez eux pour pouvoir mieux prendre soin de lui. Larry demande à Michael de lui enseigner l'hébreu et il se convertit au judaïsme peu avant de mourir. La cérémonie d'introduction au sein de la communauté juive a lieu dans la synagogue qu'il avait menacé de faire exploser quelques années auparavant.

CHAPITRE 6

Chroniques de la bonté ordinaire

Vous venez de déjeuner avec un ami et vous demandez la note à la serveuse. Or celle-ci vous annonce que votre repas a déjà été payé par un couple qui vient juste de sortir et qui n'a pas donné son nom. Touché par ce témoignage de générosité, vous décidez de faire la même chose pour les clients d'une autre table. Cette scène n'a rien d'imaginaire. Elle a eu lieu dans un restaurant de Philadelphie. Le plus étonnant est qu'elle s'est reproduite de nombreuses fois au cours de la même journée. Une épidémie de générosité en quelque sorte. Lynn Willard, l'une des serveuses a encore les larmes aux yeux lorsqu'elle raconte ce qu'elle a vu : « Je n'arrivais pas à y croire... Ça a continué, continué... C'était très agréable. » Pendant les cinq heures qui ont suivi, de nombreux bienfaiteurs se sont ainsi succédé, sans jamais s'inquiéter du prix du repas de l'autre table, versant généralement aussi un pourboire à la serveuse[1].

Cette petite histoire illustre deux constats majeurs de cet ouvrage : la bonté est communicative et il suffit parfois de peu de chose pour qu'elle se manifeste chez quelqu'un. Les chapitres précédents nous ont montré que la bonté peut se manifester même dans les situations où l'on s'attendrait plutôt à la violence. Heureusement ces contextes restent exceptionnels. C'est généralement dans des situations banales que nous sommes le plus souvent amenés à faire preuve de gentillesse et d'altruisme. Dès lors, quels sont les ressorts de cette bonté quotidienne ? C'est ce que nous allons découvrir maintenant. Il est cependant impossible de faire ici un bilan exhaustif des connaissances sur la bonté ordinaire ; je m'attacherai donc à présenter quelques aspects, certains relevant plus de l'individu lui-même, d'autres de l'interaction entre l'individu et la société qui l'environne.

Une enquête sur la générosité, commanditée par la Fondation de France en 2006[2], a présenté les principales motivations des donateurs :

- je ressens de la compassion pour ceux qui souffrent et je veux les aider (37 %) ;
- je pense que chacun a le devoir d'aider à résoudre les problèmes de société (31 %) ;
- je me sens privilégié et je souhaite partager (27 %) ;
- je ressens du plaisir à partager (25 %) ;
- je donne car je voudrais moi-même être aidé si j'étais en difficulté (22 %).

Ces motivations sont précisément celles qui ont été le plus étudiées par des chercheurs. J'aborderai donc successivement les thèmes de l'empathie, de la responsabilité, de la réciprocité, du bien-être éprouvé, auxquels j'en ajouterai deux autres : l'impact des comportements altruistes exemplaires et la différence d'attitudes entre femmes et hommes.

Ressentir de l'empathie pour les personnes en difficulté

L'empathie est un préalable de nombreux actes altruistes. Elle a été constatée chez des bénévoles agissant auprès de malades du sida[3] ou dans une association type SOS Amitié[4], chez les donateurs du Téléthon[5] ou pour des associations caritatives[6], chez des personnes disposées à donner de l'argent ou de la nourriture à une personne sans abri[7], chez des individus qui ont aidé des personnes accidentées au bord de la route[8]. Dans chacune de ces études, le niveau d'empathie de ces personnes, mesuré grâce à une échelle, était supérieur à celui d'autres personnes placées dans les mêmes circonstances et qui n'ont pas agi en faveur d'autrui.

L'étude portant sur les donateurs du Téléthon et celle sur les écoutants bénévoles d'une association de type SOS Amitié apportent des informations complémentaires intéressantes. Leurs auteurs ont comparé la quantité d'implication en fonction de quatre tonalités relationnelles :

- l'empathie cognitive (l'aptitude intellectuelle à imaginer le point de vue psychologique d'autrui, ce qui n'implique pas nécessairement de réaction émotionnelle chez l'observateur) ;
- la préoccupation empathique (l'émotion chaleureuse de compassion et de sympathie ressentie par une personne désirant en aider une autre dans le besoin) ;
- le stress (le mal-être ressenti face à une personne en souffrance) ;
- la rêverie (la tendance à se transposer par imagination dans les émotions et les actions de personnages fictifs présents dans les livres, les films, etc.).

Seule la préoccupation empathique est corrélée avec l'engagement en faveur du Téléthon ou dans l'association d'écoute de personnes dépressives.

Dans un même ordre d'idées, Natti Ronel, criminologue à l'université Bar-Ilan à Tel-Aviv, a mené une enquête sur l'impact de l'action de bénévoles auprès de jeunes vivant dans la rue[9]. L'association d'aide à laquelle ces bénévoles sont rattachés fournit aux jeunes les produits de nécessité de base (nourriture et vêtements), des conseils informels et des adresses de services sociaux dont ces jeunes se méfient généralement. Pour la plupart, ce sont les premiers bénévoles qu'ils rencontrent et l'expérience les marque fortement. Avec eux, ils découvrent que des personnes peuvent consacrer une partie de leur temps pour le bien des autres sans en tirer un quelconque avantage matériel. Or la plupart vivent dans un monde régi par la règle du « prends tout ce que tu peux », même avec leurs proches. Ils ont souvent été maltraités et ont dû lutter pour survivre.

Les rencontres entre jeunes et bénévoles dépassent souvent le cadre formel des services fournis par l'association. Certains bénévoles donnent leur numéro de téléphone en proposant au jeune de les appeler à tout moment s'il en ressent le besoin ; ils rencontrent les adolescents dans des cafés, les aident à faire des achats, etc. Leur relation relève plutôt de l'amitié, avec un rôle de conseiller. Ils sont très étonnés que des gens leur offrent quelque chose contre rien, sans être payés pour cela. Un adolescent déclare : « S'il y a vraiment des gens qui prennent soin des autres, et qui donnent et donnent encore sans rien en tirer, alors le monde n'est peut-être pas aussi horrible que je le pensais. » Un autre dit : « D'un seul coup, des gens veulent t'aider ; ça change tes idées négatives sur le monde. Je dois croire dans le bien et qu'il y a de l'espoir. »

Par exemple, D. avait une vingtaine d'années lorsqu'il a rencontré des membres de l'équipe pour la première fois, dans une zone de prostitution masculine. Il portait des vêtements de femme et consommait régulièrement de la marijuana. Après une longue période de méfiance et d'hostilité envers l'équipe, il a fini par établir une relation privilégiée avec une bénévole qui l'a accompagné pendant trois ans. Au début, ils ne se voyaient qu'une fois par semaine, lors du passage du bus de l'association, puis des rencontres plus nombreuses ont eu lieu en diverses occasions. La bénévole l'a aidé à trouver un travail et, après un an de relations proches, D. n'a plus fréquenté l'univers de la prostitution et a commencé à travailler pour une société de services aux personnes âgées ; il a loué un appartement, en payant lui-même le loyer. L'auteur de l'étude souligne qu'un élément essentiel est la perception de la bonté ; les bénévoles perçus comme de purs altruistes transmettent ce message de bonté auprès des jeunes. Selon lui, toute théorie en sciences sociales devrait prendre en compte le pouvoir de la bonté et son influence sur les individus et les groupes[10]. Or ce n'est malheureusement pas encore le cas, si l'on compare la proportion de travaux scientifiques sur la violence et sur la bonté.

« Le monde a besoin de citoyens responsables… »

Une équipe de chercheurs hollandais a réparti un millier de sujets en trois catégories, à partir d'un questionnaire[11] : les personnes à orientation prosociale, qui préfèrent une égalité des revenus entre elles-mêmes et les autres ; celles à orientation individualiste, qui visent à l'accroissement de leurs revenus, en étant indifférentes à la situation des autres ; celles à orientation compétitive, qui souhaitent creuser l'écart de revenu entre elles-mêmes et les autres. Ils ont ensuite distribué un questionnaire comportant douze situations susceptibles d'inciter à donner (sollicitation par le porte-à-porte, contribution régulière à une association humanitaire, achat dans un magasin spécialisé dans le commerce équitable, etc.). Chaque fois, les personnes à orientation prosociale indiquaient avoir donné en moyenne, au cours de l'année passée, une somme d'argent supérieure à celle indiquée par les sujets individualistes ou compétitifs.

Une recherche plus récente, réalisée par la même équipe, aboutit à des résultats révélateurs[12]. Ces chercheurs ont élaboré une échelle de philanthropie, à partir de déclarations comme : « Le monde a besoin de citoyens responsables » ou : « Nous devons rendre ce monde meilleur pour la prochaine génération », puis ils ont réparti les sujets en trois catégories en fonction de leur niveau d'accord avec ces propositions. Les personnes faiblement concernées par ce thème estimaient avoir donné 100 euros dans l'année, celles moyennement concernées presque 300 euros, celles fortement concernées 500 euros. Il se peut évidemment qu'une partie de ces déclarations soit le reflet d'un souhait plutôt que de la réalité, mais comme cette réaction a des chances d'être identiquement présente dans les diverses catégories d'individus, on peut dire qu'il y a une réelle différence de générosité en fonction des valeurs adoptées par les uns et les autres.

Une autre enquête a été menée en Nouvelle-Zélande[13]. Elle porte sur plus de 1 400 personnes, réparties en deux catégories extrêmes : d'une part, celles qui disent ne jamais avoir donné ou ne pas avoir donné au cours de l'année précédente pour une association caritative ; d'autre part, celles qui disent avoir donné au moins une fois par mois pendant l'année passée. Les donateurs fréquents s'estiment bien plus concernés par la nécessité de corriger les injustices sociales et de se préoccuper de la situation des plus faibles. Ils accordent également plus d'importance aux questions spirituelles qu'aux questions matérielles. Les non-donateurs insistent plus sur l'intelligence et sur la nécessité de se sentir reconnus socialement.

Des individus qui ont aidé des personnes accidentées au bord de la route ont un score plus élevé sur une échelle de responsabilité sociale que ceux qui n'ont pas aidé[14]. Ce sentiment de responsabilité est également plus présent chez les donneurs de sang[15], les personnes adoptant des comportements écologiquement responsables[16] et les personnes qui s'impliquent dans divers autres domaines (être responsable dans une organisation de jeunesse, visiter des prisonniers ou des personnes âgées, faire gratuitement du soutien scolaire pour des enfants en difficulté, etc.)[17].

Ce sens des responsabilités semble d'autant plus impérieux que nous estimons avoir les capacités de répondre à une demande. Dans une étude expérimentale, une personne a fait du porte à porte au service de l'association américaine du cancer (American Cancer Society)[18] : 29 % des individus sollicités ont fait un don, avec une moyenne de 1,44 dollar chacun. Toutefois, lorsque le quêteur ajoutait : « Une seule petite pièce pourrait aider », 50 % contribuaient avec une moyenne de 1,54 dollar chacun. Lorsque l'expérience a été répétée quelques années plus tard, les résultats étaient assez comparables : la petite phrase magique avait fait passer le taux de donateurs de 39 % à 57 %[19]. En revanche, dire : « Une participation généreuse pourrait vraiment aider » réduit sensiblement la probabilité que les personnes contribuent, et ceux qui donnent alors de l'argent n'en offrent pas plus que la moyenne des gens[20].

Le sentiment d'utilité sociale est également ce qui motive des millions d'internautes dans le monde à contribuer à l'encyclopédie Wikipédia. Une étude a montré que le désir de collaborer de façon altruiste était la principale motivation des contributeurs[21]. Et lorsque Jimmy Wales, le fondateur de Wikipédia, lance un appel de fonds pour renforcer les possibilités techniques de cette initiative, il récolte plus de 5 millions d'euros en moins de deux mois. Il remercie alors les internautes et fait ce commentaire : « C'est incroyable, mais je n'en suis pas surpris. En 2001, j'avais parié sur la bonne volonté des gens, et vous avez toujours répondu présent. » Ainsi, non seulement, les gens contribuent bénévolement et anonymement à Wikipédia, mais en plus ils font un don pour que l'expérience se poursuive. Difficile d'expliquer cela avec la théorie de l'égoïsme fondamental chez l'être humain.

Il en est de même des internautes qui répondent immédiatement à des demandes techniques sur les forums destinés à résoudre des problèmes informatiques. Il m'est arrivé à quelques reprises de poser une question – je ne suis pas très doué en informatique... – et j'ai reçu la réponse en général une ou deux minutes plus tard, ce qui m'a beaucoup surpris. Je sais maintenant que c'est une pratique extrêmement répandue. L'acte est absolument gratuit : les deux personnes ne se connaissent pas et ne feront probablement jamais connaissance : la seule récompense est la satisfaction d'avoir rendu service à quelqu'un. L'esprit de coopération informatique est une remarquable démonstration contemporaine de l'aptitude à rendre service présente en l'être humain. Les esprits chagrins qui se lamentent de l'égoïsme croissant de notre société devraient méditer sur ce fait. Ces aides informatiques bénévoles peuvent avoir des retombées étonnantes. En août 2010, des internautes passionnés ont réussi en trois semaines à résoudre une énigme qui tenait en échec d'éminents chercheurs depuis des années[22]. Ces médecins pensaient qu'en inhibant l'action d'une enzyme, ils pourraient mieux lutter contre le virus du sida, mais, ne connaissant pas la structure de cette enzyme, ils ne parvenaient pas à mettre au point les substances capables de la bloquer. Afin de résoudre le problème, les départements de biochimie et d'informatique de l'Université de Washington se sont associés pour produire un jeu vidéo expérimental accessible à tous sur Internet. Le but était que les internautes découvrent comment une molécule « se plie » pour former une structure en trois dimensions et donner ainsi naissance à une protéine. L'objectif a été atteint. Les internautes n'ont pas fait cela pour l'argent ou pour la gloire : leur action était bénévole et la reconnaissance a simplement consisté en ce que la mention « joueur de Foldit » soit ajoutée à la liste des contributeurs de l'article. On peut supposer que le plaisir de l'action elle-même ainsi que la satisfaction d'être utile étaient des récompenses suffisantes en elles-mêmes.

La règle de réciprocité

Parallèlement à la règle de responsabilité sociale existe également celle de réciprocité. Elle prescrit que l'on doit aider les personnes qui nous ont aidés. Selon le sociologue Alvin Gouldner, il s'agit là d'un code moral aussi universel que le tabou de l'inceste[23] Nous avons tendance à respecter spontanément cette règle, surtout si l'aide nous a été offerte gratuitement.

Ce thème a surtout été étudié en anthropologie, avec la théorie du don/contre-don, et en sociologie, avec la théorie de l'échange social. Ces deux approches reposent sur une conception de l'être humain surtout motivé par l'intérêt personnel. Selon l'anthropologue Marcel Mauss, à l'origine du concept de don/contre-don, ce mode de fonctionnement est caractéristique de nombreuses communautés humaines « archaïques[24] ». Ce processus se fait en trois étapes. Un individu ou un groupe fait un don à un autre ; celui-ci doit alors l'accepter, ce qui constitue une reconnaissance de la valeur du don ; enfin, il doit rendre, pas nécessairement la même chose, mais quelque chose qui a une valeur au moins équivalente. Mauss y voit surtout une motivation intéressée sous-jacente.

En sociologie, la théorie de l'échange social postule que les relations humaines sont essentiellement basées sur une analyse coûts-bénéfices[25]. Nous échangeons avec autrui du temps, de l'affection, de l'argent, etc., mais en veillant à minimiser les coûts et à maximiser les bénéfices. Cette théorie est très fortement inspirée par la conception de l'être humain véhiculée par l'économie, perçu comme essentiellement motivé par son intérêt personnel (voir chapitre 11). Or une perspective bien plus humaine et ouverte me semble possible. Elle est par exemple incarnée par les réseaux d'échanges réciproques de savoirs, association dans laquelle les membres donnent et reçoivent des savoirs et des savoir-faire dans un véritable esprit de partage et de convivialité. L'origine en revient à Claire Héber-Suffrin, une enseignante qui, dans les années 1970, constate que les élèves qui sont en difficulté possèdent de nombreux savoirs, largement méconnus par l'école et par eux-mêmes. Elle offre donc à ces jeunes la possibilité de transmettre certaines de leurs connaissances, ce qui va ensuite faciliter leur réussite scolaire. Le mouvement fera tâche d'huile avec les habitants du quartier et est maintenant devenu un réseau international.

Être utile aux autres tout en se faisant du bien personnellement est au cœur de l'esprit des réseaux d'échanges réciproques de savoirs. Dans ces associations locales, chacun offre à quelqu'un sa compétence (en informatique, en jardinage, en couture, en espagnol, etc.) et reçoit des autres, sans transaction monétaire. La réciprocité ainsi conçue élimine par ailleurs le risque d'effets néfastes de l'aide à sens unique, au cours de laquelle la personne aidée peut se sentir humiliée, par sa difficulté à rendre le soutien reçu. Certains réagissent d'ailleurs très négativement, ce qui génère alors de l'incompréhension chez l'aidant, choqué, voire blessé par ce qu'il considère comme un manque de reconnaissance et qui est souvent l'expression d'une volonté de conserver sa dignité.

Une expérience, vécue au sein de l'un de ces réseaux d'échanges de savoirs, illustre bien cette richesse de la réciprocité. Luc a témoigné un jour de son parcours[26]. Sa mère est morte très jeune, laissant trois enfants à son père qui avait du mal à faire face seul. Luc est alors placé dans un internat pour « cas sociaux » où il ne reçoit aucune affection. Il apprend à donner des coups pour éviter d'en recevoir, à haïr parce qu'il n'y a aucun autre sentiment qui peut passer : « On n'a aucune attache parce qu'on ne nous en donne pas. » Il commence à se réinsérer en travaillant à Emmaüs : « J'ai vu qu'en étant pauvre matériellement, en ayant été en prison, en étant alcoolique, je pouvais aider les autres quand même et être utile aux autres, malgré toutes les tares par rapport à la société. (...) Au fur et à mesure que j'étais bien, j'ai eu de plus en plus d'amis, donc je me suis senti un peu mieux, un peu plus fier de moi. (...) Ils me renvoyaient de moi une image d'homme digne. Je me voyais ainsi plus digne. (...) Puis le "Réseau" est arrivé dans ma vie par une assistante sociale que j'avais vue une ou deux fois pour des papiers et qui m'a fait prendre une très grande confiance en moi en me demandant, avec d'autres gens venant dans les services sociaux, tout le temps des "assistés", si on voulait bien créer une association d'échanges de savoirs. C'était me donner une très grande chance que de me faire confiance comme ça. (...) Là, personnellement, je ne me sentais plus assisté, je ne ressentais pas non plus le sentiment d'assister les autres, car eux-mêmes m'apprenaient ce qu'ils savaient. J'avais enfin une petite étiquette que je pouvais afficher : je pouvais me dire "être humain". J'aurais pu marquer sur mon front : "Je sers à quelque chose." »

Il n'y a que le premier pas qui coûte

L'engagement dans des actes de bonté est généralement le fruit d'un processus. Un concept essentiel à ce propos est l'« identité de rôle », qui concerne à la fois la personnalité d'un individu et une position qu'il occupe au sein de la société. Par exemple, si une personne est très investie dans une action bénévole, elle peut considérer qu'une part importante de son identité se confond avec ce rôle. Un cercle vertueux se met alors généralement en route : elle estime son action utile et en retire de la satisfaction, elle adopte progressivement une identité de bénévole, ce qui la conduit à continuer à s'investir. Cependant, pour apprécier ce qu'elle fait, elle doit se sentir libre et conserver un équilibre entre le bénévolat et les autres aspects de sa vie, comme l'a montré une enquête réalisée auprès de personnes agissant au sein de l'association américaine du cancer : plus une personne adopte une identité de rôle en tant que bénévole, plus elle consacre de temps à l'association et pense continuer son activité, ce qui est assez logique[27]. Si elle sent qu'une pression est exercée sur elle, elle offre généralement plus de temps, mais elle a souvent aussi l'intention d'arrêter son action bénévole.

Deux sociologues, Jane Piliavin et Peter Callero ont soigneusement étudié les causes et les conséquences de l'identité de rôle chez des donneurs de sang[28]. L'influence d'amis ou de membres de la famille joue un rôle essentiel ; le premier don est d'ailleurs fait la plupart du temps en compagnie d'un proche. Avoir des parents qui sont eux-mêmes donneurs de sang relève de la même logique. D'autres aspects plus « intérieurs » ont également leur importance : avoir conscience de l'importance du sang pour les receveurs et éprouver une obligation morale. La première séance est essentielle : si la personne en ressort satisfaite, il y a de fortes chances pour qu'elle recommence l'expérience ; un élément apparemment aussi trivial que le temps d'attente peut alors être déterminant. D'ailleurs, bien que la présence d'un proche facilite un premier don, une personne a plus de probabilités de revenir offrir son sang si elle est venue seule, car elle éprouve davantage la sensation qu'il s'agit bien d'un choix personnel. Ceux qui ressortent avec un fort sentiment d'utilité sociale ont de grandes chances de persévérer. Puis se met progressivement en place la force de l'habitude. Ce qui pouvait paraître coûteux au départ fait maintenant partie de la vie normale de l'individu. Il y a bien sûr toujours un choix, mais qui n'a plus rien d'exceptionnel. Aller régulièrement offrir son sang fait partie de la vie ordinaire. Plus on a donné du sang dans le passé, plus il est probable qu'on en donnera dans le futur.

Jane Piliavin a ensuite élargi son enquête, avec d'autres collègues, auprès de bénévoles et de personnes qui font des dons à des associations caritatives[29]. Les facteurs les plus importants dans le développement d'une identité altruiste sont le comportement des parents qui ont eux-mêmes manifesté de l'altruisme et le sentiment d'une obligation morale à aider son prochain : beaucoup de ces personnes considèrent que la vie n'a vraiment de valeur que dans la mesure où l'on contribue au bien-être des autres.

Mettre en valeur le meilleur de l'être humain

Plusieurs recherches ont montré qu'une personne à qui l'on dit qu'elle est quelqu'un de serviable a plus de probabilités de manifester un comportement altruiste par la suite. Dans une étude menée en collaboration avec la Croix-Rouge[30], une enquêtrice fait du porte à porte en expliquant aux habitants que son but n'est pas de collecter des fonds, mais simplement de mieux faire connaître l'action de la Croix-Rouge. À la fin de la rencontre, l'enquêtrice dit seulement « merci » à certaines personnes, mais déclare à d'autres, choisies au hasard : « Merci pour le temps que vous m'avez accordé pour écouter ce que fait la Croix-Rouge. J'aimerais que plus de personnes que j'ai rencontrées s'intéressent autant à leurs semblables que vous le faites. » Deux semaines plus tard, l'ensemble de ces personnes sont contactées par téléphone par un homme qui se présente comme un chercheur menant une étude sur les associations de santé publique. Celles qui ont été décrites comme serviables sont deux fois plus nombreuses à envisager de s'impliquer bénévolement au service de la Croix-Rouge.

Une autre étude a donné des résultats proches[31]. Une démarcheuse fait du porte à porte et sollicite un don pour une association de lutte contre les maladies cardiaques. Si la personne répond positivement, la démarcheuse soit la qualifie de « généreuse », soit ne fait pas de remarque particulière. Une autre démarcheuse vient une dizaine de jours plus tard faire une quête en faveur de la sclérose en plaques : elle recueille environ une fois et demie plus d'argent de la part des personnes ayant été qualifiées de généreuses. Dans une autre enquête encore, on fait passer un test de personnalité à des étudiants[32]. Vient le moment des résultats. Certains, tirés au hasard, reçoivent alors l'information selon laquelle ils sont des individus gentils et attentifs aux autres. Après avoir quitté la salle de tests, ils passent près d'une étudiante qui laisse tomber par mégarde une dizaine de disquettes informatiques (en fait, elle fait partie de l'équipe de chercheurs). Les étudiants qualifiés d'« altruistes » sont deux fois plus nombreux à aider que ceux qualifiés d'« intelligents » et ils passent deux fois plus de temps à aider quelqu'un à ramasser ses disquettes.

Les études que je viens de présenter illustrent une proposition essentielle de ce livre : plus on attend le meilleur de soi-même et d'autrui, plus ce meilleur a de chances de s'exprimer. Évidemment, certains peuvent n'y voir que des techniques de manipulation. C'est une façon de penser que je respecte, mais l'autre interprétation est tout aussi justifiée.

La gentillesse est communicative

L'anecdote que j'ai présentée en ouverture de ce chapitre montre à quel point nous pouvons être stimulés positivement par les personnes que nous voyons agir de façon altruiste. Ce point est confirmé par diverses études expérimentales. Par exemple, des conducteurs qui voient une jeune femme occupée à changer un pneu crevé sont presque deux fois plus nombreux à s'arrêter pour l'aider s'ils viennent de voir, quelques centaines de mètres avant, une personne en aider une autre qui se trouvait dans la même situation[33]. De même, observer quelqu'un donner de l'argent à l'Armée du Salut au moment des fêtes de Noël augmente d'une fois et demie la probabilité que l'on donne soi-même[34]. Autre exemple : dans un campus universitaire, un étudiant en sollicite d'autres[35]. À certains, il dit : « Dans le cadre de notre campagne de collecte de fonds, je récolte de l'argent pour l'Association du cœur. Accepterais-tu d'aider en faisant un don ? » Aux autres, il dit la même chose, mais en ajoutant : « Comme tu peux le voir, d'autres étudiants ont déjà fait un don » et il montre alors une feuille sur laquelle sont inscrits huit noms fictifs. Presque deux fois plus d'étudiants font un don dans cette seconde situation.

Les psychologues parlent de « modelage » ou d'« apprentissage social » pour décrire ce processus. Comme le souligne Albert Bandura, qui a le plus étudié la question, bien plus que d'une simple imitation, il s'agit d'une occasion de faire évoluer notre système de valeurs ainsi que l'image que nous avons de nous-mêmes[36]. On peut aussi considérer que l'observation d'actes de bonté chez autrui entre en résonance avec le meilleur de nous-mêmes.

La politesse est également génératrice d'altruisme. Nicolas Guéguen, professeur de psychologie à l'université de Bretagne-Sud, a réalisé avec ses collègues une expérience intéressante à cet égard[37]. Un membre de l'équipe fume une cigarette devant l'entrée d'un bâtiment, de telle façon qu'une personne qui entre doit le contourner pour ouvrir la porte. Soit le fumeur ne bouge pas et regarde au loin (condition d'impolitesse), soit il s'excuse dès qu'il « s'aperçoit » que la personne le contourne et dit : « Oups ! Pardon : désolé, je rêvais. » Il s'écarte aussitôt, tire la porte pour permettre au passant d'entrer et ajoute en souriant : « Sincèrement désolé. Bonne journée ! » (condition de politesse). Dans une troisième condition, le fumeur se trouve à deux pas de la porte, sans en gêner l'entrée, et dans une attitude indifférente (condition neutre). Mais voilà qu'à peine entré dans l'immeuble, notre passant voit quelqu'un qui laisse tomber « par mégarde » une dizaine de feuilles de papier (il s'agit bien entendu d'un autre membre de l'équipe). Le résultat de toute cette expérience est sans ambiguïté : 43 % des passants qui ont croisé notre fumeur courtois aident spontanément la personne qui a laissé tomber ses feuilles, contre 21 % dans la condition neutre (deux fois moins) et seulement 13 % dans la condition d'impolitesse (trois fois moins).

Une recherche menée à Paris par deux chercheurs en psychologie environnementale, Gabriel Moser et Denis Corroyer, montre que 40 % des personnes tiennent la porte d'entrée pour la personne qui les suit. Si on vient de la leur tenir avant, ce taux s'élève à 60 %[38]. On trouve des différences comparables dans une autre recherche du même type effectuée aux États-Unis, mais avec des chiffres nettement plus élevés : 60 % avec la porte non tenue et 87,5 % avec la porte tenue[39].

Un sourire ne coûte rien et peut produire beaucoup, dit-on parfois. Plusieurs recherches ont en effet confirmé cet adage. Par exemple, juste avant de prendre l'ascenseur dans un grand magasin, une femme sourit chaleureusement à une autre (cette dernière est le sujet de l'expérience, les autres sont membres de l'équipe de recherche)[40]. Quelques instants plus tard, une troisième personne, regardant la liste des rayons, lance : « Zut, j'ai oublié mes lunettes ! Quelqu'un peut-il me dire à quel étage se trouvent les parapluies ? » Les personnes à qui l'on a souri répondent deux fois plus souvent que celles à qui l'on n'a pas souri quelques secondes plus tôt (70 % des cas contre seulement 35 %).

Les femmes et les hommes ne sont pas altruistes de la même manière

Femmes et hommes ont globalement le même niveau d'altruisme, mais celui-ci s'exprime différemment selon le sexe : tel est le constat que dressent deux psychologues américaines, Alice Eagly et Maureen Crowley[41]. Elles partent d'une distinction, élaborée par David Bakan au milieu des années 1960 et souvent reprise depuis, entre l'« action énergique » (*agency*) et la « relation » (*communion*). De nombreuses études ont montré que les femmes ont plutôt tendance à adopter des comportements relevant de la relation et les hommes des comportements relevant de l'action énergique. Cela se retrouve dans les actes qualifiés de prosociaux par les psychologues, c'est-à-dire les actes bénéfiques aux autres (aide, partage, soutien émotionnel, sauvetage, etc.) : les femmes ont tendance à fournir des soins et un soutien émotionnel, tandis que les hommes ont tendance à aider en situation d'urgence et de danger. Examinons cela plus en détail.

Diverses recherches ont montré que les femmes manifestent plus de sensibilité et d'empathie à l'égard d'autrui ; d'ailleurs hommes et femmes préfèrent généralement recevoir du soutien d'une femme plutôt que d'un homme. Par ailleurs, malgré la récente évolution de la division traditionnelle du travail domestique, les femmes passent encore environ deux fois plus de temps que les hommes à s'occuper des autres dans la famille, et elles constituent les trois quarts des personnes s'occupant des parents âgés. Tandis que les hommes, dans les foyers avec enfant, passent en moyenne deux fois plus de temps au travail que les femmes. Au travail, quel que soit le statut professionnel, les femmes ont des comportements plus amicaux, altruistes et expressifs que les hommes. Par exemple, les femmes médecins sourient plus et tiennent des propos plus positifs et plus liés aux émotions que leurs collègues masculins. Les femmes sont de surcroît surreprésentées dans les professions liées à la relation humaine, telles que l'enseignement en école maternelle (98 %), le travail infirmier (92 %) et le travail social (79 %). Enfin, les femmes sont plus souvent que les hommes récompensées officiellement pour des actes d'engagement exceptionnel dans les domaines humanitaires ou de soins. Elles sont plus nombreuses que les hommes à faire un don d'organe ; d'ailleurs, les dons d'organe d'épouse à époux sont bien plus fréquents que les dons d'époux à épouse…

Les hommes, eux, sont bien plus souvent cités dans la presse et officiellement récompensés pour des actes de courage – en particulier en risquant leur propre vie pour sauver d'autres personnes (environ 90 % des médaillés sont des hommes). Ils sont également largement surreprésentés chez les pompiers (95 %). Enfin, au cours d'expériences dans lesquelles une personne simule une situation problématique (tomber dans la rue, être victime d'une crise, etc.), les hommes aident plus souvent que les femmes.

D'où viennent ces différences ? Alice Eagly souligne l'« interaction biosociale » entre les caractéristiques physiques et les structures sociales. L'origine ultime réside dans les différences physiques entre sexes, en particulier les activités de reproduction de la femme, ainsi que la taille et la force plus importantes de l'homme. Dans la plupart des sociétés, les activités de la femme liées à la reproduction (gestation, allaitement, soins du bébé et du jeune enfant) nécessitent beaucoup de temps et d'énergie. Parallèlement, la force et la taille plus importantes de l'homme le prédisposent pour des activités exigeant de la force. Toutefois, cette division du travail d'origine biologique a été renforcée par des attentes sociales spécifiques : de relations concernant la femme, d'actions énergiques concernant l'homme. Les personnes qui correspondent bien au stéréotype de leur genre respectif ont traditionnellement été mieux acceptées dans leur société. Alice Eagly s'interroge, *in fine*, sur l'avenir de cette division des rôles. Elle constate que les femmes sont nettement plus présentes qu'autrefois dans des postes de cadres, statut traditionnellement dominé par les hommes, et qu'elles ont, par conséquent, tendance à se considérer aujourd'hui comme plus aptes à s'engager dans des actions énergiques. En revanche, cette chercheuse est plus dubitative en ce qui concerne la capacité de changement chez les hommes : ils sont toujours sous-représentés dans les métiers relationnels et de soins ; dans la famille, ils passent toujours nettement moins de temps pour les activités ménagères que les femmes, même lorsque les deux partenaires ont un travail à plein temps.

L'altruisme fait du bien à son auteur

Gyl Clary et Mark Snyder, chercheurs en psychologie à l'Université du Minnesota, ont clairement mis en évidence l'entrelacement du souci de soi et du souci d'autrui chez les bénévoles qu'ils ont interrogés[42]. Ces personnes agissaient dans de multiples domaines : don de sang, services auprès de proches de malades cancéreux, de personnes handicapées physiques, action humanitaire lors de catastrophes.

Une étude, réalisée auprès de bénévoles dans un centre d'aide téléphonique, type SOS Amitié, montre que plus une personne exprime de motivations altruistes, plus elle a de probabilités de s'engager sur le long terme[43]. Une autre étude, réalisée auprès de bénévoles accompagnant des malades du sida, va dans le même sens : les seules motivations corrélées à la durée concernent l'altruisme[44]. Précisons toutefois que c'est l'inverse qui a été constaté dans une autre recherche menée auprès de bénévoles accompagnant des malades du sida[45] : les personnes faisant plutôt référence à des motivations centrées sur soi (se faire de nouveaux amis, apprendre sur soi-même, se sentir apprécié, etc.) avaient plus de probabilités de maintenir leur collaboration dans la durée que celles mettant plutôt en avant des motivations empathiques et altruistes (sentiment d'obligation envers les sidéens, convictions humanistes, etc.).

Quoi qu'il en soit, rendre service à autrui fait du bien à son auteur ; les bénéfices sont multiples, qu'il s'agisse de satisfaction personnelle, de réputation, mais également de meilleure santé physique. Par exemple, nous éprouvons plus de plaisir à dépenser notre argent pour les autres que pour nous-mêmes, contrairement à une idée commune. On a demandé à des personnes d'évaluer leur niveau de bonheur et de préciser aussi leur revenu annuel et la somme qu'elles dépensaient chaque mois, soit pour elles-mêmes, soit pour les autres[46]. Résultat : le bonheur n'était pas lié aux dépenses pour soi, mais aux dépenses pour les autres.

Toutefois, cela ne nous dit rien sur le sens de causalité ; après tout, il se peut que ce ne soit pas la générosité qui entraîne le bonheur, mais plutôt l'inverse : le bonheur inciterait à être plus généreux. Les chercheurs ont donc mené une autre étude, expérimentale cette fois. Ils demandent à des personnes d'évaluer leur niveau de bonheur dans la matinée, puis ils leur remettent une enveloppe contenant 20 dollars qu'ils leur demandent de dépenser dans l'après-midi. Aux uns, on demande de la dépenser pour eux-mêmes, aux autres d'en faire don à autrui ou à une association de bienfaisance. Les chercheurs ont rappelé ces personnes en fin de journée pour leur demander leur niveau de bonheur. Celles qui avaient dépensé l'argent pour d'autres étaient en moyenne plus heureuses que les autres. La fin de l'histoire est intéressante également : les chercheurs ont décrit cette expérience à des étudiants et leur ont demandé ce qui apportait le plus de bonheur. Presque les deux tiers ont pensé que c'était le fait de donner à soi-même. À méditer…

Bonté et bien-être peuvent s'associer dans une spirale vertueuse. Être généreux et s'engager comme bénévole entraîne plus de bien-être ; se sentir bien incite à donner et à s'impliquer auprès de ses semblables[47]. Cette satisfaction liée à la bonté fait partie intégrante de la nature humaine : elle a des fondements neurobiologiques (voir chapitre 10) et est quasiment universelle comme l'a montré une enquête menée dans 136 pays, avec une moyenne de plus de 1 300 personnes par pays[48] : il y a une corrélation positive entre don et bien-être dans 122 pays.

Les seniors et les personnes âgées ont fait l'objet d'un grand nombre d'études dans ce domaine. Être bénévole dans des associations leur permet non seulement d'être en meilleur équilibre psychologique[49], mais également en meilleure santé physique ; cela diminue même leur taux de mortalité[50] ! Dans une étude[51], effectuée auprès de plus de 2 000 individus de 55 ans et plus, les bénévoles fortement investis dans des associations ont un taux de mortalité inférieur de 63 % comparativement aux non-bénévoles. Les auteurs de l'enquête fournissent deux explications à ce constat : le soutien par les proches et des mécanismes psychosomatiques.

Mihalyi Csikszentmihalyi, professeur émérite de psychologie à l'Université de Claremont en Californie, a consacré l'essentiel de sa carrière universitaire à l'étude du « flux », *flow* en anglais, terme qui désigne l'état dans lequel se trouve un individu fortement engagé dans une activité qui l'intéresse pour elle-même (état également qualifié d'« expérience optimale »)[52]. Pourquoi avoir choisi ce mot ? Tout simplement parce que plusieurs individus qu'il a interrogés lui ont dit qu'ils se sentaient alors comme portés par un flux. Csikszentmihalyi peut d'ailleurs être assez lyrique lorsqu'il décrit cette expérience : « Voilà ce que nous entendons par expérience optimale : c'est ce que ressent le navigateur quand le vent fouette son visage et que le bateau fend la mer – les voiles, la coque, le vent et la mer créent une harmonie qui vibre dans ses veines ; c'est ce qu'éprouve l'artiste peintre quand les couleurs s'organisent sur le canevas et qu'une nouvelle œuvre (une création) prend forme sous la main de son créateur ébahi ; c'est le sentiment d'un père (ou d'une mère) face au premier sourire de son enfant[53]. »

Mihalyi Csikszentmihalyi et John D. Patton ont mené une étude auprès de 856 adolescents nord-américains sur la corrélation entre le flux et certaines valeurs[54]. Le résultat qui les a le plus impressionnés est sa forte relation avec l'altruisme : les adolescents très altruistes vivent nettement plus de moments de flux que les autres jeunes, quelle que soit l'activité qu'ils accomplissent : relations sociales, travail scolaire, loisirs, repas. Selon Csikszentmihalyi et Patton, une orientation altruiste est susceptible de lever l'obstacle le plus important à l'atteinte d'un « état de flux », c'est-à-dire une trop grande attention à soi. En dirigeant son énergie sur le bien-être des autres, un jeune homme ou une jeune fille se libère de cette préoccupation égocentrique qui sape tant d'énergie psychique. Cette énergie est alors disponible pour atteindre des buts que la personne s'est fixés. Tel est l'un des paradoxes de l'expérience optimale, souligné par les auteurs : « Ce n'est qu'en s'oubliant soi-même que le soi prend de l'ampleur[55]. » Le fait que la bonté génère du bonheur a conduit d'autres auteurs à considérer qu'il s'agit alors d'égoïsme caché (voir chapitre suivant). Pour ma part, je pense que cela montre exactement l'inverse : il y a au fond de tout être humain une prédisposition fondamentale à l'altruisme.

Soulignons un dernier point dans la continuité de ce qui précède. Il est fréquent d'entendre des propos tels que : « Il faut d'abord s'aimer soi-même pour pouvoir aimer les autres. » Ce propos est discutable[56] et un renversement de perspective me semble bien utile, en raisonnant ainsi : « C'est en se tournant vers les autres que l'on peut découvrir le meilleur de soi-même. »

Se sentir élevé par la bonté d'autrui

Jonathan Haidt, professeur de psychologie à l'université de Virginie, a étudié le dégoût pendant plusieurs années, que celui-ci concerne des choses physiques (excréments, certains aliments, etc.) ou des actes (cruauté, racisme, etc.). Un jour, il s'est dit qu'il pourrait tout aussi bien étudier son contraire, mais il n'a pas trouvé de mot désignant cette émotion. Il a choisi de la nommer « élévation », car nous nous éprouvons des sentiments élevés dans ce genre de circonstances[57].

Haidt raconte qu'il a été très marqué par ce propos du président américain Thomas Jefferson : « Tout ce qui contribue à nous engager dans les principes et la pratique de la vertu est utile. Par exemple, quand nous voyons ou imaginons un acte de charité ou de gratitude, nous sommes profondément impressionnés par sa beauté et nous éprouvons un puissant désir d'être généreux et reconnaissants. En revanche, lorsque nous voyons ou lisons des actes atroces, nous sommes dégoûtés de cette aberration et nous éprouvons une horreur du vice[58]. » Selon Haidt, l'élévation est suscitée par le fait d'être témoin d'actes de beauté morale ; elle produit des émotions chaleureuses et motive les gens à agir de manière plus vertueuse. D'ailleurs, plusieurs études ont montré que lorsqu'une personne visionne un petit film ou lit un récit décrivant une action menée par une personne altruiste, cela l'incite à se montrer elle-même généreuse et altruiste[59].

Pourquoi ne pas connaître la joie ?

J'aimerais précisément conclure ce chapitre par un remarquable exemple d'élévation. Philip Hallie, professeur de philosophie à la Wesleyan University, s'était spécialisé dans l'étude des horreurs commises par des humains envers leurs semblables. Il avait déjà étudié les tortures infligées par des Blancs aux Indiens puis aux Noirs sur le continent américain et il s'était mis à travailler sur les expériences pratiquées par les nazis sur de jeunes enfants dans les camps de la mort. Toutefois, ses recherches, comme il l'écrit, étaient devenues une prison dans laquelle son esprit tournait en rond comme un fou : « Au fil des années, je m'étais en quelque sorte emmuré dans l'enfer et j'avais oublié la rédemption, la possibilité d'en échapper[60]. »

Un soir, dans son bureau de l'université, il découvre un court chapitre décrivant l'action des habitants du village du Chambon-sur-Lignon pendant la Seconde Guerre mondiale (voir chapitre 2). Au cours de la lecture, il constate avec étonnement qu'il pleure d'émotion. Dégoûté de sa faiblesse, il referme le livre et va se coucher. Mais ce qu'il vient de lire persiste dans son esprit, et il pleure à nouveau. Il se dit alors : « Pourquoi fuir ce qui est parfait simplement parce que cela te transperce comme une épée ? (...) Pourquoi ne pas connaître la joie ? Pourquoi ne pas faire de la place à la consolation ? Pourquoi m'ajouter aux millions de victimes[61] ? » Philip Hallie se relève et, malgré l'inquiétude de sa femme, traverse le campus dans la nuit noire pour relire le texte qui le bouleverse tant. « À ma surprise, ce fut de nouveau le déchirement de l'épée, les larmes et ce plaisir intense, douloureux, qui envahit l'esprit quand un besoin profond est satisfait ou quand une blessure à vif commence à cicatriser. Cette nuit-là, je décidai d'essayer de comprendre. (...) Ces larmes involontaires avaient été l'expression d'une louange, louange jaillie de ma personnalité entière comme le jus de la grappe de raisin qu'on presse. (...) J'avais besoin de cette compréhension pour me libérer – et d'autres avec moi – de la coercition du désespoir[62]. »

J'ai moi-même éprouvé à plusieurs reprises ce sentiment d'élévation en lisant certaines histoires que j'ai rapportées dans ce livre. Et j'imagine aisément qu'il doit en être de même pour certains de mes lecteurs...

INTERMÈDE

L'altruisme est-il de l'égoïsme caché ?

La réalité de l'altruisme est souvent niée, sous prétexte que l'égoïsme se cache derrière. Ainsi, le sociologue Peter Blau, partisan de la théorie de l'échange social, affirme qu'« un apparent "altruisme" imprègne la vie sociale ; les gens sont désireux de faire du bien et de rendre la pareille. Mais sous ce désintéressement apparent, on peut découvrir un "égoïsme" sous-jacent ; la tendance à aider les autres est souvent motivée par l'attente qu'agir ainsi procurera des bénéfices sociaux[1] ». Pour la psychanalyse, l'altruisme est un mécanisme de défense destiné à se protéger de pulsions insupportables. Selon Anna Freud, il provient de la méchanceté du cœur et les personnes qui s'engagent fortement au service des autres le font par masochisme[2].

Les sciences humaines de la fin du XXe siècle sont imprégnées par cette théorie de l'« égoïsme psychologique » selon laquelle toutes les actions humaines, même les plus altruistes, sont, en dernier ressort, motivées par des désirs égoïstes. Ceux qui croient agir pour le bien d'autrui s'illusionnent sur eux-mêmes, dans le but de se donner bonne conscience. L'altruisme pur n'existe donc pas, ce n'est que de l'égoïsme déguisé[3]. Un argument majeur des partisans de cette idéologie est que les actes altruistes font généralement du bien à leur auteur, ce que nous avons pu constater au chapitre précédent. Au lieu de se réjouir de cette bonne nouvelle, les partisans d'une vision pessimiste de la nature humaine s'en emparent pour parler d'altruisme impur, considérant que la motivation profonde est en fait égoïste[4].

Dans le chapitre 2, j'ai cité le cas de personnes qui ont ressenti une grande satisfaction après avoir réussi à sauver des Juifs pendant la guerre. Plusieurs enfants juifs cachés pendant la Seconde Guerre mondiale ont raconté qu'ils avaient passé dans des familles les meilleures années de leur vie, en raison de l'affection dont ils étaient entourés[5]. Ces femmes et ces hommes avaient alors une double satisfaction, non seulement de sauver des enfants mais de les voir rire et jouer. Faut-il penser que leur altruisme était doublement impur ?

Voici un exemple de ce mode de raisonnement. Le philosophe Neera Kapur Badhwar affirme qu'un aspect essentiel de la motivation à sauver des Juifs était un puissant intérêt personnel à le faire : le double intérêt de façonner le monde selon leurs valeurs et d'affirmer leur identité propre[6]. L'altruisme est ainsi évacué et remplacé par l'intérêt personnel. Dans un registre proche, Roger Brown, un psychologue social, constate que les personnes qui ont fait don d'un organe en retirent une intense satisfaction (avec des propos comme « cela a créé des relations plus riches et heureuses, plus profondes », ou encore « cela a été une expérience très enrichissante pour moi et pour toutes les personnes autour de moi »). Il en conclut que ces personnes ne sont clairement pas altruistes, partant du principe qu'un altruiste fait quelque chose qui bénéficie aux autres sans que lui-même en tire un quelconque avantage[7]. Essayons de suivre le raisonnement de nos éminents experts. Admettons qu'une personne agisse de manière strictement désintéressée à l'égard de quelqu'un. Si elle n'en tire aucun plaisir, tout va bien, son acte reste altruiste. En revanche, si elle en tire satisfaction, à l'instant même, son acte altruiste se transforme en acte égoïste. Cette logique me semble fort étrange.

Depuis des années, des équipes de chercheurs tentent de savoir, par le biais d'expériences, si oui ou non il existe bien un altruisme pur. Le débat s'est surtout exprimé dans les travaux de Daniel Batson et de Robert Cialdini, et leurs collaborateurs respectifs. L'un et l'autre sont d'accord pour constater que l'empathie ressentie pour une personne en difficulté conduit généralement à l'aider, mais cela ne nous dit rien sur l'origine de sa motivation. Et c'est ici que les deux chercheurs divergent. Batson affirme qu'il existe de nombreux cas où des personnes en aident d'autres sous l'effet d'une motivation réellement altruiste. Selon sa théorie de l'« empathie-altruisme », l'empathie ressentie face à une personne en détresse peut susciter une motivation visant comme but ultime l'intérêt de celle-ci[8]. De l'autre côté, Cialdini considère que la détresse d'autrui génère un mal-être chez l'observateur, qu'il va chercher à éliminer. C'est donc une réaction toujours égoïste qui est finalement à l'origine de l'aide apportée[9]. Il serait trop long de faire ici le compte rendu des dizaines d'expériences menées de part et d'autre et qui confirment finalement la théorie de Batson[10]. En résumé, ce n'est pas d'abord pour se sentir bien (ou moins mal) que l'on aide un individu, mais pour le bien-être de ce dernier, tout simplement.

Malgré tout l'intérêt de ces recherches, elles me semblent partir d'un postulat erroné. En effet, le cadre de pensée est que pour qu'il y ait un véritable altruisme, il faut nécessairement que celui qui exprime de la bonté n'y gagne rien psychologiquement ou mieux encore y perde quelque chose. Dès que le moindre soupçon de satisfaction personnelle émerge, l'altruisme devient impur. Altruisme et bonheur partagé ne peuvent jamais cohabiter. En poussant la logique jusqu'au bout, plus on se sent malheureux d'avoir aidé quelqu'un, plus on est un vrai altruiste. Vision totalement déformée et réductrice des relations humaines, fondée sur la logique gagnant-perdant. Or l'altruisme réel – celui vécu par vous et moi dans de multiples circonstances de la vie – fonctionne dans une logique du bonheur partagé ; il montre que nous sommes profondément, intimement, liés aux autres, et que notre bien-être dépend de celui d'autrui. S'il est vrai que certains actes altruistes permettent de se donner bonne conscience à bon compte, ce n'est évidemment pas le cas de tous, et probablement seulement d'une minorité.

D'ailleurs, si une personne rend service à quelqu'un par sacrifice de soi (donc par pur altruisme, selon cette logique que je conteste), cela attristera ou énervera probablement le bénéficiaire (culpabilité, sensation de ne pas avoir de valeur personnelle, ressentiment envers le « bienfaiteur », etc.). Nous nous retrouvons alors dans une situation perdant-perdant ! Je garde précieusement en tête depuis des années cette phrase de mon ami Yves Bériot, éducateur retraité devenu président d'une association d'accompagnement de jeunes en difficulté, lorsqu'il s'adresse à de jeunes éducateurs : « La meilleure chose que vous pouvez apporter aux jeunes que vous accompagnez, c'est qu'ils sentent que vous êtes heureux d'être avec eux. » Eh oui, car cela montre alors aux jeunes qu'ils ont de la valeur aux yeux des éducateurs. Ce que certains qualifient d'« altruisme impur » est en fait l'une des belles expériences de relations humaines réciproquement enrichissantes !

Dites que vous êtes égoïste, vous serez bien vu…

Selon Date Miller et Rebecca Ratner, nous vivons sous l'emprise d'une « norme sociale d'intérêt personnel[11] », qui consiste à affirmer que les individus sont motivés par l'intérêt personnel, et surtout qu'ils doivent l'être. « Au moins dans les cultures individualistes, aucune motivation n'est considérée plus normale (ou rationnelle) que l'intérêt personnel. »

Date Miller pose cette question : « Comment se fait-il que les gens en arrivent à adopter la théorie de l'intérêt personnel alors que la vie quotidienne en fournit si peu de preuves ? » Cette norme est aujourd'hui si répandue dans la société que beaucoup de personnes croient qu'elles risquent d'être perçues négativement si elles affirment agir par altruisme ou empathie. Il m'est arrivé à plusieurs reprises de constater cela : par exemple, lors d'une discussion avec une personne impliquée dans une activité humanitaire, celle-ci me dit : « Mais vous savez, en fait, je l'ai fait par pur égoïsme. C'est parce que ça me plaisait de le faire… » Bref, revendiquer d'être égoïste est aujourd'hui une des formes les plus répandues du discours éthiquement correct. Pour ma part, je considère très différemment leurs actes : je les considère comme essentiellement motivés par une démarche de sensibilité à autrui, soit le contraire de l'égoïsme. Le fait qu'elles en retirent une profonde satisfaction n'enlève rien à la générosité de leur acte, mais nous fait comprendre à quel point l'être humain est fait pour vivre au contact de ses semblables, chacun pouvant trouver son bonheur dans le bonheur d'autrui.

Le postulat d'intérêt personnel risque d'être une prophétie autoréalisatrice. Comme le souligne Miller, « les personnes agissent et semblent agir comme si elles étaient fortement motivées par leur intérêt matériel parce que les théories scientifiques et les représentations collectives dérivées de ces théories les convainquent qu'il est naturel et normal de le faire[12] ». Ainsi, les croyances sur la puissance de l'intérêt personnel nous en disent plus sur le pouvoir des normes sociales que sur la réalité de l'égoïsme inné.

Une logique erronée et immunisée contre toute critique

La théorie de l'égoïsme généralisé est critiquable à plusieurs titres. Notons tout d'abord que certains actes altruistes n'impliquent aucun calcul intéressé, en particulier lorsqu'une personne réagit d'une manière quasi impulsive, sans prendre le temps de réfléchir, simplement parce qu'elle voit une personne en danger (noyade, incendie, etc.). Plus fondamentalement, les partisans de l'égoïsme psychologique font une erreur logique dont l'évidence saute aux yeux. Constatant que nos actes altruistes sont généralement suivis par de la satisfaction, ils en déduisent que l'objectif caché de toute action altruiste est de procurer du plaisir à son auteur. C'est comme si l'on affirmait que, puisqu'un paquebot consomme du combustible lors d'une croisière, l'objectif de tout voyage est de consommer du combustible[13]. En réalité, la plupart des gens ne font pas cela pour en tirer satisfaction, mais par empathie ou par conviction morale. Il est normal qu'ils éprouvent ensuite de la satisfaction en constatant le bienfait procuré.

Toutefois, la principale faiblesse de la théorie de l'égoïsme déguisé en altruisme réside paradoxalement dans sa force apparente

– mais illusoire : son immunisation face à toute critique. En effet, tout « confirme » la théorie, puisque, comme le souligne le philosophe Michel Terestchenko, « s'il existe bien des conduites apparemment désintéressées, il est impossible de *prouver* qu'elles procèdent d'intentions *réellement* altruistes visant le bien d'autrui en lui-même[14] ». Autrement dit, la théorie de l'égoïsme gagne à tous les coups. Elle ne peut jamais être mise en défaut, puisque même les actes les plus altruistes sont systématiquement traités d'égoïstes.

Comme l'a clairement montré l'épistémologue Karl Popper, cette posture est contraire à la démarche scientifique, qui est apte à la remise en question lorsque émergent des faits contraires : « "Toutes les actions humaines sont égoïstes, motivées par l'intérêt." Cette théorie est très répandue : il en existe des versions dans le béhaviorisme, la psychanalyse, la psychologie individuelle, l'utilitarisme, le marxisme vulgaire, la pensée religieuse et la sociologie de la connaissance. Or il est clair que cette théorie, et avec elle toutes ses variantes, n'est pas falsifiable : aucun exemple d'action altruiste ne peut réfuter l'idée selon laquelle il en existe une motivation égoïste cachée[15]. »

Le sociologue Luc Boltanski décrit bien l'implication de cette façon de raisonner[16]. Prenons le cas d'un individu qui s'engage dans une action humanitaire. S'il vient d'un milieu modeste, on peut toujours lui reprocher de n'être qu'un égoïste, en défendant finalement les intérêts de sa classe. Et s'il vient d'une famille aisée, on peut lui faire remarquer que son action est bien superficielle et qu'il se donne bonne conscience. Il va donc devoir prouver sa sincérité ; mais jusqu'où ? En vivant en lisière du bidonville ou en son plein cœur ? Dans un baraquement préfabriqué ou dans une cabane en carton ? Aucun sacrifice ne sera assez grand pour démontrer la pureté de ses intentions.

D'ailleurs, on pourrait très bien remplacer ce discours psychorigide par son contraire, en affirmant que toute action humaine est, au fond, sous-tendue par de l'altruisme. Même les actes les plus révoltants ? Même les génocides ? Même la maltraitance ? Hitler affirmait haut et fort que tout ce qu'il entreprenait était destiné au bien de la « race aryenne », seule noble représentante de l'espèce humaine… Certains parents maltraitants affirment agir ainsi pour le bien de leur enfant... Si l'on s'engage dans cette logique, on se retrouve dans le même cas de figure que précédemment : il est impossible à un contradicteur de s'opposer à cette théorie de l'altruisme systématique par une argumentation rationnelle, car il serait toujours possible de trouver une motivation altruiste cachée derrière les actes les plus monstrueux. Certes, l'idée que la barbarie nazie ou la maltraitance puissent être sous-tendues par de l'altruisme révolte notre conscience morale, et c'est normal. Elle est cependant aussi valide logiquement que la théorie de l'égoïsme fondamental.

Une tout autre perspective est envisageable, fondée sur l'idée que le souci de l'autre et le souci de soi (terme que je préfère de loin à « égoïsme ») sont parfaitement compatibles et, plus encore, se renforcent réciproquement[17]. L'être humain a des potentialités pour la bonté comme pour la violence, pour l'altruisme comme pour l'égoïsme ; et plus l'on mise sur l'aptitude à la bonté, plus celle-ci a de chances de se manifester. Ceux qui l'ont le mieux démontré ne sont ni des philosophes ni des « experts », mais des militants de la justice sociale. Ils incarnent parfaitement ce que j'appelle l'« optiréalisme », cette attitude composée à la fois de réalisme et d'optimisme, idée que je développerai dans la conclusion de cet ouvrage. Mais, pour le moment, nous allons nous intéresser aux fondements de la bonté humaine.

SECONDE PARTIE

Les fondements de la bonté

Il existe plusieurs pistes pour accéder aux sources profondes de la nature humaine. Deux d'entre elles ont été examinées par les philosophes : les tout jeunes enfants et les peuples longtemps qualifiés de « primitifs ». Contrairement à une conception répandue, les enfants ont une sensibilité naturelle à la détresse d'autrui, puis, dès qu'ils le peuvent, une disposition à rendre service aux autres. Quant aux peuples premiers, deux visions se sont opposées : celle du primitif cruel et celle du bon sauvage. L'anthropologie a longtemps négligé les peuples pacifiques ; nous savons aujourd'hui que les chasseurs-cueilleurs ont essentiellement des relations pacifiques et coopératives. Depuis l'élaboration de la théorie darwinienne de l'évolution, une troisième piste d'enquête est apparue : celle de nos ancêtres, qu'il s'agisse des grands singes ou des hommes préhistoriques. Les recherches actuelles montrent que les grands singes sont essentiellement pacifiques et que l'homme préhistorique n'était ni une brute ni un agneau.

Par ailleurs, la science contemporaine dispose de nouveaux outils d'exploration, en particulier en neurobiologie. Les techniques modernes d'imagerie permettent d'observer presque en direct le fonctionnement cérébral. Elles révèlent que notre cerveau est prédisposé à l'amour, à la générosité, à la coopération et à l'empathie ; inversement, il a une aversion pour la compétition.

Enfin, une nouvelle science humaine se développe considérablement depuis le tournant du millénaire : l'économie expérimentale. Elle met en évidence que la conception des humains comme étant fondamentalement égoïstes est une fiction inventée de toutes pièces par de pseudo-experts ; dans les faits, le partage et la coopération sont bien plus fréquents.

CHAPITRE 7

Nous ne descendons pas d'un grand singe tueur

Ce que nous apprennent la préhistoire et la primatologie

> « Il nous faut entièrement réviser nos hypothèses sur la nature humaine. »
>
> Frans de WAAL, primatologue[1].

Le 16 août 1996, un événement extraordinaire s'est produit au zoo de Brookfield, près de Chicago. Un petit garçon de 3 ans a réussi à escalader le mur entourant l'enclos des gorilles et est tombé cinq mètres plus bas, inconscient. Des personnes présentes ont hurlé d'horreur en voyant Binti Jua, une femelle de 8 ans, s'approcher lentement de lui. Qu'allait-elle lui faire ? Elle l'a pris délicatement dans ses bras, comme elle l'aurait fait avec son propre enfant et l'a porté sur dix-huit mètres jusqu'à la porte d'accès, afin que le personnel du zoo puisse le récupérer. Le garçon a ensuite passé quatre jours à l'hôpital et a pleinement recouvré la santé.

Vraiment extraordinaire, ce dénouement ? Pas tant que cela, lorsque l'on connaît la vie des grands primates. D'ailleurs, une histoire quasi identique s'était déjà produite dix ans plus tôt, avec le gorille Jambo, au zoo de l'île de Jersey. Si cette réaction nous étonne autant, c'est parce que nous sommes imprégnés d'une croyance largement partagée selon laquelle les grands singes sont particulièrement dangereux. L'une des causes de cette croyance est la théorie du grand singe tueur. Même si beaucoup de personnes n'en ont pas connaissance en détail, celle-ci est plus ou moins présente dans beaucoup d'esprits.

Naissance, vie et mort de la théorie du grand singe tueur

Les origines de cette théorie remontent à la découverte de l'australopithèque africain en 1924, en Afrique du Sud. Observant les nombreux crânes fracturés de babouins sur le site – certaines marques semblant provenir d'objets tranchants –, l'anthropologue Raymond Dart a conclu que cet hominidé, qu'il considérait comme le chaînon manquant entre les singes et l'homme, était essentiellement une bête de proie. Selon lui, « la détestable cruauté de l'humanité envers l'homme est le produit dérivé inévitable de son goût pour le sang ; cette caractéristique humaine distinctive ne peut s'expliquer que par l'origine carnivore et cannibale de l'homme[2] ».

Cette conception d'un ancêtre assoiffé de sang est restée confinée dans des cercles restreints pendant plusieurs décennies, jusqu'à ce qu'un auteur dramatique passionné d'anthropologie, Robert Ardrey, la diffuse très largement dans le grand public, au travers de son livre *Les Enfants de Caïn*, publié en 1961[3]. Selon cet auteur, l'agression interpersonnelle et la guerre constituent la force majeure de l'évolution humaine. Ardrey se lance d'ailleurs dans des envolées quasi lyriques dans son ouvrage : « Nous SOMMES DES ENFANTS DE CAÏN ! L'union du carnivore et du grand cerveau a donné l'homme. Notre plus vieil ancêtre fut un tueur. Ses mœurs de tueur, voilà ce qu'il y a de plus sûr dans notre héritage. (...) L'homme est une bête de proie dont l'instinct est de tuer à l'aide d'une arme[4]. » Pour Ardrey, la guerre a constitué un moteur dans les progrès de l'humanité. Il en conclut l'apologie de la guerre par ces mots : « Je suis américain, et j'appartiens à une nation qui est née par la guerre, dans la guerre, et dont la liberté dépend peut-être aussi de la guerre. (...) Mais aimez-vous la liberté ? Toute liberté se défend. Et vous savez comme moi que, dans certaines circonstances, pour la sauver, il faut se battre, il faut tuer, il faut tuer l'homme, notre semblable, notre frère[5] ! » Ardrey poursuit par un éloge appuyé de la course aux armements, obsession humaine depuis le pléistocène, qui a permis la protection de la civilisation et le progrès scientifique. Si l'humanité est privée de cette obsession, elle risque de tomber dans une apathie fatale.

Sachant que ces lignes ont été écrites en pleine guerre froide, on peut s'interroger : est-ce pour soutenir l'effort militaire de son pays que Robert Ardrey s'est efforcé de trouver des arguments dans le monde animal, ou est-ce l'état des connaissances en biologie qui l'ont progressivement amené à cette conclusion géopolitique ? La réponse penche clairement en faveur de la première hypothèse, étant donné la fragilité scientifique de la théorie d'Ardrey, comme nous allons le voir.

Tout d'abord, la théorie d'un ancêtre grand singe tueur pose au moins deux problèmes majeurs[6]. D'une part, tous les éthologues font une nette distinction entre l'attaque d'une proie par un animal pour se nourrir et la violence au sein de la même espèce. C'est la faim qui conduit un loup à tuer un lapin ; c'est l'agression qui incite ce même loup à rivaliser avec un congénère. Ardrey ne s'embarrasse pas d'une telle précaution : il glisse sans difficulté du comportement supposé prédateur de l'australopithèque à l'agression de l'être humain envers son semblable. Plus problématique encore, les idées de Dart sont très spéculatives, ne reposant pas sur des bases scientifiques solides, et elles n'ont d'ailleurs jamais été véritablement acceptées par les scientifiques. Le coup de grâce a été donné à partir des années 1990, lorsque des études ont démontré que les altérations des ossements que Dart attribuait à l'usage d'outils avaient été produites par les serres de grands oiseaux de proie. Les marques laissées correspondent parfaitement aux serres et sont identiques à celles laissées par exemple par un aigle couronné sur de jeunes singes[7]. D'ailleurs, même le crâne d'australopithèque découvert par Dart a été victime de cette prédation – il s'agissait d'un enfant d'environ 3 ans, aujourd'hui célèbre sous le nom d'enfant Taung.

Quand une interprétation chasse l'autre

Il est parfois très difficile d'interpréter les restes découverts sur un site préhistorique. Cet outil tranchant, est-ce une arme de chasse, de guerre, ou bien les deux ? Cette fracture d'un os résulte-t-elle d'un coup violent ou de forces géologiques naturelles ayant opéré après la mort ? Cette blessure par flèche résulte-t-elle d'un acte volontaire ou d'une « flèche perdue » lors d'une chasse collective ? Dans les cas où le cannibalisme semble avéré, la mort a-t-elle été le résultat d'un meurtre, d'une mort naturelle ou de l'attaque d'un carnivore ?

Au cours des XIXe et XXe siècles, les spécialistes de préhistoire ont eu tendance à interpréter de nombreux fossiles humains endommagés comme autant de preuves de violence préhistorique. La taphonomie est la science qui a précisément pour rôle d'essayer de comprendre les causes des modifications apportées aux ossements et fossiles ; il peut s'agir d'attaques de prédateurs, de violence humaine, d'érosion, de fossilisation, etc. Cette science a mis en évidence que de nombreux ossements, pour lesquels des atteintes avaient initialement été attribuées à la violence humaine, ont des origines très différentes. C'est le cas du crâne d'australopithèque dont je viens de parler, mais en voici d'autres exemples.

En 1939, des ouvriers découvrent par hasard une grotte, en extrayant des pierres de la propriété de M. Guattari, à quatre-vingts kilomètres au sud-est de Rome. L'existence de cette caverne est restée ignorée en raison d'un éboulement ayant bouché l'entrée. Dans cette grotte, au milieu d'un cercle grossier de pierres, se trouve un crâne d'homme de Neandertal. Les mutilations opérées sur ce crâne, en particulier l'élargissement du trou occipital, conduisent les premiers chercheurs à considérer que le cerveau a été consommé et que le cercle de pierres témoigne d'un rituel anthropophage. Cette théorie est aujourd'hui abandonnée par la majorité des spécialistes. Le « cercle » de pierres n'est probablement que le résultat accidentel de phénomènes naturels ; surtout, les traces laissées sur le crâne sont très certainement dues à l'action de carnivores, certains chercheurs supposant que la grotte Guattari a été la tanière d'une hyène tachetée[8].

Le site archéologique de Zhoukoudian en Chine, particulièrement riche, a permis la découverte d'un des premiers fossiles d'*Homo erectus*. Malheureusement, la plupart des ossements ont disparu au cours de la Seconde Guerre mondiale. Franz Weidenreich, qui a étudié ces restes au cours de la première moitié du XXe siècle, a pensé que ces hominidés avaient subi une extraction de cerveau au cours de fêtes cannibales. Cette interprétation est aujourd'hui fortement contestée, certains préhistoriens estimant que des hyènes géantes, de la taille d'un lion, sont responsables de la plupart des modifications apportées aux ossements d'*Homo erectus*[9].

Deux anthropologues américains ont fait un bilan des cas archéologiques et contemporains où l'homme est attaqué par des animaux[10]. Dans le passé ancien, les hominidés constituaient une nourriture fréquente pour d'anciens prédateurs – tigres à dents de sabre, hyènes et léopards. Autre exemple encore : des stries relevées sur le crâne d'un enfant néandertalien à Engis, en Belgique ont initialement fait penser à du cannibalisme, alors qu'elles sont aujourd'hui attribuées aux opérations des chercheurs qui ont préparé et mesuré ce crâne[11].

Inversement, des ossements ayant initialement conduit des chercheurs à considérer que nos ancêtres manifestaient de l'empathie sont aujourd'hui interprétés différemment. En effet, dans plusieurs régions du monde, des restes humains ont clairement mis en évidence que des personnes blessées ou handicapées avaient réussi à survivre de longues années malgré leurs difficultés[12]. Cela a incité certains auteurs à considérer qu'elles avaient bénéficié du soutien d'autrui. Par exemple, un hominidé découvert à Dmanisi en Géorgie a vécu pendant des années après avoir perdu toutes ses dents, sauf une ; selon certains préhistoriens, il n'aurait pas pu vivre sans l'aide importante de ses congénères[13]. Toutefois, des primatologues ont montré que des makis – sorte de petits singes de Madagascar – auxquels manquent de nombreuses dents parviennent à mener une existence quasiment normale[14]. En particulier, une vieille femelle, presque complètement édentée, était en excellente santé. Pour compenser leurs difficultés, ils passent plus de temps que les autres à se nourrir et ramollissent les fruits avant de les manger.

L'homme préhistorique : ni brute ni agneau

Plus aucun auteur sérieux ne prétendrait aujourd'hui que la guerre constitue l'essentiel du fonctionnement social de nos ancêtres. Le seul qui ait récemment soutenu cette thèse est l'anthropologue Lawrence Keeley, qui, dans son ouvrage *Les Guerres préhistoriques,* exprime l'intention explicite de détruire ce qu'il appelle le « mythe néo-rousseauiste de paix préhistorique » propagé par de nombreux préhistoriens[15]. Son livre ne fait que remplacer un mythe par un autre, en l'occurrence celui du sauvage belliqueux[16], au prix d'interprétations abusives et d'exagérations qui ont fait l'objet de critiques[17].

Jean Guilaine et Jean Zammit, respectivement archéologue et paléopathologiste, dans leur ouvrage très informé sur le néolithique et l'âge du bronze, *Le Sentier de la guerre. Visages de la violence préhistorique*, considèrent que l'homme préhistorique n'était ni une brute ni un agneau et que « tout au cours de leur déjà longue trajectoire, les *sapiens* n'ont cessé de fluctuer entre le meilleur et le pire[18] ». Pour des temps plus reculés, l'archéologue Nick Thorpe, de l'Université de Manchester en Angleterre, a fait un bilan minutieux des connaissances sur les origines de la guerre et de la violence au cours du paléolithique et du mésolithique européens[19]. Sa conclusion est qu'il existe d'importantes variations du niveau de violence selon les sites, depuis pratiquement pas de violence jusqu'à d'apparents massacres, ce qui, précise-t-il, est en contradiction avec les théories biologiques de la violence selon lesquelles il devrait y avoir un niveau assez constant de violence d'un site à l'autre.

La légèreté de Konrad Lorenz

Passons maintenant aux animaux. L'ouvrage de Konrad Lorenz, *L'Agression. Une histoire naturelle du mal,* publié en 1963, visait explicitement à démontrer le caractère violent de nos racines animales. L'auteur précise dès les premières lignes que son livre traite de « l'instinct de combat de l'animal et de l'homme, dirigé contre son propre congénère[20] ». Selon Lorenz, l'agressivité humaine est un instinct primordial alimenté par une source permanente d'énergie qui cherche à se libérer.

Lorenz était un expert. Ses travaux sur les choucas ou les oies cendrées font toujours autorité et l'ont consacré comme l'un des principaux fondateurs de l'éthologie, la science du comportement animal. Mais autant Lorenz fut un fin observateur de l'univers animal, autant il est critiquable lorsqu'il vulgarise les travaux d'autres chercheurs et surtout lorsqu'il se lance dans des réflexions philosophiques. Plusieurs éthologues ont pointé des failles importantes dans *L'Agression*[21], au point que l'un d'eux a affirmé que ce livre « n'est pas représentatif des méthodes et des opinions habituelles en éthologie[22] ». Par exemple, Lorenz consacre un chapitre entier aux rats, animaux très importants à ses yeux, car « l'organisation sociale des hommes ressemble beaucoup à celle des rats qui, eux aussi, sont à l'intérieur de la tribu fermée des êtres sociables et paisibles, mais se comportent en véritables démons envers des congénères n'appartenant pas à leur propre communauté[23] ». L'un des passages les plus révélateurs de l'aveuglement de Lorenz, dû à son obsession de démontrer le caractère naturel de l'agression, concerne précisément les rats. Y est présentée une expérience : « Steiniger mit des surmulots, capturés en différents endroits, dans un grand enclos offrant à ces animaux des *conditions de vie parfaitement naturelles*[24] ». Sont signalés « quelques échanges de coups de dents assez sérieux quand les animaux se rencontrèrent par hasard, notamment lorsqu'on en chassa deux le long d'une même arête de l'enclos, de sorte qu'ils se heurtèrent avec une certaine violence ». Au final, nous dit Lorenz, dans cet enclos de 64 mètres carrés, il ne fallut pas plus de trois semaines à un couple pour tuer tous les autres, c'est-à-dire 10 ou 15 rats forts et adultes.

Lorenz commet ici deux erreurs. Tout d'abord, les conditions de vie imposées à ces rats n'ont rien de naturel, en raison de la densité de population. Les travaux de John Calhoun réalisés à la même époque montrent que la surpopulation chez les rats, artificiellement provoquée par des chercheurs, est une cause importante d'agressivité ; en revanche, dans les conditions normales de population, ce que décrit Steiniger ne se produit pas. En outre, comme l'explique Barnett, lorsqu'il y a conflit violent entre rats, il n'a lieu qu'entre deux individus : l'un agresse l'autre et celui-ci bat en retraite[25]. La seconde erreur de Lorenz consiste à transposer directement à l'être humain les résultats obtenus chez le rat. Si l'on suit le raisonnement de Lorenz, n'importe quel train affichant complet devrait être le théâtre permanent de rixes et de meurtres. Sans parler du métro aux heures de pointe ! De multiples travaux ont mis en évidence qu'il n'y a pas de corrélation directe entre la densité de population humaine et l'agressivité[26].

Lorenz interprète pratiquement toutes les actions humaines dynamiques comme autant de preuves de l'instinct agressif, qu'il s'agisse de l'enthousiasme militant, « forme la plus indispensable et en même temps la plus dangereuse de l'agression », de la plongée sous-marine, de la création artistique, des expéditions polaires ou encore de l'exploration de l'espace, mais il ne précise pas sur quelles bases il fonde ces affirmations[27]. Or, quand un concept est capable de tout expliquer, il finit par ne plus rien expliquer.

Autre argument central dans la « démonstration » de Lorenz : les recherches de Sydney Margolin sur lesquelles il se fonde pour affirmer que les Indiens utes d'Amérique du Nord souffrent plus souvent de névroses et d'accidents de voiture que n'importe quel groupe humain en raison d'un excès de pulsions agressives non déchargées[28]. Cette tribu était autrefois continuellement en guerre avec les tribus voisines, mais ce n'est plus le cas aujourd'hui en raison des lois. Autrement dit, les Utes, ne parvenant pas à libérer leur agression sur autrui, la retournent sur eux-mêmes.

Omer C. Stewart, codirecteur d'un programme international visant à collecter et analyser toutes les données de l'histoire passée et présente des Utes du Colorado, est particulièrement critique à l'égard de ce passage[29]. Il rappelle tout d'abord que Lorenz ne fournit pas de références bibliographiques concernant le travail de Margolin et que celui-ci ne semble d'ailleurs pas avoir publié son travail sur les Utes. Impossible donc de vérifier la véracité de ces propos. Mais surtout, Stewart fait remarquer que les Utes ne sont pas fondamentalement un peuple violent. Ils ont eu initialement des relations paisibles, voire amicales, avec les premiers colons espagnols, puis avec les Américains. Ils ne sont devenus agressifs qu'à la suite de provocations extrêmes, par exemple lorsqu'ils ont été trahis et menacés d'être militairement envahis dans leur réserve en 1879. Par ailleurs, Stewart reconnaît que le taux d'accidents des Utes est élevé, mais cela n'est pas dû à une pulsion violente réprimée, mais à leur consommation excessive d'alcool.

Citons pour finir la critique d'Irenaüs Eibl-Eibesfeldt, fondateur de l'éthologie humaine. Ses divers ouvrages, en particulier celui intitulé *Contre l'agression*[30], constituent une réfutation argumentée de la théorie lorenzienne. Eibl-Eibesfeldt ne nie pas les tendances agressives chez l'être humain, mais montre qu'elles sont largement contrebalancées par des dispositions inverses. Selon lui, « la nature humaine est sociable et accueillante, [même si] nous ne pouvons ignorer qu'elle comporte des tendances antagonistes[31] ». Eibl-Eibesfeldt est d'ailleurs très novateur, puisqu'il annonce dès 1970 que les normes morales ont des fondements biologiques[32], ce qui est aujourd'hui devenu un lieu commun de la biologie, mais qui était particulièrement audacieux à son époque.

Le chimpanzé : notre modèle ?

La version la plus récente de la thèse de nos racines violentes nous est fournie par Richard Wrangham, un anthropologue britannique. En fait, plus aucun chercheur ne croit à la théorie du grand singe tueur, et c'est donc une version limitée que propose cet auteur depuis les années 1980 : l'hypothèse de la violence du chimpanzé. Wrangham s'intéresse essentiellement au comportement territorial des chimpanzés et, plus spécifiquement, à un phénomène rare, mais qui lui semble très significatif, qu'il appelle le meurtre coalisé[33] : deux individus ou plus se joignent pour tuer un membre d'une autre troupe de chimpanzés. Cela se passe notamment au cours de raids : les attaquants envahissent soudain le territoire d'une troupe voisine, mènent une attaque surprise afin de tuer un ou plusieurs mâles, puis reviennent sur leur propre territoire. Selon Wrangham, la sélection naturelle a favorisé la tendance, parmi les mâles adultes, à évaluer les coûts et bénéfices de la violence et à attaquer les mâles rivaux lorsque les bénéfices nets semblent suffisamment importants.

De ces constats, Wrangham tire des conclusions relatives à l'être humain : les chimpanzés contemporains sont « de façon surprenante d'excellents modèles de nos ancêtres directs. Cela suggère qu'une violence identique à celle des chimpanzés a précédé et préparé le chemin de la guerre humaine, faisant des humains modernes les survivants hébétés d'une habitude permanente d'agression mortelle, depuis 5 millions d'années. (...) Nous sommes maudits en raison d'un tempérament mâle démoniaque et d'une capacité machiavélienne à l'exprimer[34] ». Le titre *Les Mâles démoniaques* qu'il a donné à son livre signifie que les meurtres entre groupes sont à situer dans la filiation ancestrale à la fois des chimpanzés et des humains, remontant jusqu'à leur ancêtre commun. Pour cet auteur, la guerre humaine, en particulier chez les chasseurs-cueilleurs, est parfaitement conforme à sa théorie[35]. Wrangham consacre d'ailleurs un chapitre entier à assimiler les raids des chimpanzés à ceux des Yanomami, comportements qu'il considère comme strictement identiques[36]. Pour lui, les Yanomami constituent le groupe humain le plus apte à nourrir la comparaison entre chimpanzés et êtres humains. Malheureusement pour Wrangham, les Yanomami ne confirment aucunement ses théories (voir chapitre 8). Cet auteur s'efforce par ailleurs d'utiliser un argument physiologique, mais il a bien des difficultés à le faire ; il reconnaît en effet que, comparativement aux grands singes mâles, les mâles humains ne semblent pas destinés à combattre : ils sont plutôt minces, ont des os légers et ne possèdent pas d'armes corporelles[37]. Dès lors, la seule « preuve » anatomique de l'agressivité masculine fournie par Wrangham consiste dans les larges épaules et les muscles des bras plus puissants chez les hommes que chez les femmes.

Bien qu'il consacre l'essentiel de ses écrits à la proximité du chimpanzé et de l'humain, Wrangham ne peut éviter de parler des bonobos, qui ont d'abord été appelés « chimpanzés nains », à tort puisque leur taille n'est que légèrement inférieure à celle des chimpanzés. Cette espèce est particulièrement pacifique. Wrangham reconnaît que l'on n'a jamais observé de bonobo effectuer de raid mortel et que ces singes passent l'essentiel de leur temps dans des relations pacifiques, que ce soit à l'intérieur d'une troupe ou entre troupes. Ce qui lui apparaît tout à fait remarquable, étant donné les similitudes anatomiques et phylogénétiques entre le chimpanzé et le bonobo. Wrangham reste cependant dans une logique de violence, les bonobos ne sont selon lui rien de plus que des exceptions qui confirment la règle[38]. L'histoire des bonobos « est une histoire de démonisme vaincu. Ils ont réduit le niveau de violence dans les relations entre les sexes, dans les relations entre mâles et dans les relations entre communautés[39] ».

Par exemple, les bonobos poursuivent des petits singes dans les arbres, mais au lieu de les manger, comme le font les chimpanzés, ils s'en servent plutôt comme de jouets. Wrangham en déduit l'hypothèse que les bonobos sont issus d'un ancêtre proche des chimpanzés qui chassait les petits singes. Par l'évolution, les mâles ont ensuite perdu leur instinct agressif[40]. Wrangham ne présente aucun argument pour appuyer sa croyance selon laquelle les bonobos auraient hérité de la violence des chimpanzés, puis l'auraient abandonnée. D'ailleurs, les bonobos ne sont pas l'exception qui confirme la règle de la violence chez les grands singes puisque, comme nous allons le voir, ceux-ci sont essentiellement pacifiques. Avant cela, j'aimerais signaler ici une contradiction interne dans la pensée de Wrangham. Bien que l'essentiel de son ouvrage *Les Mâles démoniaques* vise à « démontrer » les origines ancestrales de la violence de l'homme, il est obligé de reconnaître que « la paix est la condition humaine normale » puisque la plupart des groupes humains vivent habituellement dans cet état[41] et que « les hommes sont souvent affectueux, aimant, coopératifs et moraux dans le meilleur sens[42] ».

Les singes sont essentiellement pacifiques

Les relations sociales des primates sont essentiellement pacifiques et coopératives. Ces singes ont développé diverses méthodes d'évitement, de réduction et de résolution des conflits. Quand une agression se produit, il s'agit la plupart du temps d'une menace ritualisée qui conduit l'un des deux protagonistes à s'éloigner. Les attaques sont beaucoup plus rares. Deux universitaires ont fait une synthèse des études portant sur le comportement agressif ou bienveillant d'une soixantaine d'espèces de primates ; leurs conclusions sont impressionnantes[43]. Selon les espèces, entre 80 et 95 % du temps passé ensemble consiste en actions amicales et coopératives (partage de nourriture, toilettage, regroupement et formation d'alliances).

Frans de Waal est le primatologue qui a le plus mis en évidence les aptitudes pacifiques des singes. Lorsqu'il était étudiant, les recherches sur l'agression bénéficiaient de larges crédits suite à la parution du livre de Konrad Lorenz. Il put donc se joindre à un groupe de réflexion comprenant des psychiatres, des criminologues, des psychologues et des éthologues pour discuter des racines de l'agression et de la violence. Il décida alors d'étudier le comportement agressif chez le macaque à longue queue, espèce ayant la réputation d'être particulièrement belliqueuse[44]. Mais ses longues heures d'observation ne furent pas récompensées : ces singes ne se battaient que rarement. Résultat : les explications de l'agression habituellement fournies par les scientifiques lui parurent rapidement erronées.

Même les chimpanzés, dont la violence est si nettement mise en avant par Wrangham, sont relativement pacifiques. Certes, ils peuvent avoir des comportements particulièrement violents, mais ce n'est qu'une facette qu'ils manifestent relativement rarement. Par ailleurs, les troupes de chimpanzés sont dominées par un mâle, mais celui-ci ne peut exercer son autorité que si celle-ci est acceptée par les individus de bas rang. Cette espèce instaure en quelque sorte, comme le souligne de Waal, un « équilibre des pouvoirs qui rappelle le mécanisme de désignation du *primus inter pares* ("premier entre ses égaux") des sociétés humaines fondées sur l'égalitarisme[45] ». Pour cet auteur, le mâle supérieur est un chef de file plutôt qu'un dominant, car un élément important conditionne son comportement : le souci de la communauté.

Une anecdote significative montre cette importance des relations amicales[46]. Dans un zoo ont été remis ensemble deux mâles adultes qui, après une période de vie commune, avaient été séparés pendant cinq ans. Les responsables craignaient qu'ils ne se battent, mais ils sont tombés dans les bras l'un de l'autre et ont échangé des baisers avec beaucoup d'émotion, tout en se donnant de grandes claques sur le dos comme de vieux amis. Ils se sont ensuite toilettés réciproquement pendant un bon moment. Leur première réaction a donc été la joie.

Frans de Waal a réalisé une expérience aux résultats surprenants pour nous qui sommes habitués à penser que chaque animal a son répertoire instinctif programmé dès la naissance, selon son espèce. Les macaques à face rouge sont une espèce douce et tolérante, tandis que les rhésus ont une hiérarchie très stricte et se réconcilient moins fréquemment après un conflit. De Waal s'est demandé si la douceur des premiers pouvait déteindre sur les seconds[47]. Il a constitué des groupes mixtes comprenant des macaques à face rouge de 2 ans et demi et des rhésus de 2 ans, partant de l'idée que des tuteurs dominants – parce que plus âgés – seraient plus efficaces. Après une période d'acclimatation réciproque, les relations amicales et les jeux sont devenus les principales activités. Vers la fin de l'expérience, les singes des deux espèces s'entendaient bien et dormaient entremêlés. Mais surtout, l'hypothèse de De Waal s'est révélée juste : les rhésus ont adopté le caractère plus pacifique des macaques à face rouge.

Un autre exemple va dans le même sens[48]. Au milieu des années 1980, la moitié des mâles d'une troupe de babouins est morte de tuberculose. Ce sont les individus les plus agressifs qui sont morts et les non-agressifs qui ont survécu. Chez les babouins, les mâles quittent leur groupe natal à l'adolescence, ce qui fait qu'au milieu des années 1990, aucun mâle présent dans la troupe une décennie plus tôt ne s'y trouvait encore. Malgré cela, le comportement non agressif est resté présent. Autrement dit, la culture non-violente de la troupe avait été adoptée par les nouveaux arrivants.

Ayant consacré toute sa vie professionnelle à l'étude des primates, de Waal conclut aujourd'hui que le comportement agressif de ces animaux dépend essentiellement du style de relations institué entre des individus, ce qui est une explication très éloignée des conceptions instinctivistes de Lorenz.

De Waal a par ailleurs consacré un livre entier à la réconciliation chez les primates[49]. La première fois qu'il a assisté à ce phénomène – deux chimpanzés se sont embrassés après s'être bagarrés et toute la colonie s'est alors mise à hululer –, il a mis plusieurs heures à comprendre ce qui s'était passé, en raison de ses préjugés de l'époque. Mais à partir de ce jour, il a constaté que c'était une pratique courante chez les primates : « Le phénomène devint si évident qu'il était difficile d'imaginer que je l'aie, comme un grand nombre d'autres éthologues, négligé pendant si longtemps[50]. »

Les singes altruistes, parfois jusqu'à en mourir

Felix Warneken et Michael Tomasello de l'Université de Leipzig ont mené une série d'expériences dans lesquelles des humains font semblant d'essayer d'atteindre des objets ou de réaliser une action, mais en vain, en présence de chimpanzés. Les primates aident alors spontanément l'expérimentateur qui tente d'atteindre un objet, mais ne le font pas dans les situations où l'expérimentateur ne cherche pas à l'atteindre. Ils sont donc capables de déterminer l'objectif de l'expérimentateur et ont la motivation d'aider, même en l'absence de récompense[51].

Cependant, dans ces expériences, les chimpanzés connaissent bien le chercheur et on peut émettre l'hypothèse qu'ils l'aident parce que celui-ci les a récompensés dans le passé. Warneken et Tomasello ont donc reproduit l'expérience, mais avec des chimpanzés sauvages en Ouganda[52]. Ces derniers passent la journée dans la forêt d'une île et viennent près d'un abri humain pour y trouver de la nourriture et pour dormir. Ils connaissent donc certains humains, mais l'expérience est réalisée avec une personne qu'ils n'ont encore jamais rencontrée. À nouveau, les chimpanzés attrapent l'objet et le présentent à l'expérimentateur lorsque celui-ci essaie en vain de l'atteindre. Si on les récompense, cela n'augmente pas le taux d'aide dans les essais suivants. Les chimpanzés sont donc prioritairement motivés par le fait d'aider l'expérimentateur à atteindre son but, et non par l'espoir d'une récompense.

Dans un premier temps, l'aide consistait simplement à ramasser un objet par terre. Les chercheurs ont ensuite corsé la difficulté en plaçant l'objet à 2,5 mètres au-dessus du sol, de telle façon que les chimpanzés soient obligés de grimper pour récupérer l'objet ; ils ont continué à aider. Les chercheurs ont ensuite cherché à savoir si les chimpanzés étaient prêts à aider un congénère, sans en retirer eux-mêmes d'avantage. Ils ont imaginé l'expérience suivante[53]. Une porte sépare un chimpanzé d'un morceau de nourriture ; une chaîne permet d'ouvrir la porte, mais l'animal ne peut atteindre cette chaîne. En revanche, un autre chimpanzé qui observe l'ensemble de la situation peut, lui, actionner la chaîne. Les deux chimpanzés n'ont aucun lien de parenté. Dans la majorité des cas, le second chimpanzé aide en libérant la chaîne. Il le fait d'ailleurs plus souvent si l'autre essaie en vain d'entrer par la porte. Remarque importante : après avoir aidé, le chimpanzé ne mendie pas ou ne harcèle pas l'autre pour obtenir de la nourriture, ce qui montre que son geste est parfaitement désintéressé. Warneken et Tomasello concluent, de l'ensemble de leurs expériences, que « les racines phylogénétiques de l'altruisme humain – au moins sous forme d'altruisme instrumental – peuvent remonter jusqu'au dernier ancêtre commun des humains et des chimpanzés, il y a environ 6 millions d'années[54] ».

Mais les primates n'attendent pas qu'on leur prépare une expérimentation complexe pour mettre à profit leur aptitude à la bonté. Un jour, Kuni, femelle bonobo du zoo Twycross en Angleterre, a capturé un étourneau. Comme l'oiseau ne bougeait pas, Kuni l'a lancé, mais il a seulement voleté. Elle l'a ramassé, a grimpé au sommet de l'arbre le plus haut, a déplié délicatement les ailes de l'oiseau, une aile dans chaque main, et l'a lancé en l'air. L'oiseau n'a pas réussi à s'envoler. Kuni est alors redescendue et l'a protégé pendant un long moment de la curiosité d'un jeune singe[55]. Cette bonobo a manifesté, ici, non seulement son désir de secourir un autre animal, mais également sa capacité à comprendre les besoins d'un animal très différent d'elle. Autre exemple : dans un zoo suédois, un jeune chimpanzé, suspendu à une corde d'escalade, était sur le point de s'étrangler, la corde étant passée deux fois autour du cou. Il se débattait en silence, les pieds dans le vide. Le mâle dominant s'approcha, entoura la victime d'un bras, détendant ainsi la corde, et désenroula celle-ci de l'autre main. Puis il posa délicatement le jeune sur le sol[56].

Il y a plus remarquable encore. Washoe, une femelle chimpanzé, s'est précipité entre deux fils électriques, malgré leur fonction dissuasive, pour sauver une autre guenon qui allait se noyer[57]. On connaît même un cas de chimpanzé qui a donné sa vie en essayant en vain de sauver un nourrisson de son espèce qui était tombé dans l'eau à cause de la maladresse de sa mère[58]. Les singes ne savent pas nager et ont très peur de s'engager dans l'eau, ce qui permet d'apprécier ce geste à sa juste valeur. On a même observé des cas d'adoption dans la nature, en cas de décès de la mère. Plusieurs dizaines d'exemples ont déjà été constatés chez les chimpanzés[59]. Les parents adoptifs peuvent porter le bébé singe au cours de voyages qui durent de nombreux mois. Les adoptions par des mâles sont particulièrement intéressantes, car les chimpanzés mâles s'investissent habituellement peu auprès de leur propre progéniture. Or certaines adoptions d'orphelins par des mâles adultes sans lien génétique ont duré pendant des années. Ce comportement est clairement altruiste puisqu'il est coûteux pour ces parents adoptants et ne leur apporte rien, alors qu'il est bénéfique pour les orphelins.

Les chimpanzés sont même capables de sensibilité envers la souffrance humaine. Lucy, une femelle chimpanzé élevée dans une famille humaine, se comportait quasiment comme un être humain lorsqu'elle comprenait que les deux adultes ressentaient de la tristesse. Voici ce qu'écrit Maurice Temerlin à son sujet : « Lorsque Jane est un peu déprimée, Lucy le remarque immédiatement et elle essaie de la réconforter en passant son bras autour d'elle, lui prodiguant caresses ou baisers. Lorsque c'est moi qui suis à l'origine du malaise, si, par exemple, nous nous querellons, Lucy cherche à nous séparer ou à détourner mon attention sur elle, de sorte que Jane puisse reprendre ses esprits. (...) Quand Jane a été indisposée au point de s'aliter, Lucy s'est montrée très tendre et protectrice envers elle, lui apportant de la nourriture, partageant la sienne avec elle, ou s'asseyant au bord du lit pour la réconforter en la caressant et en la toilettant[60]. »

De Waal tire de ses observations des conclusions bien différentes de celles de Dart, Ardrey ou Lorenz. Selon lui, « l'empathie fait partie intégrante de notre évolution. Elle en est non pas une caractéristique récente, mais une capacité innée vieille comme le monde. (...) L'ancienneté de l'empathie dans l'évolution m'inspire un immense optimisme. Elle en fait un trait robuste qui se développera chez quasiment tous les êtres humains, sur lequel la société peut compter et qu'elle est en mesure d'encourager et de cultiver. C'est un universel humain[61] ».

« C'est pas juste ! »

Imaginez la situation suivante : dans un centre de loisirs, au moment du goûter, un enfant reçoit un pain aux raisins et du sirop, tandis qu'un autre n'a droit qu'à du pain sec et à de l'eau, sans raison apparente. Il risque fort de dire : « Mais c'est pas juste ! » Eh bien, une expérience similaire a été menée avec des singes, qui démontre sans ambiguïté qu'ils ont le sens de la justice. Elle a été réalisée par Sarah Brosnan et Frans de Waal avec des capucins, petits singes d'Amérique centrale et du Sud, connus pour leur disposition à partager facilement la nourriture[62].

Cette expérience a lieu avec deux singes. Tout d'abord, l'expérimentatrice offre un caillou à chaque singe, puis elle tend la main pour que le singe le lui rende ; en échange, elle lui offre une tranche de concombre. Elle répète ce geste à de multiples reprises avec chaque singe ; tout se passe bien. Puis, au bout de vingt-cinq fois, l'expérimentatrice crée une injustice : elle continue à donner un morceau de concombre à l'un et offre à l'autre des raisins – une vraie friandise pour ces animaux. À partir de ce moment-là, le premier singe se met à refuser souvent les concombres et, dans certains cas, en arrive même à s'énerver, lançant violemment hors de la cage les cailloux, voire les tranches de concombre.

Mais peut-être est-ce simplement la vue de raisins inaccessibles qui met le singe en colère, et non l'injustice ? Pour tester cette hypothèse, les chercheurs ont opté pour une variante dans la première partie de l'expérience. Avant de donner à chacun des tranches de concombre, ils agitent des raisins devant eux, pour bien leur montrer qu'ils pourraient tout aussi bien leur donner cette gourmandise. Or, dans ce cas aussi, les singes acceptent l'échange caillou-concombre sans difficulté. C'est donc bien l'injustice qui provoque le mécontentement. L'expérience a été reproduite avec des chimpanzés, mettant en évidence à nouveau cette réalité du sentiment d'injustice[63]. Cela dit, tous les chimpanzés ne réagissent pas de la même façon, ce qui montre que, comme les humains, les singes ne sont pas sensibles à l'injustice de la même manière. Notons également que, dans cette expérience, le sentiment de justice fonctionne à sens unique. C'est seulement le singe défavorisé qui refuse de continuer, alors que s'il s'agissait d'un rejet de l'injustice en soi, les deux refuseraient de coopérer. D'ailleurs, quand son collègue rejette le concombre, il s'efforce de le récupérer pour le manger ! La réaction d'une bonobo laisse cependant supposer que ce deuxième niveau de la justice existe chez les grands singes[64]. Cette femelle reçoit du lait et du raisin en quantité, tandis que ses amies l'observent. Au bout d'un certain temps, elle refuse la nourriture et, regardant fixement l'expérimentateur, lui montre ses congénères. Ce n'est qu'après que celui-ci a également donné des friandises aux autres femelles qu'elle accepte de continuer son repas.

Outre celui de la justice, les singes ont aussi le sens de la réciprocité. Si un singe découvre des aliments appétissants, plus il partage avec ses congénères et plus il y a de probabilité que ceux-ci partagent en retour par la suite[65]. D'ailleurs, l'échange peut porter sur des aspects différents de l'existence ; par exemple, plus un singe en toilette un autre, plus celui-ci a tendance à partager sa nourriture avec lui. De Waal cite le cas d'une femelle chimpanzé qui lui vouait une reconnaissance durable pour l'aide qu'il lui avait apportée[66]. Elle avait perdu précédemment plusieurs rejetons car elle manquait de lait. Il lui a donc appris, à force de patience, à nourrir au biberon un petit qu'elle avait adopté. Par la suite, cette femelle éleva de la même façon sa propre progéniture. Or des dizaines d'années plus tard, elle lui faisait encore fête lorsqu'il passait au zoo où elle vivait, le toilettant avec des claquements de dents enthousiastes. Les gardiens, qui ignoraient cette histoire, n'en revenaient pas.

La leçon conjointe des chimpanzés et des bonobos

Revenons aux bonobos. J'en ai déjà parlé en montrant qu'ils contredisent la théorie de Wrangham sur les chimpanzés tueurs, puis en présentant quelques résultats de recherche, mais il convient de s'arrêter plus longuement sur cette espèce particulièrement pacifique. Elle l'est tout d'abord au sein même du groupe. Par exemple, alors que les mâles sont nettement plus puissants que les femelles, on ne connaît pas d'exemple de mâles forçant des femelles à copuler, contrairement à ce qui peut se passer chez les chimpanzés. Les bonobos sont également pacifiques entre troupes, ce qui les distingue très nettement des chimpanzés. Un cas de fraternisation entre deux groupes nous est même raconté par Wrangham[67]. Des cannes à sucre sont disposées pour attirer les membres d'une des deux communautés, mais, finalement, ce sont des individus des deux groupes (39 d'un côté, 32 de l'autre) qui arrivent en même temps. Ils s'observent à distance pendant un certain temps, puis une femelle s'approche de l'autre groupe et a une relation sexuelle avec une femelle. Ce qui suit a étonné les observateurs : les bonobos ont mangé, copulé et se sont reposés ensemble comme s'ils faisaient partie d'une seule troupe, si ce n'est que les mâles restaient un peu en retrait.

Divers articles de vulgarisation ont souligné le fait que nous partageons plus de 99 % de notre patrimoine génétique avec les chimpanzés. Toutefois, il en va de même de notre proximité avec les bonobos, au point que certains auteurs proposent de classer ces deux espèces dans le genre *Homo* (alors qu'elles sont réunies actuellement dans le genre *Pan*)[68]. En effet, les bonobos sont d'aussi légitimes cousins des humains que le sont les chimpanzés.

La position de Wrangham qui consiste à déclarer que l'être humain descend d'un ancêtre tueur, en se basant sur le comportement des chimpanzés, est contestable à double titre : d'une part, parce que l'agression chez les chimpanzés ne constitue qu'une très faible proportion de leurs comportements ; d'autre part, parce que le choix du chimpanzé comme « modèle » est un choix idéologique puisqu'il serait tout aussi pertinent d'opter pour le bonobo. Comme le souligne Frans de Waal, « s'ils [les bonobos] avaient été connus plus tôt, les scénarios de l'évolution humaine auraient pu mettre l'accent sur les relations sexuelles, l'égalité entre mâles et femelles, l'origine de la famille, plutôt que sur la guerre, la chasse, l'emploi des outils et autres prérogatives masculines. La société bonobo semble régie par le "faites l'amour, pas la guerre" des années 1960, plutôt que par le mythe d'un singe tueur sanguinaire qui domine les manuels depuis plus de trois décennies[69] ». En d'autres termes, aucun déterminisme ancestral ne nous condamne fatalement à la violence interpersonnelle ou à la guerre.

Pour autant, faire le choix du bonobo comme modèle unique serait tout aussi contestable que la position adoptée par Wrangham. L'être humain est proche des deux : il est capable de meurtre et d'empathie, capable de bonté et de violence. Citons à nouveau de Waal : « Plus méthodiques dans notre brutalité que les chimpanzés et plus empathiques que les bonobos, nous sommes de loin le grand singe bipolaire par excellence. Nos sociétés ne sont jamais complètement pacifiques, ou complètement compétitives, jamais gouvernées par le pur égoïsme, jamais non plus parfaitement morales. La nature ignore les états purs. Ce qui vaut pour la société humaine vaut aussi pour la nature humaine. Elle peut allier bonté et cruauté, grandeur et vulgarité – le tout parfois dans la même personne[70]. » Voyons maintenant ce que nous apprend l'anthropologie des peuples premiers, en particulier des chasseurs-cueilleurs, censés être les représentants exemplaires des origines de l'humanité.

CHAPITRE 8

Le « peuple féroce » imaginaire et les peuples pacifiques réels

Ce que nous apprend l'anthropologie

Il est rare qu'un ouvrage d'anthropologie devienne un best-seller. C'est pourtant l'heureuse destinée de l'ouvrage de Napoleon Chagnon *Les Yanomami. Le peuple féroce*[1], publié pour la première fois en 1968. Le sous-titre résume parfaitement le contenu du livre. L'auteur a passé environ cinq ans, répartis sur une trentaine d'années, au sein de ce peuple d'environ 30 000 individus évoluant entre le Brésil et le Venezuela, dans plusieurs centaines de villages.

La « preuve » anthropologique de la cruauté humaine

Dans son livre, Chagnon décrit une pratique guerrière régulière des Yanomami qui consiste à effectuer des raids dans un autre village[2]. Un petit groupe se rend discrètement jusqu'aux abords du village ennemi et y passe la nuit, caché dans les buissons. Au petit matin, les hommes attendent le passage de quelqu'un pour le tuer avec des flèches, puis prennent la fuite et reviennent chez eux. La cause la plus fréquente d'un raid est la vengeance pour un meurtre perpétré antérieurement par un membre de l'autre tribu. Selon Chagnon, la plupart des raids sont directement attribuables à la compétition en vue de l'appropriation de femmes[3]. Celles-ci seront ensuite violées par les auteurs du raid, puis données en mariage à l'un d'eux. Cet ouvrage a fermement établi la triste réputation des Yanomami comme étant l'un des peuples les plus violents sur Terre. Chagnon affirme de plus que ce niveau intense de guerre est l'héritage de notre passé évolutif et qu'il est habituel chez les peuples tribaux avant leur contact avec le reste du monde.

Chagnon est ensuite allé au-delà de la simple description des mœurs des Yanomami, fournissant une interprétation théorique de leur comportement. Dans un article publié en 1988 et qui est à son tour devenu l'un des textes les plus lus de la littérature anthropologique[4], il rapporte que les hommes qui ont participé à une équipée mortelle (les *unokais*) ont en moyenne 2,5 fois plus de femmes que les non-*unokais* du même âge et qu'ils ont plus de 3 fois plus d'enfants. La violence offre donc un « avantage reproductif » à celui qui l'exerce. Chagnon fournit une interprétation darwinienne de ses résultats ; selon lui, « la violence est une force puissante dans la société humaine et peut être la principale force agissante derrière l'évolution de la culture ». En effet, « le plus grand succès reproductif des *unokais* est principalement dû à leur plus grand succès à trouver des épouses, soit en se les appropriant par la force, soit par des mariages coutumiers dans lesquels ils paraissent plus attirants comme compagnons que les non *unokais* ». Conclusion : la violence fait partie intrinsèque de la nature humaine puisque ceux qui l'utilisent ont plus de probabilités de transmettre leurs gènes à la génération suivante.

Les travaux de Chagnon sur les Yanomami constituent LA pièce anthropologique maîtresse utilisée comme caution scientifique par les adeptes de la croyance en la violence naturelle de l'être humain. Ses recherches sont régulièrement citées, notamment dans des livres aux intitulés alarmistes : *La Face sombre de l'homme*[5], *Batailles permanentes. Le mythe du bon et paisible sauvage*[6], *L'Animal le plus dangereux. La nature humaine et les origines de la guerre*[7] ou encore *La Nature sombre. Une histoire naturelle du mal*[8].

En voici quelques illustrations, parmi d'autres. Lawrence Keeley, dans son ouvrage *La Guerre avant la civilisation. Le mythe du bon sauvage*, résume le livre de Chagnon en précisant que les affrontements des Yanomami « semblaient avoir pour seuls motifs une soif inextinguible de vengeance et le rapt des femmes. (...) Chagnon soutient que ces tribus constituaient une illustration exacte de la pensée de Hobbes[9]. » Quant à Richard Wrangham et Dale Peterson, dans leur livre *Les Mâles démoniaques. Les grands singes et les origines de la violence humaine,* ils comparent explicitement les raids des Yanomami à ceux des chimpanzés[10]. Une comparaison proche a été faite par un journaliste anonyme du magazine *Time* : « De même que les troupes de babouins, les villages yanomami ont tendance à se scinder en deux une fois qu'ils ont atteint une certaine taille[11]. » Sans commentaires...

Des anthropologues surpris par la gentillesse des Yanomami

Or l'édifice construit par Chagnon s'avère aujourd'hui très fragile, pour deux raisons : d'une part, les Yanomami sont bien moins violents qu'il ne les a décrits, comme l'ont souligné plusieurs anthropologues qui ont vécu nettement plus longtemps que lui auprès de ce peuple ; d'autre part, le meilleur succès reproductif des participants aux raids est un mythe, fruit d'erreurs méthodologiques.

Notons tout d'abord que le mot « guerre » utilisé par Chagnon ne s'applique pas vraiment aux Yanomami car, lorsqu'ils effectuent un raid, il s'agit la plupart du temps d'une attaque de quelques hommes qui guettent un homme sortant seul d'un village ennemi pour le tuer. Après cela, ils s'enfuient le plus rapidement possible avant d'être remarqués. Comme le souligne l'anthropologue, Kenneth Good, « les Yanomami ne s'engagent jamais dans une guerre ouverte. Ils trouvent absurde d'exposer ainsi leur vie et de risquer d'avoir un grand nombre de tués. (...) Une vraie bataille, avec un grand nombre de tués, paraîtrait démentielle aux Yanomami[12]. »

Par ailleurs, parler de « peuple » féroce constitue une généralisation très excessive puisque 30 à 40 % des Yanomami sont des enfants qui ne participent évidemment pas à des raids et que 50 % des adultes sont des femmes qui n'y participent pas non plus ; enfin, parmi les hommes adultes, seulement 40 % y participent. Au final, 13 % de la population participe à des raids, lesquels sont d'ailleurs fort rares.

Les Yanomami se désignent eux-mêmes par le mot *waiteri*, que Chagnon traduit par « féroce ». C'est précisément une des raisons justifiant le sous-titre de son livre *Le peuple féroce*. Or plusieurs anthropologues font remarquer qu'il s'agit là d'une traduction très contestable[13]. *Waiteri* renvoie à un ensemble de qualités telles que le courage, l'audace, l'initiative, la générosité et l'humour. Être *waiteri* signifie rester stoïque face à l'agression d'autrui, refuser de se soumettre et tenir ferme devant le danger. Ce n'est donc que dans un sens extrême qu'on peut traduire ce mot par « féroce ». D'ailleurs, les Yanomami qualifient deux animaux de *waiteri*. Si le mot signifiait vraiment « féroce », le jaguar serait certainement l'animal prioritairement choisi. Or ces deux animaux sont le coati (une sorte de raton-laveur), pour son courage, et le paresseux, pour son étonnante résistance aux blessures. Chacun imagine aisément que le qualificatif « féroce » est particulièrement mal adapté au paresseux, animal végétarien à la lenteur proverbiale.

Il y a quelques années, quatre anthropologues ont fait la déclaration suivante : « Dans son livre *Le peuple féroce*, Chagnon a fabriqué une image sensationnaliste et raciste des Yanomami, les qualifiant de sournois, agressifs et redoutables et affirmant faussement qu'ils vivent dans un état de guerre chronique. (...) Nous avons, entre nous tous, passé plus de 80 ans avec les Yanomami. La plupart d'entre nous parlent un dialecte yanomami ou plusieurs. Aucun de nous ne reconnaît la société décrite dans les livres de Chagnon, et nous déplorons son sensationnalisme et ses insultes. La plus grave menace qui pèse sur les Yanomami n'est pas la guerre interne, mais la colonisation de leurs terres[14]. »

Kenneth Good est l'une des personnes qui connaissent le mieux la vie quotidienne des Yanomami, chez lesquels il a vécu de nombreuses années. Lorsqu'il part les étudier en 1975, il connaît bien l'ouvrage de Chagnon ; il s'attend donc à trouver un peuple sanguinaire car, écrit-il, tout lecteur du *Peuple féroce* « était susceptible de ressortir de cette lecture avec le sentiment que l'humanité était, par essence, une espèce brutale et homicide[15] ». Il accomplit ce premier voyage précisément avec Napoleon Chagnon qui est son directeur de thèse. Ce dernier a été critiqué par un autre anthropologue, Marvin Harris, pour qui l'être humain n'est pas un tueur congénital et qui considère que la guerre chez les peuples premiers est essentiellement due à la compétition consécutive à la rareté des ressources alimentaires. Chagnon a donc chargé Good de recueillir des données lui permettant de démontrer définitivement que la théorie de Harris est fausse et la sienne vraie.

Good avait prévu de rester quinze mois chez les Yanomami ; il y passera de nombreuses années et se mariera même avec une jeune fille yanomami. « À ma grande surprise, rapporte-t-il, j'avais trouvé auprès d'eux un genre de vie qui, bien que dangereux et rude, était fait aussi de camaraderie, de compassion, et fournissait mille leçons quotidiennes d'harmonie communautaire[16]. » Assez rapidement, il constate que vivre avec eux n'a rien d'inquiétant et que ce sont tout simplement des êtres humains ayant les comportements quotidiens de n'importe quel autre peuple au monde[17]. Les femmes lui souhaitent la bienvenue d'un beau sourire, les hommes ne manifestent aucune agressivité. Des mères allaitent leur enfant, tandis que des pères cajolent tendrement leurs petits ou jouent avec eux dans le hamac. Il en conclut que Chagnon a fabriqué du sensationnel, en isolant un aspect de la culture yanomami de son contexte[18]. D'ailleurs, au retour d'une de ses expéditions, il dira à Chagnon qu'il souhaite discuter avec Marvin Harris, son principal détracteur ; celui-ci le lui interdira, ordre qu'il ne respectera pas… et c'est finalement sous la direction de Harris qu'il terminera sa thèse.

Certes, Good reste lucide sur le potentiel de violence des Yanomami : il a observé des hommes entrer dans une rage épouvantable ou se battre, s'ils soupçonnaient leur femme d'avoir une liaison ; il est même arrivé qu'un homme jaloux tire un tison du feu et brûle son épouse avec ; toutefois, comme il le dit lui-même, plus il analyse ces phénomènes de violence, et plus la façon dont Chagnon les a présentés lui semble douteuse et déformante. Il reconnaît sans hésitation la réalité des raids meurtriers et des violences infligées aux femmes, mais il fait un parallèle : Chagnon a autant déformé la réalité que le ferait un sociologue qui écrirait un ouvrage intitulé *Les New-Yorkais. Un peuple de voleurs et de criminels* ; il a généralisé à outrance le comportement de quelques individus. Il conclut : « Le premier livre de Chagnon n'était pas mensonger à proprement parler. Simplement, tout y était disproportionné, déformé ; la forme, le contexte, la perspective, tout était faux[19]. »

Au fil des mois, écrit-il, « j'appréciais de plus en plus leur façon de vivre, l'harmonie et la cohésion de leur groupe. (…) Finalement, ces gens étaient semblables à nous. Ils avaient ici d'autres conditions de vie, des coutumes et une culture différentes. Mais c'était tout simplement des hommes. (…) J'aimais l'entraide familiale, la façon dont les gens s'occupaient des enfants, sans jamais s'en séparer, les choyant ou les éduquant constamment. J'aimais le respect qu'ils se vouaient les uns aux autres, leur sentimentalité aussi et leur façon de l'exprimer sans retenue[20]. » Au final, donc, « malgré les raids, les accès de colère et les combats, c'est en fin de compte, un peuple heureux, vivant dans une société harmonieuse[21] ».

C'est également dans le cadre de sa thèse d'anthropologie que Leslie Sponsel est entré en contact avec les Yanomami. Il avait lu l'ouvrage de Chagnon et en avait conclu que les Yanomami étaient des « sauvages hobbésiens avec un style de vie brutal, marqué par une violence généralisée[22] ». En conséquence, c'était le dernier peuple qu'il imaginait aller voir pour ses recherches d'anthropologie. Or, souhaitant faire sa thèse de doctorat sur la chasse chez des peuples amazoniens, il a demandé conseil à une anthropologue qui lui a chaudement recommandé d'aller chez les Yanomami, qu'elle avait déjà rencontrés et qu'elle considérait comme très amicaux. Malgré ses réticences, il a suivi le conseil et a vécu au sein d'un groupe de Yanomami pendant six mois entre 1974 et 1975. Les scènes de violence les plus graves dont il a été témoin furent quelques disputes entre un homme et sa femme et une bagarre à la massue. Les quatre villages qu'il a visités ne ressemblaient en rien à la description extrêmement négative qu'avait fournie Chagnon. Ayant emmené avec lui un exemplaire du livre de celui-ci, il fut prié par des membres de la communauté de ne pas montrer les photographies aux enfants, car cela leur donnerait de mauvais exemples de comportements[23]. La conclusion de son séjour fut que les relations sociales des Yanomami étaient essentiellement marquées par la gentillesse, le partage, la coopération et la camaraderie.

Par ailleurs, Leslie Sponsel estime très probable qu'aucun anthropologue n'a directement assisté à une agression mortelle perpétrée par un Yanomami et que toutes les informations sur ce thème viennent de souvenirs d'informateurs. Napoleon Chagnon reconnaît le fait en ce qui le concerne : « Bien que j'aie été témoin de nombreux conflits violents et presque mortels, pour aucun d'eux les participants ne sont morts alors que j'étais présent. Je n'ai pas accompagné de raids et je n'ai pas assisté à des meurtres lorsque j'ai vécu là-bas. Les nouvelles sur les meurtres circulent rapidement et sont largement connues. Toutes les données sur les morts violentes sont donc fondées sur des déclarations d'informateurs multiples dont les comptes rendus ont été croisés[24]. »

Autre témoignage, celui de l'anthropologue français Jacques Lizot qui écrit, dans la préface de l'édition anglaise de son ouvrage : « J'aimerais que mon livre aide à corriger la représentation exagérée qui a été donnée de la violence des Yanomami. Les Yanomami sont des guerriers ; ils peuvent être brutaux et cruels, mais ils peuvent aussi être délicats, sensibles et aimants. La violence est seulement sporadique ; elle ne domine jamais longtemps la vie sociale, et de longues périodes pacifiques peuvent séparer deux explosions. (…) Ce ne sont ni de bons sauvages, ni de mauvais sauvages. Ces Indiens sont des êtres humains[25]. »

En résumé, chez les Yanomami, la violence n'est le fait que d'une faible minorité d'individus et, même chez ces derniers, elle est rare. Qualifier ce peuple de féroce est donc très exagéré. À la suite des multiples critiques faites à son livre, Chagnon a d'ailleurs enlevé le sous-titre « *Le peuple féroce* » dans les quatrième et cinquième éditions, sans toutefois modifier l'essentiel du contenu de l'ouvrage sur la prétendue violence des Yanomami. Il reconnaîtra cependant par ailleurs que les taux d'homicide chez les Yanomami sont « en fait très bas dans le monde guerrier primitif[26] ». Ce qui est malheureusement une manière implicite de dire que les autres « primitifs » sont vraiment très violents...

Selon Leslie Sponsel, anthropologue à l'Université de Hawaii, le succès du livre de Chagnon repose peut-être en partie sur le fait qu'il a été publié en pleine guerre du Vietnam et qu'il a conforté les Américains dans l'idée qu'il existait des sociétés encore plus violentes que la leur[27]. Il fait remarquer que 45 anthropologues, missionnaires et autres ont travaillé avec les Yanomami, mais qu'un seul parmi eux a focalisé essentiellement sur la violence, qu'un seul s'est retrouvé au cœur d'importantes controverses, notamment éthiques : Napoleon Chagnon[28].

Par ailleurs, l'anthropologue Brian Ferguson a minutieusement examiné le contexte d'apparition des conflits constatés par Chagnon. Selon lui, c'est clairement la présence de Chagnon qui en est à l'origine. En raison du fait qu'il détenait des casseroles et d'autres objets en métal, instruments très prisés par les Yanomami, il était courtisé par les différentes tribus et sa présence dans l'une ou l'autre était la source d'importantes rivalités, qui s'exprimaient parfois sous forme d'attaques pour se procurer les biens distribués à une tribu proche[29].

Faites l'amour, pas la guerre...

La deuxième critique scientifique majeure faite à Chagnon concerne son interprétation évolutionniste[30]. Rappelons l'essentiel de sa thèse : les hommes qui participent à des raids ont plus d'enfants car ils trouvent plus facilement des épouses, soit parce que leur comportement violent les rend plus séduisants, soit parce qu'ils s'approprient de force les femmes d'autres groupes.

Plusieurs erreurs méthodologiques ont été relevées par différents chercheurs[31], auxquelles Chagnon n'a qu'imparfaitement répondu[32], notamment en affirmant que c'est par jalousie pour son succès éditorial que des anthropologues travaillant auprès des

Yanomami l'ont critiqué[33]. La plus grave erreur me semble être l'omission de l'« effet de l'homme mort ». Derrière cette expression un peu étrange se cache un constat très simple : Chagnon présente des résultats basés uniquement sur les participants à des raids (*unokais*) qui sont vivants au moment de l'étude. Or les *unokais* ont évidemment plus de risques d'être tués, qu'ils soient attaquants ou attaqués, lors de raids. Les auteurs de raids s'emploient à tuer préférentiellement un attaquant antérieur, en représailles. Vivant en moyenne moins longtemps, les *unokais* ont donc moins de chances d'avoir beaucoup d'enfants. En ne tenant pas compte des *unokais* décédés dans ses calculs, Chagnon augmente donc artificiellement la moyenne d'enfants des *unokais*.

Suite à cette critique dévastatrice, Chagnon a fait remarquer qu'il avait les données nécessaires pour répondre et qu'il les publierait ultérieurement[34]. À ma connaissance, cette réponse est toujours attendue. Comme le souligne Ferguson, tant que cette situation perdure, « il n'y a pas de fondement empirique à l'affirmation selon laquelle, chez les Yanomami, prendre le risque de participer à la guerre conduit à un plus grand succès reproductif au cours de l'existence[35] ». J'ai longuement cherché d'autres études anthropologiques sur ce sujet. Je n'en ai trouvé que deux, l'une menée chez les Cheyennes, l'autre chez les Waorani[36]. Toutes deux sont méthodologiquement plus rigoureuses que celle de Chagnon et aboutissent à des résultats exactement inverses : les hommes impliqués dans des actions meurtrières ont en moyenne moins d'enfants que les autres.

Aujourd'hui, il apparaît clairement que les observations et l'interprétation théorique de Chagnon sont erronées. Elles sont pourtant le plus souvent présentées sans regard critique et risquent d'être encore longtemps diffusées. Quelques chiffres sont d'ailleurs significatifs. La base de données scientifiques Google Scholar signale que 1 039 documents citent le livre de Chagnon (à la date du 10 février 2011) et que seuls 25 documents citent le livre de Kenneth Good, l'anthropologue qui a tant aimé vivre avec ce peuple et qui a épousé une femme yanomami. Quant à l'article de Chagnon sur le prétendu avantage reproductif des *unokais*, 478 documents le citent, tandis que l'article sur les Cheyennes n'est cité que 30 fois et celui sur les Waorani 6 fois. Tous deux sont pourtant de meilleure qualité méthodologique. Le mythe anthropologique du sauvage assoiffé de sang a encore de beaux jours devant lui…

Concluons sur les Yanomami par ces deux remarques. Selon Brian Ferguson, qui a recensé tous les cas connus d'actes guerriers chez les Yanomami, ces comportements sont directement liés à la présence occidentale ; pour lui, la probabilité de violences est déterminée par la quantité de biens occidentaux disponibles et par des facteurs augmentant la puissance militaire, en particulier les fusils[37]. Pour plusieurs anthropologues, le qualificatif de « féroce » attribué aux Yanomami a été utilisé par certains Brésiliens pour justifier leur « pacification », alors que la véritable intention était de s'emparer de leurs terres[38]. Leslie Sponsel fait remarquer que « c'est une troublante coïncidence qu'à la même époque où les Yanomami sont victimes de génocide, d'ethnocide et d'écocide permanents, ils soient présentés comme étant essentiellement des "sauvages hobbésiens[39]" ».

Aujourd'hui, le principal porte-parole des Yanomami est le chaman Davi Kopenawa, parfois appelé le « dalaï-lama de la forêt amazonienne » en raison de son action non-violente en faveur de la protection de la forêt et du respect des droits des Indiens. Il a d'ailleurs reçu à ce titre le prix Bartolome de las Casas, décerné par l'État espagnol pour récompenser les personnes et organisations qui agissent en faveur de « la compréhension et de l'entente avec les peuples indigènes d'Amérique, de la protection de leurs droits et du respect de leurs valeurs ». Comme on peut s'en douter, Davi Kopenawa ne se reconnaît en rien dans les cruelles descriptions de Chagnon.

Passer de la violence extrême à la non-violence

L'un des arguments anthropologiques les plus forts à l'encontre d'une violence génétiquement inscrite dans l'humanité vient paradoxalement d'un peuple traditionnellement violent. Les Waorani ont probablement constitué le groupe humain dont le taux d'homicide a été le plus élevé parmi tous les peuples connus en anthropologie. On estime en effet que 60 % des décès chez les adultes étaient dus à des conflits violents. Il n'existait aucun mécanisme de résolution des conflits, ce qui permettait aux haines et à la colère de prospérer et de dégénérer parfois en attaques violentes.

Mais la situation n'est plus du tout la même aujourd'hui[40]. L'origine de ce changement remonte à 1956, date à laquelle cinq jeunes missionnaires ont atterri en territoire waorani et ont rapidement été tués avec des lances. Deux ans plus tard, la femme de l'un des missionnaires et la sœur d'un autre sont revenues au village waorani avec deux jeunes femmes waorani qui avaient fui quelques années auparavant pour échapper aux raids et qui s'étaient réfugiées chez des Quichuas. Ce premier groupe et d'autres missionnaires venus par la suite s'étaient fixé comme priorité d'éliminer la guerre, mais ils n'avaient évidemment aucun moyen de pression pour y parvenir. Les femmes ont expliqué à leur peuple qu'une autre manière de vivre était possible, telle celle qu'elles avaient expérimentée chez les Quichuas. Ce message a été ensuite renforcé par les croyances chrétiennes des missionnaires qui ont notamment diffusé le message selon lequel Dieu déteste le meurtre.

Un par un, les Waorani ont progressivement abandonné les raids. En quelques mois pour certains groupes et en une dizaine d'années pour la presque totalité de la société, les Waorani sont devenus essentiellement pacifiques, et ce sans qu'aucun changement extérieur majeur intervienne : pression militaire des autorités, évolution démographique significative, modification des conditions de vie, etc. Comme le disent Clayton et Carole Robarchek, qui ont étudié cette transformation radicale, « les Waorani ont simplement décidé d'arrêter de tuer ». La non-violence n'est certes pas absolue aujourd'hui chez les Waorani, mais elle est devenue le mode normal de fonctionnement dans la plupart des villages. Les Robarchek soulignent que « la rapidité de la transformation (...) ne peut être expliquée que comme la conséquence de l'effort conscient des Waorani d'accomplir ce qu'eux-mêmes voulaient faire : échapper aux meurtres[41] ».

En Occident même, comment pourrait-on analyser, à partir d'une grille de lecture de violence fondamentale, le fait que la Suède, pays de Vikings guerriers et pillards aux IXe et Xe siècles de notre ère, puis nation marquée par de multiples guerres, soit devenue l'une des nations les plus pacifiques de la planète ?

Les peuples cannibales n'ont probablement jamais existé

Le cannibalisme passé de certains peuples est considéré comme une évidence pour beaucoup d'entre nous. De nombreux scientifiques, en particulier des anthropologues, en sont également convaincus. Ou, pour certains, en *étaient* convaincus jusqu'à la publication il y a une trentaine d'années de l'ouvrage *Le Mythe du cannibalisme*[42] de l'anthropologue William Arens, qui a fait l'effet d'une petite bombe.

L'intérêt d'Arens pour le sujet est apparu fortuitement. À la fin d'un cours d'anthropologie, un étudiant est venu le voir pour lui demander pourquoi il ne leur parlait pas de thèmes plus intéressants que la politique et l'économie – les sorcières ou le cannibalisme, par exemple. L'idée lui a semblé intéressante ; à cette époque, il pensait que le cannibalisme était un phénomène fréquent dans le passé et encore présent dans certaines régions du monde. Son livre est donc le « résultat d'un processus de conversion[43] ».

Pour répondre à la demande de l'étudiant, Arens a étudié les témoignages anciens d'explorateurs et plus récents d'anthropologues. Une énorme surprise l'attendait : « Si l'on excepte les situations de survie, je ne suis pas arrivé à découvrir de documentation pertinente sur le cannibalisme comme coutume, sous quelque forme que ce soit, dans quelque société que ce soit[44]. » Les « preuves » avancées sont soit des informations de seconde main, soit des témoignages fantaisistes qui n'invitent pas à leur accorder crédit. Arens admet sans difficulté la réalité de cas ponctuels de cannibalisme, soit par des individus ou des groupes mourant de faim, soit par des personnes souffrant de troubles psychiatriques ;

ce qu'il conteste, c'est l'existence de peuples ayant l'habitude de consommer de la viande humaine, quelle qu'en soit la raison (vengeance d'un ennemi, rituel funéraire, etc.).

Colomb, l'inventeur des cannibales, n'en a jamais rencontré...

Prenons par exemple l'origine même du mot « cannibale ». Il remonte à Christophe Colomb et vient du terme arawak *caniba*, qui serait l'altération de *cariba*, mot par lequel les Indiens carib des Petites Antilles se désignaient eux-mêmes et qui, dans leur langue, aurait signifié « hardi ». En revanche, les paisibles Arawak de Cuba utilisaient ce mot de manière péjorative, en leur attribuant une extrême férocité[45].

J'ai lu le journal de bord de Christophe Colomb pour vérifier les dires d'Arens. Le résultat est très instructif. Le 4 novembre 1492, l'explorateur dit avoir rencontré des Indiens « très paisibles et craintifs » qui lui ont fait comprendre que « plus au-delà, il y avait des hommes avec un seul œil et d'autres avec des museaux de chiens, qu'ils mangeaient les êtres humains et, lorsqu'ils en prenaient un, l'égorgeaient, buvaient son sang et lui coupaient les parties naturelles[46] ». Le mot cannibale apparaît pour la première fois sous la plume de Colomb, le 23 novembre 1492. Des Indiens lui décrivent une île où habitent des gens qui ont un œil sur le front et d'autres, appelés cannibales, dont ils ont très peur[47]. Trois jours plus tard, nouvelle allusion de Colomb aux cannibales : « Tous ces gens rencontrés jusqu'à aujourd'hui ont une immense crainte des *caniba* ou *canima* (...). Ils disaient que les *caniba* n'avaient qu'un seul œil et une face de chien[48]. »

Il suffit d'ailleurs de parcourir certains ouvrages[49] pour découvrir la diversité des peuples physiologiquement étonnants que les voyageurs de l'époque ont prétendu avoir rencontrés, en particulier lors de la découverte des Amériques : non seulement des cyclopes ou des cynocéphales comme nous venons de le lire, mais également des personnes sans tête avec les yeux, le nez et la bouche sur le torse, des personnes avec une seule jambe et un seul pied, des personnes avec de très longues oreilles pendantes, etc.

Au final, ni Colomb, l'« inventeur » du mot cannibale, ni ses marins n'ont jamais rencontré de cannibales, mais des Indiens aimables. Colomb déclare par exemple que « ces gens ne sont d'aucune secte, ni idolâtres, mais très doux et ignorants de ce qu'est le mal, qu'ils ne savent se tuer les uns les autres, ni s'emprisonner, qu'ils sont sans armes et si craintifs que l'un des nôtres suffit à en faire fuir cent, même en jouant avec eux[50] ».

... Les anthropologues non plus

Un autre exemple plus récent est celui de l'anthropologue Margaret Mead. Son ouvrage sur l'enquête de terrain qu'elle a menée en Nouvelle-Guinée au cours des années 1920 et 1930 est l'un des plus célèbres de la littérature anthropologique[51]. Le neuvième chapitre, consacré aux Mundugumor, a pour titre « Rythme de vie d'une tribu cannibale ». Avant de rencontrer ce peuple, elle est prévenue par les « doux Arapesh » que les Mundugumor sont des sauvages, des chasseurs de têtes et des mangeurs d'hommes. Dans son écrit, elle fait allusion à leurs pratiques cannibales, sans toutefois les décrire en détail. Mais remarquons ceci : Mead précise, en note de bas de page, que les autorités du pays ont interdit depuis trois ans la pratique du cannibalisme aux Mundugumor. Présentant son chapitre, elle précise que « le présent est ici employé pour décrire la vie des Mundugumor telle qu'elle se déroulait avant l'intervention gouvernementale[52] ». La vie des cannibales qu'elle décrit au présent n'est donc pas celle qu'elle a observée.

Malgré de nombreuses lectures, Arens n'a relevé qu'un seul cas de témoignage visuel direct de cannibalisme par une anthropologue ; il s'est produit chez les Indiens Amahuaca, vivant à la frontière entre le Brésil et le Pérou. Il est cependant très peu convaincant[53]. En voici le résumé. Un bébé meurt et est enterré. La mère va quotidiennement au tombeau avec d'évidentes manifestations de tristesse. Sept jours plus tard, conformément à la tradition, le corps est déterré pour être brûlé. À la fin de l'opération, lorsque le refroidissement a eu lieu, la mère enlève les petits morceaux d'os qui restent. Quelques jours après, elle fait une bouillie avec du maïs moulu, y incorpore de la poudre d'os et boit la mixture. D'une part, nous sommes très loin de l'imagerie traditionnelle du cannibalisme ; d'autre part, l'auteure, Gertrude Dole, ne dit absolument rien sur la façon dont les os sont devenus de la poudre et ne semble donc pas y avoir assisté, étant donné qu'elle donne une description précise des autres phases du processus.

Désirant aller jusqu'au bout de son enquête, Arens a publié une annonce dans la *newsletter* de l'Association américaine d'anthropologie, invitant ceux qui avaient été témoins d'actes de cannibalisme à le contacter[54]. Il a reçu quatre réponses, dont aucune ne correspondait à son attente. Une première lettre lui signalait le cas d'un anthropologue, lequel, une fois contacté par Arens, lui répondit qu'il y avait erreur, tout en lui signalant le cas d'un autre anthropologue qui, à son tour, lui répondit qu'il y avait erreur. Un philosophe a demandé à Arens qu'il lui communique les réponses qu'il recevrait car il souhaitait étudier la fin du cannibalisme en tant qu'étape importante du développement moral. Un psychiatre de Nouvelle-Guinée lui a indiqué que, bien qu'il n'ait jamais été témoin de cannibalisme, il avait parmi ses patients un psychotique qui disait avoir tué et mangé son propre fils. Enfin, le quatrième courrier est venu d'un étudiant allemand qui avait choisi le cannibalisme amazonien comme sujet de thèse. Son étude de toutes les publications sur ce thème, du XVIe au XXe siècle n'était pas parvenue à déceler un seul cas d'observation de première main. Il demandait donc à Arens si celui-ci était d'accord pour partager avec lui les réponses qu'il recevrait. Lorsque Arens lui a répondu que lui-même avait fait le même constat, l'étudiant lui dit qu'il avait fait un exposé devant des universitaires qui avaient réagi en affirmant qu'il se trompait car il y avait de nombreuses preuves de cannibalisme dans cette région du monde. Pourtant, ces experts n'avaient jamais examiné les documents en détail, contrairement à l'étudiant.

Selon Arens, une des raisons pour lesquelles les anthropologues acceptent naïvement l'idée du cannibalisme est le postulat du relativisme culturel. Celui-ci consiste à admettre l'existence de toutes les variations possibles du comportement humain, sans porter de jugement moral. Accepter le cannibalisme sans le condamner démontrerait que l'on est un vrai anthropologue. D'ailleurs, Arens a été critiqué par des collègues à ce propos : son insistance à chercher des preuves fiables de cannibalisme a parfois été interprétée comme une répugnance morale à admettre l'existence de cette pratique.

Le kuru : un cas exemplaire

Dans son ouvrage, puis dans un texte ultérieur[55], Arens a étudié en détail ce qui est considéré comme l'une des preuves les mieux avérées de cannibalisme dans une peuplade au XXe siècle. Elle concerne la maladie appelée kuru, découverte chez les Fore de Nouvelle-Guinée. Le mot *kuru* signifie « tremblement » en langage local, puisque cette réaction constitue le symptôme le plus évident de la maladie. Environ 2 000 personnes sont mortes depuis les premiers cas décrits par Carleton Gajdusek en 1957. Celui-ci a d'ailleurs obtenu le prix Nobel de médecine pour ses découvertes sur le kuru. De nombreux documents expliquent que des malades contractent le kuru en mangeant la chair humaine, insuffisamment cuite, de porteurs de la maladie, qui en sont eux-mêmes morts. Plusieurs faits concourent à valider cette théorie, notamment le fait que l'interdiction du cannibalisme par les autorités a été suivie du déclin puis de la disparition de la maladie.

Arens constate cependant quelques bizarreries dans les écrits et les déclarations des chercheurs ayant travaillé sur le sujet. Il y a tout d'abord l'absence de témoignage direct de cannibalisme ; aucun Occidental n'a assisté à un tel acte. Plus problématique encore : un article de Gajdusek contient deux photographies marquantes. La première montre une femme fore qui vient de mourir du kuru, tandis que la seconde montre un groupe de Fore assis autour d'un four en pierre, festoyant autour d'un plat. Le texte mentionne comment les Fore préparent les repas cannibales et comment l'infection est très probablement le résultat de la consommation de viande mal cuite. Découvrant cette photo, Arens s'adresse à Gajdusek pour en savoir plus et celui-ci lui répond qu'en fait, il s'agit de la consommation d'un porc ; il dit avoir utilisé cette illustration, car il n'avait pas de photographie de repas cannibale à sa disposition. Il y a ensuite les contradictions chez certains chercheurs, et tout particulièrement Gajdusek. Celui-ci affirme parfois que la transmission du kuru est due au cannibalisme, d'autres fois que le cannibalisme n'y est pour rien et que la transmission se fait par contact avec des tissus corporels infectés[56].

L'explication alternative au cannibalisme, fournie par Arens et d'autres auteurs[57], dont Gajdusek à certaines occasions, est parfaitement cohérente. Selon eux, c'est la manipulation de corps infectés sans se laver ensuite les mains qui est à l'origine de la transmission. D'ailleurs, le déclin de la mortalité coïncide avec un changement radical de multiples aspects de la vie des Fore, en particulier l'instauration de pratiques d'hygiène à la suite de la rencontre avec les Européens.

Pourquoi accuse-t-on de cannibalisme ?

Au terme de son enquête, Arens constate que ce qui est universel dans l'espèce humaine, ce n'est pas le cannibalisme, mais le fait de qualifier d'autres peuples et d'autres cultures de cannibales. Dès lors, selon lui, « la question importante n'est pas de savoir pourquoi des gens mangent de la chair humaine, mais pourquoi un groupe affirme que d'autres le font[58] ».

Les accusations de cannibalisme ont toujours servi d'autovalorisation par ceux qui les ont proférées : ces autres sont des sauvages, des barbares, tandis que nous sommes humains, civilisés. Mais elles ont pu servir des causes encore moins avouables. Par exemple, à l'époque de la découverte de l'Amérique du Sud, la politique officielle du royaume espagnol était d'interdire l'esclavage des habitants des îles, car leur bien-être spirituel était considéré comme prioritaire sur les intérêts économiques des colonisateurs. Toutefois, les cannibales étaient exclus de cette règle : mieux valait encore que ceux-ci soient esclaves... Dès lors, des peuples considérés jusqu'alors comme pacifiques par les explorateurs ont été catégorisés comme cannibales, ce qui a justifié leur esclavage[59].

Réfléchissons un peu : au cours de l'histoire européenne, les chrétiens et les Juifs ont été accusés de cannibalisme[60]. Des auteurs romains ont affirmé que les chrétiens pratiquaient l'inceste, qu'ils buvaient et mangeaient de la chair et du sang humains, parfois d'enfants, au cours de rites initiatiques secrets. Par la suite, des chrétiens ont à leur tour accusé les Juifs de cannibalisme. Ces derniers, considérés comme des disciples du diable puisque déicides (car meurtriers du Christ), ont été accusés de pratiquer le meurtre rituel d'enfants chrétiens, ce qui a conduit à des massacres de Juifs... Au Moyen Âge, ce ne sont plus seulement les Juifs, mais également les hérétiques, les sorcières et les satanistes qui ont été accusés de cannibalisme.

La découverte de tels récits nous consterne, non en raison du cannibalisme, mais en raison des préjugés et du racisme qu'ils révèlent. À juste titre, nous ne croyons pas une seconde à la véracité de ces accusations. De même, si nous lisons que des Tanzaniens, des Ougandais ou des Mélanésiens ont eu peur des Blancs lorsqu'ils les ont rencontrés pour la première fois, pensant qu'ils étaient cannibales[61], nous estimons qu'il s'agit là de superstitions primitives dues à l'ignorance de ces peuples. En revanche, si nous lisons l'inverse – des Blancs affirmant que d'autres peuples sont cannibales –, cela nous semble parfaitement crédible et scientifiquement avéré. Or, souligne Arens, la valeur des témoignages est aussi faible dans un cas que dans l'autre.

Une résurgence étonnante de ce phénomène a eu lieu aux États-Unis, puis au Royaume-Uni dans les années 1980-1990[62]. Au début de l'année 1987, une série de reportages télévisés diffuse largement l'idée qu'une secte d'adorateurs du diable se livre à des atrocités comportant le sacrifice humain, le cannibalisme et les abus sexuels sur enfants. Des milliers de victimes seraient concernées. L'origine de cette « épidémie » réside dans les affirmations de personnes en psychothérapie prétendant avoir été abusées dans leur enfance au cours de rites sataniques. Il est avéré aujourd'hui que ces déclarations étaient fausses. Par exemple, la police n'a pu mettre en évidence aucun cas de rite satanique comportant des abus d'enfants et de nombreux témoignages de victimes ont été démentis. Cependant, le mal a été fait : des employés de crèches ont perdu leur emploi, des parents se sont vus retirer la garde de leurs enfants, certains ont été envoyés en prison. Avec cette autre conséquence par la suite : lorsque la fausseté des accusations a été démontrée, cela a diminué la crédibilité des vrais témoignages d'abus d'enfants[63].

Le livre d'Arens a évidemment suscité une importante polémique. Une vingtaine d'années plus tard, Merrilee Salmon en fait le bilan et constate que son argument central, à savoir qu'il n'existe pas de témoignage visuel direct et solide de cannibalisme culturel, n'a pas été réfuté[64]. Divers anthropologues considèrent que de nombreux cas de cannibalisme antérieurement acceptés ne sont pas suffisamment démontrés.

Lorsqu'il y a débat, il porte essentiellement sur le niveau de preuve nécessaire pour affirmer que tel ou tel peuple est cannibale. L'argument majeur de ceux qui critiquent Arens est que le témoignage visuel direct n'est pas la seule source fiable d'informations ; certains propos d'informateurs disant avoir eux-mêmes été témoins sont considérés comme suffisamment fiables par certains auteurs. Or, comme nous l'avons vu, ces témoignages sont généralement le fait de peuples ennemis voisins. Pour d'autres anthropologues, l'important n'est pas de savoir si les sorcières ou le cannibalisme ont existé ou non, mais de comprendre le rôle que ces croyances jouent dans la vie des gens.

Notons pour finir qu'Arens a toujours évité d'affirmer que le cannibalisme comme coutume n'existait pas ou n'avait jamais existé, « tout simplement parce qu'il est impossible de démontrer qu'une pratique n'existe pas. Le mieux que l'on puisse faire est de signaler que la coutume n'a pas été observée[65] ». Il n'existe aujourd'hui aucun peuple cannibale (sur ce point, tout le monde est d'accord). Les seules sources de preuves sont donc les archives et elles parlent par leur silence. Ceux qui souhaitent poursuivre le débat pourront le faire à l'infini, mais sans argument supplémentaire.

Des cultures de paix sur toute la terre

Intéressons-nous maintenant à des peuples qui ont une longue tradition de non-violence. Ces peuples pacifiques ne sont pas rares, mais n'ont été que rarement étudiés par les anthropologues. La situation a cependant sensiblement évolué depuis une vingtaine d'années, du moins dans les pays anglo-saxons[66]. Certes, il n'y a pas de société sans conflits, mais il est essentiel de distinguer entre le conflit et la violence, que l'on peut définir comme la « souffrance intentionnelle infligée à autrui pour ses propres fins[67] ».

Plusieurs listes de peuples pacifiques ont été réalisées par différents auteurs. Bruce Bonta recense plus de 40 sociétés où la violence est absente ou quasiment absente[68], tandis que Douglas P. Fry compte 86 sociétés qui sont pacifiques en leur sein[69] et 76 non guerrières[70]. Ce dernier signale toutefois que sa liste est loin d'être exhaustive. Pour sa part, Johan Van der Dennen cite 520 peuples chez lesquels la guerre est absente ou uniquement défensive[71]. Un site Internet est spécialement consacré à la présentation de ces peuples : http://www.peacefulsocieties.org/.

Les caractéristiques des peuples pacifiques

Ces sociétés présentent diverses caractéristiques[72]. Il s'agit généralement de petites communautés ouvertes avec des interactions interpersonnelles en face à face, ayant une structure sociale égalitaire. Il y a réciprocité générale entre les membres et prise de décision par consensus de groupe. Selon Bruce Bonta, l'aspect essentiel de leurs croyances est la valorisation de la coopération et l'opposition à la compétition. Une majorité de sociétés pacifiques considèrent la compétition comme un comportement dangereux qu'il faut éviter à tout prix. Par exemple, les !Kung sont fortement opposés à l'idée de compétition et à tout signe qui laisserait supposer qu'une personne est supérieure à une autre. Ils tiennent à ce que les membres du groupe parlent avec modestie aux autres. La modestie et l'humilité sont précisément des attitudes fréquemment utilisées pour prévenir la compétition et le conflit. On les trouve chez les Tahitiens, les Paliyan, les amish, les mennonites et les Inuits.

L'éducation constitue évidemment un élément essentiel de la transmission des valeurs chez les peuples pacifiques. Les nourrissons sont chaleureusement entourés par leurs parents, par leurs frères et sœurs plus âgés ainsi que par d'autres membres de la communauté. Puis, vers l'âge de 2 ou 3 ans, leur statut change sensiblement, lors de leur intégration au groupe d'enfants. Ils apprennent à jouer de façon coopérative, sans qu'un enfant soit survalorisé au détriment d'un autre. Ce trait se retrouve dans des sociétés très diverses, qu'il s'agisse des Semai en Malaisie, des Piaroa au Venezuela, des G/wi au Botswana ou encore des Kadar en Inde.

Les enfants semai se balancent accrochés à des lianes, sautent dans des cascades et participent à des jeux d'imagination. Un des jeux favoris des enfants !Kung de Namibie et du Botswana est le *zeni*, au cours duquel ils lancent un bâton en l'air et attrapent un poids qui est attaché à une plume par une ficelle. Certains enfants s'avèrent plus doués que d'autres à ce jeu, mais il n'y a pas d'esprit de compétition entre eux ; ils partagent la satisfaction du jeu collectif. Dans les écoles amish, les enseignants insistent sur le fait que les êtres humains ont besoin les uns des autres ; les enfants sont incités à améliorer leurs résultats antérieurs, mais afin que toute la classe puisse en profiter. Les enfants des Panare d'Amérique du Sud sont élevés de telle façon qu'ils puissent intégrer la conviction que toute forme de violence constitue le sommet du comportement immoral ; les enfants apprennent aussi en observant le comportement des adultes : s'ils constatent que ceux-ci coopèrent dans diverses activités, ils acquièrent cette valeur sans même sans rendre compte.

Selon Leslie Sponsel, anthropologue à l'Université d'Hawaï, « dans de nombreuses sociétés préhistoriques et "primitives", et probablement même dans la majorité de ces sociétés, la non-violence et la paix étaient majoritaires dans la vie quotidienne[73] ». Divers anthropologues font le même constat. La non-violence n'est pas le résultat fortuit de conditions économiques ou géographiques, mais constitue un élément essentiel de la vision du monde et des convictions de ces sociétés. Les conflits sont considérés comme l'exception, non la norme, et ils doivent être résolus le plus rapidement possible afin que l'harmonie soit rétablie et que chacun puisse vivre en paix avec ses semblables. Ces peuples considèrent la non-violence comme une approche positive des relations humaines et comme le fondement de leur existence collective. Et si un acte de violence est commis, il est réprouvé par l'ensemble de la communauté. À titre d'exemple de cette « philosophie » quotidienne de la non-violence, les Tasaday des Philippines n'ont pas d'armes, pas d'ennemis et pas de mots pour la colère, le meurtre, la guerre ou l'ennemi.

Des tensions survenant inévitablement de temps en temps, les sociétés pacifiques utilisent diverses stratégies de résolution des conflits, sans faire appel à une autorité extérieure, pour éviter que ceux-ci ne dégénèrent en violence ouverte[74].

Ces stratégies sont :

– Le contrôle de soi : conscients qu'une émotion négative forte risque de s'amplifier excessivement, ces personnes s'efforcent d'évacuer celles-ci.

– L'évitement du conflit, qui consiste à limiter les relations avec un adversaire, soit temporairement, soit de façon permanente. Cette pratique est très fréquente chez les peuples pacifiques. Parfois, une communauté entière quitte la région qu'elle occupait pour éviter le conflit.

– La tolérance, qui est surtout pratiquée dans les relations interpersonnelles et qui consiste à poursuivre la relation comme si rien ne s'était passé. Certaines cultures valorisent fortement cette stratégie.

– La négociation, qui est généralement accompagnée d'une présentation d'excuses et d'un don de la part de l'individu ou du groupe fautif. Par exemple, chez les Kpelle du Liberia, l'auteur de l'acte donne un vêtement, un peu d'argent ou encore du riz.

– La médiation, qui est une méthode particulièrement efficace pour résoudre les conflits et que l'on retrouve dans de nombreuses cultures : les Ifaluk (qui vivent dans un atoll corallien au Nord de l'Australie), les !Kung de Namibie et du Botswana, les Malapandaram d'Asie du Sud, les Nubiens du Soudan, les Toraja d'Indonésie ou encore les Zapotec du Mexique. L'éthique de la résolution des conflits est si forte qu'il incombe à chacun qui assiste à une querelle de s'impliquer afin de réconcilier les adversaires. Lors d'une médiation, cette réconciliation est considérée comme plus importante que le fait de déterminer qui a raison ou tort.

La norme de partage chez les chasseurs-cueilleurs

Douglas Fry a écrit un ouvrage au titre significatif : *Le Potentiel humain pour la paix. Un défi anthropologique aux postulats relatifs à la guerre et à la violence*[75]. Ce livre constitue une critique radicale de ce que l'auteur appelle le « modèle de l'hostilité intergroupe généralisée », conception qui, selon lui, repose non sur des faits, mais sur un ensemble de postulats erronés et de spéculations hasardeuses[76]. Contrairement à ce que l'on pourrait spontanément supposer, la rareté des ressources, à laquelle beaucoup de sociétés simples sont confrontées, n'entraîne pas la violence, mais au contraire la coopération. Par exemple, en période difficile, les chasseurs-cueilleurs ne font pas la guerre, mais ont plutôt tendance à partager. Le partage a également lieu en période d'abondance. Par exemple, un groupe d'aborigènes d'Australie, ayant découvert qu'une baleine s'était échouée sur le rivage, a envoyé des signaux de fumée pour que des groupes voisins viennent partager la viande[77].

Selon Fry, le partage entre différents groupes est facilité par au moins trois facteurs[78] :

– Les chasseurs-cueilleurs sont habitués à suivre une règle de partage au sein de leur propre groupe, ce qui constitue la conduite humaine normale.

– Ils comprennent les avantages du partage réciproque : « Je peux avoir besoin de "votre" trou d'eau un jour, comme vous pouvez avoir besoin d'utiliser "le mien" aujourd'hui ; nous devons partager pour survivre. »

– Les groupes sont liés par des liens de parentalité, d'amitié, de mariage et d'échange.

Concernant ce troisième point, Fry fait remarquer que l'image d'un groupe de chasseurs-cueilleurs stable et uni est fausse. Ceux-ci ont des appartenances fluctuantes et sont reliés à d'autres groupes par des liens de parentalité et d'amitié. Des mariages intergroupes, des associations rituelles, ainsi que l'échange de dons et de faveurs créent des liens de relations entre les groupes. Fry cite Robin Fox : « Vous ne chercheriez pas à exterminer un groupe dont les épouses sont vos filles et dont les filles sont vos épouses potentielles ; vous deviendriez un seul peuple, au moins dans un certain sens[79]. »

Un exemple : les Semai de Malaisie

Prenons le cas des Semai, connus comme étant l'une des sociétés les moins violentes connues en anthropologie[80]. Ils vivent dans des régions montagneuses de Malaisie, en petits groupes égalitaires – atteignant rarement de plus de cent personnes, et se nourrissent d'agriculture itinérante sur brûlis, de chasse, de pêche et de cueillette. Le fait que les Semai soient non violents ne signifie pas qu'il n'y a pas de conflits entre eux, mais, comme le dit l'un d'eux : « Nous faisons très attention à ne pas faire de mal aux autres. (...) Nous détestons vraiment être impliqués dans les conflits des autres. Nous voulons vivre en paix et en sécurité[81]. » Les enfants internalisent les valeurs et la conception du monde des Semai. Ils apprennent à éviter les conflits dans la mesure du possible et à ne pas se mettre en colère.

L'anthropologue Clayton Robarchek, qui les a longuement étudiés, leur a fait passer un test de « complétion de phrases ». Ainsi, lorsqu'on présente à des Semai ce début de phrase : « Lorsqu'elle (il) est en difficulté, elle (il)... », la réponse la plus fréquemment fournie pour terminer la phrase est : « ... cherche de l'aide auprès des autres. » La phrase « Si elle (il) a peur, elle (il)... » est généralement complétée par « ... demande à un ami ou à un proche de l'accompagner », et la phrase : « Quand elle (il) a faim, elle (il)... » est terminée habituellement par « ... demande de la nourriture à quelqu'un[82] ». D'autres exercices voisins ont mis en évidence que la bonté, l'aide, la générosité, la non-violence, etc., sont les critères utilisés par les Semai pour juger de la valeur d'une personne[83]. Dans leur vie quotidienne, les Semai réaffirment continuellement la nécessité de l'unité, de l'entraide, de la responsabilité des uns envers les autres.

Pour illustrer la pratique de résolution des conflits chez les Semai, Bruce Bonta compare deux cas de gestion de délits quasi identiques, chez les Semai et aux États-Unis[84]. Nyam, le fils d'un ancien chef de village semai, a été accusé de planter des arbres fruitiers sur des terres appartenant traditionnellement à d'autres familles. Tidn, le chef du village, décide d'organiser une *becharaa*, procédure destinée à résoudre les conflits. Les villageois forment un cercle et chacune des parties en conflit donne sa version des faits. Lorsque plus personne n'a rien à ajouter, la *becharaa* s'approche de la conclusion. Il est alors évident pour chacun que Nyam est dans son tort, mais il y a également consensus sur le fait qu'il peut conserver et utiliser les arbres qu'il a déjà plantés, mais sans pouvoir en planter d'autres. Chacun sent qu'il est plus important pour le groupe de rester en harmonie que de traiter Nyam trop durement. À la fin de la rencontre, le chef d'un village voisin rappelle les principes d'unité, de paix et de partage qui caractérisent la société semai. Mais comment une situation identique est-elle réglée aux États-Unis ? Charles Peterman a loué un terrain, mais le blé qu'il y a semé ne peut être récolté avant l'expiration du bail précédent. Il décide cependant de moissonner. Un agent l'interpelle, Charles continue, et l'agent finit par l'arrêter. L'affaire parvient alors au tribunal local où Peterman est déclaré coupable de violation de propriété. Il fait alors appel à la Haute Cour de Pennsylvanie qui aboutit à la conclusion inverse. Comme le souligne Bruce Bonta, la façon dont les conflits sont gérés dans les deux cultures est profondément différente. Dans un procès américain, l'essentiel est de gagner aux dépens de l'autre, tandis que chez les Semai, c'est la résolution pacifique du conflit. De plus, le cas est évoqué devant la communauté chez les Semai, tandis que les jurés d'un tribunal ne doivent pas connaître antérieurement les personnes en conflit. La punition est l'aboutissement normal d'un procès américain, tandis qu'elle n'a pas d'importance majeure chez les Semai.

Selon Clayton Robarchek, les spécialistes des peuples premiers ont eu tendance à considérer que les comportements de ces derniers étaient essentiellement dus à un déterminisme biologique ou environnemental, ce qu'il appelle la conception « ratomorphique » de l'être humain. Il pense au contraire que ce sont des participants actifs de leur propre destinée, des personnes qui prennent des décisions orientées vers des objectifs, en tenant compte des possibilités et des limites de la situation. Les Semai illustrent parfaitement cette vision, par leur choix conscient de valeurs et de motivations liées à la non-violence[85].

Les Iroquois, pionniers de la paix démocratique

La résolution des conflits a même parfois pu prendre une tournure clairement politique, comme le montre une expérience particulièrement originale mise en œuvre pendant plus de trois siècles (d'environ 1450 à 1777) par des Indiens d'Amérique du Nord : la Ligue des Iroquois, qui a rassemblé cinq, puis six nations[86]. Avant la Ligue, les conflits violents étaient communs parmi ces nations. Fondée avant l'arrivée des Européens, la Ligue a permis d'éliminer la guerre entre ses membres. Croyant en la fraternité humaine, les Iroquois ont codifié leurs principes dans la Grande Loi de paix, document qui comporte la politique, les procédures, la philosophie et les mécanismes de modification de la Ligue. La Grande Loi est parvenue aux chercheurs contemporains par des générations d'historiens oraux amérindiens.

La Ligue iroquoise comportait un organisme central, le Grand Conseil, mis en place pour prendre les décisions entre nations membres. Chacune des cinq nations d'origine envoyait un certain nombre de sachems au Grand Conseil, pour un total de 50 sachems. Ceux-ci devaient être non-partisans afin d'avoir pour objectif l'intérêt général des nations. Les sachems qui ne réussissaient pas bien ou qui agissaient au profit de leur peuple devaient être réprimandés, puis pouvaient être remplacés. L'autorité de ces hommes reposait sur l'estime du peuple et cessait dès que cette estime avait disparu. Ils avaient un grand prestige, mais peu de pouvoir.

Notons au passage qu'en 1795 le philosophe Emmanuel Kant publiait son ouvrage *Projet de paix perpétuelle*[87] dans lequel il exprimait son aspiration que les nations européennes deviennent démocratiques, afin de ne plus se faire la guerre. Dans les faits, cette théorie de la paix démocratique, selon laquelle les démocraties ne se font pas la guerre entre elles et qui a été amplement démontrée depuis[88], était mise en pratique depuis plusieurs siècles par ces peuples amérindiens. Comme le fait remarquer Neta Crawford, ces six nations amérindiennes « avaient tendance, parce qu'elles étaient des démocraties, à utiliser la négociation et la consultation pour résoudre les conflits[89] ».

Un idéal de non-violence généralisable

En conclusion de son article sur la résolution des conflits dans les sociétés pacifiques, Bruce Bonta tire cette leçon : « [Ces sociétés] démontrent que la résolution pacifique des conflits, pour faire partie intégrante de la vie sociale moderne, doit être basée sur un engagement fervent en faveur de la non-violence[90]. » La grande leçon des peuples pacifiques est d'une simplicité… désarmante : une société sans guerre est possible.

CHAPITRE 9

L'empathie présente dès la naissance

Ce que nous apprend la psychologie des bébés et des jeunes enfants

Imaginez la situation suivante : un homme s'efforce de ranger une pile de paquets dans un placard, mais il n'arrive pas à ouvrir la porte car ses mains sont pleines. Un bébé de 14 mois se trouve à proximité. Que va-t-il se passer ? Après quelques secondes d'hésitation, l'enfant, bien qu'il ne sache marcher que depuis peu de temps, s'avance et ouvre la porte du placard. Ce constat remet en question une conviction bien ancrée dans la pensée commune et dans l'esprit de « spécialistes » selon laquelle l'enfant naît naturellement égoïste et doit être mis dans le droit chemin par l'éducation. Depuis les années 1980 et plus encore depuis les années 2000, une quantité impressionnante de recherches nous permettent de mieux connaître le fonctionnement relationnel du bébé. Il est génétiquement prédisposé à communiquer très tôt avec autrui et à manifester de l'empathie.

Une étape scientifique majeure : la découverte de l'attachement

Le premier grand bouleversement est plus ancien et concerne la théorie de l'attachement[1]. En 1958 paraissent deux articles qui vont radicalement modifier les conceptions sur les relations précoces du bébé avec son environnement humain. Dans son article « La nature de l'amour », l'éthologue Harry Harlow décrit le comportement de bébés singes rhésus que l'on a séparés de leur mère dès la naissance et à qui l'on a présenté deux « mères » artificielles de substitution[2]. L'une est en fil métallique et porte un biberon de lait ; l'autre est recouverte de chiffons doux et pelucheux, mais ne porte pas de biberon. Les bébés singes se réfugient systématiquement auprès de la « mère » douce et ne vont vers l'autre que pour s'alimenter, ce qui démontre un besoin de contact physique précoce. Par ailleurs, le psychanalyste John Bowlby critique la théorie psychanalytique de l'étayage, selon laquelle le besoin primaire du bébé est alimentaire, celui-ci s'attachant progressivement à sa mère en raison du plaisir oral qu'elle lui procure en le nourrissant[3]. Passant en revue la littérature psychanalytique sur le sujet, Bowlby constate une contradiction entre les déclarations formelles des psychanalystes de l'enfant, conformes à la théorie freudienne classique, et le contenu de leurs observations empiriques. Il conclut de sa recherche que l'attachement n'est pas l'effet d'un apprentissage, mais répond à un besoin primaire inné aussi impérieux que la faim.

Dans les années 1970, Mary Ainsworth, professeur de psychologie à l'Université de Baltimore, complète les travaux de Bowlby. Celui-ci s'était surtout intéressé au besoin d'amour exprimé par le nourrisson ; Ainsworth va, elle, surtout étudier comment la mère répond à ce besoin. Elle constate, par exemple, l'effet bénéfique d'une réponse rapide aux pleurs du bébé en le prenant dans les bras[4]. Par ailleurs, elle met au point au point la procédure d'observation de l'attachement du bébé à sa mère, qui la conduit à répartir les enfants observés en trois catégories[5] : les enfants à l'attachement sécure (2 enfants sur 3), qui recherchent le contact avec leur mère lorsqu'elle revient, mais retournent ensuite jouer ; les enfants à l'attachement insécure-évitant (1 sur 5), qui ont tendance à éviter ou ignorer la mère ; enfin, les enfants à l'attachement insécure-résistant (1 sur 10), qui manifestent un mélange de recherche de proximité et de rejet vis-à-vis de la mère. Par la suite, une autre psychologue d'enfants, Mary Main, rajoutera une quatrième catégorie, les enfants à l'attachement insécure-désorganisé-désorienté qui ont des comportements anormaux ou contradictoires – par exemple, ils s'approchent de leurs parents, mais en détournant la tête[6]. Ces auteures établissent un lien entre le comportement de la mère et celui de l'enfant. En particulier, les mères dont l'enfant manifeste un attachement sécure sont facilement disponibles et réagissent affectueusement aux signaux de leur enfant. Elles constituent en quelque sorte une base solide à partir de laquelle il peut explorer le monde qui l'entoure.

La sensibilité à autrui, présente dès les premières heures de l'existence

Toutes les puéricultrices et les jeunes mères le savent : lorsqu'un bébé pleure, les nourrissons proches qui l'entendent ont tendance à pleurer. Mais ce qui est plus étonnant est la découverte faite il y a une trentaine d'années avec des bébés âgés de seulement 18 heures[7]. Un bébé qui pleure et qui entend son propre sanglot enregistré s'arrête immédiatement de pleurer alors qu'il continue s'il entend le pleur enregistré d'un autre bébé. Il est donc capable, dès le premier jour de sa vie, de différencier ses pleurs de ceux d'autres bébés ! De même, un bébé calme qui entend les pleurs enregistrés d'un autre bébé se met généralement à sangloter (ce que l'on savait déjà), mais il ne réagit pas s'il entend ses propres sanglots ou ceux d'un enfant âgé de plus de 6 mois ou encore le cri d'appel d'un bébé chimpanzé. Cette réponse innée qui nous connecte aux autres dès la naissance constitue la première manifestation de la « détresse empathique[8] » qui préfigure d'autres attitudes plus complexes et véritablement orientées vers le bien-être d'autrui. Colwyn Trevarthen et Kenneth Aitken, de l'Université d'Édimbourg, ont élaboré la théorie de l'« intersubjectivité innée » selon laquelle le nourrisson naît avec une conscience réceptive aux états subjectifs des autres personnes[9].

Deux chercheurs en psychologie hongrois ont imaginé une situation ingénieuse pour étudier le désir d'initier la communication chez des bébés âgés de 3 heures à 2 jours[10]. Ils sont partis du fait que, lorsque nous réagissons à un événement nouveau qui nous arrive, notre cœur bat plus vite ; inversement, lorsque nous sommes attentifs et que nous nous attendons à quelque chose, notre cœur ralentit. Dans l'expérience, une personne tire la langue à un bébé et attend qu'il fasse de même. Elle fait cela à plusieurs reprises. Lorsque le bébé tire la langue à son tour, cet acte est précédé d'une accélération du rythme cardiaque, preuve qu'il réagit à ce qui vient de se passer. En revanche si, après une période pendant laquelle adulte et enfant se tirent réciproquement la langue, l'adulte continue à observer attentivement le bébé mais sans tirer la langue, il arrive que celui-ci tire spontanément la langue. Dans ce cas, ce geste est précédé d'une diminution du rythme cardiaque, ce qui signifie qu'il est dans une phase d'attention soutenue et d'attente : il semble donc qu'il cherche à provoquer une réaction de la part de l'adulte. Rappelons-nous l'âge de ces enfants : entre 3 heures et 2 jours. Ainsi, dès sa toute petite enfance, le bébé n'est pas seulement réceptif à l'univers humain qui l'entoure, mais également capable d'amorcer la communication en « espérant » que les autres humains vont réagir à son comportement.

Les bébés altruistes

Par la suite, une étape essentielle du développement de l'enfant est évidemment l'apprentissage de la marche. Cela transforme radicalement sa vie relationnelle et, par conséquent, son aptitude à aider autrui. Felix Warneken et Michael Tomasello, de l'Institut Max Planck de Leipzig, mènent depuis plusieurs années une série d'expériences passionnantes sur l'altruisme chez le tout jeune enfant. Elles montrent que, dès l'âge de 14 mois, un bébé peut aider spontanément d'autres personnes à parvenir à leur objectif[11].

L'expérience se déroule en présence d'un des parents (pour que l'enfant se sente à l'aise), à qui il est demandé de ne pas intervenir durant l'expérience. Une série de six situations vont se produire au cours desquelles un adulte ne parvient pas à atteindre un objectif. Par exemple, il utilise des pinces à linge pour accrocher des serviettes sur un fil, mais en fait accidentellement tomber une sur le sol et tente en vain de la récupérer. Ou bien il essaie de ranger une pile de paquets dans un placard, mais il n'arrive pas à ouvrir la porte, car ses mains sont pleines. Autre situation encore : une cuiller tombe dans un trou et l'adulte essaie sans succès de la récupérer par ce petit trou, « ignorant » qu'il y a une ouverture à rabat sur le côté.

Face à cela, 18 enfants sur 24 ont aidé au moins 1 fois ; ils l'ont fait spontanément, sans qu'on le leur demande et sans attendre de récompense ou de louange de la part de l'adulte pour leur effort. Ils ont aidé 4 fois sur 10 pour des situations concernant la difficulté d'atteinte d'un objet, mais moins de 1 fois sur 10 pour des situations plus complexes à interpréter. Ils ont aidé très rapidement, en moyenne au bout de 7 secondes. Les vidéos que l'on peut regarder sur Internet sont réellement impressionnantes[12].

Lorsque la même expérience est effectuée à l'âge de 18 mois, le niveau d'aide augmente sensiblement : 7 fois sur 10 pour les situations d'atteinte d'un objet et 1 fois sur 2 pour les situations plus complexes[13]. Les chercheurs augmentent alors la difficulté. Ils placent des obstacles entre l'enfant et l'adulte, ce qui est assez exigeant pour des enfants qui ont récemment commencé à marcher. Mais qu'à cela ne tienne : ces obstacles ne les arrêtent pas pour aller aider l'adulte. Mieux encore, les chercheurs donnent l'occasion à des enfants de 20 mois de jouer avec des jouets qu'ils apprécient particulièrement dans un coin de la pièce. L'expérimentateur ayant besoin d'aide se trouve dans le coin opposé. Dans cette situation, les enfants arrêtent généralement leur jeu pour rendre spontanément service, sans qu'on leur demande, et ils le font même à plusieurs reprises.

La seule conclusion possible de ces recherches est, comme le soulignent Warneken et Tomasello, que les jeunes enfants sont naturellement altruistes. Ce qui bouleverse radicalement certaines conceptions éducatives. On a longtemps cru que les pratiques éducatives destinées à développer la gentillesse avaient pour fonction d'inhiber les tendances égoïstes de l'enfant et de les remplacer par des attitudes altruistes. Mais les choses ne se passent du tout de cette manière : en fait, l'éducation s'appuie sur une prédisposition innée à l'altruisme chez l'enfant ; elle développe l'altruisme (ou le réduit...), elle ne le crée pas. Certes, il peut y avoir ensuite des différences familiales et culturelles dans la façon d'élever l'enfant et de lui enseigner des règles morales. L'éducation s'appuie alors sur une propension naturelle à l'empathie et à l'altruisme chez l'enfant.

Un parallèle avec l'apprentissage du langage s'avère ici utile. Nous savons, depuis les travaux du linguiste Noam Chomski, que chaque enfant dispose dès sa naissance d'une « grammaire universelle » innée qui lui permet d'apprendre rapidement n'importe quelle langue[14]. Ce concept repose sur l'idée que toutes les langues, malgré leurs différences, possèdent des propriétés communes. À partir de cette aptitude innée à l'apprentissage, chaque petit d'homme apprend telle ou telle langue en fonction du milieu dans lequel il grandit. Il en est de même pour l'apprentissage de la morale : le bébé naît avec une prédisposition à la bonté, qui est ensuite canalisée dans telle ou telle direction selon son milieu familial et social.

Selon Warneken et Tomasello, l'enfant a plus de probabilités d'être altruiste si les adultes attirent son attention sur les besoins et les intentions des autres. L'éducation familiale la plus efficace est donc celle qui présuppose une prédisposition altruiste chez l'enfant[15] – je reviendrai sur ce point à la fin de ce chapitre, qui sera consacrée aux attitudes parentales susceptibles de favoriser le développement de cette tendance naturelle. Dans la vie quotidienne, n'importe quel parent peut constater à quel point le petit enfant aime aider dans les tâches ménagères : mettre un yaourt vide dans la poubelle, ranger ses jouets, essayer de passer l'aspirateur ; plus tard, cela devient nettement moins évident ! Des enfants de 18, 24 et 30 mois ont été observés dans la vie quotidienne alors que leurs parents ou d'autres personnes faisaient diverses activités[16]. Ils ont rapidement et spontanément aidé les adultes dans la majeure partie des tâches. Il s'agissait bien d'aide et non pas d'une simple imitation puisque les enfants émettaient souvent des commentaires tels que : « Je peux t'aider » ou : « Je vais nettoyer » et qu'ils faisaient parfois des actions avant même les adultes. Plus les enfants étaient âgés, plus ils aidaient. Résultat plus surprenant : ils aidaient presque autant des inconnus qu'ils aidaient leurs parents. Ce n'est que par la suite, en grandissant, que l'altruisme des enfants devient plus sélectif, s'adressant surtout aux membres de la famille.

Trois grandes théories remises en cause

Les découvertes contemporaines remettent radicalement en question les théories des trois « psys » qui ont eu le plus d'influence sur les conceptions éducatives : Freud, Piaget et Skinner[17]. Ceux-ci ont écrit de nombreux livres et articles scientifiques, leurs théories sont citées dans tous les manuels de psychologie. Bref, ce sont des références incontournables en psychologie. Tous trois ont longuement écrit sur le développement moral chez l'enfant… mais tous trois se sont lourdement trompés, pour des raisons spécifiques, en raison de leurs différentes théories.

Pour Freud, « l'enfant est absolument égoïste, il ressent intensément ses besoins et aspire sans aucun égard à leur satisfaction, en particulier face à ses rivaux, les autres enfants[18] ». Certes, Freud reconnaît l'existence d'une structure psychique vouée à la morale, qu'il appelle le surmoi. Cependant, le surmoi n'est pas une tendance naturelle à faire le bien, mais le résultat des pressions sociales extérieures, en particulier de la part des parents. En effet, selon Freud, la première instance psychique qui se manifeste est le ça, réservoir des pulsions présent dès la naissance, qui se trouve entièrement sous la domination du principe de plaisir. Le surmoi apparaît bien plus tard (vers 5 ou 6 ans) en tant qu'intériorisation des exigences et interdits parentaux et sociaux. Il y a donc une opposition radicale entre les tendances égoïstes profondes présentes chez l'enfant et les impératifs de la vie en société. Par ailleurs, pour Freud, c'est la pulsion sexuelle, la libido, présente dès la naissance, qui conduit progressivement au lien affectif avec la mère, tandis que les connaissances sur l'attachement montrent que l'amour est un besoin inné chez l'être humain.

Passons à Piaget maintenant. C'est le psychologue de l'enfant par excellence et il a incontestablement fait progresser notre savoir et ouvert de nombreuses pistes. Contrairement à Freud, Piaget ne s'est pas intéressé aux mécanismes inconscients, mais à l'évolution des processus cognitifs chez l'enfant. C'est dans ce cadre qu'il a étudié le développement du jugement moral. Pour lui, le développement moral de l'enfant dépend étroitement de son développement cognitif. D'ailleurs, les principaux résultats de ses travaux sur le sujet sont rassemblés dans son ouvrage *Le Jugement moral chez l'enfant*[19]. L'essentiel est dans ce titre : Piaget ne prend en compte la morale qu'au travers du raisonnement, oubliant ses aspects émotionnels et comportementaux. Il présente des scénarios fictifs dans lesquels un enfant accomplit une action aux conséquences négatives (par exemple, une petite fille utilise des ciseaux pour faire un cadeau à sa maman, mais fait un trou à sa robe), puis il interroge l'enfant sur le degré de responsabilité morale dans la situation. Un concept essentiel de la théorisation de Piaget sur le développement cognitif est l'égocentrisme, terme qu'il utilise sans jugement péjoratif, qui signifie que, jusqu'à l'âge de 7 ans environ, le jeune enfant est incapable de prendre en compte le point de vue d'autrui. On sait aujourd'hui que cette aptitude est bien plus précoce. L'erreur de Piaget a été de penser que l'empathie nécessitait un certain niveau de réflexion pour apparaître. Les jeunes enfants en étant dépourvu, il en a conclu que ceux-ci ne pouvaient pas manifester d'empathie. Or un enfant peut aider spontanément quelqu'un sans être encore capable de réfléchir à ce qu'il est en train de faire. Ceci viendra plus tard, au cours de son développement.

Quant à Skinner, il se différencie radicalement à la fois de Freud et de Piaget car, en tant que chef de file du courant comportementaliste, il ne croit pas à l'existence de processus mentaux.

Dès lors, l'influence de l'environnement est essentielle dans le devenir de l'individu. Pour Skinner, la personnalité n'existe pas, de même que la liberté, qui « n'est qu'une question de contingences de renforcements[20] », la morale et la responsabilité personnelle non plus. Par exemple, le fait qu'un individu obéisse ou non à la règle « tu ne voleras point » dépend exclusivement des renforcements auxquels il a été soumis[21].

En résumé, à la lumière des connaissances actuelles, Freud et Piaget se sont trompés en affirmant que le jeune enfant était prioritairement égocentrique, sans aptitude spontanée à s'intéresser au sort d'autrui. Freud et Skinner se sont trompés en affirmant que l'être humain est essentiellement dominé par des forces qu'il ne maîtrise pas, qu'il s'agisse des pulsions internes pour Freud ou de l'influence de l'environnement social pour Skinner.

Quand les bébés s'efforcent de consoler

Mais revenons aux tout-petits. Les travaux de Warneken et Tomasello que j'ai décrits ci-dessus concernent ce que l'on appelle l'aide instrumentale (le bébé aide l'adulte à accomplir une action). Parallèlement à cette aptitude précoce se développe également chez l'enfant l'aide émotionnelle. Au début de ses manifestations, cette volonté d'aide n'est pas toujours bien adaptée, car l'enfant a encore du mal à comprendre pleinement les besoins affectifs d'autrui, croyant que ce qui peut le consoler, lui, va aussi consoler l'autre. Par exemple, un petit garçon de 14 mois a réagi aux larmes d'un camarade en adoptant un air triste, prenant doucement la main de son ami et l'amenant vers sa propre mère, bien que la mère de l'enfant ait été présente[22]. De même, une petite fille de 15 mois observe attentivement un bébé qui pleure. Elle lui tend des jouets et d'autres objets qui ont de la valeur pour elle, comme son biberon ou un collier qu'elle aime beaucoup[23].

C'est au cours de la seconde année que le glissement vers une empathie émotionnelle véritablement adaptée se produit. Voici un exemple remarquable de cette évolution, cité par Martin Hoffman : voyant son camarade pleurer, David, 2 ans, lui apporte son propre nounours pour le consoler. Comme cela n'a pas l'effet escompté, David court dans la pièce d'à côté, marque un temps d'arrêt et revient avec la peluche de son ami. Celui-ci la prend dans ses bras et s'arrête de pleurer. Hoffman souligne que cette étape d'empathie véridique est importante, car elle possède *tous* les éléments de l'empathie mature et continue de croître et de se développer au cours de la vie. N'oublions pas que ceci se passe aux alentours du deuxième anniversaire de l'enfant. Nous sommes très, très loin de l'enfant fondamentalement égoïste que l'éducation doit détourner de ses mauvais penchants.

Carolyn Zahn-Waxler, qui étudie l'empathie des tout-petits depuis plusieurs dizaines d'années avec ses collègues, a observé comment réagissent des enfants de 1 an et demi à 2 ans face à des situations difficiles survenant à des membres de leur entourage. Elle a mené des recherches dans la vie quotidienne des familles ou au cours d'expériences dans lesquelles elle demandait à des mères de simuler un problème personnel – soit des difficultés respiratoires, soit de la douleur après s'être cogné le pied ou encore de la fatigue ou de la tristesse[24]. Face à cela, les bébés manifestent très généralement des réactions de soutien, que ce soit sous forme de baisers, de câlins, d'actions concrètes (en donnant le biberon à un frère ou une sœur plus jeune, ou en présentant une écharpe à une personne qui tremble) ou par des mots comme : « Ça va ? » ou « Excuse-moi ». Ainsi, comme le souligne Carolyn Zahn-Waxler, les enfants se sentent responsables d'autrui à un très jeune âge.

Une étude récente a précisément comparé les aptitudes à l'aide instrumentale (par exemple, offrir un objet hors d'atteinte) et les aptitudes à l'aide empathique (par exemple, offrir une couverture à une personne qui semble avoir froid) chez des enfants âgés de 1 an et demi et 2 ans et demi[25]. Les résultats obtenus confirment que les enfants de 1 an et demi sont capables de fournir une aide instrumentale à l'expérimentatrice ; en revanche, il leur est bien plus difficile d'apporter un soutien émotionnel, alors qu'ils y parviennent aisément à 2 ans et demi. En cas d'absence d'aide spontanée de l'enfant, les expérimentatrices demandaient explicitement de l'aide à l'enfant. Dans cette situation, le niveau d'aide augmente fortement.

Comme le soulignent les auteurs de l'article, les exigences cognitives et émotionnelles sont plus importantes dans l'aide émotionnelle que dans l'aide instrumentale, ce qui explique la différence de résultats entre les deux types de situation. D'une part, répondre aux émotions d'autrui nécessite une étape cognitive plus avancée, qui consiste à déduire le but à partir de l'état interne d'autrui. D'autre part, les situations émotionnellement chargées peuvent générer du stress chez l'enfant, ce qui peut perturber sa capacité d'action. En effet, pour pouvoir aider autrui de manière adéquate, il doit alors à la fois différencier son propre stress du stress d'autrui et réguler son stress personnel.

Découverte de soi et intérêt pour autrui vont de pair

Un fait particulièrement intéressant est que l'empathie émotionnelle bien adaptée apparaît chez l'enfant en même temps que la capacité à s'identifier. Cela a été constaté dans l'étude de Carolyn Zahn-Waxler que j'ai présentée et dans plusieurs autres. Diverses méthodes ont été mises au point pour savoir à quel moment l'enfant parvient à s'identifier. La plus utilisée consiste à dessiner un cercle vivement coloré sur le front ou le nez de l'enfant à son insu (par exemple quand il dort), puis à placer l'enfant devant un miroir. S'il touche son nez plutôt que le miroir, c'est qu'il se reconnaît.

Dans une expérience menée auprès de bébés âgés de 1 an et demi à 2 ans, une femme joue pendant un moment avec le bébé. Puis elle joue avec un ours en peluche et brise « involontairement » le bras de celui-ci. Elle se met alors à sangloter en disant : « Mon ours est cassé ! » Seuls les enfants qui se reconnaissent dans le miroir manifestent de l'empathie envers elle et s'efforcent de l'aider[26]. Ce double processus survient à partir de 18 mois pour les filles et à partir de 21 mois pour les garçons. En d'autres termes, la découverte de soi et l'empathie pour autrui ne sont pas deux phénomènes concurrents comme on pourrait le penser en adoptant une vision de l'enfant comme étant égoïste, mais sont au contraire liées entre elles.

L'émergence, vers 1 an et demi, de l'empathie cognitive (capacité de se représenter les états mentaux d'autrui) est confirmée par d'autres recherches. Les bébés parviennent à percevoir les intentions d'autrui, ainsi que l'a clairement démontré une étude menée auprès de bébés de 18 mois[27]. L'expérimentateur fait semblant d'échouer à un exercice, consistant, par exemple, à ôter l'extrémité d'une sorte de mini-haltère : son doigt glisse sur l'objet, apparemment sans parvenir à ses fins. Or les bébés qui observent cette scène et à qui l'on présente ensuite un mini-haltère ont tendance à séparer la barre et l'extrémité ; d'autres bébés, à qui l'on présente simplement l'objet (sans la séquence antérieure avec l'adulte), ne le font pas. « De façon évidente, souligne Andrew Meltzoff, les bébés peuvent comprendre nos buts même si nous échouons à les réaliser. Ils choisissent d'imiter ce que nous voulons faire, plutôt que ce que nous faisons par erreur. » Meltzoff en est arrivé à la conviction que l'imitation chez le bébé est reliée à la perception des autres en tant que « comme moi » et à la compréhension de l'esprit d'autrui. Selon lui, l'imitation – et le fonctionnement cérébral qui l'accompagne – génère la compréhension de l'esprit d'autrui[28].

Les bébés reconnus comme leaders sont les plus gentils

Un comportement relationnel typique des bébés est le partage et l'offrande d'objets. Le partage commence à se manifester au cours de la fin de la première année et est fréquent au cours de la deuxième. C'est un comportement essentiel dans les relations de l'enfant avec son entourage, à tel point que son absence est considérée comme un signe précoce d'autisme.

L'un des chercheurs qui a le plus étudié le partage est Hubert Montagner, qui a passé d'innombrables heures avec les membres de son équipe, à observer le comportement de jeunes enfants en crèche. Les conclusions qu'il en tire sont très riches d'enseignement[29]. Pour le bébé, une des manières les plus efficaces d'établir le contact avec autrui (les petits de son âge ou les puéricultrices) est d'offrir un objet. Ce comportement permet également de réduire les tensions ou d'apaiser un autre enfant qui pleure. Ce geste débouche la plupart du temps sur une offrande en retour ou sur des activités de coopération (dans 87 % des cas chez les enfants de 2 à 3 ans). Un autre geste spontané consiste à prendre par le cou ou par la main un autre enfant qui pleure ; celui-ci s'apaise alors en quelques secondes. Certes, il existe, à côté de l'altruisme et de l'empathie, d'autres attitudes telles que l'agressivité et l'égoïsme[30]. Ces comportements sont nettement plus fréquents chez les garçons exprimant un attachement insécure avec leurs parents que chez les garçons sécures[31].

Les observations de Montagner en crèche l'ont amené à répartir les jeunes enfants en sept catégories en fonction de leur comportement. Je m'intéresserai ici à trois d'entre elles qui représentent les deux pôles extrêmes de l'apaisement et de l'agressivité. Comme on va le voir, plus un enfant est doux avec les autres, plus il joue un rôle de leader dans un groupe de tout-petits.

Les dominants-agressifs

Ces enfants passent beaucoup de temps dans des compétitions et changent fréquemment d'activité. Si une puéricultrice leur offre des cubes pour jouer, ils s'en détournent rapidement et saisissent ceux des voisins et défont les constructions de ces derniers. Il leur arrive d'exprimer des actes d'offrandes et d'apaisement, mais bien plus rarement et de courte durée. Ces bébés sont peu suivis et peu imités. Lorsqu'ils s'approchent des autres, ces derniers manifestent généralement de la crainte et ont tendance à fuir et abandonner l'objet qu'ils ont dans la main.

Les leaders

Les leaders expriment souvent des actes de lien et d'apaisement, appropriés à la situation du moment. Ce sont des enfants attirants, imités et suivis par les autres. Il peut leur arriver d'adopter une attitude menaçante (en criant et en levant le bras), mais cette attitude sert essentiellement d'avertissement puisqu'elle conduit rarement à une agression. Ils accueillent souvent les autres (surtout les plus petits) à leur arrivée à la crèche ; ils les consolent spontanément lorsqu'ils sont en larmes et menacent ceux qui les ont fait pleurer. Ce sont eux qui initient les activités les plus complexes et les plus durables et, réciproquement, ils sont souvent sollicités lorsque d'autres proposent un nouveau jeu. Entre 2 et 3 ans, les leaders sont à 60 % des garçons. À 4 ans, les proportions entre garçons et filles s'équilibrent.

Les leaders non menaçants

Hubert Montagner appelle ces enfants des « dominés aux mécanismes de leader », mais je préfère les qualifier de leaders non menaçants. En effet, le comportement de ces enfants est presque identique à celui des leaders. Eux aussi entraînent souvent des groupes de trois ou quatre enfants, manifestent des gestes d'apaisement, consolent les enfants qui pleurent et accueillent les plus petits à leur arrivée à la crèche. La seule différence importante avec les leaders est qu'ils utilisent rarement, voire pas du tout la menace et l'agression. Ils ont tendance à céder leur place dès qu'un autre enfant menace ou ébauche une agression et, en cas de difficulté, préfèrent faire appel aux puéricultrices.

Les parents jouent un rôle dans l'apparition de ces différents comportements. Ainsi, lorsqu'une mère d'enfant dominant-agressif vient le chercher en fin de journée, elle a tendance à utiliser deux types de comportement : soit elle attend, avec une attitude plutôt raide, dépourvue d'actes d'apaisement et de sollicitation ; soit, au contraire, elle paraît impatiente et pressée et émet des menaces corporelles ou verbales. En revanche, une mère d'enfant leader accueille le plus souvent son enfant par un sourire, puis elle s'accroupit, l'embrasse, lui parle doucement et le prend dans ses bras.

Comment développer l'altruisme de l'enfant

Il est facile de comprendre que deux visions différentes du jeune enfant conduisent à des pratiques éducatives radicalement différentes. Si l'on pense que l'enfant naît fondamentalement égoïste et violent, comme l'ont affirmé divers penseurs ou psychologues, il est nécessaire de contrôler strictement son comportement pour qu'il puisse parvenir à vivre en société. Si, inversement, on considère que l'enfant naît avec une propension naturelle à l'empathie et à l'altruisme, l'éducation aura surtout pour fonction d'accompagner, de développer cette disposition initiale. Comme nous allons le voir maintenant, c'est précisément cette attitude qui aboutit aux meilleurs résultats.

Comment la conscience morale se construit chez le tout-petit

Les connaissances acquises ces dernières décennies sur cette propension des enfants à la bonté ont conduit les chercheurs à proposer de nouvelles approches de l'éducation. Alors que celle-ci était autrefois perçue comme un processus allant dans une seule direction – de l'adulte vers l'enfant –, elle est aujourd'hui considérée comme un processus bidirectionnel où l'enfant et l'adulte s'influencent réciproquement.

La psychologue universitaire qui a le plus étudié cette question est Grazyna Kochanska, de l'Université de l'Iowa. Avec l'aide de ses collègues, elle s'est particulièrement intéressée au développement de la conscience morale chez l'enfant. Elle appelle « orientation mutuellement réceptive » un type de relation parent-enfant qui génère de la coopération et des expériences réciproquement gratifiantes. Un parent qualifié de réceptif répond d'une manière rapide, chaleureuse et empathique aux attitudes de son enfant. De son côté, l'enfant vit ce que Kochanska appelle une « obéissance impliquée », c'est-à-dire une coopération volontaire et enthousiaste avec le parent ; par exemple, il range ses jouets lorsque le parent le lui demande. Le parent et l'enfant font ainsi spontanément des actions l'un pour l'autre sans pour autant perdre leur autonomie. Dans un tel environnement familial, l'enfant a plus de probabilités de développer une forte conscience morale[32].

Kochanska et ses collègues ont effectué plusieurs recherches qui confirment la pertinence de cette approche. Dans l'une d'elles, 83 enfants et leur mère sont observés lorsque les petits ont 2 ans et demi, 4 ans et 7 ans[33]. Les enfants qui vivent une relation mutuellement réceptive avec leur mère à 2 ans et demi ou 4 ans ont une forte conscience morale à 7 ans. Celle-ci est mesurée de diverses manières. Par exemple, on explique à l'enfant qu'il gagnera un prix s'il atteint une cible avec une balle entourée de Velcro, puis l'expérimentatrice dit qu'elle doit s'absenter un moment. L'enfant est donc laissé seul avec la tentation de tricher. Il est observé sans le savoir grâce à une glace sans tain. Les enfants ayant bénéficié d'une relation mutuellement réceptive avec leur mère quand ils étaient petits trichent nettement moins que les autres. Dans une autre situation, la mère demande à l'enfant de l'aider à ranger du matériel d'activités manuelles. Puis elle quitte la pièce quelques minutes en lui demandant de continuer à ranger en son absence. Les résultats vont à nouveau dans le même sens.

Une étude de Kochanska montre que l'obéissance impliquée prédit l'internalisation de règles morales, avec des différences entre garçons et filles. L'obéissance impliquée conduit à une image de soi en tant que « gentil enfant », ce qui à son tour l'amène à intégrer les règles morales ; ceci est particulièrement net pour les garçons. En revanche, lorsque l'obéissance résulte de contraintes imposées par les parents, cela ne conduit pas l'enfant à intégrer les règles morales. Le fait que l'obéissance soit volontaire – et liée généralement à une bonne relation affective entre le parent et l'enfant – est donc essentiel. Une autre étude met en évidence l'impact d'un attachement sécure chez le tout-petit sur le développement de la conscience à l'âge de 5 ans, à nouveau mesurée par diverses méthodes[34].

Notons au passage que les enfants préfèrent aider les personnes gentilles plutôt que celles qui visent à faire du mal aux autres[35]. Des enfants de 3 ans observent un adulte qui fait du tort à un autre adulte (il abîme et jette à la poubelle un objet lui appartenant) ou qui, au contraire, l'aide à réparer un objet que ce deuxième adulte vient d'abîmer par mégarde. Par la suite, les enfants aident beaucoup moins souvent l'adulte qui a fait du mal que celui qui a aidé ou qu'un adulte au comportement neutre.

Quatre attitudes parentales susceptibles de favoriser l'altruisme

L'adulte et l'enfant jouent donc chacun un rôle dans l'adoption de comportements altruistes chez ce dernier. Les chercheurs qui ont étudié cette question ont mis en évidence quatre attitudes parentales susceptibles de favoriser l'altruisme :

1. exprimer de l'affection à l'enfant ;
2. agir soi-même de manière altruiste et servir ainsi de modèle pour l'enfant ;
3. sensibiliser l'enfant à l'impact de ses actions sur autrui ;
4. fournir à l'enfant l'occasion d'être utile aux autres.

Exprimer de l'affection à l'enfant

Plusieurs études ont mis en évidence que les bébés qui manifestent un attachement sécure ont ensuite plus de probabilités d'être altruistes. Je viens de citer une recherche de Kochanska allant dans ce sens. Une autre étude menée auprès d'enfants de 6 à 11 ans montre qu'une attitude parentale soutenante, associant à la fois la chaleur et le contrôle, est corrélée avec des comportements altruistes (aider un enfant qui s'est fait mal, ou qui a fait une erreur ou encore qui a de la difficulté à accomplir une tâche à l'école, etc.)[36].

Agir soi-même de manière altruiste et servir ainsi de modèle pour l'enfant

Plusieurs études expérimentales ont montré que lorsqu'un jeune enfant voit un adulte agir d'une manière généreuse, il a ensuite tendance à être lui-même plus généreux. Plus le modèle est généreux, plus l'enfant l'est également[37]. Ces recherches sont intéressantes, mais très limitées dans le temps : dans quelle mesure s'appliquent-elles à la vie réelle ? Précisément, une étude menée par une équipe de sociologues hollandais montre que les personnes qui s'engagent dans des actions bénévoles ont plus de probabilités d'avoir des parents qui agissaient de même dans le passé, même s'ils vivent dans un contexte social très différent[38]. Une autre étude montre qu'il y a une corrélation entre le niveau de générosité d'adultes et celui de leurs parents[39]. J'ai déjà signalé ces aspects dans le chapitre 6.

Sensibiliser l'enfant à l'impact de ses actions sur autrui

Je m'arrêterai plus longuement sur cet aspect, qui a donné lieu à de multiples réflexions et recherches. Martin Hoffman, professeur de psychologie à l'Université de New York, est probablement le chercheur qui a le plus réfléchi sur le lien entre l'éducation parentale et le développement de la capacité d'empathie chez le jeune enfant. Selon lui, il existe trois grandes formes de discipline parentale : l'affirmation de pouvoir, le retrait d'amour et l'induction[40].

– L'*affirmation de pouvoir* consiste à poser des exigences à l'enfant (par exemple, « arrête ça ! » ou « éteins la télé ! »), à le menacer d'utiliser la force et à le punir physiquement, à le priver d'objets ou d'activités qu'il aime, etc.

– Par le *retrait d'amour*, le parent exprime sa colère ou sa désapprobation envers l'enfant, mais sans affirmer son pouvoir. Il peut par exemple ignorer l'enfant, lui tourner le dos, refuser de lui parler ou de l'écouter, dire qu'il ne l'aime pas, l'isoler ou menacer de partir. Voici quelques exemples de ce type de réaction auprès d'enfants d'âge préscolaire : « Je ne t'aime pas quand tu parles comme ça… », « Si tu continues comme ça, maman va s'en aller et te laisser tout seul… », « Je ne viendrai pas te dire bonsoir si tu continues à pleurnicher… »

– Enfin, par l'*induction*, les parents mettent l'accent sur la perspective d'autrui, font ressortir sa détresse et montrent que l'enfant est à l'origine de cette détresse. Selon Hoffman, c'est la seule attitude susceptible de favoriser le développement de l'empathie chez l'enfant. Cela peut se faire lorsque l'enfant fait du mal à un autre, mais également dans des situations plus banales, par exemple : « Il a peur du noir, alors remets la lumière s'il te plaît… » ou bien : « Essaie de ne pas faire de bruit, s'il peut dormir un peu plus longtemps, il se sentira mieux quand il se réveillera… »

C'est l'induction qui facilite le plus l'intériorisation des normes morales. Ainsi, une étude menée auprès d'enfants d'une douzaine d'années montre que l'usage de l'induction par les parents facilite la considération envers les autres enfants, l'adoption de principes moraux et le sentiment de culpabilité face à des actes de malveillance[41]. L'affirmation de pouvoir a l'effet inverse, diminuant ainsi l'acquisition du sens moral chez l'enfant. Enfin, le retrait d'amour n'a pas d'effet particulier, dans un sens ou dans un autre. Une autre étude, menée auprès d'enfants d'une douzaine d'années, montre que l'attitude inductive chez les parents favorise l'empathie chez leurs enfants, laquelle conduit à son tour ces derniers à adopter des comportements altruistes[42]. Cette étude apporte un élément supplémentaire : des propos exprimant la déception de la part du parent (« Je n'aurais jamais imaginé cela de ta part ») ont plus d'impact sur l'enfant que des propos inductifs plus habituels (du type : « Regarde, il est triste à cause de toi »). Même si la critique peut paraître sévère, le parent transmet à son enfant, à travers ces paroles, l'information selon laquelle il le considère comme fondamentalement gentil.

Les enfants sont plus sensibles aux appels à l'empathie concrète qu'aux normes morales abstraites[43]. Un expérimentateur décrit cette situation (fictive) à un enfant âgé de 9 à 10 ans : une entreprise de jouets a donné de l'argent au laboratoire pour que les chercheurs testent l'intérêt de jouets aux yeux des enfants, mais comme cela représente trop d'argent, les responsables du laboratoire ont décidé d'offrir 50 *cents* (environ 35 centimes d'euros) à chaque enfant participant au test. L'expérimentateur précise que l'enfant peut donner tout ou partie de cet argent pour aider des enfants pauvres et il montre un poster de l'Unicef ainsi qu'une boîte contenant des pièces de monnaie.

Chaque enfant reçoit ensuite une instruction, selon trois modalités. Dans une condition neutre, l'expérimentateur dit simplement qu'il n'a jamais vu un jouet comme cela auparavant et qu'il faut être très adroit pour réussir. Dans la condition dite empathique, il précise : « Je pense que les gens devraient partager avec les enfants pauvres. Ils seraient si heureux s'ils pouvaient acheter de la nourriture et des jouets. Après tout, les enfants pauvres n'ont presque rien. Si chacun aidait ces enfants, ils auraient peut-être l'air moins tristes. » Dans la condition d'appel aux normes abstraites, l'expérimentateur dit : « Je pense que les gens devraient partager avec les enfants pauvres. C'est vraiment bien de donner aux garçons et aux filles pauvres. C'est vrai, nous devrions donner un peu d'argent aux autres qui sont plus pauvres que nous. Partager est la bonne chose à faire. » Comparativement à la situation neutre, l'appel à l'empathie augmente la quantité de don, ce que ne fait pas l'appel aux normes morales abstraites.

Selon Hoffman, l'enfant dont le parent utilise fréquemment des inductions intériorise les valeurs morales, ce qui rend l'intervention parentale moins nécessaire. L'enfant est motivé pour avoir de l'égard envers autrui même en l'absence des parents.

Une étude expérimentale a fourni des résultats passionnants à cet égard. Des enfants de 9 à 10 ans s'amusent avec des jouets très attrayants. Un expérimentateur joue et parle avec eux pour qu'ils s'habituent à sa présence. Au bout de dix minutes, l'expérimentateur dit aux enfants qu'ils ont un travail à faire ; ils doivent s'asseoir dos aux jouets et l'adulte leur dit de ne pas regarder les jouets jusqu'à ce qu'il les autorise à le faire à nouveau. À un des groupes, on ne dit rien de plus (forme légère d'affirmation de pouvoir) ; à un autre groupe d'enfants, on ajoute le propos suivant : « Vous serez malheureux si vous regardez les jouets maintenant. Si vous ne travaillez pas assez, vous devrez faire le travail plus tard et vous aurez peu de temps pour jouer… » (légère affirmation de pouvoir avec raison *centrée sur l'enfant*) ; l'expérimentateur dit au troisième groupe d'enfants de ne pas regarder les jouets et ajoute : « Vous me rendrez malheureux si vous regardez les jouets maintenant. Si vous ne travaillez pas assez, je devrai faire le travail plus tard et j'aurai peu de temps pour faire ce que je souhaite faire… » (légère affirmation de pouvoir avec raison *centrée sur l'adulte*).

Les résultats sont très clairs. Tant que l'expérimentateur reste dans la pièce, il n'y a pas de grosse différence entre les groupes : la plupart des sujets obéissent. Mais après quelques minutes, l'adulte dit aux enfants qu'il doit passer un coup de téléphone dans la salle voisine et il demande aux enfants de continuer à travailler. Il s'absente pendant sept minutes. À partir de ce moment, des différences entre les groupes apparaissent. Les enfants qui doivent travailler au profit de l'adulte ne modifient pratiquement pas leur comportement, tandis que les enfants des deux autres groupes obéissent beaucoup moins. Inciter l'enfant à s'intéresser aux conséquences – positives ou négatives – de ses actes sur autrui est donc la meilleure façon de l'inciter à agir positivement.

Il ne faudrait cependant pas accorder à l'induction une efficacité systématique. Il est parfois nécessaire d'utiliser d'autres attitudes éducatives, par exemple dans une situation où l'enfant est particulièrement capricieux ou violent. Hoffman lui-même a constaté que les enfants les plus sensibles aux besoins d'autrui étaient ceux dont les parents avaient des attitudes éducatives qui variaient en fonction des situations, utilisant principalement l'induction, mais parfois aussi l'affirmation de pouvoir si nécessaire[44].

Une enquête a montré que, face à un écart de conduite, les parents maltraitants utilisent essentiellement la punition comme démarche éducative, quel que soit le comportement de l'enfant[45]. En revanche, les autres parents adaptent leur réaction au comportement de l'enfant. Ils cherchent simplement à raisonner l'enfant lorsqu'il ne respecte pas une règle sociale (par exemple, mettre les coudes sur la table, laisser traîner des vêtements par terre), mais ils le punissent s'il se dispute avec ses frères et sœurs ou lorsqu'il fait beaucoup de bruit et que cela gêne les autres ; enfin, ils raisonnent l'enfant *et* le punissent en cas de fautes morales qu'ils estiment graves (s'il est violent envers les autres, s'il vole, etc.).

Une recherche menée auprès d'enfants de 2 ans montre que c'est l'association du soutien et de la fermeté qui donne les meilleurs résultats éducatifs[46]. Cela fournit à l'enfant une information claire sur ce que veut le parent, tout en l'invitant à affirmer sa propre autonomie. En revanche, le soutien seul n'est pas aussi efficace, en particulier après un refus par l'enfant. En effet, les tentatives d'influence qui ne reposent que sur les demandes et les raisonnements peuvent inciter l'enfant à penser qu'il détient le pouvoir dans la relation avec son parent. Les attitudes telles que les menaces, les critiques ou la colère ont pour effet d'augmenter la provocation de la part de l'enfant. Celui-ci essaie en quelque sorte de restaurer la part de liberté que le parent cherche à lui enlever.

Différentes études montrent qu'un style éducatif parental associant l'amour et les règles a généralement des effets positifs sur l'enfant : meilleur équilibre personnel, bonnes relations avec son entourage et meilleurs résultats scolaires[47].

Fournir à l'enfant l'occasion d'être utile aux autres

L'appétit vient en mangeant, dit-on. Il en est de même pour l'altruisme. L'enfant qui est incité par son entourage à agir au service des autres intègre petit à petit cela comme un comportement normal. L'étude menée par Beatrice et John Whiting dans six cultures est très éclairante à ce sujet[48]. Ils ont découvert que plus les enfants doivent s'occuper d'animaux, prendre soin de frères et sœurs plus jeunes et assumer d'autres responsabilités, plus ils sont altruistes. Remarquons que, dans les cultures qui assignent une importante responsabilité aux enfants, les parents n'utilisent pas l'induction ou la persuasion douce, mais la fermeté, pour être sûrs que les enfants accomplissent bien les tâches utiles aux autres qui leur sont prescrites.

Ervin Staub, professeur de psychologie à l'Université du Massachusetts, rapporte une série d'études expérimentales qu'il a menées avec ses collaborateurs sur ce thème de l'apprentissage de l'altruisme par l'action[49]. Dans l'une d'elles, les filles à qui l'on demande de fabriquer des puzzles pour des enfants hospitalisés ont par la suite des comportements altruistes ; en revanche, cela n'a pas d'effet positif sur les garçons. Dans une autre recherche, des enfants qui en initient d'autres plus jeunes adoptent par la suite un comportement plus altruiste (écrire des lettres à des enfants hospitalisés) que des enfants qui ne sont pas passés par cette expérience initiale. Pour Staub, le fait que l'enfant se sente responsable du bien-être d'un autre est une composante essentielle du développement de l'altruisme. Mais il souligne également que si le poids que l'on fait porter à l'enfant est trop lourd, cela risque d'aboutir à des effets inverses à ceux attendus.

L'anecdote qui suit montre à quel point les enfants aiment être utiles. Elle est racontée par Martin Seligman, l'un des principaux chercheurs en psychologie positive[50]. Un soir, des amis viennent passer la soirée dans sa famille pour jouer au poker. Chacun s'extasie en voyant la petite Nikki, qui est récemment entrée dans ce monde. En revanche, ils ignorent totalement sa sœur Lara, qui est pourtant assise tout près, ce qui la rend très triste. Le lendemain, Lara vient dans la chambre de Nikki et demande un mouchoir en papier à sa maman, laquelle lui répond sur un ton de reproche : « Lara, tu peux le prendre toi-même. Maman est en train d'allaiter… » Lara éclate en sanglots et sort en courant. Par la suite, elle dit à sa maman : « Je déteste Nikki ! »

Quelle est alors la réaction de Mandy, sa maman ? Le soir venu, elle demande à Lara de l'aider à changer la couche de Nikki, en lui disant : « Nikki a vraiment besoin de ton aide. » Lara va chercher une lingette tandis que Mandy enlève la couche sale. Lara met ensuite la couche à la poubelle et amène une couche propre à sa maman. Toutes deux ont ainsi formé une équipe pour le bien-être du bébé. Se sentir utile pour Nikki a enlevé toute la jalousie que Lara avait pu ressentir à son égard.

Faut-il récompenser l'enfant qui vient de rendre service ?

Les récompenses matérielles – bonbons ou jouets, par exemple – fournies à l'enfant qui vient de rendre service diminuent les comportements altruistes ultérieurs. Si l'enfant est récompensé – ou s'il sait qu'il sera récompensé – après avoir fait une bonne action, il risque fort de penser qu'il fait ce geste pour la récompense, et non pour la personne bénéficiaire. L'adulte génère alors ce que les psychologues appellent une « motivation extrinsèque » – le fait d'être motivé non pour l'action elle-même, mais pour les avantages que celle-ci procure. L'enfant n'intériorise pas l'idée qu'il est un enfant gentil et, donc, devient moins altruiste. Cela a été constaté dès le plus jeune âge. Si l'on offre un jouet à un enfant de 20 mois en récompense pour avoir aidé antérieurement un adulte (dans les expériences où un bébé aide à ouvrir un placard ou à récupérer une pince à linge), il a beaucoup moins tendance à aider par la suite que s'il n'est pas récompensé[51]. Le même constat a été fait dans une recherche où l'expérimentateur dit à l'enfant (moyenne d'âge : 9 ans) qu'il peut aider des enfants pauvres et malades dans un hôpital qui n'ont pas de jouets[52]. L'adulte lui explique qu'ils aiment jouer avec des feuilles de papier, mais qu'il faut auparavant classer celles-ci en piles en fonction de la couleur avant qu'on les amène à l'hôpital pour les enfants malades. Les enfants à qui l'on promet un jouet comme récompense ont nettement moins tendance à participer au classement des feuilles ; cela est particulièrement le cas pour les enfants dont la mère considère positivement le fait de récompenser matériellement les enfants et qui le fait fréquemment à la maison.

Dans une autre recherche, on propose à des enfants de CE2 d'enseigner des problèmes d'additions à des élèves de cours préparatoire[53]. Trois situations différentes sont créées : soit on promet un jouet à l'enfant tuteur s'il accepte de faire cette activité ; soit on lui promet un jouet si le plus jeune parvient à résoudre tous les problèmes ; soit encore on ne lui promet rien. C'est dans cette dernière condition que les relations entre les deux enfants se passent le mieux et que l'enfant tuteur choisit de passer le plus de temps avec le plus jeune.

Que se passe-t-il lorsqu'on félicite l'enfant pour la bonne action qu'il vient d'accomplir ? Partons de la situation contraire : un enfant vient d'en frapper un autre. Dans ce cas, un sage conseil est souvent donné aux parents et aux enseignants : « Critiquez son acte, mais pas l'enfant lui-même. » Autrement dit, ce n'est pas parce qu'un enfant fait une mauvaise action qu'il est une personne méchante. En revanche, c'est exactement l'inverse lorsque l'enfant accomplit un acte digne de louange. Dans ce cas, la meilleure réaction est de lui dire que c'est un(e) gentil(le) garçon (fille), qu'il (elle) est serviable, etc., plutôt que de simplement valoriser son acte, avec un propos comme : « C'est bien ce que tu as fait là ! »

Cela est évidemment très logique. Si l'enfant en arrive à penser qu'il est quelqu'un de gentil, il a plus de probabilités de se comporter de manière gentille la prochaine fois où l'occasion lui en sera redonnée. Dans ce cas, c'est la motivation intrinsèque qui est stimulée : puisque l'enfant se considère gentil, il appréciera de faire une bonne action pour elle-même. De multiples études ont confirmé ce processus[54].

Deux chercheuses en psychologie, Joan Grusec et Jacqueline Goodnow, ont fait une synthèse des éléments facilitateurs de l'intériorisation des normes morales. Pour que le message parental puisse porter ses fruits, il faut évidemment que l'enfant le comprenne, mais surtout qu'il l'accepte. Pour cela, il est nécessaire que le propos du parent soit perçu comme juste, qu'il invite l'enfant à l'empathie et qu'il lui laisse une véritable liberté dans l'action.

L'ensemble des travaux présentés dans ce chapitre présente une remarquable cohérence. Dès son plus jeune âge, le bébé est spontanément motivé à aider autrui. La conséquence logique est que les parents qui cherchent à s'appuyer sur cette aptitude innée sont ceux qui ont le plus de probabilités de voir leur enfant exprimer cette potentialité. Comme nous allons maintenant le voir, cette disposition a des fondements biologiques. Chaque individu naît avec une prédisposition naturelle à la bonté.

CHAPITRE 10

Notre cerveau est prédisposé à l'amour, la coopération et l'empathie

Ce que nous apprend la neurobiologie

> « Nous vivons dans le torrent de la réciprocité universelle, unis à lui par un lien ineffable. »
>
> Martin BUBER[1].

Faites cette petite expérience : demandez autour de vous qui a entendu parler de la testostérone et de sa fonction. Il est probable que vos amis vous diront qu'ils savent que c'est l'hormone de l'agressivité (bien que des travaux contemporains nuancent fortement cette affirmation)[2]. Maintenant, posez la même question au sujet de l'ocytocine : il est probable que beaucoup moins de personnes sauront vous répondre (mais la situation évolue, heureusement...). Il s'agit de l'hormone de la tendresse. Dans ce chapitre, je présenterai non seulement l'ocytocine, mais également plusieurs aspects de ce que les neurobiologistes appellent le « cerveau social », en particulier :

– les centres cérébraux de la récompense ;
– les neurones miroirs ;
– les fondements neurobiologiques de la morale.

L'ocytocine, hormone de la tendresse

L'ocytocine est une hormone essentielle dans les relations humaines[3]. Elle joue notamment un rôle majeur dans l'attachement entre le bébé et sa mère. De nombreux travaux sur l'ocytocine ont été réalisés avec différents mammifères. On a découvert, par exemple, que l'injection d'ocytocine dans le cerveau de brebis leur fait adopter un comportement maternel avec un agneau. Même constat avec des rates vierges face à de jeunes rats. Inversement, l'injection d'un antagoniste de l'ocytocine bloque ce comportement.

L'ocytocine favorise l'empathie

Il existe un exercice simple permettant de mesurer la capacité à interpréter les émotions d'autrui[4]. Il repose sur une série de 25 photographies d'yeux d'acteurs et d'actrices exprimant une émotion. Les émotions sont très variées : stupéfaction, joie, embarras, terreur, agacement, affection, soulagement, sympathie, gratitude, etc. Chaque photographie est accompagnée du nom de quatre émotions, et le sujet doit choisir celle qui lui paraît le mieux correspondre à la photo. Si vous êtes vous-même tenté par l'expérience, il vous suffit de taper « test d'empathie » sur Internet pour le faire. Vous pourrez ainsi connaître votre aptitude à « lire dans le regard d'autrui ». Des tests ont mis en évidence que certaines photos sont plus difficiles à interpréter que d'autres. Or des sujets à qui l'on injecte de l'ocytocine ont le même taux de reconnaissance que les autres personnes pour les photographies faciles à déchiffrer, mais parviennent légèrement mieux à reconnaître les photographies difficiles[5].

L'ocytocine favorise la générosité

Dans une autre expérience, la générosité des participants ayant reçu de l'ocytocine a presque été multipliée par deux[6]. De plus, les participants à l'expérience sont donc repartis avec moins d'argent, mais étaient tout aussi heureux que ceux qui avaient reçu un placebo.

L'ocytocine favorise la confiance

Plusieurs études sur l'ocytocine ont été réalisées avec le « jeu de la confiance ». Dans cette situation, l'expérimentateur donne au départ la même somme d'argent à deux personnes (par exemple, 10 euros). Le joueur A peut choisir de garder l'argent pour lui ou de l'investir en faisant confiance à l'autre. Dans ce cas, s'il verse de l'argent au joueur B, cette somme est multipliée par 3 et est accordée au joueur B, qui peut en disposer comme il le souhaite. Par exemple, si le joueur A cède ses 10 euros, le joueur B dispose de 40 euros [10 + (3 × 10)] ; ce dernier est alors libre de faire ce qu'il veut de l'ensemble de son argent. Le joueur A risque donc de perdre l'argent versé si B ne fait pas preuve de réciprocité. L'expérience a ainsi pour objectif de tester sa confiance. Or les joueurs A qui reçoivent de l'ocytocine font bien plus confiance que ceux qui reçoivent un placebo. Ils sont deux fois plus nombreux à verser la somme maximale (45 % contre 21 %)[7].

Notons toutefois que faire plus confiance ne signifie pas pour autant être naïf. Dans une autre étude reposant sur ce jeu de la confiance, l'expérimentateur dit au joueur A (celui qui fait confiance ou non) que le joueur B est soit quelqu'un qui a fait des études de philosophie et qui a des activités humanitaires, soit quelqu'un qui a fait des études de marketing et qui pratique un sport violent. Cela pour augmenter ou diminuer le degré de fiabilité ressenti par A envers B. Les joueurs A ayant reçu de l'ocytocine font plus confiance que ceux ayant reçu un placebo, mais seulement si le joueur B paraît fiable. Dans le cas contraire, ils font légèrement moins confiance que ceux ayant reçu un placebo.

Les bienfaits de l'interaction

Ces études sont intéressantes, mais cela n'aurait évidemment aucun sens de mettre l'ensemble de la population sous ocytocine sous prétexte d'améliorer les relations humaines. Certes, mais il est possible d'élever naturellement le taux d'ocytocine. Cela peut d'une part s'envisager dans les relations intimes. L'ocytocine est libérée lors de l'accouchement et facilite ainsi l'attachement entre la mère et son bébé. Mais cette hormone inonde également le cerveau lors de l'orgasme ! Les massages sont également très efficaces à cet effet, comme l'ont montré plusieurs études. Par exemple, des couples ont été formés à une technique de massage doux de différentes parties du corps (la tête, le cou, le dos, les épaules). Ils devaient ensuite mettre en pratique cette méthode au moins trois fois par semaine, durant une demi-heure, pendant un mois. Leur taux d'ocytocine a sensiblement augmenté tout au long de cette période, tandis que des substances indicatrices de stress ont diminué[8]. Plus usuel encore, le taux d'ocytocine s'élève lorsque les deux membres d'un couple discutent de moments agréables qu'ils ont passés ensemble[9].

Mais cette hormone peut également être libérée au cours de relations entre personnes qui ne se connaissaient pas jusqu'alors. C'est le cas lorsque l'une fait preuve de générosité. Dans une expérience basée sur le jeu de la confiance (présentée plus haut), les chercheurs ont produit deux situations[10]. L'une, appelée « condition intentionnelle », correspond au protocole habituel pour ce jeu : le joueur A choisit de verser au joueur B une somme variant de 0 à 10 dollars. Dans l'autre, appelée « condition aléatoire », le joueur A plonge sa main dans une boîte contenant 11 boules numérotées de 0 à 10, et ce sous l'œil du joueur B. A doit ensuite verser à B la somme inscrite sur la boule retirée. Les joueurs B retournent en moyenne une somme nettement plus importante dans la condition intentionnelle que dans la condition aléatoire. Mais le plus important pour notre propos est qu'à la fin de l'expérience les joueurs B qui ont bénéficié d'un versement intentionnel ont un niveau d'ocytocine de 41 % supérieur aux joueurs B qui ont reçu un versement aléatoire. La générosité volontaire des joueurs A stimule donc la libération d'ocytocine chez leur partenaire de jeu, et plus le joueur B renvoie d'argent au joueur A, plus son niveau d'ocytocine s'élève.

En fait, il se pourrait bien que toutes sortes de relations interpersonnelles agréables augmentent le taux d'ocytocine, comme le montre cette étonnante étude réalisée par une équipe japonaise, et qui devrait ravir les propriétaires d'animaux domestiques : plus un chien regarde son maître, plus le taux d'ocytocine de ce dernier s'élève[11].

L'ocytocine n'est que l'un des multiples domaines dans lesquels la neurobiologie a montré des aptitudes naturelles à la bonté chez l'être humain. En fait, depuis une vingtaine d'années, cette discipline scientifique a connu une véritable révolution conceptuelle. Autrefois limitée à l'étude du cerveau de l'individu seul, elle vise de plus en plus aujourd'hui à comprendre le fonctionnement du cerveau lorsque la personne agit avec les autres. On parle de plus en plus aujourd'hui de cerveau social, de neurosciences sociales, de neurobiologie interpersonnelle, de neurones miroirs. Le postulat de base de toutes ces recherches est que l'être humain est fondamentalement social et que l'une des principales fonctions du cerveau est précisément de nous permettre d'entrer en communication avec les autres.

Notre cerveau est récompensé de notre bonté

Un fascinant domaine de recherche en neurobiologie concerne les centres de la récompense. Ce système a été mis en évidence pour la première fois chez des rats dans les années 1950[12]. L'ensemble des recherches menées depuis cette époque ont montré que lorsqu'un mammifère – y compris l'être humain – vit des situations agréables telles que la vue d'une nourriture appréciée, un environnant incitant à la curiosité, la présence d'un partenaire sexuel, etc., cela stimule plusieurs zones cérébrales appelées système de récompense[13]. Ce mécanisme semble essentiellement inné.

Il existe également un système cérébral du dégoût. Par exemple, dans une étude, on présente à des personnes les photographies successives de différents produits attirants (par exemple une boîte de chocolat) en leur demandant si elles souhaitent l'acheter ; cela stimule l'activité du noyau accumbens, zone cérébrale faisant partie du système de récompense. En revanche, si on leur indique alors que le prix du produit est élevé, c'est l'insula qui est activée, une zone associée à la douleur et au dégoût[14]. Mais le plus intéressant pour notre propos est que chez l'être humain, la stimulation des zones de la récompense se produit également en cas de plaisirs « supérieurs », qu'ils soient artistiques, musicaux, monétaires, tandis que les zones du dégoût sont également activées face à l'injustice.

La dopamine joue un rôle central dans ce système de récompense[15], au point qu'elle a parfois été qualifiée de « molécule naturelle du plaisir ». Elle incite les animaux et les humains à rechercher ce qui les fait se sentir bien. Il y a ainsi un lien étroit entre la libération de dopamine et des comportements tels que la recherche de nourriture et d'eau, ou d'un partenaire sexuel. Ce processus ne présente d'ailleurs pas que des aspects positifs : des substances telles que la nicotine, l'alcool ou la cocaïne libèrent de la dopamine dans le cerveau, rendant difficile la désintoxication. Il semble que les addictions « détournent » le système cérébral de récompense, la drogue devant la seule source d'intérêt et de motivation. L'addiction est ainsi « un dégât collatéral du plaisir[16] ».

Mais ce n'est évidemment pas cet aspect qui nous intéresse ici ; ce qui est passionnant est que diverses équipes de chercheurs ont récemment mis en évidence que ce système de récompense est activé dans de multiples formes de relations sociales : lorsque nous pensons à des personnes que nous aimons, lorsque nous coopérons, faisons confiance à autrui, éprouvons un sentiment de justice. En d'autres termes, notre cerveau est prédisposé pour ressentir du plaisir lors de relations positives avec autrui.

Le plaisir d'aimer

Des recherches menées par deux neurobiologistes londoniens, Andreas Bartels et Semir Zeki, montrent que des zones du système de récompense, riches en récepteurs de l'ocytocine, sont activées lorsque des personnes très amoureuses regardent une photographie de leur partenaire ou lorsque des mères regardent une photo de leur enfant[17]. Parallèlement sont alors désactivées des zones associées aux émotions négatives et au jugement sur autrui.

Le plaisir de souhaiter du bien aux autres

Ce plaisir ressenti par notre cerveau lorsque nous aimons peut s'étendre à un cercle bien plus étendu de personnes. Ainsi, une équipe de neurobiologistes coréens a montré que lorsque quelqu'un a des pensées de compassion envers une personne triste, cela stimule le système mésolimbique, zone cérébrale qui incite à entrer en contact avec autrui et qui fait partie du système de récompense[18]. Les auteurs en concluent que le bonheur dépend probablement plus de notre attitude que d'éléments extérieurs.

Dans une autre étude[19], la moitié des sujets regardent des photographies de personnes handicapées mentales ; la moitié des autres regardent les mêmes photographies mais en étant invitées à ressentir un amour inconditionnel envers ces personnes. Les structures cérébrales activées sont les mêmes que celles liées à l'amour maternel ou à l'amour amoureux et qui participent au système de récompense.

Plusieurs équipes de chercheurs se sont d'ailleurs intéressées à une forme de méditation, appelée « méditation bonté » qui vise à augmenter les sentiments d'affection et d'attention envers soi et autrui. Assise dans une position relaxée, la personne pense positivement à quelqu'un qu'elle apprécie (« Je souhaite qu'elle puisse se sentir heureuse, en sécurité », etc.) ; elle élargit ensuite ces sentiments positifs à elle-même, puis à d'autres personnes qui lui sont moins chères.

Cela a de multiples effets bénéfiques sur la personne qui pratique cette forme de méditation[20] : sur le moment et dans les semaines qui suivent, elle ressent plus d'amour, de joie et de satisfaction, de gratitude, d'espoir, d'émerveillement. Ses relations avec les autres s'améliorent ainsi que sa santé physique et psychique. Plus la personne pratique, plus les effets positifs sont importants. Selon Barbara Fredrickson, spécialiste des émotions positives, et ses collègues, qui ont mis en évidence ces bienfaits, le processus se déroule de cette manière :

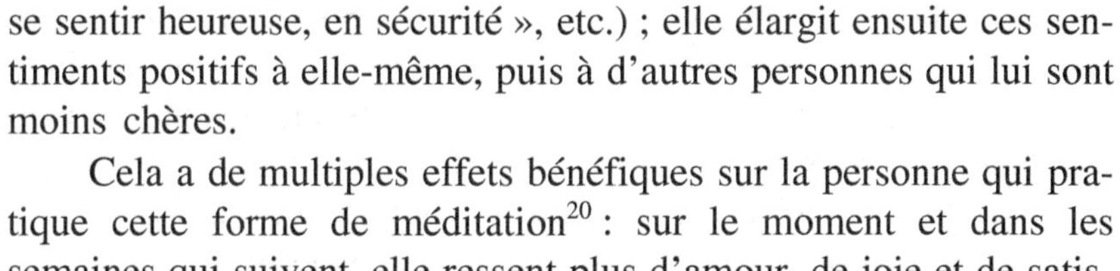

Cette approche est si efficace qu'elle a même donné lieu à une thérapie[21].

Le plaisir de donner

J'ai présenté au chapitre 6 plusieurs études montrant que l'altruisme et la générosité sont corrélés au bien-être. Cela est confirmé par de récentes recherches en neurobiologie. La première, effectuée par une équipe brésilienne, date de 2006[22]. Chaque participant reçoit 128 dollars qu'il peut utiliser à son gré : il peut garder cette somme intégralement pour lui-même ou en distribuer une partie ou la totalité à des associations de son choix, représentant un large spectre idéologique. 64 associations sont ainsi présentées et chaque participant a 128 choix successifs à faire. Au final, la somme moyenne offerte aux associations est de 51 dollars, soit 40 % de l'argent proposé aux sujets, avec une fourchette allant de 21 à 80 dollars. Mais le plus intéressant est ailleurs : le système de récompense est stimulé non seulement lorsque le sujet décide de garder l'argent pour lui (ce qui était déjà connu), mais aussi lorsqu'il choisit de l'accorder à une association. Certaines zones du système de récompense sont même plus stimulées par les dons que par le gain personnel : les mêmes zones qui jouent un rôle clé dans les relations affectives. De plus, ce sont les sujets qui font les choix les plus coûteux qui ont la plus forte activation du striatum, une des zones du système de récompense.

Une autre recherche[23] apporte des éléments de réponse au débat sur le caractère « pur » ou « impur » de l'altruisme (voir intermède p. 165). Rappelons qu'aux yeux de certains auteurs l'altruisme n'est pur que si la personne ne tire pas de satisfaction d'avoir agi en faveur d'autrui. Des sujets se retrouvent dans deux types de conditions. Dans la première, une certaine somme d'argent est transférée vers leur compte ou vers celui d'une association de bienfaisance, sans qu'ils puissent intervenir dans cette décision ; dans ce cas, il s'agit d'altruisme « pur » puisque la personne ne peut pas retirer d'autosatisfaction du don octroyé à l'association. Dans la seconde situation expérimentale, les sujets choisissent d'accepter ou non ces transferts d'argent. Ici, s'il y a satisfaction, on peut toujours attribuer cela à l'altruisme « impur », en ce sens qu'une partie de la satisfaction vient du fait de s'estimer être une bonne personne. Résultat : les deux mécanismes entrent en jeu. Les sujets éprouvent un vrai plaisir lorsque autrui bénéficie d'un don et encore plus s'ils en sont à l'origine. Nous sommes ici très loin de l'image traditionnelle de l'être humain comme fondamentalement égoïste.

Le plaisir de coopérer et de faire confiance

Plusieurs recherches montrent que la coopération stimule des zones de la récompense, tandis que la compétition ne le fait pas. Dans l'une d'elles, 36 femmes jouent successivement à un dilemme du prisonnier avec une autre femme[24]. Le dilemme du prisonnier est une situation expérimentale où deux personnes ont intérêt à coopérer, mais où la tentation de trahir l'autre est particulièrement forte. Les participantes à cette expérience ont déclaré à la fin de l'expérience que la coopération mutuelle était le résultat qui les satisfaisait le plus. Pour les auteurs de l'étude, l'activation du système de récompense « renforce positivement l'altruisme réciproque, incitant ainsi les sujets à résister à la tentation d'accepter égoïstement les avantages, sans réciprocité ».

Nous éprouvons de la satisfaction, non seulement lorsque nous coopérons, mais aussi lorsque les autres coopèrent avec nous[25]. On présente à des sujets les photographies de partenaires qui ont soit coopéré, soit trahi systématiquement, soit encore alternativement coopéré et trahi, dans plusieurs dilemmes du prisonnier successifs auxquels les sujets viennent de participer. La vue de personnes ayant coopéré avec eux provoque une stimulation des zones de la récompense. Enfin, faire confiance active également des zones de la récompense, comme l'a montré une autre expérience[26].

Le plaisir d'être juste

Notre cerveau est également très sensible à la justice. Plusieurs études ont été menées avec le jeu de l'ultimatum. Dans cette situation, une certaine somme d'argent (par exemple 10 euros) est à répartir entre deux individus, que j'appellerai A et B. Ils ne se connaissent pas et on explique à chacun le principe de l'expérience que voici. A doit faire une offre de partage à B ; celui-ci a alors deux possibilités : soit il accepte la proposition de A et chacun repart de l'expérience avec la somme correspondant à la répartition proposée par A ; soit B refuse l'offre de A et chacun repart les mains vides. Ils ne peuvent pas discuter entre eux pour parvenir à un accord négocié. Il s'agit donc pour B d'une situation de type « à prendre ou à laisser », ce qui explique l'expression « jeu de l'ultimatum ». Les propositions justes sont généralement acceptées et provoquent une activation des circuits de la récompense[27]. Mais plus les offres sont injustes, plus le taux d'acceptation est faible, ce qui est contraire aux conceptions habituelles des économistes, qui estiment que l'individu est essentiellement motivé par le gain, sans qu'entrent en jeu des considérations telles que le sentiment de justice (voir chapitre 11). Les auteurs de l'une de ces études concluent que la réaction automatique consiste à préférer ce qui est juste et à refuser ce qui est injuste, notamment parce qu'un traitement juste est gratifiant en soi.

De plus, si l'offre paraît insuffisante aux yeux du « receveur », cela stimule chez lui une zone appelée insula antérieure, qui est activée lorsqu'une odeur ou un goût nous écœure[28]. Et plus l'offre est jugée insuffisante, plus cette zone est activée. En clair, notre cerveau réagit ainsi : « Ça me dégoûte vraiment, ce que vous venez de faire ! » En revanche, si l'on accepte une offre injuste (ce qui est rare, mais qui arrive chez certaines personnes), cette zone du dégoût est désactivée, tandis que c'est une zone impliquée dans la régulation de l'émotion qui est stimulée[29]. Tout se passe alors comme si la personne « bloquait » sa réaction émotionnelle immédiate de dégoût et s'efforçait de fournir une explication rationnelle à sa décision d'acceptation de l'injustice.

Par ailleurs, des recherches ont mis en évidence un phénomène appelé « punition altruiste ». Elle se manifeste dans des « jeux de biens publics » dans lesquels la participation de chacun est requise pour aboutir à un bénéfice commun maximal. La punition altruiste consiste à punir des individus qui agissent en « cavalier seul », même si la punition est coûteuse pour celui qui l'exerce. Dans une série d'expériences réalisées sur ce thème, cette réaction est fréquente : 84 % des sujets ont puni au moins une fois une personne faisant cavalier seul, c'est-à-dire qui profite égoïstement de l'implication ou de la gentillesse des autres, mais sans coopérer lui-même[30]. Or la punition altruiste active les zones de la récompense[31]. D'ailleurs, cette réaction est efficace : les personnes faisant cavalier seul ont tendance à modifier ensuite leur comportement si elles sont punies. Pour les auteurs travaillant dans ce domaine, la punition altruiste constitue un mode de régulation sociale permettant d'éviter la multiplication d'attitudes égoïstes dans la société.

Le cerveau empathique

L'empathie joue un rôle essentiel dans les relations humaines quotidiennes. Tous les auteurs qui ont tenté de cerner les contours de l'empathie soulignent qu'il s'agit de la capacité de se mettre à la place d'autrui, de se représenter ce qu'il ressent et/ou pense. Ressentir/penser : ce sont là les deux facettes essentielles de l'empathie, l'une émotionnelle, l'autre cognitive. Une première composante de l'empathie est donc émotionnelle ; c'est une réaction généralement automatique et non intentionnelle. Lorsque nous voyons quelqu'un souffrir, nous sommes nous-mêmes affectés, nous éprouvons généralement un ressenti désagréable. Ce peut être le cas par exemple, lorsqu'on observe à la télévision un sportif qui exprime sa douleur après s'être tordu la cheville. Or il ne s'agit pas là d'une simple « impression » subjective, cette sensation déplaisante correspond à des mécanismes neurobiologiques qui dévoilent progressivement leurs secrets.

Une étude, menée par Tania Singer et ses collègues, a évalué l'activité cérébrale de femmes alors qu'une stimulation électrique douloureuse était infligée à leur partenaire ou à elles-mêmes[32]. Dans les deux cas, les mêmes circuits émotionnels de la douleur étaient activés. Par ailleurs, les femmes au niveau d'empathie le plus élevé (évalué à partir d'une échelle) étaient celles dont la réaction cérébrale était la plus forte. D'autres études employant des procédures différentes confirment cette proximité d'expérience entre la souffrance éprouvée soi-même et celle éprouvée en regardant autrui souffrir[33].

Cependant, l'empathie est une émotion plus complexe qu'on pourrait le croire au premier abord ; elle consiste à faire tout notre possible pour penser et ressentir ce que vit autrui, tout en étant lucide sur le fait que ce n'est jamais vraiment possible ni même souhaitable[34]. Qui peut sincèrement affirmer se mettre pleinement à la place d'une autre personne, surtout si celle-ci vient de vivre une grande souffrance ?

Cette distinction entre soi et autrui dans l'empathie est confirmée par des recherches en neurobiologie[35]. On montre à des sujets des photos de personnes en situation douloureuse ou non (par exemple, avec la main coincée dans un tiroir). On leur demande également de penser à la douleur ressentie, soit en essayant de se représenter la douleur de la personne, soit en s'imaginant soi-même dans cette situation. Dans les deux cas, les mêmes zones cérébrales de la douleur sont activées, ce qui confirme les études précédentes, mais il y a également des différences. En particulier, prendre la perspective de l'autre active spécifiquement des zones impliquées dans la distinction entre soi et autrui.

Pour Jean Decety et Philip Jackson qui ont mené cette étude, ce mécanisme neurocognitif joue un rôle majeur, car il permet de différencier l'empathie et la contagion émotionnelle, laquelle repose sur un lien automatique entre la perception des émotions exprimées par une autre personne et sa propre expérience des mêmes émotions, sans prise de distance[36]. Par ailleurs, s'imaginer soi-même dans une situation potentiellement douloureuse peut déclencher une réaction négative plus forte que d'imaginer quelqu'un dans la même situation[37].

Ces résultats sont importants car ils expliquent peut-être (au moins partiellement) le fait, évoqué au chapitre 2 que, face à la détresse de Juifs persécutés pendant la Shoah, certains aient réagi en aidant et d'autres en fermant leur porte, mais en utilisant le même argument de part et d'autre : « Comment aurais-je pu faire autrement ? » Il se peut que ceux qui ont aidé aient prioritairement pensé à la souffrance des personnes et que les autres aient plutôt pensé à leur propre souffrance au cas où ils auraient été dans la même situation. Cette focalisation sur soi a augmenté leur peur et réduit leur comportement d'aide.

Certains contextes peuvent d'ailleurs réduire, voire bloquer la réaction empathique. C'est par exemple le cas si l'on se trouve en compétition avec quelqu'un. Dans une expérience, on annonce à une personne que la situation qu'elle va vivre avec une autre personne est coopérative (le sujet ne voit pas la personne, censée se trouver dans une autre pièce) ; dans ce cas, le sujet réagit de manière empathique (sourires et relaxation lorsque l'autre réussit ; grimaces et tension lorsqu'il échoue) ; en revanche, si on lui dit que la situation sera compétitive, il réagit de façon exactement inverse[38].

La réaction empathique s'émousse également lorsque, en observant quelqu'un souffrir, on concentre son attention sur des éléments périphériques. Ainsi, on présente à des sujets des images de mains placées en situation douloureuse (par exemple, un doigt coupé ou une main coincée dans une porte)[39]. Tous les sujets voient les mêmes images, mais on demande à certains d'évaluer l'intensité de la douleur ressentie par la personne, tandis qu'on demande à d'autres de compter le nombre de mains présentes sur l'image. Chez les premiers, les zones de la douleur s'activent, et plus fortement lorsqu'il s'agit de photographies que lorsqu'il s'agit de dessins ; chez les autres, cette réaction empathique est absente.

Quand deux cerveaux entrent en résonance

Toutes ces études montrent qu'en situation normale nous sommes sensibles à la souffrance d'autrui, au plus profond de notre être. Cela a été également confirmé par l'une des plus fascinantes découvertes de la neurobiologie contemporaine, considérée par certains comme équivalant à la découverte de l'ADN, car elle « fournira un cadre unificateur et facilitera la compréhension d'une foule d'aptitudes mentales qui étaient jusqu'alors restées mystérieuses[40] ». Il s'agit des neurones miroirs, découverts au début des années 1990, et qui font aujourd'hui l'objet de très nombreuses recherches[41]. Ces cellules nerveuses s'activent non seulement quand un individu accomplit une action, mais aussi quand il voit un autre individu la réaliser. Situés dans deux zones cérébrales[42], ces neurones ont d'abord été découverts chez des singes, puis mis en évidence chez l'être humain. Ils nous permettent non seulement de reconnaître et de comprendre le sens des actions d'autrui (empathie cognitive), mais également ce que ce dernier ressent (empathie émotionnelle). En effet, lorsqu'une personne observe l'état émotionnel d'une autre (qu'il s'agisse de dégoût, de toucher, de douleur, etc.), cela active des parties du réseau neuronal qui traitent ce même état en elle-même. En d'autres termes, nous éprouvons peu ou prou des émotions en miroir de celles ressenties par autrui[43].

Selon Vittorio Gallese et Giacomo Rizzolatti, deux des découvreurs des neurones miroirs, ces derniers constituent le fondement neurologique de l'empathie. Vittorio Gallese affirme que le mécanisme neuronal d'appariement constitué par les neurones miroirs est essentiel pour établir un lien empathique entre individus[44]. Pour sa part, Rizzolatti déclare que les neurones miroirs nous montrent « combien les liens qui nous unissent aux autres sont profondément enracinés en nous et, donc, à quel point il peut être bizarre de concevoir un moi sans un nous[45] ». Cet auteur reste toutefois prudent : partager physiologiquement l'état émotionnel de quelqu'un ne signifie pas pour autant être en empathie avec lui[46]. Prenons le cas d'une personne qui grimace de douleur : si c'est un ami, cela peut susciter en nous de la compassion à son égard, mais si c'est un ennemi ou si nous sommes sadiques, cela peut provoquer de la satisfaction. Cet auteur fait remarquer que, pour utiliser positivement le mécanisme miroir, un élément supplémentaire, culturel, est nécessaire, qui peut être résumé dans la prescription : « Tout ce que vous voulez que les autres fassent pour vous, faites-le pour eux » (Évangile de Matthieu 7, 12[47]). Or cette parole du Christ – la règle d'or – se retrouve dans de nombreuses cultures. Et voici d'ailleurs une bonne nouvelle : les neurones miroirs ne sont pas des entités fixes immuables. Ils peuvent se développer en fonction du contexte[48]. Ainsi, notre cerveau est prédisposé à l'empathie, mais cela n'est pas suffisant pour agir avec bonté. Le choix personnel de l'individu, éventuellement soutenu par un contexte social favorable est également nécessaire.

Dans un texte de réflexion sur l'impact des récentes connaissances en neurobiologie sur la société, Marco Iacoboni déclare que les vingt ans de recherches qu'il a menées dans ce domaine l'ont amené à la conclusion que les humains sont « programmés pour l'empathie ». Mais alors, se demande Iacoboni, pourquoi notre monde est-il si rempli d'atrocités[49] ? Selon lui, la réponse vient de ce que ces mécanismes cérébraux de l'empathie fonctionnent à un niveau automatique, qui ne fait pas appel à la réflexion, tandis que nos sociétés sont construites sur la base de réflexions explicites. Ces deux approches se croisent rarement. Mais l'espoir reste permis selon lui. En effet, lorsqu'il présente les récentes connaissances au public, il constate que les gens reconnaissent alors sans difficulté que c'est bien comme cela que leur cerveau fonctionne. « Mon optimisme, écrit-il, est que ce niveau explicite de compréhension de notre nature empathique dissoudra un jour les systèmes massifs de croyance qui dominent nos sociétés et qui menacent de nous détruire. »

La morale vient-elle de la raison ou des émotions ?

La relation entre émotions et raison intrigue les philosophes depuis fort longtemps. Selon Platon, la raison, bonne par essence, doit maîtriser les émotions qui ont une moindre valeur. Cette idée sera reprise par Descartes et Kant, mais remise en cause par plusieurs penseurs britanniques de l'époque des Lumières (en particulier Shaftesbury, Hutcheson, Hume et Smith) qui proposeront la théorie du sens moral, selon laquelle nous naissons tous avec un sens du bien et du mal (de même que nous naissons avec les cinq sens physiologiques) (voir annexe). David Hume (1711-1776) s'est tout particulièrement illustré en affirmant que la raison est et ne doit être que l'« esclave des passions[50] ».

Qu'en est-il en psychologie scientifique ? La psychologie cognitive, qui a pris un essor considérable au cours des cinquante dernières années, a manifesté un intérêt prioritaire pour le raisonnement et mis à l'écart l'étude des émotions. Mais celles-ci font actuellement un retour en force. L'un des moments importants de cette reconquête a été la publication de l'ouvrage *L'Erreur de Descartes* par le neurologue Antonio Damasio[51]. Cet auteur a notamment réexaminé le cas de Phineas Cage, un ouvrier dont le caractère avait radicalement changé après qu'une barre de métal de trois centimètres de diamètre eut traversé son cerveau en 1848. L'homme a survécu et ses facultés intellectuelles n'ont pas été sensiblement affectées ; en revanche, cet homme très apprécié de ses proches est devenu irascible et grossier et a fini son existence dans la solitude et la misère.

Par ailleurs, Damasio a eu parmi ses patients des personnes atteintes de lésions proches de celles de Cage et souffrant des mêmes troubles. Elles semblent ne pas ressentir d'émotions, ce qui a conduit Damasio à considérer que la lésion de zones cérébrales consacrées aux fonctions émotionnelles est à l'origine d'attitudes et de choix désastreux dans la vie quotidienne, alors même que les capacités de raisonnement sont préservées. Pour expliquer le rôle des émotions dans la prise de décision, Damasio propose le concept de « marqueurs somatiques » ; ce sont des réactions physiologiques qui génèrent des sensations agréables ou déplaisantes à la suite d'une perception, d'une action ou d'un souvenir, et qui servent ainsi de signaux d'alarme, en disant, par exemple : « Attention ! Ce choix risque de conduire à un résultat néfaste ! », ce qui incite la personne à envisager une autre orientation. Le travail de raisonnement en est ensuite facilité.

Quand la neurobiologie explore les dilemmes moraux

Les neurobiologistes ont radicalement renouvelé les interrogations philosophiques, notamment en examinant le fonctionnement cérébral de personnes que l'on confronte à un dilemme moral[52]. Par exemple, des chercheurs présentent le texte suivant à des sujets : « Un trolley se dirige vers cinq personnes qui seront tuées s'il continue sur sa trajectoire. Le seul moyen de les sauver est de donner un coup de volant qui modifiera la trajectoire du trolley, et il tuera une seule personne au lieu de cinq. Devriez-vous dévier le trolley afin de sauver cinq personnes aux dépens d'une ? » La plupart des gens répondent oui.

Les chercheurs présentent à d'autres personnes la situation suivante : « Un trolley se dirige vers cinq personnes qui seront tuées s'il continue sur sa trajectoire. Vous vous tenez debout près d'une forte personne que vous ne connaissez pas, sur un pont qui enjambe la rue, juste entre le trolley qui arrive et les cinq personnes. Le seul moyen de les sauver est de pousser cet étranger par-dessus la passerelle. Il mourra si vous le faites, mais son corps arrêtera le trolley et empêchera celui-ci de toucher les cinq personnes. Devriez-vous sauver les cinq personnes en poussant cet inconnu ? » La plupart des gens répondent non.

Or il est très difficile de fournir une justification rationnelle satisfaisante à cette différence puisque le résultat est le même dans les deux cas. En fait, ce qui diffère n'est pas d'ordre rationnel, mais émotionnel : pousser soi-même directement quelqu'un vers la mort est un acte plus impliquant émotionnellement que de dévier un trolley. D'ailleurs, il se passe quelque chose de différent physiologiquement chez les sujets, selon qu'ils sont confrontés à tel ou tel dilemme, comme nous allons le voir.

Les auteurs de cette étude n'ont pas utilisé un seul dilemme mais 60, qu'ils ont divisés en trois catégories :

1. dilemmes moraux personnels (très impliquants émotionnellement) : dilemme du pont présenté ci-dessus ; voler les organes d'une personne pour les distribuer à cinq autres ;
2. dilemmes moraux impersonnels : dilemme du trolley présenté ci-dessus ; garder ou non l'argent trouvé dans une valise perdue ; voter ou non pour une politique dont on attend qu'elle cause plus de morts qu'une politique alternative ;
3. dilemmes non moraux : décider de voyager en car ou en train en fonction de certaines contraintes de temps ; choisir lequel des deux bons d'achat utiliser dans un magasin.

Les participants répondaient à chaque dilemme en indiquant s'ils jugeaient que l'action proposée était appropriée ou non ; pendant ce temps, leur fonctionnement cérébral était examiné par le biais de l'imagerie par résonance magnétique fonctionnelle. On pourrait penser que les deux formes de dilemmes moraux (personnels et impersonnels) génèrent une activité identique, contrairement à ce qui se passe pour les dilemmes non moraux. Or ce n'est pas du tout ce qui se passe. Les dilemmes moraux personnels (tel que le dilemme du pont) entraînent essentiellement une activité émotionnelle, avant tout traitement rationnel. Les deux autres formes de dilemmes génèrent une activité cérébrale nettement plus importante dans des zones plus cognitives, liées à la mémoire de travail.

Examinons maintenant cet autre dilemme moral, dramatiquement réaliste[53]. Des soldats ennemis se sont emparés de votre village. Ils ont l'ordre de tuer tous les civils. Vous et d'autres habitants avez trouvé refuge dans le grenier d'une grande maison. Votre bébé commence à pleurer. Pour sauver les personnes cachées, vous devez étouffer votre bébé jusqu'à ce qu'il en meure. Est-ce approprié de le faire ?

Comme l'on peut aisément s'en douter, répondre à un tel dilemme est extrêmement difficile. Selon Joshua Greene et ses collègues qui ont mené cette recherche, cela vient de ce qu'il y a alors un conflit entre une réaction émotionnelle de refus à la pensée de tuer son propre enfant et une analyse plus abstraite, cognitive, selon laquelle, en termes de vies sauvées, on n'a rien à perdre et beaucoup à gagner en accomplissant cet acte horrible. Les personnes qui répondent que cet acte est approprié le font avec un délai sensiblement plus long que celles qui répondent le contraire. Le même constat avait été fait antérieurement avec les autres dilemmes moraux personnels, tels que celui du pont. Ce temps de réponse accru vient de ce que les sujets doivent vaincre une réponse émotionnelle immédiate de refus de tuer.

Une autre source d'informations sur l'importance des émotions dans la morale vient de l'étude des psychopathes, personnes insensibles à la souffrance d'autrui (1 à 3 % de la population). De multiples études neurobiologiques, menées notamment par James Blair et son équipe de l'Université de Londres[54], montrent que leur aptitude à l'empathie cognitive (également appelée « théorie de l'esprit »), c'est-à-dire la capacité de se représenter l'état interne d'autrui, est intacte. En revanche, les zones consacrées à l'empathie émotionnelle sont défectueuses. En particulier, le dysfonctionnement de l'amygdale les conduit à être indifférents face aux manifestations de tristesse et de peur chez autrui.

Raison et émotions agissent conjointement

Jonathan Haidt, professeur de psychologie à l'Université de Virginie, s'est précisément penché sur les « émotions morales », c'est-à-dire liées au bien-être d'autrui, par exemple, la sympathie en réponse à la souffrance, la colère envers les personnes ingrates, l'affection pour les proches et les amis, etc.[55].

Nos choix moraux relèvent, selon Haidt, d'« intuitions morales », c'est-à-dire de processus rapides et automatiques, d'origine émotionnelle, au cours desquels une sensation du bien ou du mal relative aux actions ou au caractère d'une personne apparaît à la conscience sans passage par un traitement rationnel. Ce n'est que dans un second temps que survient le raisonnement moral, activité mentale consciente et contrôlée, processus « après coup » au cours duquel nous cherchons à confirmer notre réaction intuitive initiale. Haidt met en avant plusieurs arguments en faveur de sa thèse, tirés de diverses recherches :

- nous avons des réactions quasi instantanées à des scènes ou des histoires de violations morales ;
- les réactions émotionnelles sont généralement de bons prédicteurs des comportements moraux ;
- manipuler les réactions émotionnelles, par exemple par l'hypnose, peut modifier les jugements moraux ;
- nous savons intuitivement que quelque chose est mauvais, même quand nous ne pouvons pas expliquer pourquoi.

Selon Haidt, les intuitions morales sont l'équivalent de ce que les philosophes des Lumières écossaises – cités plus haut – appelaient le sens moral. Cette thèse radicale fait évidemment l'objet de fortes discussions dans le monde de la psychologie universitaire[56]. À l'appui de sa thèse, Haidt cite par exemple les réactions à l'histoire hypothétique suivante. Julie et Marc sont deux étudiants frères et sœurs. Au cours d'un voyage, ils se retrouvent au bord de la mer et se disent que ce serait intéressant et amusant de faire l'amour ensemble. Julie prend régulièrement la pilule et Marc utilise un préservatif pendant l'acte. Ils éprouvent du plaisir à faire l'amour, mais décident de ne pas recommencer l'expérience. Ils conservent cela comme un secret, une expérience qui les a encore plus rapprochés l'un de l'autre.

La plupart des personnes qui entendent cette histoire réagissent en disant que c'est mal pour des frères et sœurs de faire l'amour, et ils commencent à fournir des raisons à cela. Ils disent que Julie risque d'être enceinte ou encore que cette expérience va les traumatiser. Mais l'histoire est précisément construite de façon à réfuter ces arguments. Qu'à cela ne tienne, les sujets interrogés continuent à trouver cela mal, avec des propos comme : « Je ne sais pas, je ne peux pas l'expliquer, je sais seulement que c'est mal[57]. »

Haidt cite d'autres situations hypothétiques dont certaines – par exemple, nettoyer chez soi la cuvette des toilettes avec le drapeau national – montrent clairement que c'est le mécanisme de réaction émotionnelle qui est inné, bien plus que le thème concerné. Cette remarque est importante, car elle remet en valeur le raisonnement. Si certains ont une réaction *émotionnelle* immédiate d'indignation à l'idée de nettoyer les WC avec un drapeau, c'est qu'ils ont auparavant adhéré à l'idée que le drapeau a une valeur « sacrée », ce qui relève du *raisonnement* moral.

La rationalisation « après coup » mise en avant par Haidt est donc à la fois exacte et insuffisante. Il serait plus juste de dire qu'elle ne peut avoir lieu que si le sujet a déjà admis antérieurement que tel acte était moralement acceptable ou non. Le raisonnement entre donc en jeu à la fois longtemps avant et juste après la réaction émotionnelle.

Rappelons-nous ceux qui ont secouru des Juifs (chapitre 2) pendant la Seconde Guerre mondiale. Lorsqu'on les a interrogés, ils ont avancé trois principales motivations, correspondant à trois grandes catégories de la philosophie morale :

- j'ai aidé parce que cela fait partie de mon caractère (éthique des vertus) ;
- j'ai aidé parce qu'une personne souffrait à côté de moi (éthique de la sollicitude) ;
- j'ai aidé parce que je crois à de grands principes universels, tels que la justice, l'égalité des droits, etc. (éthique de justice).

L'éthique de la sollicitude est liée aux émotions morales, tandis que l'éthique de justice correspond au raisonnement moral. Les deux approches sont bien distinctes, mais peuvent être utilisées conjointement, puisque la plupart des personnes invoquaient plusieurs formes de motivation.

Une recherche neurobiologique contemporaine confirme ce rôle distinct des deux formes de motivation[58]. Des chercheurs présentent à des étudiants de courtes histoires faisant état de problèmes moraux, relevant soit d'une éthique de la sollicitude, soit d'une éthique de la justice. Par exemple, pour la sollicitude : « Une longue série de problèmes a ralenti la rédaction du rapport du groupe de marketing, qui doit être rendu lundi. Bob regrette de devoir laisser sa femme et ses enfants et de venir au bureau, aujourd'hui samedi, pour terminer le rapport. » Et pour l'éthique de justice : « Bob sent que son chef lui met la pression pour biaiser l'interprétation des données, mais il est réticent à faire apparaître des résultats faussés. » Les résultats de cette recherche montrent que ce sont des régions distinctes du cerveau qui sont activées dans un cas ou dans l'autre.

Finalement, la survalorisation soit de la raison, soit des émotions est une erreur. Les unes et les autres sont susceptibles de contribuer à la bonté humaine, chacune à leur manière.

Ce chapitre nous invite donc à remettre en question des croyances erronées et à retrouver le fonds de sagesse qui existe au fond de chacun de nous. C'est également la conclusion qui découle logiquement du prochain chapitre : la conception égoïste que la plupart des économistes ont de l'être humain est fausse et il est nécessaire d'y résister.

CHAPITRE 11

Nous sommes plus généreux que ce qu'on essaie de nous faire croire

Ce que nous apprend l'économie expérimentale

> « Une multitude de données prouvent que le modèle traditionnel de l'homme selon les économistes est trop limité. »
>
> Joseph STIGLITZ, prix Nobel d'économie[1].

> « Jeunes hommes avides, croyez-moi. Il n'existe que deux manières de gagner la partie : jouer cœur ou tricher. (...) Jouer cœur est simple. Il faut en avoir, voilà tout. Vous vous croyez sans cœur. Vous regardez mal vos cartes. (...) Montrez votre cœur et vous gagnerez. »
>
> Jean COCTEAU[2].

Des affirmations sans preuves

Les experts en économie ont bien de la chance. Ils peuvent faire de brillantes carrières, voire recevoir le prix Nobel, même si leurs travaux n'ont aucun lien avec la réalité. Le sociologue Jon Elster a fait ce constat particulièrement intéressant : en physique, toutes les théories qui ont reçu le prix Nobel comportaient des prédictions empiriques vérifiées. En revanche, en économie, la plupart des théories qui ont reçu le prix Nobel d'économie n'avaient pas de prédictions empiriques vérifiées[3].

D'ailleurs, avez-vous déjà ouvert une revue d'économie scientifique ? Si ce n'est pas le cas, je vous conseille de le faire lorsque vous en aurez l'occasion. Pour ma part, j'ai été assez surpris la première fois où cela m'est arrivé : j'ai découvert des articles comportant de nombreuses courbes et de longues équations sur des sujets pointus, mais souvent sans aucune référence à des événements réels et à des données empiriques : uniquement des spéculations théoriques. Je suppose que c'est la seule science humaine qui possède cette caractéristique. Affirmer beaucoup, vérifier peu, tel semble être le postulat fondamental de l'économie « scientifique ».

Un exemple parmi de multiples autres : j'ai présenté, au chapitre 6, la théorie de l'altruisme impur, selon laquelle, dès lors qu'une personne tire une satisfaction psychologique du fait d'être altruiste, cela implique que sa motivation profonde est égoïste. L'article censé démontrer cela ne comporte aucune description de situation concrète ; en revanche, il contient 61 formules mathématiques, par exemple celle-ci, qui n'est d'ailleurs pas la plus compliquée[4] :

$$c = \left\{ \mathrm{I} + \sum_{i=1}^{n} \frac{\mathrm{I} - f_{ia} - [\mathrm{I} / (\mathrm{I} - S_i)] f_{ie}}{f_{ia} + [\mathrm{I} / (\mathrm{I} - S_i)] f_{ie}} \right\}^{-1}.$$

J'avoue sans honte ne rien comprendre à ce jargon et ne pas être convaincu par la « démonstration »...

On retrouve une situation proche dans deux écrits qui ont énormément marqué la pensée économique et politique depuis plusieurs décennies. L'ouvrage *Logique de l'action collective*[5] de Mancur Olson et l'article « La tragédie des biens communaux[6] » de Garrett Hardin ont tous deux popularisé l'idée que l'égoïsme inhérent à la nature humaine a inéluctablement des effets néfastes sur la vie en société. Selon Olson, les membres d'un grand groupe n'agissent en faveur d'un bien commun, susceptible d'améliorer l'existence de tous, que s'ils sont contraints de le faire ou s'ils y trouvent un avantage individuel, distinct de la poursuite du but collectif. En effet, puisqu'il est coûteux de s'investir dans l'action et que chacun pourra tirer profit du bien collectif quand il sera obtenu, pourquoi se fatiguer à agir ? Plus le groupe est grand, plus la tentation du « ticket gratuit[7] » est forte, car les non-contributions individuelles sont alors peu visibles.

Dans l'introduction de son livre, Mancur Olson déclare qu'il va apporter, dans le premier chapitre, les preuves de ce qu'il avance. Or les cinquante pages de ce chapitre ne présentent pas d'exemple concret qui confirme le propos de l'auteur. Certes, celui-ci nous explique longuement ce que sont les biens collectifs, nous propose des équations et des courbes théoriques, reprend les réflexions conceptuelles d'autres universitaires mais ne fournit aucun exemple réel à l'appui de son propos. Le reste du livre consiste à réaffirmer le propos de base, par exemple, en disant qu'une association ou un syndicat ne peut recruter beaucoup de membres que si, en plus du bien collectif offert à l'ensemble de la population, elle ou il apporte spécifiquement à ses membres des avantages individuels (ce qu'Olson appelle des incitations sélectives). L'auteur consacre notamment un chapitre à l'évolution du fonctionnement des syndicats américains, mais pas d'étude empirique testant réellement ses propositions.

De nombreux chercheurs ont fait ce qu'Olson a évité de faire : mettre sa théorie à l'épreuve des faits. Et le résultat se révèle dévastateur[8] : la présence de bénéfices *collectifs* augmente le nombre d'adhésions à diverses associations ; le sentiment du devoir citoyen et le désir d'influer sur la politique gouvernementale sont parmi les raisons d'engagement politique le plus souvent citées par les militants.

Les partisans d'Olson ont réagi en affirmant que les personnes engagées dans des actions collectives en retirent de toute façon des avantages, que ce soit en termes du divertissement qu'apporte le fait de manifester, de l'image que l'on se donne aux yeux des proches ou encore du fait de se considérer comme une personne morale[9]. Tous ces aspects constituent des incitations sélectives, au même titre que celles plus matérielles soulignées par Mancur

Olson. Par exemple, le sociologue Karl-Dieter Opp a interviewé de nombreuses personnes ayant participé à des associations[10]. Celles-ci le font parce qu'elles ressentent une obligation morale de participer ou parce que cela leur donne l'occasion de rencontrer d'autres personnes qui partagent leur vision du monde. Elles retirent donc des bénéfices personnels, moraux ou sociaux, de la participation à une manifestation. Ce qui amène Opp à proposer une version élargie de la théorie du choix rationnel qui inclut les avantages non matériels fournis par la participation à une action collective.

Mais en adoptant une telle perspective, ces auteurs empêchent définitivement toute possibilité de tester la théorie d'Olson : en effet, si les membres d'une association participent peu à l'action collective, cela prouve la théorie d'Olson ; si, au contraire, ils participent fortement, cela la confirme également puisque ces personnes le font parce qu'elles y trouvent un intérêt psychologique personnel. Comme je l'ai souligné dans mon intermède à propos de la théorie de l'égoïsme déguisé en altruisme, une théorie qui n'offre aucune prise possible à la critique n'est qu'un dogme idéologique. Certes, la théorie d'Olson n'est pas systématiquement fausse : les individus profitant d'un « ticket gratuit » existent bel et bien, et chacun de nous peut-être tenté par cela de temps en temps, mais déclarer qu'il s'agit du fonctionnement habituel de l'être humain est une généralisation outrancière.

La fausse tragédie des biens communaux

Bien que biologiste, Garrett Hardin a énormément influencé la pensée des économistes, car il a adopté leur conception de l'individu rationnel et égoïste. Dans son article, l'un des plus souvent cités par les économistes, il s'est inquiété à juste titre de la menace de problèmes planétaires tels que la surpopulation, la pollution de l'air et des eaux, la surpêche, etc. Pour illustrer le processus conduisant à ce type de problèmes, il utilise l'exemple des biens communaux[11], une pratique qui a eu longtemps cours dans divers pays européens et qui existe encore dans certaines régions du monde : les paysans font paître leurs troupeaux dans des prés communs. Selon Hardin se produit alors un processus inéluctable : chaque fermier a intérêt à installer un maximum d'animaux sur ce terrain. Mais tout le monde raisonne de la même manière, ce qui aboutit au surpâturage et à la dégradation de la prairie. Hardin utilise le mot « tragédie » dans son sens grec : une situation dramatique, non planifiée mais inévitable, résultant des actions humaines.

Selon Hardin, la tragédie des biens communs ne peut être évitée que de deux manières. Pour les problèmes locaux (tels que les biens communaux), la propriété privée peut s'avérer suffisante ; en revanche, pour les problèmes bien plus vastes (surpopulation, pollution de l'air, etc.), il est nécessaire que l'autorité de l'État s'impose par la contrainte, d'autant plus que tout appel à la conscience morale lui semble parfaitement inefficace. Par exemple, Hardin n'hésite pas à prôner la limitation autoritaire des naissances, partant de l'argument que « la liberté de procréer est intolérable », en raison des conséquences écologiques de la surpopulation.

Depuis sa publication en 1968, l'article de Hardin est l'un des plus souvent cités dans la littérature scientifique, toutes disciplines confondues. Par ailleurs, une recherche sur Google en mars 2011 fournit environ 880 000 réponses pour l'expression « *tragedy of the commons* ». Il est devenu le texte à citer presque obligatoirement dans toute étude sur la gestion des ressources naturelles et il a influencé des politiques nationales et internationales de l'environnement. Or, bien qu'affirmant que ce processus est inévitable, Hardin ne présente aucune recherche pour fonder ses déclarations. Certes, le processus de tragédie des biens communs survient parfois, mais il est loin d'être la norme.

Prenons tout d'abord l'exemple des biens communaux qu'il décrit. Plusieurs recherches historiques ont montré que son analyse est erronée. Lorsqu'il y a eu des biens communaux dans l'histoire, ils ont la plupart du temps donné lieu à une autorégulation par les communautés concernées[12]. Comme l'affirme Susan Buck Cox, « ce qui a existé en fait n'était pas une "tragédie des biens communaux" mais plutôt un triomphe : pendant des siècles, et peut-être des millénaires, (...) la terre a été efficacement gérée par les communautés[13] ». Quant à la gestion des biens communs contemporains, elle a été attentivement étudiée par Elinor Ostrom, première femme prix Nobel d'économie, qui a consacré l'essentiel de sa carrière scientifique à ce thème. Son ouvrage *Gouvernance des biens communs*[14] fourmille d'exemples de populations ayant conclu des accords en vue de s'engager dans une stratégie coopérative. Prenons l'exemple des systèmes d'irrigation de *huertas* en Espagne[15], système qui fonctionne efficacement depuis au moins cinq cent cinquante ans et probablement presque mille ans. Dans des régions où l'eau est une denrée précieuse, des agriculteurs utilisant les mêmes canaux d'irrigation se rencontrent régulièrement dans le but d'édicter et de revoir les règles à appliquer, désigner des gardes, fixer les amendes et procéder à des évaluations. Les règles d'attribution de l'eau varient au cours de l'année, en fonction de la quantité d'eau disponible. Ce système permet à chacun de disposer d'une quantité correcte d'eau et d'éviter les conflits entre agriculteurs. Dans la région de Valence, le taux d'infraction par prélèvement illégal de l'eau est de 0,008 %. Même si, considérant que les gardes ne détectent pas toutes les infractions, on multiplie ce taux par 3 ou 4, celui-ci reste très faible. À noter qu'à Murcie, le tribunal des eaux s'appelle le Conseil des hommes bons !

Mancur Olson, Garrett Hardin et la plupart des économistes contemporains adoptent une conception de l'être humain appelée *Homo œconomicus* ; celui-ci possède deux caractéristiques majeures : il est à la fois rationnel et égoïste. Par conséquent, il utilise sa réflexion afin de tirer le profit maximum de toute situation qui se présente à lui. Je dis bien, *toute* situation. Autrement dit, nous ne le faisons pas seulement lorsque nous achetons une voiture, souscrivons à une assurance-vie ou cherchons à obtenir une promotion, mais aussi lorsque nous entretenons une relation amicale ou amoureuse, que nous participons à une action humanitaire, etc. En clair, toutes nos actions sont dirigées par l'intérêt personnel, sur la base d'un calcul coût/bénéfices[16]. D'ailleurs, plus on lit les écrits des économistes représentants de cette pensée dominante, plus on a l'impression qu'ils considèrent qu'être rationnel, c'est forcément être égoïste et, inversement, qu'être égoïste est le sommet de la rationalité.

Amartya Sen, l'un des très rares prix Nobel d'économie à tenir un discours différent de la vulgate traditionnelle, écrit pourtant : « Il me paraît tout à fait extraordinaire que l'on puisse soutenir que toute attitude autre que la maximisation de l'intérêt personnel est forcément irrationnelle. (...) Considérer toute attitude autre que la maximisation de l'intérêt personnel comme une preuve d'irrationalité implique nécessairement qu'on rejette le rôle de l'éthique dans la prise de décision réelle. (...) Tenir l'égoïsme universel pour une réalité est peut-être un leurre, mais en faire un critère de rationalité est carrément absurde[17]. »

Je ne m'étendrai pas longuement sur la facette rationnelle d'*Homo œconomicus* : elle a été remise en question à plusieurs reprises, en particulier par Herbert Simon (concept de rationalité limitée) et, plus récemment, par Kahneman et Tversky, qui ont montré, par de multiples recherches concrètes, que les décisions économiques sont généralement sous-tendues par des erreurs de jugement et d'interprétation[18]. Intéressons-nous plutôt à l'autre facette de l'« homme économique » : l'égoïsme. Elle est clairement exprimée par quelques-uns des illustres tenants de l'économie néoclassique. La facette « sympathie » de la théorie d'Adam Smith a totalement disparu, il n'en reste plus que la facette « égoïsme » (voir annexe). On ne peut être plus clair. Il affirme conclure cela d'une recherche empirique, mais sans fournir d'indication permettant de savoir de quelle étude il s'agit. Ainsi la théorie économique traditionnelle ignore la bonté. Tous nos comportements sont intéressés ; par exemple, faire un don anonyme à une association humanitaire consiste à s'acheter un sentiment de supériorité morale.

Le désir de justice plus fort que l'appât du gain

Les économistes ont longtemps pensé qu'il était impossible d'expérimenter dans leur discipline. Mais depuis une vingtaine d'années, l'économie expérimentale est en plein essor[19]. Ce courant de recherche a clairement démontré que les individus fondent généralement leurs décisions sur la coopération, la confiance, le sentiment de justice et l'empathie plutôt que sur l'égoïsme intéressé, ce qui est exactement à l'opposé des prédictions des théories économiques officielles.

Certaines de ces expériences correspondent à des « dilemmes sociaux », c'est-à-dire des situations où les intérêts personnels et les intérêts collectifs sont en contradiction, comme dans l'exemple des biens communaux. Autrement dit, si chaque individu agit pour son propre intérêt, sans tenir compte des autres, le résultat de l'ensemble de ces petits actes est défavorable pour tous. Par exemple, le « jeu des biens publics » reproduit des situations humaines bien connues. Un bien public peut être utilisé par chaque membre du groupe, quelle que soit sa contribution à ce bien. C'est le cas de l'entretien des routes, du système de santé publique, de la protection assurée par la police ou les pompiers, etc. Selon la théorie économique standard, puisque nous sommes tous fondamentalement égoïstes, chacun essaie d'éviter autant que possible de payer des impôts pour cela, tout en étant bien content que les autres apportent leur contribution. Le jeu des biens publics est tout particulièrement apte à tester le livre de Mancur Olson, que j'ai cité plus haut, qui a d'ailleurs pour sous-titre *Les biens publics et la théorie des groupes.*

Le jeu des biens publics met en scène au moins trois personnes qui ne peuvent pas communiquer entre elles. Chacune reçoit une certaine somme et peut la garder pour elle ou contribuer à une caisse commune, pour le montant de son choix. Le jeu est organisé de telle manière que si la personne décide de garder l'argent, cela lui rapporte plus, mais si elle décide de l'investir au profit du groupe, cela rapporte plus à l'ensemble du groupe. Par exemple, quatre personnes reçoivent au départ 10 euros. À chaque fois qu'une personne investit pour elle-même, cela double son gain et à chaque fois qu'elle investit dans la caisse commune, cette somme est multipliée par le nombre de personnes présentes. Admettons que chacun investisse 7 euros pour lui-même et 3 euros pour le groupe, on obtient le résultat suivant : chaque joueur obtient 14 euros d'investissement personnel (2 × 7) + 12 euros d'investissement collectif (3 × 4), soit 26 euros.

Envisageons maintenant le choix exactement inverse de la part de chaque participant, soit l'investissement de 3 euros pour soi et de 7 euros pour le groupe. Dans ce cas, chaque joueur obtient 6 euros d'investissement personnel (3 × 2) + 28 euros d'investissement collectif (7 × 4), soit 34 euros. Il est donc clairement avantageux pour chacun d'investir un maximum d'argent dans la cagnotte collective. Oui, mais à condition que tout le monde agisse de même. Car si une personne décide de faire cavalier seul, elle y gagne tandis que les autres y perdent. Imaginons donc cette troisième possibilité : trois participants versent 7 euros dans la caisse commune et en gardent 3 pour eux, tandis que la quatrième personne fait le contraire, soit 7 euros dans sa caisse et 3 euros dans la caisse commune. Les participants coopératifs gagnent 30 euros chacun tandis que le cavalier seul récupère 38 euros. Il est donc tentant de faire cavalier seul, mais si tout le monde essaie de faire cavalier seul, tout le monde y perd. Précision importante : chaque participant fait son choix en ignorant ce que font les autres et sans pouvoir discuter avec eux.

La théorie économique standard prédit que personne ne contribuera au bien public. En effet, puisque nous sommes tous fondamentalement égoïstes et calculateurs, chacun raisonne de la manière suivante :

- si les autres ne contribuent pas, alors il vaut mieux que je ne contribue pas non plus, sinon j'y perdrais de l'argent ;
- si les autres contribuent, j'ai intérêt à ne pas contribuer puisque faire cavalier seul me rapportera plus.

Or ce n'est pas du tout ce qui se passe, puisque les participants à ce genre d'expérience investissent entre 40 et 60 % de leur capital dans le collectif[20]. Ce résultat semble indiquer qu'ils tiennent à participer au bien commun et pensent qu'il en est de même chez les autres participants, tout en étant relativement prudents au cas où certains choisiraient de « jouer perso ». Voici donc la petite « morale de l'histoire » que l'on peut tirer de ces résultats : plus les membres d'une société croient en l'esprit de responsabilité et de coopération chez autrui, plus ils en bénéficient ; inversement, moins ils croient en cette aptitude, plus ils en pâtissent. Notons au passage que plusieurs études ont montré que plus une personne est compétitive, plus elle a tendance à penser que les autres sont compétitifs. En revanche, plus une personne est coopérative, plus elle a tendance à penser que les individus sont différents les uns des autres, allant des très coopératifs aux très compétitifs[21].

Altruisme et réciprocité

D'autres expériences ne concernent pas des dilemmes sociaux, mais permettent elles aussi de tester la validité de la conception de l'être humain selon les économistes. Ainsi, dans le jeu de l'ultimatum, qui fonctionne sur le principe « À prendre ou à laisser » (voir chapitre 10). Selon la théorie économique classique, A va faire l'offre la plus petite possible, tandis que B va accepter toute offre supérieure à 0 centime d'euro, puisque n'importe quelle somme d'argent, si petite soit-elle, est préférable à rien du tout.

Intuitivement, nous sentons bien que ce postulat adopté par les « experts » en économie ne doit pas bien fonctionner, car il heurte de plein fouet notre conception de la justice et de l'égalité. De fait, les personnes qui participent à cette expérience ne se comportent pratiquement jamais comme le prédit la théorie économique classique. Avec une somme initiale de 10 euros, l'offre de A la plus fréquente est 5 euros, avec une moyenne des offres se situant à 4 euros[22]. Il n'y a pratiquement pas d'offre inférieure à 1 euro ni supérieure à 5 euros. Quant à B, il accepte presque systématiquement les offres situées entre 4 et 5 euros et rejette généralement les offres inférieures à 2 euros.

Examinons tout d'abord le comportement de A lorsqu'il fait une offre équitable. Deux interprétations peuvent être données de son acte : soit il le fait spontanément, par générosité et esprit d'égalité ; soit il le fait parce qu'il craint qu'une offre trop faible entraîne un rejet par B. Les chercheurs en économie expérimentale ont trouvé le moyen de faire la part des choses, grâce au « jeu du dictateur ». Ici, A peut décider librement de la somme qu'il attribue à B, sans possibilité de refus de ce dernier. Dans ce cas, la moyenne de la somme offerte n'est plus de 4 euros, mais de 2 euros[23]. On peut donc en conclure que, *grosso modo*, la moitié de la somme est offerte par altruisme pur et l'autre moitié par démarche stratégique.

Quoi qu'il en soit, les résultats montrent clairement que les individus ne se comportent pas d'une manière conforme aux prévisions des experts de l'économie, puisque 2 euros sont offerts de manière purement désintéressée. De plus, même les 2 euros supplémentaires attribués stratégiquement sont intéressants à analyser : A suppose que dans l'esprit de B, le sentiment d'injustice peut être une motivation plus forte que l'appât du gain.

Notons par ailleurs que les résultats obtenus au jeu du dictateur peuvent fortement varier selon différents paramètres : par exemple, les gens sont trois fois plus généreux si on leur dit que B est une association humanitaire (en l'occurrence, la Croix-Rouge) que si on leur dit qu'il s'agit d'une personne[24].

Examinons maintenant la réaction de B. Comme l'on s'en doute, la raison qu'il invoque s'il rejette l'offre de A est que celle-ci lui apparaît injuste. D'ailleurs, les sujets acceptent bien plus facilement une offre injuste si on leur dit que celle-ci a été faite par un ordinateur[25]. N'accordant pas à l'ordinateur la capacité d'avoir un jugement moral, ils ne se sentent pas victimes d'injustice.

Le lecteur pensera peut-être que ce type d'études ne présente que peu d'intérêt, en raison des petites sommes mises en jeu. Rappelons tout de même que pour les économistes, le comportement intéressé concerne toute somme, quelle qu'en soit l'importance. Mais admettons la critique : quelques euros ou dizaines d'euros en plus ou en moins ne vont pas modifier fondamentalement la vie des gens. Des chercheurs ont donc voulu savoir si les résultats différaient sensiblement en augmentant fortement l'enjeu économique. Les résultats sont alors quasiment les mêmes, alors que les chercheurs mettent sur la table des sommes allant jusqu'à une semaine de salaire des participants (expérience réalisée en République slovaque[26]) et même trois mois (en Indonésie et en Russie[27]) !

Ces résultats sont incompréhensibles dans le cadre du postulat d'*Homo œconomicus* ; en revanche, ils sont faciles à interpréter si l'on considère que les humains sont des êtres de relation, qui tiennent compte des besoins de l'autre et qu'ils font preuve d'un certain sentiment de justice. D'ailleurs, le jeu de l'ultimatum trouve une expression très concrète dans certaines situations de la vie réelle. C'est le cas par exemple lorsque des agriculteurs refusent de vendre leur production à très bas prix, révolte exprimée par exemple dans ce propos d'un producteur laitier : « Je préfère jeter le lait plutôt que d'être esclave des industriels. » D'ailleurs, un tel refus a parfois des conséquences positives inattendues : des producteurs laitiers ont décidé d'offrir du lait gratuitement à la population plutôt que de le vendre à très bas prix aux laiteries. Beaucoup de personnes aux revenus modestes ont profité de l'occasion, mais beaucoup d'autres sont venus également dans les fermes et ont tenu à payer le lait qu'ils venaient chercher... à un prix double de celui imposé par les laiteries[28].

Quand la confiance en l'autre est récompensée

Rappelons le principe du jeu de la confiance, également appelé jeu de l'investissement, que j'ai déjà décrit dans le précédent chapitre. Il met en scène deux personnes qui ne peuvent pas communiquer. Chaque participant reçoit la même somme d'argent (par exemple, 10 euros). A choisit s'il garde l'argent ou s'il l'investit en faisant confiance à B. L'argent qu'il adresse à B est multiplié par trois et ce dernier peut en faire ce qu'il veut. Par exemple, si le joueur A cède ses 10 euros, le joueur B dispose de 40 euros [10 + (3 × 10)] ; ce dernier est alors libre de faire ce qu'il veut de l'ensemble de son argent. Le joueur A risque donc de perdre l'argent versé si B ne fait pas preuve de réciprocité. D'où l'intitulé « jeu de la confiance ». Si l'on suit la théorie économique standard, il est facile à prévoir ce qui va se passer : A anticipe l'égoïsme de B et ne lui envoie donc rien du tout.

Jon Elster propose une illustration concrète de cette situation dans la vie réelle. Dans des pays en développement, la famille contribue aux frais du voyage d'un de ses membres vers un pays occidental. En envoyant régulièrement une somme d'argent, une fois arrivé dans le pays d'accueil, l'émigré « rembourse » en quelque sorte l'argent qui lui a été avancé. La confiance de la famille et la loyauté du migrant ne cadrent aucunement avec la théorie économique standard. Toutefois, un économiste est parvenu à trouver une interprétation qui correspond à cette théorie de l'égoïsme fondamental : si le migrant envoie de l'argent à sa famille restée dans le pays d'origine, c'est uniquement pour les décourager d'émigrer eux aussi, car cela ferait baisser son salaire[29]. Comme je le soulignais précédemment, cette théorie n'est donc jamais prise en défaut : il y a toujours possibilité d'élaborer une explication bizarre et sophistiquée pour conserver le dogme.

Une étude a mis en évidence les effets préjudiciables de la méfiance[30]. Certains sujets A participent à un jeu de la confiance classique, tandis que d'autres participent au même jeu mais peuvent également sanctionner B s'ils estiment que celui-ci ne leur a pas retourné une somme d'argent convenable. Il y a donc au final trois situations :

1. A ne peut pas sanctionner B ;
2. A peut sanctionner B, mais annonce qu'il ne le fera pas, quel que soit le comportement de B ;
3. A peut sanctionner B et annonce qu'il le fera s'il estime que celui-ci se comporte de manière injuste.

L'annonce de la sanction ou non-sanction est faite en même temps que A transfère l'argent. Ainsi, B sait, au moment où il retourne l'argent, s'il risque ou non d'être sanctionné.

Dans les trois cas de figure, plus A transfère d'argent à B, plus celui-ci retourne d'argent à A. Après ce que nous avons lu précédemment, il n'y a là rien d'étonnant, même si c'est en contradiction avec la théorie économique officielle. Mais, par ailleurs, les retours d'argent opérés par B diffèrent fortement d'une condition à l'autre. B renvoie plus d'argent lorsqu'il sait que A peut le sanctionner mais choisit de ne pas le faire. Visiblement, il interprète la décision de A comme une preuve de confiance à son égard. Inversement, c'est lorsque A annonce qu'il sanctionnera B si celui-ci ne lui renvoie pas suffisamment d'argent que B renvoie le moins d'argent. La tentative de dissuasion a l'effet exactement contraire à celui espéré. La troisième situation, où A n'a pas la possibilité de sanctionner B, entraîne un niveau intermédiaire de retour d'argent par B.

Comment se fait-il que, dans le jeu des biens publics, le fait de punir les sujets faisant « cavalier seul » augmente la coopération chez les personnes sanctionnées (voir chapitre précédent), alors qu'ici la sanction a l'effet exactement inverse ? Selon les auteurs de cette étude, cela vient probablement du fait que dans le jeu des biens publics, punir le « cavalier seul » paraît moralement légitime. Tandis que dans le jeu de la confiance, B interprète probablement la menace de A comme une action intéressée. Pour ma part, je rajouterais une autre explication, complémentaire : dans les expériences faisant appel au jeu des biens publics, la sanction a lieu après l'acte d'autrui, tandis que dans l'expérience ci-dessus, la menace de sanction est exprimée avant l'action de B ; A lui fait alors clairement comprendre qu'il ne lui fait pas confiance *a priori*. Cela a visiblement pour effet d'irriter B.

Notons également les effets de la communication et de la réputation dans ces expériences. Beaucoup de recherches en économie expérimentale interdisent la communication entre les participants. Cependant, lorsque cette communication est possible, la coopération augmente sensiblement[31]. L'effet est bien plus important lorsque les personnes se parlent directement que lorsqu'elles s'envoient des messages écrits. Il est probable que cette différence est due au fait qu'un aspect essentiel de la communication fonctionne au travers des regards, des gestes, etc. qui transmettent la sincérité d'autrui. Tout se passe comme si la crainte d'être floué par l'autre personne disparaissait après qu'une discussion a eu lieu. Par ailleurs, si une personne peut gagner une bonne réputation aux yeux d'autrui, elle l'aide deux fois plus[32].

Sur ce thème des effets de la prise de risque, voici l'étude qui m'apparaît la plus instructive[33]. Plusieurs expériences de jeux des biens publics sont successivement menées, avec les mêmes quatre personnes à chaque fois. Dans certains groupes, un individu adopte spontanément une attitude systématiquement coopérative, quelles que soient les décisions des autres personnes (il s'agit bien de sujets de l'expérience, pas de « complices »). Dans ces groupes, le coopérateur constant reçoit légèrement moins d'argent que les trois autres participants. La conclusion semble claire : mieux vaut ne pas coopérer. Eh bien non, car les groupes où un coopérateur constant est présent tirent nettement plus de profit que les groupes où il n'y en a aucun. Dans l'une des variantes de l'expérience, les membres du groupe comportant un coopérateur constant ont contribué trois fois plus que ceux des groupes sans coopérateur constant. La présence de celui-ci incite donc ses collègues à coopérer. Cette attitude collective bénéfique rejaillit alors sur l'ensemble des membres du groupe, y compris sur le coopérateur constant, qui reçoit plus que s'il ne coopérait pas.

Ainsi, une vision à courte vue (limitée à la comparaison avec les autres membres du groupe) peut laisser penser que le coopérateur constant « se fait avoir ». En revanche, une vision plus large montre qu'il suscite un comportement de coopération chez les autres, dont *tous* bénéficient largement. Pour les auteurs de l'étude, les coopérateurs constants sont donc des sauveurs plutôt que des « bonnes poires ».

Comment expliquer cette réaction coopérative des autres membres du groupe ? Selon l'équipe de chercheurs, des individus placés dans une situation nouvelle se demandent : « Que fait une personne comme moi dans une situation telle que celle-ci ? » C'est particulièrement le cas des individus qualifiés de « coopérateurs conditionnels », qui sont disposés à coopérer, mais qui ne savent pas trop si c'est le comportement le plus approprié. Ils sont hésitants et ont besoin d'être rassurés sur le fait qu'ils ne seront pas exploités s'ils coopèrent. Dès lors, constater un comportement coopératif constant chez un collègue peut les rassurer et contribuer à l'établissement d'une norme sociale coopérative. La dynamique collective se transforme, par « contagion sociale » positive.

D'importantes différences culturelles

Une équipe de chercheurs a réalisé une étude interculturelle du comportement humain dans trois formes de jeu (de l'ultimatum, des biens publics et du dictateur), au sein de quinze sociétés de petite taille et présentant diverses conditions économiques et culturelles[34]. Le premier constat est que le postulat d'égoïsme systématique, brandi par les économistes orthodoxes, est absent dans toutes les sociétés étudiées. Par exemple, la somme proposée le plus fréquemment par les sujets A dans le jeu de l'ultimatum est la moitié de la somme octroyée par les chercheurs.

Il y a cependant de fortes différences entre les groupes étudiés, que les chercheurs attribuent à des pratiques culturelles divergentes. Par exemple, les Machiguenga, horticulteurs vivant dans l'Amazonie péruvienne, ont obtenu les scores les plus faibles de coopération ; les chercheurs expliquent cela par le fait qu'ils sont presque entièrement dépendants économiquement de la famille, mais pas du groupe élargi. Inversement, les deux groupes les plus généreux ont une intense vie coopérative. Par exemple, les chasseurs de baleines du village indonésien de Lamalera étaient très clairement les plus généreux dans le jeu de l'ultimatum. Comme il est facile de l'imaginer, leur économie dépend entièrement de la coopération en grands groupes, allant donc bien au-delà des membres de leur propre famille. Chez eux, environ les deux tiers des sujets ont proposé la moitié de la somme, dans le jeu de l'ultimatum, et les autres ont presque tous offert plus que la moitié. Les chercheurs font remarquer que la somme proposée pour le jeu correspond à environ dix jours de salaire, ce qui fait que les sujets de l'expérience ont pu faire un parallèle avec une équipée de chasse à la baleine. L'autre groupe particulièrement généreux, les Ache du Paraguay, partage également le gibier attrapé. Au cours du partage, le chasseur qui a capturé l'animal renonce à sa part, tandis que la viande est distribuée de manière égale entre toutes les autres familles. Nul ne cherche à se vanter d'être un bon chasseur, l'important étant la participation à la vie communautaire. À nouveau, les chercheurs supposent que, lorsqu'ils ont demandé à ces personnes de diviser la somme d'argent dans le jeu de l'ultimatum, les Ache ont fait un lien avec le partage de la viande.

Inversement, les Hadza partagent également la viande, mais le font avec réticence, et nombreux sont ceux qui s'efforcent d'éviter ce partage lorsqu'ils ont tué un animal. Et au cours du jeu de l'ultimatum, ces personnes ont tendance à proposer de faibles offres en tant que sujets A et à les refuser souvent en tant que sujets B. Chez les Papous de Nouvelle-Guinée, les individus B, dans le jeu de l'ultimatum, ont eu un comportement qui peut nous surprendre. Alors que les sujets A étaient généralement généreux (beaucoup ont proposé plus que la moitié de la somme), l'offre a souvent été refusée par les B. Là encore, cela peut s'expliquer culturellement. Dans cette société, accepter un don, même non sollicité, implique une forte obligation de faire preuve ultérieurement de réciprocité. Les « dettes » non remboursées peuvent ainsi s'accumuler et mettre la personne en situation de subordination. Plus encore, le « bienfaiteur » peut exiger le remboursement de la dette sous une forme qui ne convient pas du tout au bénéficiaire (par exemple, un soutien politique) et ce dernier ne peut alors refuser d'offrir son soutien. Grandir dans ce genre de société conduit donc à acquérir des valeurs et des attentes qui expliquent à la fois la forte générosité des sujets A et le fréquent refus des sujets B.

Signalons enfin un fait intéressant montrant que ces « jeux » ont pu être mis en correspondance avec des activités réelles vécues par ces personnes. Les Orma ont immédiatement reconnu que le jeu des biens publics était identique au *harambee*, une contribution que les familles Orma font lorsque leur communauté décide d'aboutir à un bien public, tel que construire une route ou une école. Ils ont d'ailleurs appelé cela le « jeu de *harambee* » et y ont généreusement contribué. Ils estiment que les familles les plus riches doivent le plus contribuer au *harambee*. Et c'est exactement ce qui s'est passé dans le jeu des biens publics.

La double conclusion que l'on peut tirer de ces études interculturelles est très claire : 1) la théorie économique se trompe fondamentalement au sujet de la nature humaine lorsqu'elle affirme qu'il existe un égoïsme foncier, inhérent à l'être humain[35] ; 2) le niveau de coopération et de confiance d'un individu est fortement conditionné par la culture dans laquelle celui-ci grandit.

Résistons à la mainmise idéologique des économistes

Les économistes du courant dominant semblent plutôt muets face à tous ces résultats qui remettent totalement en question leur croyance fondamentale, sur laquelle tout le reste repose. Je rapporterai pourtant la réaction d'Edward Lazear, qui fut le principal conseiller économique du président George W. Bush, dans un article intitulé « L'impérialisme économique[36] » (le mot « impérialisme » est ici employé dans un sens élogieux). Pour Lazear, l'économie est la plus importante science sociale ; c'est elle qui attire le plus d'étudiants, elle retient l'attention des décideurs politiques, des journalistes et des chercheurs d'autres disciplines. « Le succès de l'économie provient, en grande partie, de sa rigueur et de sa pertinence, ainsi que de sa généralité », écrit-il. Toutefois, il constate avec effroi que « les barbares sont à la porte », faisant allusion aux chercheurs en économie expérimentale. Certes, reconnaît-il, les résultats de cette nouvelle discipline constituent une énigme, mais cela ne justifie pas pour autant que l'économie doive se confronter aux réalités empiriques : « Dans la mesure où des résultats anormaux conduisent à des analyses améliorées et à de meilleurs modèles, ils ont de la valeur. Cela n'implique pas que l'économiste doive adopter la méthodologie d'autres disciplines. C'est l'obsession des théories cohérentes, rationnelles et unificatrices qui donne son pouvoir à l'économie. »

Mais au fait, pourquoi les économistes tiennent-ils tant à cette vision de l'être humain comme fondamentalement égoïste ? La réponse est très simple : ils projettent sur l'ensemble de l'humanité leur fonctionnement personnel. Plusieurs études ont montré de façon extrêmement claire que les étudiants en économie ont des comportements plus égoïstes dans les différentes expériences présentées ci-dessus (beaucoup d'expériences sont faites avec des étudiants, population facilement « disponible »). Ainsi, dans l'une des toutes premières études[37] sur ce thème, les chercheurs ont organisé une série d'expériences utilisant le jeu des biens publics, avec douze variantes. La seule variante dans laquelle le comportement des sujets s'approchait du modèle d'*Homo œconomicus* – avec une très faible contribution à la « cagnotte » commune (20 % de la somme qui leur était attribuée) – était précisément celle qui se faisait avec des étudiants en économie. Dans la plupart des autres cas, la contribution moyenne se situait entre 40 et 60 %.

Par ailleurs, les chercheurs ont demandé aux participants quelle proportion de contribution au bien commun leur semblait juste dans cette expérience. Plus de 75 % des sujets ont estimé que verser la moitié ou plus à la cagnotte commune paraissait juste. Les réponses des étudiants en économie furent très différentes : plus du tiers ont refusé de répondre à la question ou ont fourni des réponses très alambiquées. Les auteurs de l'étude font remarquer que pour ce groupe, la signification du mot « justice » dans ce contexte leur était assez étrangère. Quant à ceux qui ont répondu, la plupart ont estimé que contribuer faiblement ou pas du tout était un comportement juste.

Dans une autre étude, des chercheurs ont adressé un courrier à 1 245 professeurs d'université, appartenant à 23 disciplines, leur demandant de signaler la quantité d'argent qu'ils donnaient à des associations caritatives[38]. Ils ont reçu 576 réponses : 9,3 % des enseignants en économie ont déclaré ne pas donner d'argent contre seulement 1,1 % des autres enseignants.

Comment interpréter ces résultats ? On peut envisager trois hypothèses :

– soit les jeunes qui se lancent dans des études d'économie sont au départ plus égoïstes que les autres jeunes (on parle alors d'effet de sélection : les étudiants égoïstes s'autosélectionnent vers les études d'économie) ;

– soit les études d'économie rendent les étudiants plus égoïstes (processus appelé effet d'endoctrinement ou d'apprentissage) ;
– soit les deux phénomènes fonctionnent parallèlement.

En fait, c'est la troisième hypothèse qui semble la plus pertinente, puisque certaines études mettent surtout en évidence un effet de sélection[39], tandis que d'autres montrent surtout un effet d'endoctrinement[40]. Un exemple de cet effet d'endoctrinement nous est fourni par une recherche assez impressionnante[41]. Un chercheur explique à des étudiants, au cours d'un exposé de dix minutes, ce qu'est le « paradoxe du vote ». Ce paradoxe survient, leur dit-il, lorsque la conception économique de la rationalité est appliquée à la politique : il est irrationnel de voter puisque cet acte est coûteux pour la personne alors qu'il n'a qu'une infime probabilité d'influencer le résultat de l'élection. Le citoyen rationnel devrait donc s'abstenir (notons bien ici qu'être rationnel signifie être égoïste !). Cet exposé a eu lieu pendant la campagne pour l'élection fédérale canadienne (équivalente à l'élection législative en France). Résultat : cela a entraîné une baisse de 7 % du taux de participation électorale de ces étudiants ! Les chercheurs ont par ailleurs présenté des questionnaires aux étudiants pour évaluer statistiquement quels étaient les facteurs déterminants (notamment le sentiment de culpabilité en cas de non-vote, le sentiment de devoir citoyen, le conformisme social, la pression de la famille ou des amis, etc.). Le résultat est très clair, c'est le devoir citoyen qui est l'élément clé : la principale raison pour laquelle l'exposé a réduit le taux de participation est qu'il a incité des étudiants à remettre en question leur obligation morale à voter.

Il a donc suffi de dix minutes d'exposé pour réduire sensiblement le sentiment du devoir citoyen et entraîner une baisse de 7 % du taux de participation. Or les étudiants en économie (mais aussi dans une certaine mesure en sciences politiques, voire dans d'autres disciplines) entendent pendant des années que la seule attitude rationnelle consiste à penser uniquement à soi (ou dans le meilleur des cas, à soi et à sa famille proche). On imagine aisément les funestes conséquences d'un tel enseignement.

Dès lors, tout s'explique et la boucle est bouclée. Les économistes orthodoxes ont généralisé à l'ensemble de la population ce qui est leur trait de personnalité spécifique. Après tout, ce ne serait pas bien grave si la situation en restait là. Le problème est qu'en monopolisant le discours économique, ils parviennent à créer un monde à leur image. En effet, si nous les croyons, nous allons penser que les autres agiront de façon égoïste à notre égard, et, pour éviter de nous faire exploiter d'une manière ou d'une autre, nous allons prendre les devants en agissant nous-mêmes de façon égoïste plutôt qu'altruiste et coopérative. Ce qui a de fortes probabilités de produire le même comportement chez autrui. Et ainsi de suite. Et tout cela semblera confirmer la pertinence de la théorie, pourtant fausse, des économistes orthodoxes.

Les convictions des économistes néoclassiques fonctionnent donc malheureusement comme des « prophéties autoréalisatrices » : elles deviennent « vraies » par le simple fait de se diffuser dans la population. Voici deux expériences qui confirment cela. On explique le principe d'une expérience à des participants. Tout est identique dans la présentation, à ceci près que l'expérimentateur dit à certains sujets qu'ils vont participer au « jeu de Wall Street » tandis qu'il dit à d'autres qu'il s'agit du « jeu de la communauté ». Résultat : les sujets sont plus de deux fois plus nombreux à coopérer dans la deuxième situation[42]. L'explication repose probablement sur le fait que, dans le jeu de la communauté, chaque personne s'attend à ce que l'autre coopère et donc décide de coopérer elle-même. Et inversement pour le jeu de Wall Street.

Dans l'autre étude[43], l'expérimentateur explique le jeu de la confiance à différents sujets A, d'une manière identique hormis une légère différence : à certains, l'expérimentateur parle de B en disant « votre partenaire » et à d'autres, il fait allusion à « votre adversaire ». À part cela, tout est identique dans les deux cas. Lorsque A pense interagir avec un partenaire, il lui fait confiance dans 29 % des cas, tandis que, s'il croit qu'il s'agit d'un adversaire, il ne fait confiance que, dans 21 % des cas. Et B récompense la confiance qui lui est faite dans 68 % des cas face à un partenaire supposé, contre 33 % face à un adversaire supposé.

Il est donc grand temps de résister à cette mainmise de la pensée économique sur notre vie quotidienne et sur notre perception de l'être humain. Les économistes traditionnels n'accordent aucune importance au sentiment de justice, à l'intérêt pour autrui ou encore à la morale, alors que le citoyen moyen, lui, y est très sensible. Sous leur influence, l'égoïsme est maintenant considéré comme une norme morale, alors même qu'il est contraire à notre nature profonde. Visiblement, les économistes ont parfaitement réussi dans leur stratégie d'influence. Arrêtons donc de croire ces « experts » lorsqu'ils nous affirment que nous sommes tous aussi égoïstes qu'eux le sont !

C'est d'autant plus nécessaire que la conception de l'être humain – strictement égoïste et rationnel – adoptée par les économistes du courant dominant correspond en fait à la définition des psychopathes. Ce mot « psychopathe » éveille en nous des images de criminel effrayant, mais ce n'est pas forcément le cas. Ces individus sont peu nombreux (1 à 3 % de la population), mais particulièrement aptes à atteindre des postes de responsabilité, en raison de leur remarquable aptitude à la séduction et à la manipulation, en vue de satisfaire leurs propres intérêts.

Plusieurs auteurs ont mis en évidence le risque présenté par la présence de psychopathes dans le monde du travail. Selon Paul Babiak et Robert Hare, ce sont des experts de la compréhension de la psychologie humaine ainsi que de la détection et de l'exploitation des vulnérabilités d'autrui[44], ce qui leur permet d'être recrutés sans éveiller l'attention, puis de grimper les échelons, d'autant plus de nos jours, où la mobilité est de règle. Le turnover accéléré du personnel les protège car leur comportement néfaste peut ainsi rester longtemps invisible ; ils peuvent même apparaître comme des leaders parfaits en raison de leur charisme et de leur charme personnels.

Selon Clive Boddy, ces « psychopathes organisationnels » sont à l'origine de la crise financière globale qui secoue le monde depuis la fin des années 2000. Or, poursuit-il, ce sont également eux qui conseillent maintenant les gouvernants afin de sortir de cette crise : « Peut-être plus que jamais auparavant, le monde a-t-il besoin de leaders organisationnels dotés d'une conscience, conclut Boddy ; en revanche, il n'a pas besoin de psychopathes organisationnels[45]. »

Réhabiliter les valeurs humaines fondamentales

On pourrait conclure, des multiples recherches présentées ci-dessus, que la conception de l'être humain selon les économistes est totalement fausse. En fait, plutôt que fausse, elle manque tout simplement de finesse. Car il est vrai que certaines personnes agissent de manière égoïste, et ce de manière régulière, mais ces individus ne forment qu'une minorité de la population. Ainsi, nous avons d'un côté, la conception des économistes selon laquelle tous les êtres humains sont égoïstes, en tout temps et tout lieu ; de l'autre, une conception selon laquelle l'être humain est à la fois capable de sensibilité à autrui et d'égoïsme, le comportement variant en fonction des personnes et des circonstances. Au vu des connaissances accumulées en économie expérimentale (mais aussi au vu du comportement quotidien des gens !), maintenir la première conception relève de la pure idéologie et non pas de la science, contrairement à ce qu'affirment encore les tenants de la pensée économique néoclassique.

Cela dit, renverser un paradigme simpliste n'est pas suffisant, il importe de le remplacer par un autre plus conforme à la réalité humaine. En fait, il existe de multiples autres attitudes, alternatives à l'égoïsme, qui font l'objet de recherches[46] :

- l'altruisme ;
- la réciprocité et la coopération conditionnelle (si autrui coopère, ou est généreux, etc., le sujet coopère ; si autrui fait défection, le sujet agit de même) ;
- l'honnêteté ;
- le goût pour la justice et l'égalité ;
- l'identité personnelle et l'attrait pour une image de soi positive ;
- l'aversion envers la culpabilité (les gens veulent aider les autres, car ils se sentiraient coupables de ne pas le faire).

Il est encore trop tôt pour dire quel est le mécanisme qui explique le mieux les réactions des personnes. Rappelons à ce propos que l'économie expérimentale est une science jeune : la plupart des théories ont été élaborées depuis la fin des années 1990. Il est d'ailleurs peu probable qu'un paradigme unique puisse rendre compte de la complexité humaine. Dans telle ou telle circonstance, et pour tel ou tel individu, ce sera plutôt l'altruisme ou la coopération qui sera le facteur le plus important, ou bien encore le goût pour la justice, etc. Rappelons-nous, par exemple, la multiplicité de motivations qui ont incité des personnes à sauver des Juifs persécutés (chapitre 2).

Une autre conception de l'être humain et une autre pratique de l'économie sont donc possibles, qui reposent sur la relation aux autres. Je montrerai, dans un prochain ouvrage, qu'une économie fondée sur la confiance en autrui et sur la coopération fonctionne plus efficacement qu'une économie fondée sur la compétition et la cupidité. Des applications très concrètes existent déjà. Pour l'heure, j'aimerais simplement faire référence à Amitai Etzioni, qui propose depuis plusieurs dizaines d'années ce qu'il appelle le « paradigme Je-Tu », en s'inspirant de la pensée du philosophe Martin Buber[47]. Selon Etzioni, les êtres humains prennent généralement en compte les besoins des autres membres de la société lorsqu'ils agissent et prennent des décisions. Par exemple, écrit-il, les gens paient des impôts pas simplement par peur de sanctions, mais aussi parce qu'ils considèrent que c'est un acte légitime de solidarité. Mais, au fait, que nous disait Martin Buber ? Que « nous vivons dans le torrent de la réciprocité universelle, unis à lui par un lien ineffable[48] ».

CONCLUSION

Un changement de paradigme porteur d'implications sociales et politiques

« Au lieu de vous plaindre de l'obscurité, vous pouvez allumer une bougie. »

Proverbe chinois,
cité par Selahattin Ulkumen[1].

Nous voici parvenus au terme de notre périple. Pour ma part, plus j'avançais dans mes lectures, plus j'étais étonné, voire stupéfait, de ce que je découvrais. Il est même arrivé que certaines de mes intuitions humanistes se changent progressivement en certitudes fondées scientifiquement (même si je suis bien conscient que la science est en perpétuel renouvellement : ce que je présente dans ce livre n'est que l'état actuel du savoir).

Ce nouveau millénaire voit se réaliser sous nos yeux ce que Thomas Kuhn appelle une révolution scientifique, c'est-à-dire une période historique exceptionnelle au cours de laquelle se modifient les convictions des spécialistes[2]. Cet épistémologue nous dit que toute révolution scientifique est précédée d'une période de crise au cours de laquelle les chercheurs sont confrontés à des faits de plus en plus nombreux qui contredisent la théorie dominante.

Certains essaient alors à tout prix de conserver celle-ci, quitte à faire quelques entorses au principe d'objectivité qui devrait caractériser l'activité scientifique. Un exemple de ce type d'attitude nous est fourni par l'économiste Edward Lazear, dont j'ai parlé au chapitre précédent. Constatant que les résultats fournis par les chercheurs en économie expérimentale sont en train d'anéantir le modèle d'*Homo œconomicus*, il qualifie ces scientifiques de « barbares » et affirme que ces découvertes ne doivent pas modifier la théorie.

Cependant, nous dit Kuhn, vient un moment où la crise est si forte qu'une nouvelle théorie voit le jour et que la précédente disparaît. L'adoption d'un nouveau paradigme par un scientifique peut se faire parfois de façon soudaine. Selon Kuhn, les scientifiques parlent alors souvent d'« écailles qui leur sont tombées des yeux » ou d'un éclair qui a « inondé de lumière » une énigme jusque-là obscure, les conduisant à voir ses éléments sous un jour nouveau qui permet de résoudre le problème[3].

L'évolution personnelle de Kristen Monroe illustre bien ce processus. J'ai cité les travaux de cette professeure de sciences politiques dans le chapitre sur la protection des Juifs. Au cours de son enquête, les personnes qui ont aidé lui ont généralement dit qu'elles avaient agi spontanément et immédiatement, sans même prendre le temps de réfléchir. Les entretiens que Monroe a réalisés l'ont amenée à prendre en considération de multiples questions auxquelles sa formation en sciences humaines ne l'avait pas invitée à réfléchir, des questions qui lui sont alors apparues bien plus essentielles que ses préoccupations initiales. Au départ, elle a eu beaucoup de difficultés à admettre que c'était par véritable altruisme que les gens avaient ainsi agi, car son parcours universitaire en tant qu'économiste politique l'avait conduite à rechercher des explications du comportement humain issues d'un calcul rationnel et égoïste[4], mais l'évidence s'est progressivement imposée à elle.

Présentant les changements qui ont lieu lors de l'adoption d'un nouveau paradigme, Kuhn fait un parallèle avec une expérience neurophysiologique très surprenante[5]. Si l'on fait porter à quelqu'un des lunettes munies de lentilles qui donnent une image renversée, il commence par voir tout son environnement à l'envers.

Puis il parvient rapidement à s'adapter à son nouveau monde et tout son champ visuel se remet d'aplomb, après un intervalle pendant lequel la vision est confuse, et il voit ensuite les objets comme il les voyait avant de porter les lunettes.

Il est fort possible que la diffusion des connaissances actuelles sur la bonté humaine provoque dans un premier temps une vision confuse. Certains lecteurs risquent de ne plus trop savoir que penser. Mais il est fort possible également (fort probable ?) qu'après un certain temps la nouvelle perspective apparaisse clairement, alors même qu'elle est l'inverse exact de la précédente. Comme je l'ai déjà souligné, une partie importante des découvertes citées dans ce livre ont été faites depuis les années 2000. Conclusion : les théoriciens de l'homme égoïste et violent sont des gens du passé, du siècle et même du millénaire passé. Ils ont certes la respectabilité de l'âge à leur service, mais cela ne suffit pas pour conserver une théorie dépourvue de solides fondements.

On peut répartir en trois catégories les conceptions de l'être humain relatives au bien et au mal :

– Il y a tout d'abord la conception *exagérément pessimiste*. C'est celle largement présente en sciences sociales, tout particulièrement en économie (voir notre intermède et notre annexe). Selon cette approche, l'être humain est fondamentalement égoïste et tente de gérer au mieux ses propres intérêts ; il est également avide de pouvoir. Cette conception est clairement erronée, mais continue à être largement enseignée dans les universités. Toute révolution scientifique prend du temps pour s'accomplir… Les partisans de cette conception étroite de l'être humain me font penser aux « personnages » du roman *Flatland*, d'Edwin Abbott[6]. Flatland (le « pays plat ») est un univers en deux dimensions où vivent des figures géométriques (lignes, cercles, carrés, rectangles, etc.). Un jour, le narrateur, un modeste carré, fait la rencontre d'un visiteur de l'espace, une sphère venue enseigner le concept de monde à trois dimensions. Le carré n'arrive pas à comprendre ce qu'il voit jusqu'à ce que la sphère le projette dans Spaceland, l'univers à trois dimensions d'où vient cette dernière. Le carré revient ensuite faire part de sa découverte à ses compatriotes qui n'arrivent pas à le croire. Il est convoqué devant le tribunal de Flatland et est jeté en prison.

– Il existe une perspective strictement inverse, *exagérément optimiste*. Elle consiste à penser que l'être humain est fondamentalement bon et que c'est la société qui l'a perverti. C'est la thèse du bon sauvage – présente chez Montaigne, et non chez Rousseau, contrairement à une idée commune.

– Une troisième approche est *à la fois optimiste et réaliste*. Elle considère que chaque être humain a en lui des potentialités vers le bien et le mal, vers l'amour et la haine, vers l'altruisme et l'égoïsme. Je la qualifie d'optiréalisme. Elle correspond tellement au sens commun que j'ai l'impression d'énoncer une banalité très ordinaire en l'exprimant. La personne réelle que nous rencontrons quotidiennement est bien différente de celle, imaginaire, qu'ont créée de toutes pièces certains « experts » en sciences humaines.

Au départ, mon objectif, en écrivant cet ouvrage, était simplement de rééquilibrer la perspective négative souvent exprimée sur l'être humain, en montrant l'autre facette, plus positive. Or plus j'avançais dans mes lectures, plus je constatais que le fond de bonté est davantage constitutif de notre être que la tendance à la violence et à l'égoïsme. J'ai longtemps rejeté l'idée d'une nature humaine, quel qu'en soit le contenu, considérant qu'elle véhiculait une vision déterministe. À la suite de ce périple intellectuel qui m'a pris plusieurs années, il m'apparaît aujourd'hui clairement qu'il existe en nous une potentialité *innée* à la bonté, à l'empathie et à l'altruisme. Il ne s'agit pas là d'une vision naïve : la possibilité de la violence existe également, bien entendu, mais il ne s'agit que d'une possibilité par défaut.

Stefan Vanistendael, un ami spécialiste bien connu dans les milieux de la résilience, m'a fait comprendre la pertinence de conjuguer optimisme et réalisme[7]. Stefan participe depuis de longues années à la mise en œuvre et au suivi de programmes d'aide aux enfants en souffrance dans diverses régions du monde (orphelins, enfants de la guerre, enfants qu'on prostitue, etc.). Il a ainsi pu constater que, même après avoir subi d'importants traumatismes, des enfants parviennent à se reconstruire, en particulier si des adultes sensibles les accompagnent sur leur chemin de vie.

Bien sûr, cela n'élimine pas toutes les cicatrices, mais conduit à regarder la résilience comme un concept à la fois réaliste et optimiste.

Les connaissances scientifiques contemporaines sur la bonté nous invitent à élargir ce regard teinté d'optimisme et de réalisme sur l'être humain en général. Faisons un pas de plus. L'optiréalisme pourrait-il constituer non seulement une perspective sur l'espèce humaine, mais également le fondement d'un projet de société ? Cela paraît en tout cas logique. Je dis souvent à mes étudiants que toute politique publique repose sur une certaine conception de l'être humain, conception souvent implicite, mais qu'il est préférable d'énoncer clairement. Si l'on reprend les trois perspectives décrites ci-dessus, on voit aisément les pratiques politiques qui peuvent en être tirées.

– *Suivant la conception exagérément pessimiste :* l'individu étant naturellement violent et égoïste, il est nécessaire de lui imposer des contraintes dures pour que la vie en société soit possible. En amont, à titre préventif, cela s'exprime par des menaces à visée dissuasive, que ce soit en politique intérieure ou en politique internationale. En aval, si des actes néfastes ont été commis, il faut procéder à des sanctions rapides et rigoureuses.

– *Suivant la conception exagérément optimiste :* l'individu étant naturellement bon et ses imperfections n'étant que le fruit d'un système social inadapté, il suffit de changer ce dernier pour que tout s'arrange. Par le passé, cela a donné des « lendemains qui chantent » et des dictatures qui font déchanter…

– *Suivant la conception optiréaliste :* l'individu ayant une propension fondamentale à la bonté, mais pouvant également se tourner vers la violence, par manque existentiel (voir ma préface), il convient de faciliter les situations susceptibles de faire émerger le meilleur de chacun, tout en étant lucide sur le fait qu'aucune société ne peut transformer radicalement les individus. Chacun a sa part de responsabilité, les personnes comme les institutions.

Un conte attribué aux Indiens d'Amérique du Nord illustre bien cette responsabilité personnelle. Un grand-père explique à son petit-fils qu'en chacun de nous coexistent deux loups : l'un est le loup de la peur, de la haine et de l'égoïsme ; l'autre est le loup de la confiance, de l'amour et de la bonté. Le petit garçon demande alors à son aïeul : « Quel est le loup qui gagne, finalement ? » Ce à quoi le vieux sage répond : « Celui que tu nourris le plus. »

L'optimisme réaliste est précisément la perspective adoptée par les grands réformateurs sociaux de l'histoire, ces personnages à la fois lucides sur les injustices, les violences, etc., et confiants dans la possibilité de pouvoir faire évoluer la situation existante, en pariant sur la part de bonté présente chez tout individu. Car lorsqu'une personne souhaite changer le monde, il faut à la fois qu'elle soit réaliste sur la situation présente et suffisamment optimiste sur l'aptitude à la bonté de l'être humain ; sinon, elle ne se lancerait pas dans l'action. Comme le montrent les citations qui suivent, des passionnés de la justice et de la liberté tels que Jean Jaurès, Martin Luther King et Nelson Mandela sont des optiréalistes, à la fois dans leur conception de l'être humain et dans l'action concrète qu'il leur semble possible de mettre en œuvre.

Jean Jaurès

« Je demandais à ceux qui m'écoutaient de juger les hommes avec bienveillance, c'est-à-dire avec équité, d'être attentifs dans les consciences les plus médiocres et les existences les plus dénuées aux traits de lumière, aux fugitives étincelles de beauté morale par où se révèle la vocation de grandeur de la nature humaine. (…) Ce qui reste vrai, à travers toutes nos misères, à travers toutes les injustices commises ou subies, c'est qu'il faut faire un large crédit à la nature humaine (…). Cette confiance n'est ni sotte, ni aveugle, ni frivole. Elle n'ignore pas les vices, les crimes, les erreurs, les préjugés, les égoïsmes de tout ordre, égoïsme des individus, égoïsme des castes, égoïsme des partis, égoïsme des classes, qui appesantissent la marche de l'homme, et absorbent souvent le cours du fleuve en un tourbillon trouble et sanglant. (…) L'histoire enseigne aux hommes la difficulté des grandes tâches et la lenteur des accomplissements, mais elle justifie l'invincible espoir[8]. »

Martin Luther King

« Il y a dans la nature humaine un extraordinaire potentiel de bonté. Il y a quelque chose dans la nature humaine qui peut répondre à la bonté. Je sais bien que l'on risque de dire qu'il est irréaliste de croire que tous les individus sont bons. Eh bien, je n'ai pas dit cela. (...) Il y a une étrange dichotomie, un dualisme problématique au sein de la nature humaine. Au fil des siècles, beaucoup de grands philosophes et penseurs l'ont constaté. (...) De même dans notre vie individuelle, nous constatons ce conflit et, lorsque nous observons la vie collective de l'homme, nous voyons une étrange méchanceté. Cependant, malgré cela, il y a quelque chose dans la nature humaine qui peut répondre à la bonté[9]. »

Nelson Mandela

« J'ai toujours su qu'au plus profond du cœur de l'homme résidaient la miséricorde et la générosité. Personne ne naît en haïssant une autre personne à cause de la couleur de sa peau, ou de son passé, ou de sa religion. Les gens doivent apprendre à haïr, et s'ils peuvent apprendre à haïr, on peut leur enseigner aussi à aimer, car l'amour naît plus naturellement dans le cœur de l'homme que son contraire. Même aux pires moments de la prison, quand mes camarades et moi étions à bout, j'ai toujours aperçu une lueur d'humanité chez un des gardiens, pendant une seconde peut-être, mais cela suffisait à me rassurer et à me permettre de continuer. La bonté de l'homme est une flamme qu'on peut cacher mais qu'on ne peut jamais éteindre[10]. »

En 2004, bien que retiré de la vie politique, Mandela a prononcé un discours à l'occasion du dixième anniversaire de l'instauration de la démocratie en Afrique du Sud. Il déclare : « Un principe conducteur de notre recherche et de l'établissement d'une démocratie inclusive dans notre pays a été qu'il y a des hommes et des femmes bons dans tous les groupes et tous les secteurs de la société ; et que dans une société ouverte et libre, ces Sud-Africains réaliseront ensemble le bien commun d'une manière coopérative. Je souhaite que les Sud-Africains n'abandonnent jamais leur croyance en la bonté, qu'ils chérissent cette foi dans les êtres humains comme étant le fondement de notre démocratie. (…) Des ennemis historiques ont réussi à négocier une transition pacifique de l'apartheid à la démocratie précisément parce que nous étions préparés à accepter la capacité inhérente à la bonté chez l'autre. (…) Dans un monde cynique, nous sommes devenus une inspiration pour beaucoup. Nous indiquons que le bien peut être obtenu parmi les êtres humains qui sont préparés à la confiance, préparés à croire dans la bonté des gens[11]. »

Richard Stengel connaît très bien Nelson Mandela puisqu'il l'a longuement côtoyé au moment de l'écriture de son autobiographie. Il a ainsi pu constater que Mandela considère toujours autrui comme vertueux, jusqu'à preuve du contraire. Mandela s'intéresse prioritairement à ce qu'il y a de constructif chez quelqu'un. D'une part, parce que c'est dans sa nature profonde ; d'autre part, parce qu'il pense que le fait de voir le bien chez les gens peut les rendre meilleurs. « On va avoir l'impression que je vois trop le bien chez les autres, lui a dit un jour Mandela. C'est une critique que je suis bien obligé d'essuyer, et dont j'ai essayé de tenir compte. Mais quoi qu'il en soit, c'est une chose que je crois profitable. Il est bon de l'assumer, et d'agir en se fondant sur l'idée que les autres sont intègres et dignes. Voir ainsi ceux avec qui vous travaillez attire l'intégrité et la dignité. J'en suis persuadé[12]. »

Maintenant que nous sommes parvenus au terme de notre voyage, la question qui se pose est donc la suivante : que faire de tout le savoir accumulé sur les potentialités humaines à la bonté pour améliorer la vie en société ? Ma réponse est la suivante : il est possible d'envisager une politique publique fondée sur l'optiréalisme. Telle est ma profonde conviction, et tel est également le thème d'un prochain ouvrage, suite logique de celui que vous avez entre les mains, et qui mêlera, comme la plupart de mes livres, expériences de vie et bilans de recherches scientifiques. Parmi d'autres, deux courants issus du monde universitaire proposent des pistes fondatrices pour une nouvelle vision sociale en harmonie avec l'optiréalisme : la psychologie positive et le convivialisme.

La *psychologie positive* est « l'étude des conditions et processus qui contribuent à l'épanouissement ou au fonctionnement optimal des individus, des groupes et des institutions[13] ». Cette définition indique clairement qu'il ne s'agit pas d'une conception égocentrique, caractérisée par la quête quasi exclusive de l'épanouissement individuel. Elle concerne également les relations interpersonnelles et les questions sociales, voire politiques. Ainsi, un chercheur en psychologie positive peut tout aussi bien étudier le bien-être des élèves d'un collège, les bonnes relations au sein d'une équipe de travail ou encore une médiation lors d'un conflit international. S'intéresser à la psychologie positive ne consiste pas à se percevoir ou à observer le monde qui nous entoure d'une manière naïve, en laissant de côté les connaissances acquises sur la souffrance ou la violence humaines. Ce courant considère simplement qu'à côté des problèmes et dysfonctionnements individuels et collectifs s'exprime et se développe toute une vie riche de sens et de potentialités. Dans divers pays, des universités proposent des cours de psychologie positive. Dans le monde francophone, une dizaine d'ouvrages ont déjà été publiés, dont deux livres de référence, rassemblant les contributions de nombreux spécialistes internationaux[14]. Une association et un site Internet francophones existent également[15].

Le *convivialisme*[16] est, quant à lui, un terme proposé par Alain Caillé, professeur émérite de sociologie à l'université de Paris-Ouest-Nanterre-La Défense, fondateur et principal animateur du Mauss (Mouvement anti-utilitariste en sciences sociales), dont j'ai déjà parlé. Caillé propose un nouveau modèle de société caractérisé par la coopération et la solidarité plutôt que par la compétition. Selon lui, « les hommes ne sont pas des *Homo œconomicus* par nature. Ils ne le deviennent que là et quand la seule voie d'accès à la reconnaissance est devenue l'enrichissement matériel[17] ». Caillé propose deux fondements essentiels de la convivialité à venir :

– le principe de commune humanité, c'est-à-dire l'affirmation de l'unité du genre humain, première par rapport à toutes les différences biologiques, culturelles, sociales, etc. ;

– le principe de commune socialité, selon lequel les sujets humains ne sont pas d'abord et pas seulement des individus, mais avant tout des êtres sociaux.

Les expériences humaines concrètes facilitant une vie sociale harmonieuse sont très nombreuses de par le monde. Certains aventuriers d'un nouveau genre ont d'ailleurs parcouru la planète pour nous rapporter ce qui se fait de meilleur. Mention spéciale doit être faite à la famille de Cherisey qui nous a rapporté de nombreux témoignages sous des titres comme *Passeurs d'espoir* ou bien *Recherche volontaire pour changer le monde*[18]. Mais d'autres livres, aux titres attrayants, nous invitent à l'espoir : *L'Espérance autour du monde* ; *Mille soleils* ; *Comment changer le monde. Les entrepreneurs sociaux et le pouvoir des idées nouvelles* ; *80 hommes pour changer le monde. Entreprendre pour la planète*[19]. La France n'est pas oubliée, avec des titres comme *Ceux qui font bouger la France* ou *Les Créatifs culturels en France*[20]. L'association Reporters d'espoir travaille dans le même sens[21].

En ce qui concerne les recherches scientifiques, de nombreux travaux contemporains montrent que des valeurs et attitudes fondamentales telles que la confiance en l'autre, l'empathie, le respect, la coopération, etc., peuvent avoir un impact non seulement sur les relations interpersonnelles, mais plus largement sur la vie sociale. Elles peuvent influer sur des domaines de politique publique aussi divers que l'économie, la santé, l'éducation, la politique familiale, l'emploi, l'environnement, la justice et même les relations internationales. Bref, c'est en pariant sur ce qu'il y a de meilleur en l'être humain que ce meilleur peut se révéler. À titre d'exemples, voici quelques résultats, parmi de très nombreux autres : l'apprentissage coopératif est bien plus efficace que l'apprentissage compétitif, que ce soit en termes de résultats scolaires, d'ambiance dans la classe, de relations maître/élèves, etc. ; la justice restauratrice (basée sur des rencontres facilitant l'empathie de l'agresseur vis-à-vis de la victime) obtient des résultats bien meilleurs que la justice pénale traditionnelle, que ce soit en termes de satisfaction des victimes, de responsabilisation des délinquants ou encore de baisse de la récidive[22] ; dans les relations internationales, la diplomatie reposant sur la négociation est bien plus efficace que la dissuasion (menace du « bâton »), pour réduire le risque de guerre ; les entreprises dans lesquelles les employés se sentent heureux de travailler, sont aussi rentables, et souvent plus, que celles où ils ne se sentent pas reconnus à leur juste valeur ; etc. Encore quelques années et l'optiréalisme sera peut-être une évidence pour la majorité de nos contemporains ; c'est du moins ce que j'espère de tout cœur.

Annexes

1

Pourquoi certains croient-ils si fort à la méchanceté humaine ?

« Si tu n'as vu que le mal, je te plains ; mais je ne puis te croire. Le mal existe, mais non pas sans le bien, comme l'ombre existe, mais non sans la lumière. »

Alfred de MUSSET[1].

« Pour rechercher la vérité, la meilleure méthode consiste peut-être à commencer par soumettre à la critique nos croyances les plus chères. Ce projet pourra sembler retors à certains, mais non à ceux qui veulent découvrir la vérité et ne s'en effrayent pas. »

Karl POPPER[2].

La violence et l'égoïsme sont bien moins présents que certains l'imaginent. Si nous croyons – car il s'agit bien d'une croyance – autant à leur présence généralisée chez l'être humain, c'est parce que nous sommes victimes d'un ensemble d'illusions d'optique. Plusieurs verres grossissants déforment notre perspective ; ce sont essentiellement :

- les médias ;
- certains processus psychologiques ;

- certaines caractéristiques culturelles ;
- une longue imprégnation idéologique par certains courants philosophiques, religieux et en sciences humaines.

Je propose donc ici un débroussaillage : analyser comment une logique trompeuse, principalement véhiculée pendant des siècles par quelques philosophes et théologiens, puis chercheurs en sciences humaines, et aujourd'hui surtout relayée par les médias, nous empêche de considérer ces deux faits très simples :

- il y a au fond de tout être humain une potentialité vers le bien, plus encore qu'une potentialité vers le mal ;
- c'est en pariant sur ce qu'il y a de meilleur en l'être humain que ce meilleur peut se révéler.

Le premier verre déformant : les médias

Savez-vous qui est Boris Tadić ?

Savez-vous qui est Ivo Josipovi ?

Savez-vous qui est Slobodan Milošević ?

Je ne prends pas beaucoup de risques en pariant que la très grande majorité d'entre vous n'a aucune idée de qui sont Ivo Josipović et Boris Tadić (c'était mon cas il y a quelques mois encore), tout en sachant pertinemment qui est Slobodan Milošević. Ce dernier fut l'un des personnages les plus brutaux du XXe siècle, en tant que président de la Serbie de 1989 à 2000. Il fut à l'origine de massacres en Croatie, en Bosnie-Herzégovine et au Kosovo.

Mais qui connaît le nom d'Ivo Josipović, président croate élu en février 2010 sur la base d'un programme en faveur de la protection des droits humains et de la réconciliation ainsi que de la promotion de valeurs fondamentales telles que l'égalité, la justice et l'empathie ? Qui sait qu'en 2006 Boris Tadić, élu président de la République de Serbie en 2004, a présenté, au nom de son pays, des excuses officielles à la Croatie pour les crimes commis par son pays. Cet homme, qui avait joué un rôle de premier plan dans la révolution non violente qui renversa Milošević en 2000, a d'ailleurs été réélu en 2008, preuve que son programme de réconciliation recueille l'adhésion d'une majorité de ses concitoyens. Qui connaît la Déclaration de Sarajevo du 29 mai 2010 par laquelle la Serbie, la Bosnie-Herzégovine, la Croatie et le Monténégro se sont engagés à améliorer leurs relations et la coopération ? L'engagement de Tadić et de Josipović en faveur de la paix est aussi ferme et déterminé que le fut celui de Milošević en faveur de la guerre. Mais les médias sont quasiment muets sur leur action, alors qu'ils nous ont décrit en détail les méfaits dont Milošević et ses collaborateurs se sont rendus coupables.

Ce n'est que l'un des multiples exemples de cette propension de certains médias à nous montrer abondamment ce qui va mal dans notre monde, tout en omettant ce qui est source d'espoir. J'ai moi-même vécu de près cet effet de loupe négatif. En novembre 2005, je me rends à Beyrouth, à l'appel d'une association internationale agissant en faveur des jeunes en difficulté[3], pour animer un séminaire sur la résilience (la reconstruction psychologique après un traumatisme). Plusieurs amis français m'enjoignent la plus grande prudence : « Attention, Beyrouth, c'est vraiment une ville dangereuse ! » Or, arrivé sur place, je constate que je peux circuler sans aucun problème dans les rues de la ville, que ce soit dans le quartier chrétien ou le quartier musulman, en plein jour ou en soirée, dans les grandes avenues très lumineuses ou dans des ruelles sombres. En résumé, je ne me suis senti en danger à aucun moment.

Mais novembre 2005, c'est en France le moment de ce que l'on a appelé les « émeutes des quartiers ». Plusieurs centaines de voitures brûlent quotidiennement, et chaque soir des images télévisées nous montrent des images inquiétantes. Dès mon arrivée à Beyrouth, mes hôtes libanais expriment leur inquiétude à notre sujet : « Alors, vous arrivez à vous en sortir ? C'est vraiment dangereux, de vivre en France, actuellement. » Je leur réponds que je me rends presque chaque jour à Paris pour le travail et que je n'y ai vu aucune voiture brûler. Surprise et scepticisme sur le visage de mes interlocuteurs. Pour certains d'entre eux, la France entière est à feu et à sang.

Les médias sont généralement très discrets lorsque de belles expériences humaines ont lieu. Pour ma part, je suis abonné au système d'alertes des actualités mis en place par Google, sur des termes tels que « courage », « empathie », « réconciliation », etc. Je reçois donc quotidiennement des informations sur ces thèmes. C'est d'ailleurs ce qui m'a fait découvrir l'existence de Boris Tadić. J'apprends ainsi que chaque jour des femmes et des hommes risquent leur vie pour d'autres, que des responsables religieux ou politiques de bords multiples prônent la non-violence, que des anonymes s'engagent jour après jour auprès de personnes en difficulté, aux quatre coins du monde. Par exemple, durant la vague de froid qui s'est abattue sur la France en décembre 2010, presque chaque jour une personne se jetait dans l'eau glacée pour en sauver une autre, au péril de sa vie. Mais ces actes n'étaient révélés que dans des quotidiens locaux et n'ont pratiquement jamais eu les honneurs de la presse nationale. Pour ma part, je les signale sur la page d'accueil du site Internet que j'ai créé http://www.psychologie-positive.net/. Modeste antidote au pessimisme ambiant…

Je connais bien la réponse des journalistes à ce genre d'objections : « Mais nous ne sommes pas là pour parler des trains qui arrivent à l'heure. » Admettons (quoique…), mais pourquoi alors parler systématiquement des trains qui arrivent en retard et non de ceux qui arrivent en avance – je veux parler de toutes ces personnes, de toutes ces actions qui font avancer l'humanité vers plus de conscience que la bonté et l'altruisme existent ? Certains journalistes sont d'ailleurs conscients de la nécessité de rééquilibrer le flot d'informations négatives par des solutions porteuses d'espoir. C'est précisément le cas de l'association Reporters d'espoir (http://www.reportersdespoirs.org/wordpress/) qui a choisi pour devise : « Pour une information qui donne envie d'agir ». Cette association a entre autres pour convictions clairement affichées qu'« il ne faut pas seulement dénoncer les dérives, mais aussi médiatiser les initiatives » et que l'« on peut être enthousiaste et positif sans être naïf. »

Trois mythes persistants

Il existe trois mythes persistants concernant la violence dans les médias :

- elle ne fait que refléter la violence dans le monde réel ;
- elle répond à une demande massive de la population ;
- elle permet à l'individu de libérer sa violence interne, limitant ainsi le risque de passage à l'acte.

PREMIER MYTHE : LA VIOLENCE DANS LES MÉDIAS REFLÈTE LA VIOLENCE DANS LE MONDE RÉEL

Des responsables de l'industrie audiovisuelle martèlent des propos selon lesquels la télévision ne fait que tendre un miroir à la société, sans l'influencer négativement. Pourtant, cette même industrie audiovisuelle tire ses profits essentiellement de la publicité. Si les spots télévisés n'avaient pas d'impact sur le comportement, il y a bien longtemps que les publicitaires auraient arrêté d'y injecter des sommes considérables d'argent. Il y a donc là un double langage.

En fait, la violence télévisuelle exagère immensément la violence dans le monde réel. Par exemple, aux États-Unis, 1 délit sur 2 montrés aux journaux télévisés est un meurtre, alors que ce n'est le cas que de 1 délit sur 250 dans la vie réelle[4]. Autre illustration : un journaliste a calculé qu'en moyenne 350 personnes apparaissent quotidiennement sur les écrans de télévision américains aux heures de grande écoute. Sur ces 350, 7 personnes sont tuées chaque jour, soit 1 sur 50. Si la télévision constituait un fidèle reflet de la vie sociale, comme certains voudraient le faire croire, l'ensemble de la population américaine serait donc anéanti en cinquante jours[5].

DEUXIÈME MYTHE : LA VIOLENCE DANS LES MÉDIAS RÉPOND À UNE DEMANDE MASSIVE DE LA POPULATION

Le deuxième mythe, largement véhiculé dans la société, est que la présence de la violence dans les médias ne fait que répondre à une demande sociale ; autrement dit, « les gens aiment ça ». Il suffit de se rendre sur la page Wikipédia des films qui ont eu le plus de succès pour constater que cette affirmation est sans fondement. Par exemple, pour la France, sur les dix films qui apparaissent en premier sur la liste, un seul est axé autour de la violence (*Il était une fois dans l'Ouest*, à la septième place). Les trois premiers sont *Titanic, Bienvenue chez les Ch'tis* et *Intouchables*[6]. Et c'est la même impression qui perdure lorsqu'on poursuit la lecture de la liste des cent films les plus vus. Au moment où je termine la rédaction de ce livre, le film *Intouchables*, tiré d'une histoire vraie profondément émouvante et mêlant finement empathie et humour, est l'un des plus gros succès français de tous les temps, avec 19 millions de spectateurs en moins de trois mois.

Le caractère illusoire de l'intérêt pour la violence a été mis en évidence dans plusieurs recherches. Dans l'une d'elles, on présente à cent étudiants un épisode d'une série policière, soit intégralement, soit en coupant les scènes violentes[7]. Les étudiants qui ont vu la version non violente ont autant apprécié le film que les autres étudiants. Conclusion logique : les producteurs et diffuseurs de programmes pourraient réduire fortement la quantité de scènes violentes sans perdre d'audience. Une autre étude a été menée à propos des jeux vidéo violents[8]. Elle montre que la satisfaction n'est aucunement liée à la violence, mais à d'autres aspects tels que la possibilité de sélectionner des objectifs, d'exercer un contrôle personnel sur les actions, ce qui satisfait des besoins humains fondamentaux tels que les besoins d'autonomie et de compétence. Les jeux vidéo non violents qui offrent un contenu susceptible de renforcer ces sentiments sont autant appréciés que les jeux violents, même chez les jeunes ayant une tendance élevée à l'agression.

La petite histoire suivante est particulièrement révélatrice[9]. Une femme avait vu trois fois le film *Pulp Fiction* et l'avait fortement recommandé à ses amis. Certains qui sont ensuite allés le voir furent très surpris par l'intérêt qu'elle portait à un film d'une telle violence. Lorsqu'ils lui en parlèrent, elle leur répondit qu'elle aimait ce film non à cause, mais en dépit des scènes de violence. Ce qui l'intéressait, c'était la construction narrative du film, qu'elle trouvait particulièrement intelligente ; et elle fermait les yeux lorsque survenait un passage violent.

Plusieurs caractéristiques, autres que le goût pour la violence, sont susceptibles de provoquer de l'intérêt pour les films et les jeux vidéo violents[10]. L'une des plus connus est la « recherche de sensations », trait de personnalité qui conduit parfois à prendre des risques (physiques ou autres)[11]. Plusieurs études ont montré que les personnes ayant un niveau élevé de recherche de sensations sont attirées par les films d'horreur[12]. Mais ce n'est peut-être qu'une illusion comme le montre l'étude suivante. Des chercheurs présentent trois groupes de photographies à des personnes en leur demandant de choisir celles qu'elles préfèrent[13]. Certaines photos sont émotionnellement stimulantes, soit négativement (scènes de torture, pendaison, cadavres), soit positivement (fête, sexualité *soft*) ; d'autres photos sont émotionnellement neutres. Les personnes ayant un faible niveau de recherche de sensations (évalué à partir d'une échelle) sont surtout attirées par les photos suscitant des émotions positives et ne sont pas du tout attirées par les photos suscitant des émotions négatives. Mais le plus intéressant concerne les personnes ayant un haut niveau de recherche de sensations : elles sont surtout attirées par les photos émotionnellement stimulantes, que ce soit négativement ou positivement. L'auteur de l'étude fait l'hypothèse que les « chercheurs de sensations » ont tendance à s'impliquer dans des situations qui les rendent heureux ou les énervent, qui les mettent en colère ou font sortir le meilleur d'eux-mêmes. Comme le souligne Zuckerman, l'inventeur du concept, « les chercheurs de sensations » préfèrent avoir peur ou être choqués que de s'ennuyer[14]. Et là, le contexte joue évidemment un rôle essentiel. On peut très bien imaginer qu'une personne recherchant des sensations fortes puisse s'engager soit dans la violence soit dans l'action humanitaire à risque (par exemple pompier, secouriste lors de catastrophes, etc.) en fonction de l'environnement dans lequel elle se trouve.

TROISIÈME MYTHE : LA VIOLENCE DANS LES MÉDIAS LIMITE LE RISQUE DE PASSAGE À L'ACTE

C'est un argument classique des représentants de l'industrie audiovisuelle violente. Par exemple, Alfred Hitchcock disait : « Nous entendons souvent la critique selon laquelle il y a beaucoup trop de violence. (…) Le point important est que l'une des plus grandes contributions de la télévision est qu'elle ramène le meurtrier dans le foyer où elle se trouve. Voir un meurtrier à la télévision peut être une bonne thérapie. Cela peut aider à évacuer l'hostilité de la personne[15]. » Cette idée, très largement répandue dans la population, correspond à l'hypothèse de la *catharsis*, présente notamment dans les théories de la violence pulsionnelle ou instinctuelle proposées par Sigmund Freud et Konrad Lorenz (voir plus loin dans cette annexe). En bref, selon cette conception, pour évacuer la violence, il faut que celle-ci puisse être déchargée, soit directement (par exemple, en se défoulant par le sport), soit par personne interposée (par exemple, en regardant un film violent). Or les études menées à ce sujet montrent clairement que cette théorie de la *catharsis* est fausse : les comportements censés diminuer la violence ne font que l'augmenter[16]. Par exemple, de nombreuses études montrent que la violence dans les médias ou les jeux vidéo entraîne une augmentation des comportements violents[17].

La violence dans les médias entretient une culture de la peur et un attrait pour les politiques sécuritaires

Un thème mérite ici un examen plus attentif, car il est directement lié à la question posée en titre de ce chapitre : la violence dans les médias procure le sentiment de vivre dans un monde dangereux. George Gerbner a développé, avec ses collègues, la « théorie de la culture » (*cultivation theory*), pour décrire le fait que nous baignons aujourd'hui, dès notre toute petite enfance, dans une conception de la vie sociale essentiellement cultivée par la télévision[18] (pour la génération montante, il faut évidemment rajouter Internet). Pour ces auteurs, la télévision a en quelque sorte remplacé la religion, assurant les mêmes fonctions, en particulier le fait d'interpréter le monde environnant et de légitimer l'ordre social. Il ne s'agit donc pas seulement d'effets sur les comportements (en particulier la violence), mais d'une influence bien plus profonde sur les mentalités. Les chercheurs ont analysé des milliers de programmes pendant plusieurs décennies, et ils ont constaté que la télévision constitue le principal canal de diffusion de culture dominante, ayant une influence plus importante que les différences socio-économiques ou les idéologies politiques, en particulier chez les gros consommateurs. Ainsi, en multipliant les actes de violence, les médias véhiculent un discours de la peur qui conduit les individus à considérer que leur environnement humain est dangereux. Les personnes qui regardent beaucoup la télévision ont en effet tendance à penser que « les gens ne pensent qu'à eux » et qu'« on ne peut pas faire confiance aux gens ».

Voici un exemple particulièrement impressionnant du décalage entre la réalité criminelle et la peur du crime instillée par les médias. Aux États-Unis, des enquêtes sont régulièrement réalisées pour savoir quel est le problème le plus important selon l'opinion publique. Entre 1978 et 1993, la violence et le crime étaient peu cités (entre 1 et 9 % de la population) ; durant cette période, c'étaient surtout le chômage et la toxicomanie qui étaient placés en premier. Puis ce chiffre effectue un bond considérable : 37 % en janvier 1994, puis 52 % en août 1994. Il va ensuite connaître un reflux progressif au fil des ans : de 27 % en janvier 1995 à 20 % en avril 1998. Cette modification considérable de l'opinion publique est-elle due à une augmentation parallèle de la criminalité ? Absolument pas : cette montée en flèche s'explique par l'hypermédiatisation d'un seul événement criminel : l'assassinat en juin 1993 de Nicole Simpson et de son ami Ron Goldman, avec pour principal accusé le célèbre joueur de football américain, O. J. Simpson, divorcé de Nicole Simpson[19].

Pour sa part, Yvonne Bernard, constatant que la peur du crime en France augmente sensiblement en été, explique cela par le fait qu'à cette époque de l'année, les médias n'ont pas d'actualité politique à fournir à leurs lecteurs et téléspectateurs et donc font surtout appel aux faits divers pour compenser ce manque d'informations[20]. Or, selon Nancy Signorielli, « les gens craintifs sont plus dépendants, plus facilement manipulés et contrôlés, plus favorables à des mesures fortes et faussement simples, et à des postures radicales, à la fois politiques et religieuses. Ils peuvent accepter et même souhaiter de la répression si celle-ci leur promet de soulager leur insécurité et d'autres anxiétés[21] ». De fait, plusieurs études ont montré que le fait de regarder assidûment des scènes de violence à la télévision conduit à adopter des opinions politiques violentes, telles que le soutien à la peine de mort, à la possession personnelle d'armes à feu et à l'usage de bombes en temps de guerre[22]. Le discours de la peur est d'ailleurs régulièrement utilisé par des politiciens démagogues pour promouvoir leurs objectifs[23]. Dans le premier chapitre, j'ai montré à quel point ce discours, parfois créé de toutes pièces par les médias sans aucun fait le justifiant, peut engendrer une réponse ultrasécuritaire chez les dirigeants politiques.

Une enquête menée par Mira Sotirovic[24], de l'Université de l'Illinois, met en évidence que, face à la criminalité, la préférence pour des politiques de prévention ou pour des politiques de répression correspond à deux processus psychologiques très différents : opter pour la prévention fait appel à un processus complexe de raisonnement, tandis qu'incliner pour la répression résulte directement de la peur. Or ces deux attitudes sont fortement influencées par la manière dont les médias présentent l'information, faisant appel à la réflexion ou à la pure réaction émotionnelle.

La France a connu un épisode particulièrement illustratif de ce phénomène lors de la campagne pour l'élection présidentielle de 2002. L'insécurité en fut le thème dominant, au point d'être adopté par la majorité des candidats, avec pour résultat la présence du candidat de l'extrême droite au deuxième tour. Les médias ont joué un rôle essentiel dans ce processus. Une enquête publiée par *Le Monde*[25] peu après l'élection a montré que, durant la campagne, les journaux télévisés avaient consacré près de 1 000 sujets par semaine à des sujets tels que les crimes, les vols de voitures, les interventions de la police et de la gendarmerie. Ces thèmes ont alors plus que doublé dans la presse alors que les statistiques du ministère de l'Intérieur ne constataient aucune augmentation sensible des crimes et délits pour cette période. Le summum de cette surenchère dans l'étalage de la violence eut lieu à l'occasion de l'agression perpétrée contre un homme âgé, trois jours avant l'élection : des racketteurs l'ont violemment frappé puis ont brûlé sa maison. Le visage tuméfié de « Papy Voise » fit alors la une des journaux, donnant un sentiment de dangerosité sociale généralisée. Un fait divers, certes révoltant mais non représentatif de la société, est devenu le centre de l'attention médiatique et a certainement fait pencher la balance de l'électorat vers le candidat proposant les solutions les plus sécuritaires.

À noter que la télévision française accorde une place de plus en plus grande aux faits divers, au point qu'une analyse réalisée par l'Institut national de l'audiovisuel parle d'« explosion des faits divers[26] ». Les sujets mettant en scène des victimes étaient au nombre de 467 en 1995, 1 007 en 2000 et 1 990 en 2008, soit une multiplication par quatre en treize ans. Cette étude montre également que la couverture médiatique des catastrophes et faits divers est aujourd'hui bien supérieure à celle de la vie politique ou de la culture et des loisirs. Rien n'oblige évidemment les médias à cette surenchère, même pas des raisons économiques, comme nous l'avons noté plus haut. On peut donc espérer qu'une attitude moins sensationnaliste se fasse à nouveau jour dans l'avenir. Et si les journalistes tiennent vraiment à présenter des faits divers, il serait certainement plus pertinent de montrer des actes d'altruisme que de la violence.

L'impact des médias sur nos pensées et comportements est d'autant plus pernicieux que nous avons tendance à estimer que les gens en général subissent leur influence, mais que ce n'est pas ou peu le cas de nous-mêmes et de nos proches. C'est ce que les sociologues appellent l'« effet de la troisième personne » : ni moi ni toi ne sommes influencés, mais « il(s) ». La première étude sur ce thème remonte à 1983, et depuis toutes les recherches ont confirmé la présence généralisée de cet effet[27]. Or la violence est précisément un domaine où cet effet est particulièrement notable[28]. Autrement dit, nous pensons que la violence télévisuelle influence nos concitoyens, mais que nous-mêmes sommes à l'abri de cet impact.

Deuxième verre déformant : notre fonctionnement psychologique

Nous repérons plus facilement les événements négatifs

Nous accordons généralement plus d'importance et nous avons tendance à réagir plus rapidement aux aspects négatifs de l'existence qu'aux aspects positifs. Les psychologues appellent cela le biais de négativité[29]. Ce phénomène s'observe dans de multiples situations : nous remarquons la douleur mais pas l'absence de douleur ; la voiture quand elle est en panne mais pas quand elle fonctionne bien ; l'individu qui coupe une file d'attente mais pas tous ceux qui attendent sagement leur tour ; etc. Il faut généralement des années pour qu'une réputation d'honnêteté s'installe, mais il suffit d'une entorse à ses principes pour que tout s'effondre. Des chercheurs ont demandé à des étudiants combien un assassin devait sauver de personnes, au péril de sa vie, pour pouvoir être pardonné d'un seul crime. La réponse moyenne a été : 25[30].

Le paradoxe, particulièrement criant en Occident, est que la plupart d'entre nous menons une vie caractérisée par la sécurité (à quand remonte la dernière agression physique dont nous avons été victimes ?) et que cela nous rend d'autant plus sensibles à toute information concernant de la violence. Les psychologues évolutionnistes qui ont étudié le sujet nous disent que cette sensibilité accrue aux événements négatifs est parfaitement explicable, en raison de sa valeur adaptative. Par exemple, il est vital pour une gazelle de repérer un lion à l'affût, tandis qu'apercevoir une zone d'herbe plus verte est utile, mais non essentiel. Notre cerveau est donc logiquement prédisposé à déceler un danger et à y réagir. Quelqu'un qui se lance systématiquement dans des aventures périlleuses sans avoir conscience des risques encourus a de toute évidence une espérance de vie réduite. Une illustration dramatique de cela nous est fournie par les rares individus qui naissent avec une insensibilité congénitale à la douleur. Loin d'être un avantage, cette situation les expose à de nombreux problèmes, sans qu'ils s'en rendent compte (morsure de la langue et des lèvres, infections et autres maladies non détectées, brûlures). En conséquence, ces personnes ont tendance à mourir plus tôt que la moyenne. L'aptitude à détecter le danger peut être vitale pour la survie.

Toutefois, des travaux récents relativisent cette propension humaine. Dans un article intitulé « Le mal suscite des réactions psychologiques, mais le bien génère le comportement[31] », une équipe de chercheurs a montré que la tromperie est évaluée plus négativement que l'honnêteté n'est évaluée positivement (ce qui est conforme au biais de négativité). En revanche, lorsque les sujets peuvent disposer d'une somme d'argent à distribuer ou non, ils récompensent plus l'honnêteté qu'ils ne sanctionnent la tromperie.

Nous nous croyons meilleurs que les autres

Lorsqu'il m'arrive de parler de bonté humaine autour de moi, j'entends parfois cette remarque : « Vous n'êtes pas très réaliste. En fait, les gens sont bien plus égoïstes que vous ne le pensez. » Je fais alors la remarque : « Mais les gens, c'est aussi moi et vous. Donc, vous voulez dire que vous êtes fondamentalement égoïste, et moi également, c'est bien cela ? » La personne manifeste alors une réaction gênée, avec des propos embarrassés, du genre : « Oui, enfin non ; nous, ce n'est pas pareil. » Cela reflète une attitude très répandue : nous avons généralement tendance à nous considérer comme meilleurs que la moyenne des gens, ce que les psychologues appellent « biais de positivité ». Une synthèse[32], rassemblant 266 études avec plus de 41 000 personnes, a montré que cette réaction est très fréquente, quel que soit l'âge (mais plus encore chez les enfants et les personnes âgées). Elle est légèrement plus présente chez les hommes que chez les femmes, et nettement plus prononcée dans les cultures occidentales que chez les Asiatiques ; elle est même absente chez les Japonais et les habitants des îles du Pacifique.

Il est bien vu d'être critique

Nous avons tendance, au moins en Occident, à accorder une prime à l'esprit négatif. Lorsque l'on demande à des personnes d'évaluer des auteurs qui ont fait la recension d'un livre, ceux qui ont fait une critique négative sont considérés comme plus intelligents et compétents, même si la qualité des recensions est identique[33]. Cela a été mis en évidence dans une expérience très simple. Des chercheurs font lire à des sujets des analyses de livres publiées dans le *New York Times*. À certains, ils font lire la version originale, à d'autres la même version, mais en inversant le sens des mots évaluatifs. Ainsi, certains lisent un texte contenant la phrase : « L'histoire est décrite avec raison et logique, et en tenant fortement compte de la séquence temporelle et de la syntaxe », tandis que d'autres lisent un texte contenant cette phrase : « L'histoire est décrite sans raison ni logique, et sans tenir compte de la séquence temporelle et de la syntaxe. » La forme et la qualité d'écriture des deux textes sont donc strictement identiques. La seule différence est que tous les termes évaluatifs sont inversés d'un texte à l'autre. Résultat : comparativement au commentateur positif, le commentateur critique est considéré par les sujets de l'expérience comme moins gentil et ouvert d'esprit, mais aussi comme plus intelligent, compétent et cultivé.

D'ailleurs, il semble bien que nous soyons intuitivement conscients de ce phénomène puisque des personnes encouragées à apparaître intelligentes sont plus critiques que celles invitées à être appréciées par les autres[34]. Les auteurs de cette recherche qualifient d'« hypercritique » cette forme de valorisation indirecte de soi. En d'autres termes, il y a un certain snobisme de l'esprit négatif, et les individus sympathiques ou positifs sont considérés comme de gentils naïfs.

Le paradoxe est que cette attitude de critique négative visant à démontrer sa propre supériorité intellectuelle est en fait une stratégie destinée à se protéger d'un sentiment d'infériorité. En effet, une autre étude a montré que lorsqu'on demande à des sujets d'évaluer le travail ou le niveau intellectuel d'autres personnes, ceux qui croient être d'un statut intellectuel plus faible ont tendance à émettre des jugements plus négatifs. En revanche, ceux qui se sentent en sécurité intellectuelle n'ont pas besoin de dévaloriser les autres pour maintenir une bonne image d'eux-mêmes[35].

Troisième verre déformant : la culture

La croyance en la méchanceté humaine n'est pas universelle

Toutes les cultures n'adoptent pas la même perspective au sujet de l'être humain et des relations sociales. Certaines cultures ont développé une véritable philosophie de la non-violence et de la coopération (voir chapitre 8). Prenons l'exemple des Ifaluk, peuple de Micronésie où le meurtre et le viol sont absents. Ils mettent l'accent sur l'aide, le partage et la coopération. Les personnes calmes sont particulièrement appréciées et valorisées. L'anthropologue Catherine Lutz montre bien la différence culturelle existant entre ce peuple et les Occidentaux[36] : « Le meurtre est inconnu : l'incident le plus grave d'agression au cours d'une année fut qu'un homme a touché l'épaule d'un autre, une violation qui a abouti au paiement immédiat d'une forte amende. » Pour cette auteure, la violence grave est quasiment inconcevable chez les Ifaluk : « L'horreur que l'idée de la violence évoque pour les Ifaluk était évidente dans leurs discussions des rumeurs relatives à la tendance agressive des Américains et d'autres groupes. Plusieurs personnes ont vérifié auprès de moi pour savoir si les histoires qu'elles avaient entendues sur l'existence de meurtres aux États-Unis étaient vraies. » Et lorsque des vaisseaux de l'US Navy sont venus après la Seconde Guerre mondiale et ont « généreusement » offert des films, des Ifaluk ont été totalement paniqués de voir des personnes frappées et tuées ; certains ont été terrifiés pendant plusieurs jours et beaucoup ont refusé de voir d'autres films.

Notons que la réaction des Ifaluk nous tend un miroir : ils ont du mal à croire qu'une société violente puisse exister tellement cela est contraire à leur conception de la nature humaine et à leur expérience quotidienne ; certains Occidentaux ont du mal à croire qu'une société non violente puisse exister, tellement cela semble contraire à leur conception de la nature humaine.

Dans l'introduction de ce livre, j'ai rapidement fait allusion au concept d'*ubuntu* utilisé par plusieurs pays d'Afrique pour désigner le constituant fondamental de l'être humain. L'*ubuntu,* mot difficile à traduire dans une langue occidentale, signifie la bonté naturelle, le sentiment d'une commune humanité, la générosité, la gentillesse, la grandeur d'âme. En d'autres termes, être humain c'est être bon. Un proverbe sud-africain dit : « *Umuntu ngumuntu ngabantu* », ce qui signifie : « Un être humain est un être humain au travers des autres êtres humains[37]. » L'*ubuntu* a été au cœur de la démarche de réconciliation initiée par Nelson Mandela en Afrique du Sud[38]. Desmond Tutu, qui a présidé la commission

Vérité et Réconciliation, affirme que « pour nous, l'harmonie sociale est le *summum bonum*, le souverain bien. Tout ce qui est susceptible de compromettre cette harmonie doit être évité comme la peste. La colère, le ressentiment, le désir de vengeance, et même le succès obtenu au prix d'un affrontement agressif, ont le pouvoir de corroder cette harmonie[39] ». Nelson Mandela a lui aussi souligné l'aptitude à la bonté chez l'être humain, comme je l'ai indiqué en conclusion.

Il n'est pas nécessaire d'aller jusqu'en Afrique du Sud ou en Micronésie pour constater d'importantes différences culturelles sur les conceptions de l'être humain. Une anecdote vécue par l'anthropologue Douglas Fry est révélatrice à cet égard[40]. Fry est allé à Helsinki pour rejoindre celle qui allait par la suite devenir son épouse. Il est alors très surpris de voir des femmes seules marcher tard le soir dans les rues de la capitale. Il comprend progressivement que sa surprise vient de ce qu'il perçoit Helsinki avec des yeux américains. Dans les campus des États-Unis, des cours d'autodéfense et des services d'escorte sont proposés aux jeunes femmes seules qui doivent se déplacer dans les environs du campus la nuit. Inversement, lorsque son épouse est venue en Californie, elle était très étonnée d'apprendre qu'un tel service d'escorte puisse exister et elle a mis un certain temps à le croire.

Autre exemple, raconté par Frans de Waal[41] : en 1997, une mère danoise a laissé sa petite fille de 14 mois dans sa poussette devant un restaurant de Manhattan. L'enfant a été placée dans une famille d'accueil, tandis que la mère s'est retrouvée sous les verrous. Or la mère s'était simplement comportée comme on le fait au Danemark. Dans ce pays au taux de criminalité très bas, les parents estiment que leur progéniture a surtout besoin d'air frais. Finalement, aucune charge n'a été retenue contre la mère. Lorsque de Waal s'est rendu peu après au Danemark, il a demandé à des collègues s'ils laisseraient un enfant dehors sans surveillance, et tous lui ont répondu oui, parce qu'ils estiment que le grand air est très bénéfique pour les enfants. L'idée d'un enlèvement ne leur vient même pas à l'esprit. Les interlocuteurs de Frans de Waal étaient absolument sidérés qu'on puisse envisager un acte si pervers et ne voyaient pas où l'on pourrait aller avec un enfant volé, car si une personne retournait chez elle avec l'enfant, tout le quartier se poserait des questions. Et l'on ferait vite le rapprochement si la presse mentionnait la disparition d'un bébé.

Une exception française... peu enviable

Une mention tristement spéciale doit être attribuée à la France. En effet, nous sommes les champions internationaux du pessimisme. Une enquête menée en décembre 2010 dans 53 pays auprès de plus de 64 000 personnes montre que les Français sont les plus pessimistes sur la situation économique de 2011[42]. Ils ont une perspective plus sombre sur leur situation personnelle à venir que... les Irakiens, les Afghans ou les Pakistanais.

Un petit ouvrage, très riche d'informations, donne une vision assez désespérante de l'esprit français[43]. Rassemblant les résultats de nombreuses études, il met en évidence que les Français sont plus méfiants et moins civiques que les citoyens des autres pays riches. On y apprend par exemple que 52 % des Français considèrent que « de nos jours on ne peut pas arriver au sommet sans être corrompu ». Cette part n'excède pas 20 % aux États-Unis, en Angleterre ou en Norvège. Les Français sont près de 20 % à déclarer n'avoir aucune confiance en la justice. Sur les 21 pays où cette enquête a eu lieu, ils ne sont précédés que par les Turcs et par les Belges. À l'inverse, une telle défiance s'exprime uniquement chez 7 % des Allemands et 2,2 % des Danois.

À la question : « En règle générale, pensez-vous qu'il est possible de faire confiance aux autres ou que l'on n'est jamais assez méfiant ? », 21 % des Français estiment que l'on peut faire confiance, contre 66 % en Norvège et en Suède. Sur 26 pays étudiés, la France se trouve au 24e rang. Et ce n'est pas tout : 58 % des Français trouvent injustifiable d'accepter un pot-de-vin dans l'exercice de ses fonctions, alors que c'est le cas de 92 % des Danois ou de 89 % des Chinois. Pour cette question, la France arrive dernière sur 21 pays. La corrélation entre l'incivisme et le manque de confiance apparaît clairement sur le graphique suivant[44]. On voit que plus la confiance augmente, plus le civisme augmente également. Sur les 21 pays présentés sur ce tableau, la France est malheureusement le pays plus mal placé (en bas, à gauche).

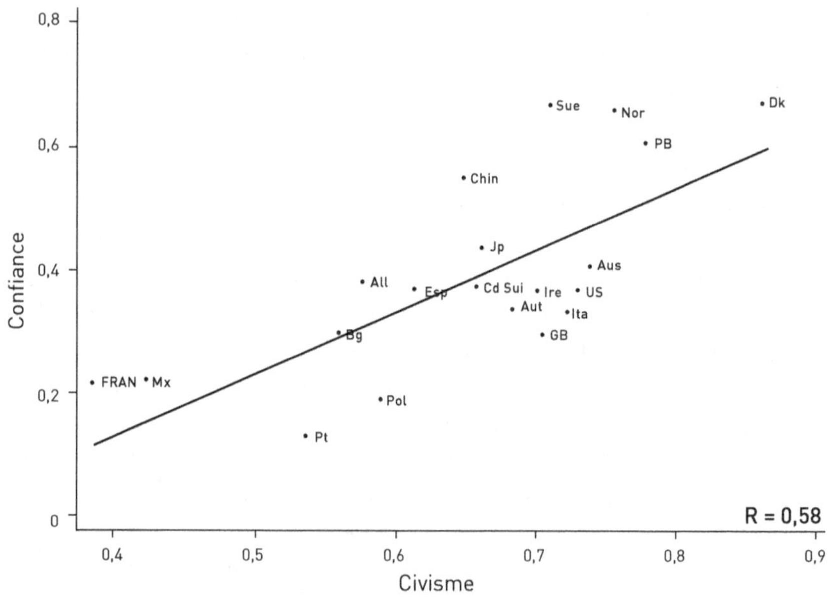

Corrélation entre la part des personnes qui répondent, dans chaque pays, « Oui » aux questions : « En règle générale, pensez-vous qu'il est possible de faire confiance aux autres ? » (axe vertical) et « Trouvez-vous injustifiable de réclamer indûment des aides publiques ? » (axe horizontal).

Quatrième verre déformant : une longue imprégnation idéologique

Je vais maintenant m'arrêter en détail sur la longue imprégnation idéologique, par certains courants philosophiques, religieux et en sciences humaines, qui nous fait croire que nous sommes des êtres fondamentalement violents et égoïstes. Comme nous allons le voir, cette conception a des racines anciennes, mais est devenue une pensée unique, l'idéologie éthiquement correcte du XXe siècle, essentiellement sous l'influence de discours prétendument scientifiques.

L'une des toutes premières expressions de la méchanceté fondamentale de l'être humain vient de Plaute, auteur comique latin (254-184 av. J.-C.). Il fait prononcer à un marchand qui ne fait pas confiance à Léonidas, autre personnage de la pièce, cette phrase qui est devenue célèbre : « L'homme est pour l'homme un loup, non un homme, quand on ne sait pas quel il est[45]. » Cette phrase sera reprise comme une vérité définitive par divers auteurs, en particulier par Thomas Hobbes et Sigmund Freud (voir ci-dessous). Le premier penseur important qui ait affirmé comme une vérité la noirceur de la nature humaine semble être l'historien grec Thucydide. Selon lui, la nature humaine nous « fait dominer autrui », nous incite à la guerre et à violer les lois et commettre l'injustice[46]. Par la suite, la théorie de la méchanceté et de l'égoïsme humains a recruté ses partisans principalement dans trois domaines : la théologie, la philosophie et les sciences humaines.

Le péché originel, ses partisans et ses opposants

En théologie, cette conception a été développée sous l'expression de « péché originel », qui signifie que chaque être humain naît avec un penchant fondamental au mal. L'historien Georges Minois, auteur d'un ouvrage de référence sur le sujet, souligne que cette idée de péché originel n'appartient pas à la culture hébraïque et que le Christ n'en a jamais parlé[47]. Dans le Nouveau Testament, le péché traduit le mot grec *hamartia*, issu lui-même du verbe *hamartano*, qui signifie littéralement « rater la cible[48] ». Ce qui nuance fortement la connotation extrêmement moralisatrice du mot « péché ». Selon Minois, « l'idée d'une chute primordiale dont tous les hommes partageraient la culpabilité est donc absente de l'Ancien Testament et des Évangiles. C'est une création tardive des théologiens qui voulaient renforcer l'édifice doctrinal, menacé par des hérésies. Sa gestation fut extrêmement lente et difficile, puisqu'il ne fallut pas moins de quatre siècles d'hésitations pour mettre au point ce dogme essentiel qui sera présenté par la suite comme une évidence[49] ».

C'est Augustin d'Hippone (saint Augustin), l'un des plus grands théologiens catholiques, qui, le premier, utilise l'expression « péché originel », au IVe-Ve siècle. Selon lui, l'énorme faute du premier homme a bouleversé notre nature et, depuis cet événement, chacun de nous est « issu d'une race condamnée » et naît « mauvais et charnel[50] ». La théorie augustinienne rompait ainsi radicalement avec la doctrine chrétienne antérieure, en rejetant deux piliers de celle-ci : la bonté de la création divine et la liberté de la volonté humaine[51]. Cette conception très négative de l'être humain va durablement marquer la pensée des chrétiens, non seulement catholiques, mais également protestants. Luther, par exemple, qui était initialement un moine augustinien, considère lui aussi que le péché envahit tout l'être humain et que même les actions les plus vertueuses en sont le produit, car elles servent essentiellement à fournir une bonne image de soi à l'individu qui les accomplit, donc à le tromper sur son véritable état. Il fait très souvent référence à saint Augustin dans son commentaire de l'Épître aux Romains et y affirme notamment que la tendance au péché « est un vice naturel et un mal naturel[52] ».

Il faut toutefois faire deux remarques qui nuancent cette vision négative. D'une part, tous les théologiens adeptes du péché originel précisent que l'être humain peut bénéficier de la grâce. Dieu offre gratuitement son amour à la personne et, si celle-ci s'y abandonne, elle peut être « justifiée par la foi[53] ». De plus, pour les catholiques, « par le baptême, tous les péchés sont remis, le péché originel et tous les péchés personnels ainsi que toutes les peines du péché[54] ». La seconde remarque est que, même si le concept de péché originel s'est largement répandu dans la pensée chrétienne, il n'a pas fait l'objet d'un consensus. Sa formulation par Augustin est le fruit d'une longue évolution personnelle : c'est surtout en réaction aux affirmations du moine Pélage qu'Augustin radicalise sa position. La prudence est toujours nécessaire lorsque l'on parle de l'œuvre de Pélage, car il n'existe aucun manuscrit original de cet auteur[55], et une bonne partie des citations qui lui sont attribuées vient précisément d'écrits de son principal adversaire, Augustin. Toutefois, les historiens s'accordent sur les éléments de doctrine pélagienne suivants[56] : Dieu a créé l'homme bon et le péché d'Adam et Ève n'a pas corrompu la nature profonde de leurs descendants. Si les humains pèchent, ce n'est pas par hérédité, mais par simple imitation du péché d'Adam. Dès lors, l'être humain possède le libre arbitre et peut choisir le bien par lui-même, sans faire appel à la grâce divine.

Chez les catholiques, le courant majoritaire qui s'est développé au fil des siècles (notamment sous l'influence des Jésuites) se démarque d'un augustinisme radical en reprenant l'héritage humaniste et en accordant un rôle à l'être humain dans le processus du salut, parallèlement à l'action divine. De plus, la syndérèse, terme de la théologie catholique, désigne le principe inné dans la conscience morale de toute personne. Elle lui permet de reconnaître le bien et la dirige vers ce dernier ; elle freine le désir de faire le mal et pousse au remords lorsqu'il est commis. Selon les auteurs, elle a une teneur plutôt intellectuelle (Thomas d'Aquin), affective (Bonaventure) ou mystique (Maître Eckhart). Cependant, tous les théologiens s'accordent pour affirmer que cette faculté n'a pas été atteinte par le péché originel : « C'est par la syndérèse que l'homme garde toujours conscience de sa vocation morale, point de départ d'une conversion qui reste toujours possible à l'aide de la grâce[57]. » La syndérèse fait aujourd'hui partie intégrante de la théologie catholique officielle. Le pape Benoît XVI a lui-même déclaré que « l'homme porte en lui une capacité spécifique : discerner ce qui est bon et bien. Mise en lui par le Créateur comme un sceau, la syndérèse le pousse à faire le bien[58] ».

Chez les protestants, Ulrich Zwingli, réformateur contemporain de Luther, estime que le péché d'Adam et Ève n'a pas totalement corrompu la nature humaine. Pour Joseph Butler, évêque anglican du XVIIIe siècle, Dieu nous a destinés à faire du bien aux autres, avec pour conséquence que le bonheur individuel et le bonheur de la société coïncident parfaitement[59]. Quant aux orthodoxes, ils utilisent également les termes « péché originel », mais considèrent que celui-ci n'a pas affecté la nature profonde de l'être humain, marqué par la bonté ; il a essentiellement pour conséquence de réduire la liberté humaine[60].

La nature humaine écartelée chez les philosophes

À partir du XVIe siècle, quelques philosophes majeurs ont marqué la pensée occidentale en insistant sur la nature fondamentalement mauvaise de l'être humain. Mais là encore, cette conception n'a pas fait l'unanimité.

LE MACHIAVÉLISME ET SES COUSINS

Pour Machiavel, au début du XVIe siècle, le souverain doit chercher à augmenter la puissance de l'État, sans s'encombrer de considérations morales. Et même si cet auteur conseille parfois au Prince de faire preuve de clémence, c'est uniquement dans un but stratégique, afin d'être apprécié de ses sujets. Sa philosophie politique repose clairement sur une certaine conception de l'homme. À la question de savoir s'il vaut mieux que le souverain soit aimé ou craint, il répond que l'idéal serait évidemment que ces deux attitudes soient présentes dans le peuple. Mais dans la réalité, il est préférable d'être craint car les humains « sont ingrats, changeants, simulateurs et dissimulateurs, lâches devant les dangers, avides de profit. (…) Un souverain sage ne peut ni ne doit observer sa parole, lorsqu'un tel comportement risque de se retourner contre lui et qu'ont disparu les raisons qui la firent engager. Si les hommes étaient tous bons, ce précepte ne serait pas bon ; mais comme ils sont méchants et n'observeraient pas leur parole envers vous, vous non plus n'avez pas à l'observer envers eux. Jamais à un prince n'ont manqué des motifs légitimes de farder son manque de parole[61] ». Très logiquement, Machiavel présente César Borgia comme modèle aux souverains.

Thomas Hobbes, philosophe anglais du XVIIe siècle, a lui aussi une vision très négative de l'être humain. Influencé par la lecture de *La Guerre du Péloponnèse* par Thucydide, qu'il a traduite en anglais, il considère que tous les hommes ont comme penchant essentiel « un désir perpétuel et sans trêve d'acquérir pouvoir après pouvoir, désir qui ne cesse qu'à la mort. (…) La compétition dans la poursuite des richesses, des honneurs, des commandements et des autres pouvoirs incline à la rivalité, à l'hostilité et à la guerre, parce que le moyen pour un compétiteur d'atteindre ce qu'il désire est de tuer, d'assujettir, d'évincer, ou de repousser l'autre[62] ».

Alors qu'une longue tradition de philosophie politique, exprimée en particulier par Aristote et Thomas d'Aquin, affirmait que l'homme est un être naturellement social, Hobbes reprend comme une vérité le propos littéraire de Plaute selon lequel « l'homme est un loup pour l'homme[63] ». Il invente un état de nature, état d'anarchie et de guerre[64] dans lequel la vie humaine est « solitaire, besogneuse, pénible, quasi animale, et brève[65] ». Par crainte de la mort, les hommes passent un contrat entre eux par lequel ils transfèrent leurs droits à un pouvoir fort, le fameux Léviathan, qui tient les gens en respect et leur interdit d'entrer en guerre les uns contre les autres. Ils passent alors de l'état de nature à l'état de société politique. Cette conception de Hobbes a très fortement influencé la philosophie politique moderne.

DES CONCEPTIONS PHILOSOPHIQUES POSITIVES DE L'ÊTRE HUMAIN

Toutefois, en philosophie comme en théologie, la théorie de l'homme fondamentalement méchant et égoïste n'a pas fait l'unanimité. Au XVIIe siècle, le philosophe allemand Samuel von Pufendorf s'oppose frontalement à Hobbes en affirmant que « l'état de nature est un état de paix plutôt qu'un état de guerre et que naturellement les hommes sont amis les uns des autres, plutôt qu'ennemis[66] ». Selon lui, la conception que se fait Hobbes de la nature humaine est « insoutenable » et ses arguments ne concernent qu'une minorité de personnes : « Toutes les raisons par lesquelles Hobbes prétend que les hommes sont portés à tâcher de se nuire les uns aux autres, ne sont que des raisons particulières, incapables par conséquent de mettre le Genre Humain dans la nécessité de se disposer à une guerre générale de chacun contre tous : elles ne peuvent qu'en armer quelques-uns contre un certain nombre d'autres. (...) L'émulation et les disputes d'esprit ne se trouvent guère qu'entre des personnes distinguées du commun ; une grande partie du Genre Humain n'est que peu ou point susceptible de cette maladie[67]. »

Pour sa part, John Locke, philosophe anglais du XVIIe siècle, tout comme Hobbes, est l'un de ses plus fermes opposants. Il est d'accord avec lui sur l'idée que l'état de nature est la situation dans laquelle il n'y a pas de juge commun revêtu de l'autorité. Mais l'état de nature est l'opposé absolu de l'état de guerre. En effet, une loi fondamentale régit l'état de nature : puisque les hommes sont « tous égaux et indépendants, aucun ne doit nuire à un autre dans sa vie, sa santé, sa liberté et ses possessions[68] ». L'état de nature est donc un « état de paix, de bonne volonté, d'assistance mutuelle et de préservation », tandis que l'état de guerre est un « état d'inimitié, de méchanceté, de violence et de destruction mutuelle de l'autre[69] ». Il y a un lien logique entre les conceptions de l'être humain et les orientations politiques : la vision pessimiste de Hobbes le conduit à prôner l'absolutisme, tandis que la perspective plus optimiste de Locke l'amène à se prononcer en faveur d'un régime plus démocratique.

C'est surtout au XVIIIe siècle qu'une vision positive de l'être humain va se déployer chez les philosophes et les théologiens ; la sympathie (au sens d'empathie) est un maître mot, et on considère comme contraire à la nature humaine l'absence de réaction émotionnelle à la souffrance d'autrui[70]. Jean-Jacques Rousseau croit à une bonté fondamentale chez l'être humain, mais ce n'est pas chez les « sauvages » qu'elle peut s'observer, car l'état de nature, antérieur à la société n'existe plus sur Terre. Contrairement à l'opinion commune qui fait de lui l'apôtre du « bon sauvage », il a un regard négatif sur l'homme « primitif », qu'il qualifie d'« animal stupide et borné[71] ». En revanche, Rousseau découvre chez l'enfant la pureté originelle de l'humanité. Dans sa réponse à l'archevêque de Paris qui lui reproche d'avoir oublié le péché originel comme explication de la source du mal, Rousseau déclare que « le principe de toute morale (…) est que l'homme est un être naturellement bon, aimant la justice et l'ordre ; qu'il n'y a point de perversité originelle dans le cœur humain, et que les premiers mouvements de la nature sont toujours droits[72] ». Selon lui, l'homme a « une répugnance innée à voir souffrir son semblable[73] ». Quant à Emmanuel Kant, principal représentant du courant des Lumières en Allemagne, il considère que l'être humain est à la fois bon et mauvais, mais que la potentialité au bien est plus profonde que celle au mal. Selon lui, il y a une « disposition originelle au bien dans la nature humaine[74] ». C'est seulement secondairement que vient se greffer sur elle un « penchant au mal dans la nature humaine », dont l'origine reste insondable[75].

LES VERTUS SOCIALES SELON LES LUMIÈRES BRITANNIQUES

Mais ce sont surtout les Lumières britanniques qui expriment une conception positive de la nature humaine. L'historienne américaine Gertrude Himmelfarb résume ainsi les trois formes qu'ont prises les philosophies des Lumières[76] :

– En France, l'« idéologie de la raison » : les philosophes français des Lumières souhaitent faire de la raison le principe actif de l'esprit humain et de la société ; ils veulent en quelque sorte « rationaliser » le monde.

– Aux États-Unis, la « politique de la liberté » : les philosophes cherchent à créer une science de la politique qui établisse la nouvelle république sur une solide fondation de liberté.

– En Grande-Bretagne, la « sociologie de la vertu » : les philosophes moraux britanniques se préoccupent surtout de l'être humain en relation avec la société ; ils considèrent que les vertus sociales sont la base d'une société saine.

Ces derniers ont proposé une conception de l'être humain qui a exercé une grande influence à leur époque, mais qui semble aujourd'hui bien oubliée.

Les penseurs britanniques du XVIIIe siècle affirment que les vertus sociales – compassion, bienveillance, sympathie – relient naturellement, instinctivement, les gens entre eux. Ils ne nient pas la raison, mais lui accordent un rôle secondaire, instrumental[77]. Ce mouvement philosophique est contemporain de multiples initiatives sociales et médicales. Entre 1720 et 1750, cinq grands hôpitaux sont fondés à Londres et neuf dans l'ensemble du pays, puis la seconde moitié du siècle voit l'apparition de nombreux dispensaires, cliniques, hôpitaux spécialisés. Dans la société britannique, des sociétés sont créées pour l'abolition du commerce des esclaves, le soin des enfants abandonnés, l'amélioration des conditions de vie des pauvres[78].

À la même époque encore, se diffuse le méthodisme, fondé par John Wesley (1703-1791), lequel affirme que le christianisme est « essentiellement une religion sociale ». Les méthodistes fondent des hôpitaux, des orphelinats, des sociétés fraternelles, des écoles, des bibliothèques et d'autres entreprises philanthropiques et participent aux mouvements pour la réforme des prisons et l'abolition de l'esclavage, pratique que Wesley qualifie d'« exécrable infamie[79] ». Les femmes prédicatrices y ont le même statut que les hommes.

Un thème majeur mis en avant par les Lumières britanniques est le « sens moral » ou « sentiment moral » (*moral sense*). Le premier auteur à développer fortement ce concept est Shaftesbury (1671-1713), considéré comme le père de ce courant philosophique. Son ouvrage majeur *Essai sur le mérite et la vertu*[80] vise à réfuter les conceptions de Hobbes sur la nature humaine. Selon lui, de même que l'être humain dispose du sens esthétique lui permettant d'apprécier la beauté, il possède un sens moral qui détermine la valeur de ses actes. Ce concept est ensuite repris par Francis Hutcheson (1694-1746), qui s'efforce de démontrer que les actions morales humaines sont désintéressées. Pour lui, « l'auteur de la nature (...) nous a bien mieux pourvus pour une conduite vertueuse que quelques moralistes ne semblent l'imaginer. Il nous a donné de solides dispositions au principe de chaque action vertueuse et a fait de la vertu une forme aimable afin que nous puissions aisément la distinguer de son contraire et que sa recherche nous rende heureux[81] ». La bienveillance humaine est donc naturelle et désintéressée[82]. Le sens moral nous conduit à admirer les actions altruistes et à nous indigner des comportements odieux : « Dès que nous nous représentons une action comme découlant de l'amour, de l'humanité, de la reconnaissance, de la compassion ou de la recherche du bien des autres et du désir ultime de leur bonheur, quand bien même elle se serait passée dans la partie du monde la plus éloignée ou dans quelque siècle passé, nous ressentons une joie intérieure, nous admirons cette action aimable et louons son auteur. Alors que toute action qu'on se représente comme procédant d'une mauvaise volonté, d'un désir de rendre autrui malheureux sans regarder à ce qui s'imposerait comme bien pour le public, ou de l'ingratitude, suscite de la répugnance et de l'aversion[83]. » En résumé, nous dit Hutcheson, « il y a dans la nature humaine un désir ultime du bonheur d'autrui et notre sens moral nous détermine à approuver comme vertueuses les seules actions qui procèdent, au moins partiellement, de ce désir[84] ».

David Hume, autre philosophe écossais, est le plus connu des défenseurs du sens moral. Il s'oppose radicalement à l'idée selon laquelle la morale proviendrait de la raison car celle-ci ne conduit pas à l'action. Ce sont les émotions (appelées autrefois « passions ») qui nous conduisent à agir moralement, non la raison. Il adopte cependant une position ambivalente sur la nature humaine, affirmant, d'une part, que « l'homme est naturellement égoïste et doté d'une générosité limitée[85] » et, d'autre part, qu'il existe « un sentiment de l'intérêt commun, un sentiment que chaque homme éprouve au-dedans de lui-même, qu'il découvre dans ses semblables et qui le pousse, de conserve avec les autres, à entrer dans un plan ou un système général d'actions tendant à l'utilité publique[86] ».

LA LECTURE ERRONÉE DE L'ŒUVRE D'ADAM SMITH

J'aimerais m'arrêter plus longuement sur Adam Smith, en raison de l'incompréhension dont cet auteur a longtemps été victime. Il a été très souvent cité comme un partisan de la théorie de l'égoïsme fondamental chez l'être humain, sur la base d'une célèbre citation : « Ce n'est pas de la bienveillance du boucher, du brasseur ou du boulanger que nous attendons notre dîner, mais de l'attention qu'ils portent à leur propre intérêt. Nous nous adressons non à leur humanité mais à leur amour d'eux-mêmes, et nous ne leur parlons jamais de nos propres besoins mais de leur avantage[87]. » Or ce passage, replacé dans son contexte, signifie tout autre chose. Une dizaine de lignes plus haut, Smith écrit que « dans une société civilisée, il [l'homme] se trouve en toutes circonstances éprouver le besoin de la coopération et du concours d'une multitude d'hommes, tandis que sa vie entière est à peine suffisante pour gagner l'amitié de quelques personnes ». C'est donc dans une vision d'interdépendance que Smith tient son propos considéré comme égoïste. Mais il faut surtout replacer cette phrase dans l'œuvre plus vaste de Smith, qui fut avant tout un philosophe moral. Il fut en effet étudiant de Hutcheson, dont je viens de présenter la philosophie, à qui il a succédé en tant que titulaire de la chaire de philosophie morale à l'université de Glasgow. La citation sur le boucher et le brasseur provient de l'ouvrage *Recherche sur la nature et les causes de la richesse des nations*, tandis qu'un autre livre, *Théorie des sentiments moraux*[88], parfois passé sous silence, est l'œuvre majeure de Smith. C'est ici qu'il dépeint sa vision de la nature humaine. Cet ouvrage commence par un chapitre intitulé « De la sympathie », dans lequel Smith affirme qu'« aussi égoïste que l'homme puisse être supposé, il y a évidemment certains principes dans sa nature qui le conduisent à s'intéresser à la fortune des autres et qui lui rendent nécessaire leur bonheur, quoiqu'il n'en retire rien d'autre que le plaisir de les voir heureux. De cette sorte est la pitié ou la compassion, c'est-à-dire l'émotion que nous sentons pour la misère des autres, que nous la voyions ou que nous soyons amenés à la concevoir avec beaucoup de vivacité. Que souvent notre chagrin provienne du chagrin des autres est un fait trop manifeste pour exiger des exemples afin de le prouver. (...) Le brigand le plus brutal, le plus endurci de ceux qui violent les lois de la société, n'en est pas totalement dépourvu[89] ». Par ailleurs Smith considère que la tendance à admirer les riches et les puissants, ainsi qu'à mépriser les personnes pauvres est la plus importante cause de corruption de nos sentiments moraux[90].

Divers spécialistes se sont penchés sur ce que l'on appelle le « problème Adam Smith » et en ont fourni de multiples interprétations[91]. Cette expression désigne la contradiction apparente entre la philosophie morale de Smith basée sur la sympathie et sa philosophie économique basée sur l'égoïsme et l'intérêt personnel. Adam Smith ne s'est pas expliqué à ce sujet, peut-être parce qu'il ne voyait pas de contradiction dans ses propos. Il a publié la *Théorie des sentiments moraux* à 36 ans et la *Richesse des nations* à 53 ans. Certains auteurs en ont conclu que la *Théorie* était une œuvre de jeunesse, alors que la *Richesse* était un ouvrage écrit par Smith devenu mature. C'est inexact, tout simplement parce que Smith a régulièrement révisé et élargi la *Théorie des sentiments moraux,* jusqu'à la sixième édition, parue quelques mois avant sa mort, à l'âge de 67 ans. Toujours est-il que le Smith « égoïste » a marqué la pensée occidentale bien plus fortement que le Smith « sympathique ».

Aujourd'hui, la plupart des auteurs réconcilient les deux livres et déplorent que, dans la littérature économique, on attribue à Smith l'idée selon laquelle les êtres humains ne sont mus que par leur intérêt personnel[92]. L'idée centrale est que la *Théorie* est plus vaste que la *Richesse* car elle traite de ce qu'est fondamentalement l'être humain dans les différents aspects de sa vie relationnelle, tandis que la *Richesse* n'aborde que la sphère économique, et encore seulement lorsque les individus n'ont pas de liens intimes. De plus, ce n'est pas l'intérêt personnel qui est le fondement de l'économie selon Smith, mais l'inclination humaine à échanger. Elle n'est pas opposée à la sympathie – comme le serait l'intérêt – mais parallèle. La source du faux problème vient de ce que les économistes ont cru tirer une conception de l'être humain à partir d'une courte citation de la *Richesse* et l'ont ensuite confrontée à la vision largement décrite dans l'ensemble de la *Théorie*. Alors que l'inverse est bien plus pertinent : comprendre le sens de cette citation à la lumière de l'ensemble de la conception smithienne de l'être humain.

Un argument majeur démontrant que Smith n'adhère aucunement à la vision égoïste que lui attribuent beaucoup d'économistes est constitué par un chapitre de la *Théorie des sentiments moraux* intitulé « Des systèmes licencieux[93] ». Ce chapitre constitue une critique radicale de l'ouvrage de l'écrivain néerlandais Bernard Mandeville. Celui-ci avait publié en 1705 un long poème au sous-titre éloquent *La Fable des abeilles, ou les vices privés font le bien public*[94], dans lequel il défend la thèse de l'utilité sociale de l'égoïsme individuel. De même que chaque abeille, en recherchant son intérêt propre, contribue à la prospérité de la ruche, chaque humain, en étant conduit par son orgueil et sa cupidité, favorise la prospérité économique et le bien public. Cette métaphore de la ruche est très contestable puisqu'on pourrait très bien en tirer l'enseignement exactement inverse : c'est en se consacrant au service de la collectivité que l'individu retire le maximum de bénéfices personnels. Mais là n'est évidemment pas mon propos. *La Fable des abeilles* a été très fortement critiquée à son époque, tout particulièrement par Adam Smith (alors même que beaucoup d'économistes affirment que ces deux auteurs partageaient les mêmes idées...). Voici ce qu'en pense Smith : après avoir décrit favorablement divers systèmes de pensée qui insistent sur les vertus, il prévient ses lecteurs : « Il existe pourtant un autre système qui semble se débarrasser entièrement de la distinction du vice et de la vertu, et dont la tendance est pour cela entièrement pernicieux : j'entends le système du Dr Mandeville. (...) C'est le grand mensonge du livre du Dr Mandeville que de représenter chaque passion comme entièrement vicieuse, quel que soit son degré ou sa tendance. (...) C'est par le moyen de cette sophistique qu'il justifie sa conclusion favorite selon laquelle les vices privés sont les avantages publics[95]. » Cette critique est demeurée intacte dans la sixième édition de la *Théorie*, publiée quelques mois avant la mort de Smith.

Amartya Sen est l'un des rares prix Nobel d'économie à s'intéresser aux aspects éthiques et de justice sociale de l'économie. Il ne voit pas de contradiction dans la pensée d'Adam Smith, dont il dit : « Ce professeur de philosophie morale et ce pionnier de la science économique n'a pas du tout mené une vie de schizophrène. On peut même considérer que l'une des principales déficiences de la théorie économique contemporaine a été précisément de rétrécir la vision très large que Smith avait des êtres humains[96]. » Selon Sen, l'oubli de l'analyse éthique des sentiments et du comportement opéré par Smith a malheureusement facilité la dissociation contemporaine entre l'économie et l'éthique.

Les sciences humaines du xxe siècle : le triomphe de la conception pessimiste de l'être humain

Comme nous venons de le voir, la théorie occidentale de la méchanceté fondamentale de l'homme a toujours été tempérée par une vision plus optimiste. Mais elle semble aujourd'hui largement oubliée. Beaucoup d'ouvrages de philosophie insistent sur les conceptions de Machiavel et Hobbes et accordent peu d'importance aux philosophes plus optimistes, voire les éliminent résolument. En fait, ce n'est qu'à partir du xxe siècle, sous l'influence croissante des sciences humaines, que la théorie pessimiste devient un dogme presque absolu. Il est probable que les deux guerres mondiales ont joué un rôle important à ce sujet. On pourrait dire que la nature de l'homme, selon les « sciences » humaines du xxe siècle, c'est *le péché originel sans la grâce*. Cette croyance s'est répandue dans toutes les disciplines et a largement contaminé les esprits de l'ensemble de la population. Or ses fondements scientifiques sont inexistants, comme le montrent les chapitres de ce livre. Il s'agit simplement de spéculations, non confrontées à la réalité des faits, mais dont le qualificatif prétendu « scientifique » suffit pour interdire toute discussion critique. Je vais maintenant présenter cette sombre perspective en psychanalyse, en économie, en sociologie, en sciences politiques et en éthologie.

L'ÊTRE HUMAIN SELON LA PSYCHANALYSE : UN MEURTRIER HÉRÉDITAIRE

L'opinion de Freud a parfois varié sur certains aspects du fonctionnement humain, mais une constante se dégage sans ambiguïté de l'ensemble de son œuvre : son regard sur l'être humain a toujours été extrêmement négatif. Cela commence dès le jeune âge : « L'enfant est absolument égoïste, il ressent intensément ses besoins et aspire sans aucun égard à leur satisfaction, en particulier face à ses rivaux, les autres enfants[97]. »

Cette attitude persiste à l'âge adulte : dans une lettre au pasteur Pfister, avec qui Freud a entretenu une longue correspondance, ce dernier écrit : « Je ne me casse pas beaucoup la tête au sujet du bien et du mal, mais, en moyenne, je n'ai découvert que fort peu de "bien" chez les hommes. D'après ce que j'en sais, ils ne sont pour la plupart que de la racaille, qu'ils se réclament de l'éthique de telle ou telle doctrine – ou d'aucune[98]. » Pour lui, l'agressivité est un « trait indestructible de la nature humaine[99] ». Dès lors, la moralité adulte provient des exigences que la société impose aux pulsions individuelles.

C'est dans un petit livre publié en 1929 et intitulé *Malaise dans la civilisation*, que Freud développe le plus clairement l'idée selon laquelle nous ne parvenons à vivre en société que par la répression de nos instincts : « L'homme est (...) tenté de satisfaire son besoin d'agression aux dépens de son prochain, d'exploiter son travail sans dédommagements, de l'utiliser sexuellement sans son consentement, de s'approprier ses biens, de l'humilier, de lui infliger des souffrances, de le martyriser et de le tuer. *Homo homini lupus* : qui aurait le courage, en face de tous les enseignements de la vie et de l'histoire, de s'inscrire en faux contre cet adage ? (...) Par suite de cette hostilité primaire qui dresse les hommes les uns contre les autres, la société civilisée est constamment menacée de ruine. (...) La civilisation doit tout mettre en œuvre pour limiter l'agressivité humaine et pour en réduire les manifestations[100]. » Nous héritons donc selon Freud de nos lointains ancêtres une tendance fondamentale à la violence. D'ailleurs, assure-t-il, l'interdiction « tu ne tueras point » est la preuve même que « nous descendons d'une série infiniment longue de générations de meurtriers qui, comme nous-mêmes peut-être, avaient la passion du meurtre dans le sang[101] ».

En 1931, la Société des Nations (ancêtre des Nations unies) invite Albert Einstein à entretenir une correspondance sur de grandes questions contemporaines. Celui-ci propose à Freud d'être son interlocuteur, ce que celui-ci accepte. Cela conduit à l'ouvrage commun *Pourquoi la guerre ?* Freud précise alors ce qu'il entend par pulsion de mort, qu'il qualifie d'ailleurs de « mythologique ». Cette pulsion est initialement tournée vers l'individu lui-même, au risque de provoquer sa propre destruction. Pour éviter cela, elle est retournée vers l'extérieur. « L'être vivant préserve pour ainsi dire sa propre vie en détruisant une vie étrangère. (...) De ce qui précède, nous retiendrons simplement pour nos fins immédiates qu'il ne mène à rien de vouloir abolir les penchants agressifs des hommes[102]. »

Carl Gustav Jung, autre père fondateur de la psychanalyse, est généralement plus positif, mais il lui arrive également de porter un regard particulièrement sévère sur l'être humain. Il considère que le mal atteint des dimensions telles qu'« on a presque l'impression d'un euphémisme lorsque l'Église parle du péché originel (...). Cette tare de l'homme, sa tendance au mal est infiniment plus lourde qu'il n'y paraît et c'est bien à tort qu'elle est sous-estimée[103] ». Si Jung a pris des distances envers Freud sur certains aspects de la théorie psychanalytique, il reste en accord avec lui concernant nos penchants violents, puisque « nous sommes (...) en fonction de notre nature d'homme, des criminels en puissance. (...) Que l'action abominable ait été commise il y a bien des générations, ou qu'elle se produise aujourd'hui, elle reste le symptôme d'une disposition existant partout et toujours. (...) Le mal a son siège dans la nature humaine elle-même[104] ».

De façon plus générale, la psychologie du XXe siècle a été essentiellement marquée par une perspective négative. Un article publié en 2000 constate qu'on trouve, dans les travaux de psychologie des trente dernières années, 46 000 articles sur la dépression, contre 400 seulement sur la joie[105].

L'ÊTRE HUMAIN SELON L'ÉCONOMIE : UN INDIVIDU ÉGOÏSTE ET CALCULATEUR

À partir de la fin du XIXe siècle et tout au long du XXe se développe en économie le courant dit « néoclassique » qui devient le modèle largement dominant à partir des années 1950. Ses partisans adoptent deux convictions sur l'être humain, qu'ils désignent abstraitement sous le terme d'*Homo œconomicus* : il est à la fois rationnel et égoïste. Sa raison lui sert uniquement à servir ses propres intérêts, sur la base d'un calcul coûts/bénéfices (voir chapitre 11). Cette idée est par exemple présente dans cette phrase de Francis Ysidro Edgeworth, l'un des fondateurs de l'économie contemporaine : « Le premier principe de l'économie est que chaque agent est uniquement motivé par l'intérêt personnel[106]. » On la retrouve dans ce propos de Gordon Tullock : « L'être humain moyen est à environ 95 % égoïste au sens strict du terme[107]. » Cet auteur dit conclure cela d'une recherche empirique, mais sans fournir d'indication permettant de savoir de quelle recherche il s'agit.

Cette conception s'est répandue très largement dans l'ensemble des sciences humaines (en particulier en sociologie et en sciences politiques) sous l'étiquette de « théorie du choix rationnel[108] ». Ici, la rationalité s'éloigne énormément de celle que vous et moi utilisons dans la vie courante. Selon les partisans de cette théorie, il peut être parfaitement rationnel de mentir, de tuer, de consommer de la drogue, etc. : tout n'est qu'une question de coûts/bénéfices.

En sociologie, la théorie de l'échange social postule que toutes les relations humaines sont fondées sur ce type d'analyse coûts-bénéfices. Les coûts se mesurent en termes d'argent, de temps, d'occasions ratées, etc. ; les bénéfices peuvent être financiers ou concerner le statut social, le bien-être émotionnel, etc. Son principal promoteur, Peter Blau, affirme qu'« un apparent "altruisme" imprègne la vie sociale ; les gens sont préoccupés de se rendre mutuellement service et de rendre les bénéfices qu'ils reçoivent. Mais, derrière ce désintéressement apparent, peut être découvert un "égoïsme" sous-jacent ; la propension à aider les autres est souvent motivée par l'attente qu'agir ainsi nous fournit des avantages sociaux[109] ». Autrement dit, nous n'entretenons des relations humaines que pour en tirer profit.

L'ÊTRE HUMAIN SELON LES CHERCHEURS EN RELATIONS INTERNATIONALES : UN INDIVIDU MOTIVÉ PAR LA VOLONTÉ DE PUISSANCE

Dans les sciences politiques du XXe siècle, l'influence de Machiavel et de Hobbes s'est surtout fait sentir dans le courant appelé – à tort[110] – réaliste, qui a largement dominé dans les recherches sur les relations internationales. Selon Hans Joachim Morgenthau, généralement considéré comme le père fondateur de cette approche, « la lutte pour le pouvoir est universelle dans le temps et l'espace et constitue un fait d'expérience indéniable. (...) Les pulsions à vivre, à se propager et à dominer sont présentes chez tous les hommes. (...) En particulier, la tendance à dominer est un élément de toutes les associations humaines, depuis la famille, en passant par les relations fraternelles, jusqu'aux associations professionnelles et aux organisations politiques locales, et à l'État[111] ». Selon le courant « réaliste », les États sont essentiellement motivés par la recherche de puissance et de sécurité, et la force, enfin, est un outil politique pertinent.

L'ÊTRE HUMAIN SELON L'ÉTHOLOGIE : UN TUEUR SANS INHIBITIONS

Konrad Lorenz, le principal fondateur de l'éthologie, a exercé une importante influence sur la pensée contemporaine, au travers de son ouvrage *L'Agression*. Il considère celle-ci comme « indispensable pour atteindre les buts les plus élevés de l'homme[112] ». Comme Freud, il estime que l'agressivité humaine est un instinct entretenu par une source d'énergie interne à l'individu. On a parlé, à propos des théories de ces deux auteurs, de modèle « hydraulique » : l'agressivité humaine s'accumulerait comme dans une cocotte-minute, et aurait impérativement besoin de se libérer, en raison de la pression exercée par cet instinct. Chez les animaux sociaux, l'évolution a mis en place des mécanismes d'inhibition de l'agression entre membres de la même espèce ; par exemple, lorsque deux loups se battent pour la domination de la meute, si l'un d'eux décide d'abandonner la lutte, il se couche sur le dos, présentant ainsi sa carotide à son adversaire, situation extrêmement dangereuse, mais qui a pour effet paradoxal de stopper immédiatement le comportement agressif de ce dernier. En revanche, de tels mécanismes n'existent pas chez l'homme : « Il faut plutôt déplorer que l'homme ne possède pas de mentalité de carnivore. Tout le malheur vient précisément du fait qu'il est (...) dépourvu de ces verrous de sécurité qui empêchent les carnivores "professionnels" de tuer leurs camarades de même espèce[113]. » Je ne reviendrai pas ici sur le manque de fondement scientifique des déclarations de Lorenz, déjà évoqué dans le chapitre 7.

Pour sa part, Robert Ardrey a développé la théorie du grand singe tueur (voir chapitre 7), selon laquelle l'agression interpersonnelle et la guerre sont le moteur essentiel de l'évolution humaine. Il affirme ainsi que « notre plus vieil ancêtre, ce fut un tueur. Ses mœurs de tueur, voilà ce qu'il y a de plus sûr dans notre héritage. (...) L'homme est une bête de proie dont l'instinct est de tuer à l'aide d'une arme[114] ».

Demain, l'optiréalisme ?

On le voit, le diagnostic paraît sans appel, justifiant largement mon affirmation que la conception de l'être humain selon les sciences humaines du XXe siècle, c'est en quelque sorte le péché originel sans la grâce. Certes, quelques courants de recherche ont émis des avis contraires : la psychologie humaniste[115], le mouvement anti-utilitariste en sciences sociales[116] ou encore le courant appelé « idéaliste » dans l'étude des relations internationales. Mais ces approches sont restées minoritaires.

Nous sommes donc littéralement imprégnés de cette croyance populaire en la méchanceté et en l'égoïsme biologiquement inscrits dans la nature humaine. Un matraquage systématique interdit de penser différemment. C'est évidemment à dessein que je viens d'écrire « croyance populaire » plutôt que « connaissance scientifique ». Car comme le montre l'ouvrage que vous avez entre les mains, c'est essentiellement sur la base d'informations partielles ou erronées, voire carrément mensongères, que de nombreux auteurs ont affirmé que l'être humain possède une structure mentale fondamentalement égoïste et violente. Des « experts » autoproclamés ont qualifié de scientifiques des affirmations qui n'étaient que le fruit de leur fertile imagination et de leur idéologie personnelle. Souhaitons que ces croyances erronées du millénaire passé soient rapidement remplacées par des convictions plus solides, relevant de l'optiréalisme.

2

La bonté humaine sur Internet

J'ai créé deux sites Internet.

http://www.psychologie-positive.net

Ce site[1] aborde tous les aspects de la psychologie positive, que ce soit au niveau personnel, interpersonnel, social et institutionnel.

L'internaute peut ainsi avoir accès à de très nombreuses informations sur des sujets aussi divers que l'amitié, le courage, la motivation, la résolution des conflits, l'empathie, le sens de l'existence, la confiance en autrui, les comportements écocitoyens, etc.

Diverses rubriques complètent cet ensemble : Agenda, Experts, Liens, Vidéos.

Ce site héberge également l'Association française et francophone de psychologie positive.

http://www.bonte-humaine.net

Ce site en cours de construction est l'occasion de montrer que la bonté est très présente dans la vie humaine. Les internautes sont invités à y apporter leurs témoignages et toute information qui leur semblerait utile. La « philosophie » qui l'anime est la même que celle de ce livre : c'est lorsqu'on attend le meilleur de soi-même et d'autrui que ce meilleur a le plus de chances de se manifester.

Notes et références bibliographiques

Introduction

1. Brigitte Liatard et Babeth Diaz ont fondé et poursuivent leur action au sein de l'association MédiActeurs Nouvelle Génération (http://www.mediacteurs.com/) après avoir créé puis quitté l'association Génération Médiateurs.

2. Amabile T. M. (1983), « Brilliant but cruel : Perceptions of negative evaluators », *Journal of Personality and Social Psychology*, 19, p. 146-156. Je décris cette recherche en annexe.

3. Gade C. B. N. (2010), *Ubuntu and the South African Truth and Reconciliation Process*, mémoire de thèse, département de philosophie et d'histoire des idées, Aarhus University, Danemark, p. 72.

4. Mandela N. (2009), préface du livre de Richard Stengel, *Les Chemins de Nelson Mandela, 15 leçons de vie, d'amour et de courage*, Paris, Michel Lafon, p. 9.

5. Mandela N. (2002), *Un long chemin vers la liberté*, Paris, Le Livre de Poche, p. 753.

6. Je fais référence ici à l'ouvrage de Jean Bergeret (1984), *La Violence fondamentale. L'inépuisable Œdipe*, Paris, Dunod – ouvrage qui affirme bien plus qu'il ne démontre.

7. Favre D. (2007), *Transformer la violence des élèves*, Paris, Dunod, chapitre 6.

8. Gibran K. (1992), *Le Prophète*, Bruxelles, Casterman Sagesses, p. 65.

9. Changeux J.-P. & Ricœur P. (1998), *Ce qui nous fait penser. La nature et la règle*, Paris, Odile Jacob, p. 323 et 324.

PREMIÈRE PARTIE

Quand la bonté surmonte le mal radical

CHAPITRE 1
Face aux grandes catastrophes, la solidarité plutôt que l'égoïsme

1. « New Orleans shelters to be evacuated », CNN, 31 août 2005. Les articles de presse cités dans ce chapitre sont disponibles sur Internet.

2. Treaster J. B. (2005), « Life-or-death words of the day in a battered city : "I had to get out" », *The New York Times,* 31 août.

3. Esterbrook J. (2005), « New Orleans fights to stop looting », *CBS News*, 31 août.

4. Carlson T. (2005), « The situation with Tucker Carlson' for September 1 », *msnbc.com,* 1er septembre.

5. Treaster J. B. (2005), « Local officials criticize federal government over response », *The New York Times,* 2 septembre.

6. « President arrives in Alabama, Briefed on hurricane Katrina » (2005), White House, Office of the Press Secretary, 2 septembre.

7. *Arkansas Democrat-Gazette*, 2 septembre 2005, *in* « Governor Kathleen Blanco : Strong leadership in the midst of catastrophe », document PDF.

8. « Troops told "shoot to kill" in New Orleans », *ABC News online*, 2 septembre 2005.

9. McFadden R. D. (2005), « Bush pledges more troops as evacuation grows », *New York Times*, 4 septembre.

10. Rosenblatt S. & Rainey J. (2005), « Katrina takes a toll on truth : News accuracy », *Los Angeles Times*, 27 september 2005.

11. Dwyer J. & Drew C. (2005), « Fear exceeded crime's reality in New Orleans », *New York Times*, 29 septembre.

12. Thevenot B. & Russell G. Rape (2005), « Murder. Gunfights », *The Times-Picayune*, 26 septembre.

13. *A Failure of Initiative. Final Report of the Select Bipartisan Committee to Investigate the Preparation for and Response to Hurricane Katrina* (2006), Washington, U.S. Government Printing Office, p. 242.

14. *A Failure of Initiative. Final Report of the Select Bipartisan Committee to Investigate the Preparation for and Response to Hurricane Katrina* (2006), Washington, U.S. Government Printing Office, p. 248.

15. Rodriguez H., Trainor J. & Quarantelli E. L. (2006), « Rising to the challenges of a catastrophe : The emergent and prosocial behavior following hurricane Katrina », *Annals of the American Academy of Political and Social Science,* 604, p. 82-101 ; Tierney K., Bevc C. & Kuligowski E. (2006), « Metaphors matter : Disaster myths, media frames, and their consequences in Hurricane Katrina », *Annals of the*

American Academy of Political and Social Science, 604, p. 57-81 ; Barsky L., Trainor J. & Torres M. (2006), « Disaster realities in the aftermath of hurricane Katrina : Revisiting the looting myth », *Quick Response Report*, 186, Natural Hazards Center. http://katrinaresearchhub.ssrc.org/disaster-realities-following-hurricane-katrina-revisiting-the-looting-myth/attachment.

16. Voir notamment Ralli T. (2005), « Who's a looter ? In storm's aftermath, Pictures kick up a different kind of tempest », *The New York Times*, 5 septembre.

17. Rodriguez H. *et al.* (2006), *op. cit*, p. 84.

18. *A Failure of Initiative* (2006), *op. cit.*, p. 249.

19. Tierney K. *et al.* (2006), *op. cit.*, p. 68 et 75.

20. « Troops told "shoot to kill" in New Orleans », *ABC online*, 2 septembre 2005.

21. « 5 NOPD officers guilty in post-Katrina Danziger Bridge shootings, cover-up », *Times-Picayune*, Times-Picayune Staff, 5 août 2011. Voir aussi « Danziger Bridge shootings », Wikipedia. http://en.wikipedia.org/wiki/Danziger_Bridge_shootings #cite_note-17.

22. Clarke L. (2002), « Le mythe de la panique », *Sciences humaines*, 16-20 (p. 20).

23. Le Bon G. (2003), *Psychologie des foules,* Paris, PUF.

24. Freud S. (2010), *Psychologie des masses et analyse du moi,* Paris, PUF.

25. Quarantelli E. L. (1954), « The nature and conditions of panic », *American Journal of Sociology*, 60 (3), p. 267-275.

26. Glass T. A. (2001), « Understanding public response to disasters », *Public Health Reports*, 116, suppl. 2, p. 69-78.

27. Cité par Quarantelli, E. L. (2008), « Conventional beliefs and counterintuitive realities », *Social Research*, 75 (3), 1-32 (p. 877),

28. Drury J., Cocking C. & Reicher S. (2009), « The nature of collective resilience : Survivor reactions to the 2005 London bombings », *International Journal of Mass Emergencies and Disasters*, 27 (1), p. 66-95.

29. Clarke L. (2002), *op. cit.*

30. Auf der Heide E. (2004), « Common misconceptions about disasters : Panic, "the disaster syndrome and looting" », *in* M. O'Leary (éd.), *The First 72 Hours : A Community Approach to Disaster Preparedness*, Universe Publishing, p. 340-380.

31. Cité par Clarke L. (2002), *op. cit.* Voir aussi Dwyer J. & Flynn K. (2006), *102 minutes. Le combat pour la survie dans les Twin Towers le 11 septembre 2001*, Paris, J'ai Lu ; Connell R. (2001), *Collective Behavior in the September 11, 2001 Evacuation of the World Trade Center, Preliminary Paper* #313, University of Delaware, Disaster Research Center.

32. Johnson N. (1987), « Panic at the "Who concert stampede" : An empirical assessment », *Social Problems,* 34 (4), p. 362-373.

33. Cité par Clarke L. (2002), *op. cit.*, p. 19.

34. *A Failure of Initiative. Final Report of the Select Bipartisan Committee to Investigate the Preparation for and Response to Hurricane Katrina* (2006), Washington, U.S. Government Printing Office, p. 241, 243.

35. Quarantelli, E. L. (2008), « Conventional beliefs and counterintuitive realities », *Social Research*, 75 (3), 873-904 (p. 883).

36. Dwyer J. & Flynn K. (2006), *op. cit.*

37. http://en.wikipedia.org/wiki/Rick_Rescorla.

38. Kendra J. & Wachtendorf T. (2003), « Creativity in emergency response to the World Trade Center disaster », *in Beyond September 11 : An Account of Post Disaster Research*, Natural Hazards Center, Boulder, 121-146 ; Snyder J. 2001, « Ferries to the rescue after World Trade Center Terror Attack », http://www.marinelog.com/DOCS/PRINT/mmiocfer1.html.

39. Drury J., Cocking C. & Reicher S. (2009), « Everyone for themselves ? A comparative study of crowd solidarity among emergency survivors », *British Journal of Social Psychology*, 48, p. 487-506.

40. Drury J., Cocking C. & Reicher S. (2009), « The nature of collective resilience : Survivor reactions to the 2005 London bombings », *International Journal of Mass Emergencies and Disasters*, 27 (1), p. 66-95.

41. Auf der Heide E. (2004), « Common misconceptions about disasters : Panic, "the disaster syndrome and looting" », *in* M. O'Leary (éd.), *The First 72 Hours : A Community Approach to Disaster Preparedness*, Universe Publishing, 340-380 (p. 363) ; Barsky L., Trainor J. & Torres M. (2006), « Disaster realities in the aftermath of hurricane Katrina : Revisiting the looting myth », *Quick Response Report*, 186, Natural Hazards Center.

42. Auf der Heide E. (2004), *op. cit.*, p. 350-352.

43. Oberijé N. (éd.), « Civil response after disasters : The use of civil engagement in disaster abatment », document disponible sur Internet.

44. Quarantelli E. L. (2008), « Conventional beliefs and counterintuitive realities », *Social Research*, 75 (3), p. 873-904.

45. Auf der Heide E. (2004), *op. cit.*, p. 348.

CHAPITRE 2
Ceux qui ont sauvé des Juifs
Ce qu'ils nous enseignent sur la nature humaine

1. *In* Gilbert M. (2002), *Les Justes, les héros méconnus de la Shoah*, Paris, Calmann-Lévy, p. 11.

2. Halter M. (1995), *La Force du bien*, Paris, Robert Laffont, p. 36.

3. Hallie P. (1979), *Le Sang des innocents. Le Chambon-sur-Lignon, village sauveur*, Paris, Stock, p. 168.

4. Frankl V. (1988), *Découvrir un sens à sa vie avec la logothérapie*, Montréal, Éditions de l'homme/Actualisation, p. 95.

5. Hallie P. (1979), *op. cit.*, p. 147-148.

6. Voir la page Internet http://www.psychologie-positive.net/spip.php?rubrique18.

7. Voir notamment Oliner S. P. & Oliner P. M. (1988), *The Altruistic Personality, Rescuers of Jews in Nazi Europe*, New York, The Free Press, p. 188. Monroe K. R. (2004), *The Hand of Compassion. Portraits of moral choice during the Holocaust*,

Princeton, Princeton University Press (chapitres 5 et 10) ; Tec N. (1986), *When Light Pierced the Darkness : Christian Rescue of Jews in Nazi-occupied Poland*, Oxford, Oxford University Press, p. 154 et 180 ; Halter M. (1995), *La Force du bien*, Paris, Robert Laffont, p. 45-46.

8. Halter M. (1995), *op. cit.*, p. 41.

9. Gilbert M. (2002), *Les Justes, les héros méconnus de la Shoah*, Paris, Calmann-Lévy, p. 411.

10. Monroe K. R. (2004), *The Hand of Compassion. Portraits of Moral Choice During the Holocaust*, Princeton, Princeton University Press, p. 207.

11. *Idem*, p. 221.

12. *Idem*, p. 202 et 204.

13. *Idem*, p. 221.

14. *Idem*, p. 198.

15. *Idem*, p. 187.

16. *Idem*, chapitre 6.

17. Voir, par exemple, p. 168.

18. Hallie P. (1979), *Le Sang des innocents. Le Chambon-sur-Lignon, village sauveur*, Paris, Stock, p. 177 et 208.

19. Oliner S. P. & Oliner P. M. (1988), *The Altruistic Personality. Rescuers of Jews in Nazi Europe*, New York, The Free Press, p. 190.

20. *Idem*, p. 197.

21. Halter M. (1995), *La Force du bien*, Paris, Robert Laffont, p. 130.

22. Oliner S. P. & Oliner P. M. (1988), *op. cit.*, p. 304.

23. Cité par Geras N. (1995), « Richard Rorty and the righteous among the nations », *Journal of Applied Philosophy*, 12 (2), 151-173 (p. 47).

24. Gross M. L. (1994), « Jewish rescue in Holland and France during the Second World War : Moral cognition and collective action », *Social Forces,* 73 (2), p. 463-496.

25. Oliner S. P. & Oliner P. M. (1988), *The Altruistic Personality. Rescuers of Jews in Nazi Europe*, New York, The Free Press, p. 149.

26. *Idem*, p. 210-211.

27. Block G. & Drucker M. (1992), *Rescuers. Portraits of Moral Courage in the Holocaust*, Holmes & Meier Publishers, p. 67.

28. Monroe K. R. (1998), *The Heart of altruism. Perceptions of a Common Humanity*, Princeton, Princeton University Press.

29. *Idem*, p. 205.

30. Monroe K. R., Barton M. C. & Klingemann U. (1990), « Altruism and the theory of rational action : Rescuers of Jews in Nazi Europe », *Ethics*, 101 (1), 103-122 (p. 119).

31. Monroe K. R. (2004), *The Hand of Compassion. Portraits of Moral Choice During the Holocaust*, Princeton, Princeton University Press, p. 245.

32. Monroe K. R. (1998), *The Heart of Altruism. Perceptions of a Common Humanity*, Princeton, Princeton University Press, p. 207.

33. Hallie P. (1979), *Le Sang des innocents. Le Chambon-sur-Lignon, village sauveur*, Paris, Stock, p. 219.

34. Oliner S. P. & Oliner P. M. (1988), *op. cit.*, p. 216-218.

35. Tec N. (1986), *When Light Pierced the Darkness : Christian Rescue of Jews in Nazi-occupied Poland*, Oxford, Oxford University Press, p. 162.

36. Halter M. (1995), *La Force du bien*, Paris, Robert Laffont, p. 187.

37. *Idem*, p. 199.

38. Gilbert M. (2002), *Les Justes, les héros méconnus de la Shoah*, Paris, Calmann-Lévy, p. 412.

39. Halter M. (1995), *op. cit.*, p. 185.

40. Fralon J.-A. (1998), *Aristides de Sousa Mendes. Le Juste de Bordeaux*, Bordeaux, Mollat, p. 50.

41. Fogelman E. (1994), *Conscience and Courage. Rescuers of Jews during the Holocaust*, New York, Doubleday, p. 176-177.

42. Halter M. (1995), *La Force du bien*, Paris, Robert Laffont, p. 64.

43. *Idem*, p. 243.

44. Tec N. (1986), *When Light Pierced the Darkness : Christian Rescue of Jews in Nazi-Occupied Poland*, Oxford, Oxford University Press, p. 165 et 168.

45. *Idem*, p. 168.

46. Oliner S. P. & Oliner P. M. (1988), *The Altruistic Personality. Rescuers of Jews in Nazi Europe*, New York, The Free Press, p. 232-233.

47. Monroe K. R. (1998), *The Heart of Altruism. Perceptions of a Common Humanity*, Princeton, Princeton University Press, p. 208.

48. Halter M. (1995), *La Force du bien*, Paris, Robert Laffont, p. 68-69.

49. Monroe K. R. (2004), *The Hand of Compassion. Portraits of Moral Choice During the Holocaust*, Princeton, Princeton University Press, p. 203.

50. Rochat F. & Modigliani A. (1995), « The ordinary quality of resistance : From Milgram's laboratory to the village of Le Chambon », *Journal of Social Issues* 51 (3), p. 195-210.

51. Voir Nissim G. (2007), *Le Jardin des Justes. De la liste de Schindler au tribunal du bien*, Paris, Payot, p. 145-150 ; Tec N. (1986), *When Light Pierced the Darkness : Christian Rescue of Jews in Nazi-occupied Poland*, Oxford, Oxford University Press, chapitres 3 et 6.

52. Nissim G. (2007), *op. cit.*, p. 128-130.

53. Varese F. et Yaish M., (2000), « The importance of being asked : The rescue of Jews in nazi Europe », *Rationality and Society*, 12 (3), p. 307-334.

54. Halter M. (1995), *La Force du bien*, Paris, Robert Laffont, p. 17-22.

55. Pour la France et la Hollande, voir Gross M. L. (1994), « Jewish rescue in Holland and France during the Second World War : Moral cognition and collective action », *Social Forces*, 73 (2), p. 463-496. Pour la Rosenstrasse à Berlin, voir Stoltzfus N. (2002), *La Résistance des cœurs, Berlin, 1943. La révolte des femmes allemandes mariées à des Juifs*, Paris, Phébus. Pour la Bulgarie, voir Todorov T. (1999), *La Fragilité du bien. Le sauvetage des Juifs bulgares*, Paris, Albin Michel. Pour le Danemark, voir Halter M. (1995), *La Force du bien*, Paris, Robert Laffont, chapitre 30.

56. Gilbert M. (2002), *Les Justes, les héros méconnus de la Shoah*, Paris, Calmann-Lévy, p. 410.

57. Todorov T. (1999), *La Fragilité du bien. Le sauvetage des Juifs bulgares*, Paris, Albin Michel, p. 50.

58. Levi P. (1987), *Si c'est un homme*, Paris, Julliard, p. 128 et 130.

59. Monroe K. R., Barton M. C. & Klingemann U. (1990), « Altruism and the theory of rational action : Rescuers of Jews in Nazi Europe », *Ethics*, 101 (1), p. 103-122.

60. Paldiel M. (1989), « Is goodness a mystery ? », *Jerusalem Post*, 8 octobre.

61. Paldiel M. (1988), « The altruism of the righteous gentiles », *Holocaust and Genocide Studies*, 3 (2), 187-196 (p. 187).

CHAPITRE 3
L'altruisme et le pardon nés de la souffrance

1. Bennari L. (2005), *L'Ange bleu. Pédophilie, prévenir pour protéger*, Monaco, Éditions du Rocher, p. 9.

2. *Idem*, p. 66.

3. Voir notamment Lecomte J. (2004), *Guérir de son enfance*, Paris, Odile Jacob.

4. Staub E. & Vollhardt J. (2008), « Altruism born of suffering : The roots of caring and helping after experiences of personal and political victimization », *American Journal of Orthopsychiatry,* 78 (3), p. 267-280 ; Vollhardt, J. R. (2009), « Altruism born of suffering and prosocial behavior following adverse life events : A review and conceptualization », *Social Justice Research*, 22, p. 53-97.

5. Kahana B., Kahana E. F., Harel Z. & Segal M. (1985-1986), « The victim as helper : Prosocial behavior during the Holocaust », *Humboldt Journal of Social Relations*, 13 (1), p. 357-373.

6. Reiter-Purtill J., Vannatta K., Gerhardt C., Correll J. & Noll R. (2003), « A controlled longitudinal study of the social functioning of children who completed treatment of cancer », *Journal of Pediatric Hematology/Oncology*, 25, p. 467-473 ; Seagle H., Jessee P. & Nagy M. (2002), « Altruism : Choices of healthy and chronically ill children », *Early Child Development and Care*, 172, p. 573-583.

7. Bergier B. (1992), *Compagnons d'Emmaüs*, Paris, Éditions ouvrières, p. 9-10.

8. Cité par Staub E. & Vollhardt J. (2008), « Altruism born of suffering : The roots of caring and helping after experiences of personal and political victimization », *American Journal of Orthopsychiatry,* 78 (3), 267-280 (p. 271-272).

9. Lecomte J. (1989), « Le courage quotidien », *Femme actuelle*, 18 septembre.

10. Lecomte J. (2004), *Guérir de son enfance*, Paris, Odile Jacob.

11. Voir aussi Stidham A. W. (2009), *Survivors of Sexual Violence and Altruism : Designing a Typology,* mémoire universitaire, Kent State University College, p. 71.

12. Grossman F., Sorsoli L. & Kia-Keating M. (2006), « A gale force wind : Meaning making by male survivors of childhood sexual abuse », *American Journal of Orthopsychiatry,* 76 (4), 434-443.

13. Stidham A. W. (2009), *op. cit.*

14. Moskowitz S. (1987), *Love Despite Hate. Child Survivors of the Holocaust and Their Adult Lives*, Schocken, p. 233.

15. Raboteg-Saric Z., Zuzul M. & Kerestes G. (1994), « War and children's aggressive and prosocial behaviour », *European Journal of Personality*, 8, p. 210-212.

16. Macksoud M. S. & Aber J. L. (1996), « The war experiences and psychosocial development of children in Lebanon », *Child Development*, 67, p. 70-88.

17. http://www.anjpv.asso.fr/.

18. Voir les études citées par Vollhardt J. R. (2009), « Altruism born of suffering and prosocial behavior following adverse life events : A review and conceptualization », *Social Justice Research*, 22, 53-97 (p. 85).

19. Worthington raconte cela dans le premier chapitre de son livre *Forgiving and Reconciling*. Downers Grove, InterVarsity Press, 2003.

20. Mullet E., Houdbine A. Laumonnier S. & Girard M. (1998), « Forgivingness : Factorial structure in a sample of young, middle aged, and elderly adults », *European Psychologist*, 3, p. 289-297. Cette étude est reprise dans la synthèse de Mullet E., Azar F., Kadima Kadiangandu J., Girard M. & Vinsonneau G. (2002), *Le Pardon humain*, Paris, Éditions Charles Léopold Mayer, chapitre 2.

21. Younger J. W., Piferi R. L., Jobe R. L. & Lawler K. A. (2004), « Dimensions of forgiveness : The views of laypersons », *Journal of Social and Personal Relationships,* 21 (6), p. 837-855.

22. Derrida J. (1999), « Le siècle et le pardon », *Le Monde des débats*, décembre, p. 10-17.

23. Voir notamment Coyle C. T. & Enright R. D. (1998), « Forgiveness education with adult learners », *in* C. M. Smith & T. Pourchot (éd.), *Adult Learning and Development : Perspectives From Educational Psychology,* Mahwah, Lawrence Erlbaum, p. 219-238 (p. 220).

24. Arendt H. (1983), *Condition de l'homme moderne*, Paris, Calmann-Lévy, p. 304. Voir notamment le livre de la psychologue Maryse Vaillant, essentiellement basé sur des témoignages ne faisant pas référence à une dimension religieuse : Vaillant M. (2001), *Il n'est jamais trop tard pour pardonner à ses parents*, Paris, La Martinière.

25. Lecomte J. (2004), *Guérir de son enfance*, Paris, Odile Jacob, p. 182-191.

26. Worthington E. L. Jr. (1998), « The pyramid model of forgiveness : Some interdisciplinary speculations about unforgiveness and the promotion of forgiveness », *in* E. L. Worthington Jr. (éd.), *Dimensions of Forgiveness. Psychological Research and Theological Perspectives*, Philadelphia, Templeton Foundation Press, p. 107-137.

27. Mullet E., Azar F., Kadima Kadiangandu J., Girard M. & Vinsonneau G. (2002), *Le Pardon humain*, Paris, Éditions Charles Léopold Mayer, p. 17-18.

28. Lecomte J. (2001), « Du bon usage de la mémoire et de l'oubli », *Cahiers médico-sociaux*, p. 159-167.

29. Hayner P. B. (1994), « Fifteen truth commissions – 1974 to 1994 : A comparative study », *Human Rights Quarterly*, 16, p. 597-655.

30. Tutu D. (éd.) (2004), *Amnistier l'apartheid. Travaux de la commission Vérité et Réconciliation*, Paris, Seuil. Voir également l'excellent ouvrage de S. Pons (2000), *Apartheid. L'aveu et le pardon*, Paris, Bayard.

31. Mandela N. (1999), « Pardonne, mais n'oublie pas », *Le Monde*, 7 août, p. 11. Le texte original en anglais a pour titre : « We should forgive but not forget », *The Guardian*, 3 juillet 1999.

32. Cité par Pons S. (2000), *op. cit.*, p. 49-50.

33. Tutu D. (2000), *Il n'y a pas d'avenir sans pardon*, Paris, Albin Michel, p. 59.

34. Tutu D. (éd.) (2004), *Amnistier l'apartheid. Travaux de la commission Vérité et Réconciliation*, Paris, Seuil, p. 131.

35. Godrie C. (2005), *Blessure d'amour, la force du pardon*, Paris, Michel Lafon.

36. *Idem*, p. 203.

37. *Idem*, p. 211.

38. Mullet E., Azar F., Kadima Kadiangandu J., Girard M. & Vinsonneau G. (2002), *Le Pardon humain*, Paris, Éditions Charles Léopold Mayer, p. 14.

39. Lomax E. (1996), *Les Larmes du bourreau*, Paris, Édition n° 1, p. 294.

40. *Idem*, p. 321.

41. *Idem*, p. 333.

42. *Idem*, p. 347.

43. Abuelaish I. (2011), *Je ne haïrai point. Un médecin de Gaza sur les chemins de la paix*, Paris, Robert Laffont, p. 256-257.

44. *Idem*, p. 263.

45. *Idem*, p. 276-277, p. 269 et 305.

46. Girtanner M. & Tabard G. (2007), *Même les bourreaux ont une âme*, Tours, CLD Éditions, p. 11.

47. *Idem*, p. 13.

48. *Idem*, p. 20.

49. Chong D. (2003), *La Fille de la photo*, Paris, Pocket, p. 444.

50. *Idem*, p. 526-527. En fait, Plummer, rongé par le remords, semble s'être attribué plus de responsabilité qu'il n'en a réellement eu. Ce sont des pilotes sud-vietnamiens qui se sont trompés de cible, pensant bombarder des soldats nord-vietnamiens. Mais cela ne change rien au message de pardon et de réconciliation.

51. http://www.kimfoundation.com/modules/contentpage/index.php?file=intro.htm.

CHAPITRE 4
La répugnance des soldats et des exécuteurs à tuer, sauf lorsque…

1. Wiesenthal S. (2004), *Les Fleurs de soleil*, Paris, Albin Michel, p. 145.

2. Bandura A. (2002), « Selective moral disengagement in the exercise of moral agency », *Journal of Moral Education,* 31 (2), 101-120 (p. 109).

3. Voir notamment, parmi de nombreux auteurs, von Clausewitz C. (2000), *De la guerre*, Paris, Ivrea, p. 1293.

4. Singer J. & Small M. (1972), *The Wages of War, 1816-1965. A Statistical Handbook*, New York, Wiley, p. 10-11.

5. Cité par Jongman B. & Van der Dennen H. (1988), « The great "war figures" hoax : An investigation in polemomythology », *Security Dialogue,* 19 (2), p. 197-202.

6. Jongman & Van der Dennen (1988), *op. cit.*

7. Chiozza G. (2002), « Is there a clash of civilizations ? Evidence from patterns of international conflict involvement, 1946-97 », *Journal of Peace Research*, 39 (6), 711-734 (p. 719).

8. United Nations (2002), *World Population 2002* ; World Health Organization (2007), *Third Milestones of a Global Campaign for Violence Prevention Report 2007*, World Health Organization.

9. Cité par Browning C. (1994), *Des hommes ordinaires. Le 101e bataillon de réserve de la police allemande et la solution finale en Pologne*, Paris, Les Belles Lettres, p. 94-95.

10. Marshall S. L. A. (2000), *Men Against Fire. The Problem of Battle Command in Future War,* New York, William Morrow & Company.

11. *Idem*, p. 53-54, 50.

12. *Idem*, p. 78-79.

13. *Idem*, p. 23.

14. Pour une synthèse, voir la note 3 de Chambers, J. W. (2003), « S.L.A. Marshall's Men against fire : New evidence regarding fire ratios », *Parameters,* 33, p. 113-121.

15. Marshall J. D. (1993), *Reconciliation Road. A Family Odyssey of War and Honor,* Syracuse University Press.

16. Grossman D. (1996), *On Killing. The Psychological Cost of Learning to Kill in War and Society,* Boston, Little, Brown and Company, p. 36.

17. Cité par Bourke J. (1999), *An Intimate History of Killing : Face to Face Killing in Twentieth-Century Warfare*, New York, Basic Books, p. 62.

18. Grossman D. (1996), *op. cit.*, p. xviii.

19. *Idem*, p. 12.

20. *Idem*, p. xxxi.

21. Smith D. L. (2007), *The Most Dangerous Animal. Human Nature and the Origins of War*, New York, St. Martin's Press, p. 160.

22. Cité par Prost A. (2004), « Les limites de la brutalisation. Tuer sur le front occidental, 1914-1918 », *Vingtième siècle, revue d'histoire*, 81, 5-20 (p. 16).

23. Jünger E. (1998), *Feu et sang*, Paris, Bourgois, p. 101 et 102 ; Jünger E. (2010), *Orages d'acier. Journal de guerre*, Paris, Le Livre de Poche, p. 308.

24. Breton P. (2009), *Les Refusants. Comment refuse-t-on de devenir un exécuteur ?,* Paris, La Découverte, p. 79 et 81.

25. *Idem*, p. 6, 16.

26. Voir notamment le chapitre 7 de Baumeister R. F. (1997), *Evil. Inside Human Violence and Cruelty*, New York, Freeman ; le chapitre 1 de Bourke J. (1999), *An Intimate History of Killing : Face to Face Killing in Twentieth-Century Warfare*, New York, Basic Books ; les pages 236-239 de Grossman D. (1996), *On Killing. The Psychological Cost of Learning to Kill in War and Society*, Boston, Little, Brown and Company.

27. American Psychiatric Association (2003), *DSM-IV. Manuel diagnostique et statistique des troubles mentaux*, chapitre « Personnalité antisociale », Paris, Masson, p. 808-813.

28. Swank R. L. & Marchand W. E. (1946), « Combat neuroses. Development of combat exhaustion », *Archives of Neurology and Psychiatry*, 55, 236-247 (p. 244).

29. Milgram S. (1974), *Soumission à l'autorité*, Paris, Calmann-Lévy, p. 207.

30. Rodrigo C., Rajapakse S. & Jayananda G. (2010), « The "antisocial" person : An insight in to biology, classification and current evidence on treatment », *Annals of General Psychiatry*, 9 (31), 1-12.

31. Grossman D. (1996), *On Killing. The Psychological Cost of Learning to Kill in War and Society*, Boston, Little, Brown and Company, p. 245.

32. Cité par Lifton R. J. (1989), *Les Médecins nazis. Le meurtre médical et la psychologie du génocide*, Paris, Robert Laffont, p. 466.

33. Baumeister R. F. (1997), *Evil. Inside Human Violence and Cruelty*, New York, Freeman, p. 212.

34. Milgram S. (1963), « Behavioral study of obedience », *Journal of Abnormal and Social Psychology*, 67 (4), 371-378 (p. 375),

35. Milgram S. (1974), *Soumission à l'autorité*, Paris, Calmann-Lévy, p. 73-75.

36. Grossman D. (1996), *On Killing. The Psychological Cost of Learning to Kill in War and Society*, Boston, Little, Brown and Company, p. 88.

37. *Idem*, p. 156-157.

38. Remarque E. M. (1989), *À l'Ouest rien de nouveau*, Paris, Le Livre de Poche, p. 220-221.

39. Weingarten K. (2003), *Common Shock. Witnessing Violence Every Day. How We Are Harmed, How We Can Heal*, New York, Dutton, p. 162.

40. Terkel S. (1985), « Interview de George Zabelka », *in The Good War, an Oral History of World War Two*, Londres, Hamish Hamilton ; McCarthy E. C. (éd.), F. George Zabelka, « A military chaplain repents », téléchargé le 10 juillet 2011 sur http://www.lewrockwell.com/orig7/mccarthy5.html.

41. Cité par Bowman S. M. & Irwin R. B. (1865), *Sherman and His Campaigns. A Military Biography*, New york, Steven Brothers, p. 488 (lettre du 21 mai 1865).

42. Prost A. (2004), « Les limites de la brutalisation. Tuer sur le front occidental, 1914-1918 », *Vingtième siècle, revue d'histoire*, 81, 5-20 (p. 5).

43. Hoess R. (2004), *Le Commandant d'Auschwitz parle*, Paris, La Découverte, p. 181.

44. Wiesenthal S. (2004), *Les Fleurs de soleil*, Paris, Albin Michel, p. 51.

45. *Idem*, p. 66-69.

46. *Idem*, p. 102, 125 et 147.

47. *Idem*, p. 232.

48. *Idem*, p. 145.

49. Sironi F. (2004), « Les mécanismes de destruction de l'autre », *in* A. Berthoz A. & G. Jorland (éd.), *L'Empathie*, Paris, Odile Jacob, p. 235 et 246.

50. Hendin H. & Haas A. P. (1991), « Suicide and guilt as manifestations of PTSD in Vietnam combat veterans », *American Journal of Psychiatry*, 148 (5), p. 586-591.

51. Fontana A. & Rosenheck R. (1999), « A model of war zone stressors and posttraumatic stress disorder », *Journal of Traumatic Stress*, 12 (1), p. 111-126 ; MacNair, R. M. (2005), *Perpetration-Induced Traumatic Stress. The Psychological Consequences of Killing*, New York, Authors Choice Press.

52. Ferro M., Brown Cazals R. & Mueller O. (2005), *Frères de tranchées*, Paris, Perrin ; Ashworth T. (1980), *Trench Warfare, 1914-18. The Live and Let Live System*, New York, Holmes and Meier.

53. *Idem*, p. 81.

54. Barthas L. (2003), *Les Carnets de guerre de Louis Barthas, 1914-1918*, Paris, La Découverte, p. 215.

55. *Idem*.

56. Ferro M. *et al.* (2005), *op. cit.*, p. 67.

57. *Idem*, p. 18 et 60.

58. *Idem*, p. 137-138.

59. *Idem*, p. 178.

60. *Idem*, p. 99-100 ; Guéno J.-P. & Laplume Y. (éd.) (1998), *Paroles de poilus. Lettres et carnets du front, 1914-1918*, Paris, Librio, p. 79.

61. Ferro M. *et al.* (2005), *op. cit.*, p. 20.

62. *Idem*, p. 144-145.

63. *Idem*, p. 18.

64. *Idem*, p. 64.

65. *Idem*, p. 66.

66. Barthas L. (2003), *Les Carnets de guerre de Louis Barthas, 1914-1918*, Paris, La Découverte, p. 216.

67. http://www.noel14-asso.fr/.

68. Voir notamment Moerk E. L. & Pincus F. (2009), « How to make wars acceptable », *Peace and change*, 25 (1), p. 1-22.

69. Rosoux V.-B. (2001), *Les Usages de la mémoire dans les relations internationales*, Bruxelles, Bruylant ; Breton P. (2009), *Les Refusants. Comment refuse-t-on de devenir un exécuteur ?*, Paris, La Découverte, chapitre 6.

70. Hitler A. (s.d.), *Mein Kampf*, Paris, Nouvelles Éditions latines, p. 304, 309, 310 et 322.

71. Bandura A., Barbaranelli C., Caprara G. V. & Pastorelli C. (1996), « Mechanisms of moral disengagement in the exercise of moral agency », *Journal of Personality and Social Psychology*, 71 (2), p. 364-374 ; « Selective moral disengagement in the exercise of moral agency », *Journal of Moral Education*, 31 (2), p. 101-120.

72. Cité par Lifton R. J. (1989), *Les Médecins nazis. Le meurtre médical et la psychologie du génocide*, Paris, Robert Laffont, p. 487.

73. Baumeister R. F. (1997), *Evil. Inside Human Violence and Cruelty*, New York, Freeman, p. 320.

74. Chrétien J.-P. (2000), *Rwanda. Les médias du génocide*, Paris, Karthala.

75. Arendt H. (1997), *Eichmann à Jérusalem*, Paris, Gallimard, « Folio ».

76. Cité par Brauman R. & Sivan E. (1999), *Éloge de la désobéissance,* Paris, Le Pommier, p. 161.

77. Milgram S. (1974), *Soumission à l'autorité*, Paris, Calmann-Lévy.

78. *Idem*, p. 206.

79. *Idem*, p. 193-194.

80. *Idem*, p. 22.

81. *Idem*, p. 185.

82. *Idem*, p. 24-25.

83. *Idem*, p. 25.

84. Dicks H. V. (1973), *Les Meurtres collectifs. Une analyse psychosociologique de criminels SS*, Paris, Calmann-Lévy.

85. *Idem*, p. 290.

86. Rousseau F. (2003), *La Guerre censurée. Une histoire des combattants européens de 14-18*, Paris, Seuil, p. 15.

87. *Idem*, p. 111.

88. *Idem*, p. 337-338.

89. *Idem*, p. 338.

90. Haffner S. (2003), *Histoire d'un Allemand. Souvenirs 1914-1933*, Arles, Actes Sud, p. 416-420.

91. Browning C. (1994), *Des hommes ordinaires. Le 101e bataillon de réserve de la police allemande et la Solution finale en Pologne*, Paris, Les Belles Lettres.

92. *Idem*, p. 82.

93. *Idem*, p. 231.

94. *Idem*, chapitre 18.

95. *Idem*, p. 92.

96. *Idem*, p. 99.

97. Milgram S. (1974), *Soumission à l'autorité*, Paris, Calmann-Lévy, p. 195.

98. Audoin-Rouzeau S. (2002), *Au cœur de la guerre. La violence du champ de bataille pendant les deux conflits mondiaux*, *in* S. Audoin-Rouzeau *et al.* (éd.), *La Violence de guerre 1914-1915*, Bruxelles, Complexe, p. 82 et 84.

99. Grossman D. (1996), *On Killing. The Psychological Cost of Learning to Kill in War and Society*, Boston, Little, Brown and Company, section III.

100. *Idem*, p. 116.

101. *Idem*, p. 118.

102. Bourke J. (1999), *An Intimate History of Killing. Face to Face Killing in Twentieth-Century Warfare*, New York, Basic Books, p. 136.

103. Hilberg R. (2006), *La Destruction des Juifs d'Europe*, Paris, Gallimard, « Folio », tome 1, p. 596-598 ; Rhodes R. (2004), *Extermination. La machine nazie. Einsatzgruppen à l'Est, 1941-1943*, Paris, Autrement, p. 180-182.

104. Cité par Rhodes (2004), *op. cit.*, p. 121.

105. Hilberg R. (2006), *La Destruction des Juifs d'Europe*, Paris, Gallimard, « Folio », tome 3, p. 1862.

106. Cité par Brauman R. & Sivan E. (1999), *Éloge de la désobéissance,* Paris, Le Pommier, p. 151.

107. Lifton R. J. (1989), *Les Médecins nazis. Le meurtre médical et la psychologie du génocide*, Paris, Robert Laffont.

108. *Idem*, p. 459.

109. Rousseau F. (2003), *La Guerre censurée. Une histoire des combattants européens de 14-18*, Paris, Seuil, p. 192 et 195.

110. Cochet F. (2005), *Survivre au front, 1914-1918*, 14-18 Éditions, p. 205-210.

111. Rousseau F. (2003), *op. cit.*, p. 198.

112. Fusell P. (1992), *À la guerre. Psychologie et comportements pendant la Seconde Guerre mondiale*, Paris, Seuil, « Points histoire », p. 128. Je remercie Laurent Bègue de m'avoir fait connaître cette référence.

113. Lifton R. J. (1989), *Les Médecins nazis. Le meurtre médical et la psychologie du génocide*, Paris, Robert Laffont, p. 478.

114. Gobodo-Madikizela P. (2003), *A Human Being Died That Night. A South African Woman Confronts the Legacy of Apartheid*, Boston, Mariner Book.

115. *Idem*, p. 130.

116. *Idem*, p. 32.

117. *Idem*, p. 34 et 79.

118. *Idem*, p. 115

119. *Idem*, p. 127.

120. *Idem*, p. 119 et 120.

121. *Idem*, p. 117 et 118.

122. Mandela N. (2002), *Un long chemin vers la liberté*, Paris, Le Livre de Poche, p. 753.

CHAPITRE 5
Même les pires gangsters peuvent redevenir comme vous et moi

1. Kherfi Y. & Le Goaziou V. (2000), *Repris de justesse*, Paris, Syros, p. 129.

2. Badinter R. (1998), *Avant-propos*, *in* P. Maurice, *La Famille au Gévaudan au* XVe *siècle*, Paris, Publications de la Sorbonne.

3. Delahousse M. (2006), *François Besse. La métamorphose d'un lieutenant de Mesrine*, Paris, Flammarion, p. 215.

4. *Idem*, p. 217.

5. *Idem*, p. 229.

6. Cité par Jean-Michel Dumay, *Le Monde*, 13 juin 2002.

7. Glueck S. & Glueck E. T. (1950), *Unraveling Juvenile Delinquency*, New York, Commonwealth Fund.

8. Sampson R. J. & Laub J. H. (1993), *Crime in the Making. Pathways and Turning Points Through Life*, Cambridge, Harvard University Press.

9. Laub J. H. & Sampson R. J. (2003), *Shared Beginnings, Divergent Lives. Delinquent Boys to Age 70,* Cambridge, Harvard University Press. Ce livre synthétise

de nombreuses recherches de ces deux auteurs, parues dans diverses revues scientifiques.

10. Laub J. H. & Sampson R. J. (2003), *op. cit.*, p. 86.

11. Paternoster R. & Bushway S. (2009), « Desistance and the "feared self" : Toward an identity theory of criminal desistance », *The Journal of Criminal Law and Criminology*, 99 (4), p. 1103-1156

12. Laub J. H. & Sampson R. J. (2003), *Shared Beginnings, Divergent Lives. Delinquent Boys to Age 70,* Cambridge, Harvard University Press, p. 118-123.

13. Laub J. H. & Sampson R. J. (2003), *op. cit.*, p. 136-137.

14. *Idem*, p. 229.

15. Cité dans Delahousse M. (2006), *François Besse. La métamorphose d'un lieutenant de Mesrine*, Paris, Flammarion, p. 238.

16. Farrington D. P. (2003), « Key results from the first forty years of the Cambridge study in delinquent development », *in* T. P. Thornberry & M. D. Krohn (éd.), *Taking Stock of Delinquency. An Overview of Findings From Contemporary Longitudinal Studies,* New York, Kluwer/Plenum Press, p. 137-183.

17. Laub J. H. & Sampson R. J. (1993), « Turning points in the life course : Why change matters to the study of crime », *Criminology,* 31 (3), 301-325 (p. 313-314).

18. Lecomte J. (2007), *Donner un sens à sa vie*, Paris, Odile Jacob, chapitre 10, « Le travail conduit au sens, mais pas la richesse ».

19. Laub J. H. & Sampson R. J. (2003), *Shared Beginnings, Divergent Lives. Delinquent Boys to Age 70,* Cambridge, Harvard University Press, p. 138-141.

20. Voir la bibliographie en français sur la désistance, sur http://www.psychologie-positive.net/spip.php?article33.

21. Mulard C., « Antonio Villaraigosa, latino et maire de Los Angeles », *Le Monde*, 1er juillet 2005.

22. Chanoff D. (1995), « Le flic fort en gang », *Libération*, 6 janvier.

23. Père René-Luc (2008), *Dieu en plein cœur*, Paris, Presses de la Renaissance.

24. Cruz N. (1976), *Du ghetto à la vie*, L'eau vive ; Wilkerson D. (1980), *La Croix et le Poignard*, Vida.

25. Henderickx P. (2001), *Les Trois Marches. Une belle revanche sur la vie*, Paris, Presses de la Renaissance ; Henderickx P. (2004), *Parole donnée*, Paris, Presses de la Renaissance.

26. Maurice P. (2002), *De la haine à la vie*, Paris, Gallimard, « Folio ».

27. Lerouge J. (2001), *Le Condamné à mort*, Paris, Stock.

28. Kherfi Y. & Le Goaziou V. (2000), *Repris de justesse*, Paris, Syros.

29. Van Thuyne J. (1999), *Je veux que tu sois mon père. Du grand banditisme à la foi*, Paris, Fayard.

30. Lucas C. (1998), *Suerte. L'exclusion volontaire*, Paris, Pocket.

31. Vaujour M. (2005), *Ma plus belle évasion*, Paris, Presses de la Renaissance.

32. Watterson K. (1995), *Not by the Sword. How a Cantor and His Family Transformed a Klansman*, Boston, Northeastern University press.

33. Laub J. H. & Sampson R. J. (2003), *Shared Beginnings, Divergent Lives. Delinquent Boys to Age 70*, Cambridge, Harvard University Press, p. 177.

34. Cité dans Delahousse M. (2006), *François Besse. La métamorphose d'un lieutenant de Mesrine*, Paris, Flammarion, p. 254.

35. Cité par Pierre Georges (1995), « Le gracié », *Le Monde*, 21 décembre.

36. Maurice P. (2002), *De la haine à la vie*, Paris, Gallimard, « Folio », p. 277-278.

37. Badinter R. (1998), « Avant-propos », *in* P. Maurice, *La Famille au Gévaudan au* XVe *siècle*, Paris, Publications de la Sorbonne.

38. Maurice P. (2002), *De la haine à la vie*, Paris, Gallimard, « Folio », p. 333.

39. Le titre de la thèse est *La Famille en Gévaudan au* XVe *siècle, d'après les notaires de la Lozère (1380-1483).*

40. Cité par Pierre Georges (1995), « Le gracié », *Le Monde*, 21 décembre.

41. Maurice P. (2002), *op. cit.*, p. 380.

42. Braithwaite J. (1989), *Crime, Shame and Reintegration*, Cambridge, Cambridge University Press ; Ahmed E., Harris N., Braithwaite J. & Braithwaite V. (2001), *Shame Management Through Reintegration*, Cambridge, Cambridge University Press.

43. Maruna S. (2000), *Making Good. How Ex-Convicts Reform and Rebuild Their Lives*, Washington, American Psychological Association.

44. *Idem*, p. 32.

45. *Idem*, p. 88.

46. Henderickx P. (2001), *Les Trois Marches. Une belle revanche sur la vie*, Paris, Presses de la Renaissance.

47. *Idem*, p. 159.

48. *Idem*, p. 212.

49. *Idem*, chapitre 11. Velge P.-B. (1999), *Flic ou voyou*, Bruxelles, Labor, p. 171-176.

50. Pierre-Bernard Velge a lui-même raconté ses expériences avec des jeunes dans son ouvrage : *Flic ou voyou*, *op. cit.*

51. Henderickx P. (2001), *op. cit.*, chapitre 13.

52. *Idem*, p. 282.

53. Maruna S. (2000), *Making Good, How ex-Convicts Reform and Rebuild Their Lives*, Washington, American Psychological Association, p. 96.

54. Sands B. (1964), *My Shadow Ran Fast*, Englewoods Cliffs, New Jersey, Prentice Hall, p. 212.

55. LeBel T. P. (2008), « An examination of the impact of formerly incarcerated persons helping others », *The Journal of Offender Rehabilitation*, 46 (1/2), p. 1-24.

56. Kherfi Y. & Le Goaziou V. (2000), *Repris de justesse*, Paris, Syros, p. 99-100.

57. Chanoff D. (1995), « Le flic fort en gang », *Libération*, 6 janvier, p. 56.

58. Van Thuyne J. (1999), *Je veux que tu sois mon père. Du grand banditisme à la foi*, Paris, Fayard, p. 35.

59. *Idem*, p. 50-51.

60. *Idem*, p. 134.

61. Watterson K. (1995), *Not by the Sword. How a Cantor and His Family Transformed a Klansman*, Boston, Northeastern University press.

62. *Idem*, p. 121.

63. *Idem*, p. 168.

CHAPITRE 6
Chroniques de la bonté ordinaire

1. Johnson D. (14 décembre 2009), « Mystery Couple Starts "Magical" Chain Reaction », NBC Philadelphia, http://www.nbcphiladelphia.com/news/local/Mystery-Couple-Pay-It-Forward-79179347.html.

Récupéré le 17 octobre 2011.

2. Observatoire de la Fondation de France (2006), *Portrait de la générosité en France*, Paris.

3. Penner L. A. & Finkelstein M. A. (1998), « Dispositional and structural determinants of volunteerism », *Journal of Personality and Social Psychology*, 74 (2), p. 525-537.

4. Clary E. G. & Orenstein L. (1991), « The amount and effectiveness of help : The relationship of motives and abilities to helping behaviour », *Personality and Social Psychology bulletin*, 17 (1), p. 58-64.

5. Davis M. H. (1983), « Empathic concern and muscular dystrophy Telethon : Empathy as a multidimensional construct », *Personality and Social Psychology Bulletin*, 9 (2), p. 223-229.

6. Bekkers R. (2006), « Traditional and health related philanthropy : The role of resources and personality », *Social Psychology Quarterly*, 69 (4), p. 349-366.

7. Wilhelm M. O. & Bekkers R. (2010), « Helping behavior, dispositional empathic concern, and the principle of care », *Social Psychology Quarterly*, 73 (1), 1-22.

8. Bierhoff H-W., Klein R. & Kramp P. (1991), « Evidence for the altruistic personality from data on accident research », *Journal of Personality*, 59 (2), p. 263-280.

9. Ronel, N., « When good overcomes bad : The impact of volunteers on those they help », *Human Relations*, 2006, 59 (8), p. 1133-1153.

10. *Idem*, p. 1135.

11. Van Lange P. A. M., Van Vugt M., Bekkers R. & Schuyt T. N. M. (2007), « From games to giving : social value orientation predicts donations to noble causes », *Basic and Applied Social Psychology*, 29 (4), p. 375-384.

12. Schuyt T. N. M., Bekkers R. H. F. P. & Smit J. H. (2010), « The philanthropy scale : a sociological perspective in measuring new forms of prosocial behavior », *Social Work and Society*, 8 (1), p. 121-135.

13. Todd S. J. & Lawson R. W. (1999), « Towards a better understanding of the financial donor : An examination of donor behaviour in terms of value structure and demographics », *International Journal of Nonprofit and Voluntary Sector Marketing*, 4 (3), p. 235-244.

14. Bierhoff H-W., Klein R. & Kramp P. (1991), « Evidence for the altruistic personality from data on accident research », *Journal of Personality*, 59 (2), p. 263-280.

15. Foss R. (1983), « Community norms and blood donation », *Journal of Applied Social Psychology*, 13 (4), p. 281-291.

16. De nombreux travaux portent sur ce thème. Voir notamment De Groot J. I. M. & Steg L. (2009), « Morality and prosocial behavior : The role of awareness, responsibility, and norms in the norm activation model », *Journal of Social Psychology*, 149 (4), p. 425-449.

17. Benson, P. L. *et al.* (1980), « Intrapersonal correlates of nonspontaneous helping behavior », *The Journal of Social Psychology*, 110 (1), p. 87-95.

18. Cialdini R. B. & Shroeder D. A. (1976), « Increasing compliance by legitimizing paltry contributions : When even a penny helps », *Journal of Personality and Social Psychology*, 34 (4), p. 599-604.

19. Weyant J. M. (1984), « Applying social psychology to induce charitable donations », *Journal of Applied Social Psychology*, 14, p. 441-447.

20. Weyant J. M. & Smith S. L. (1987), « Getting more by asking for less : The effects of request size on donations to charity », *Journal of Applied Social Psychology*, 17, p. 392-400.

21. Wagner C., Prasarnphanich P. (2007), « Innovating collaborative content creation : The role of altruism and wiki technology », *Proceedings of 40th Hawaii International Conference on System Sciences*, 3-6 janvier, Hawaii.

22. Cooper S., Khatib F., Treuille A., Barbero J., Lee, J., Beenen M., Leaver-Fay A., Baker, D. & Popovic Z. (2010), « Predicting protein structures with a multiplayer online game », *Nature*, 466 (7307), p. 756-760.

23. Gouldner A. (1960), « The norm of reciprocity : A preliminary statement », *American Sociological Review*, 25, p. 161-179.

24. Mauss M. (2007), *Essai sur le don. Forme et raison de l'échange dans les sociétés archaïques*, Paris, PUF.

25. Blau P. (1964), *Exchange and Power in Social Life*, New York, Wiley.

26. Caput L. (1989) « Témoignage », actes du colloque du Réseau d'échange réciproque des savoirs, *Échanger des savoirs, c'est changer la vie*, p. 11-12.

27. Grube J. A. & Piliavin J. A. (2000), « Role identity, organizational experiences, and volunteer performance », *Personality and Social Psychology Bulletin*, 26 (9), p. 1108-1119.

28. Callero P. L. & Piliavin J. A. (1983), « Developing a commitment to blood donation : The impact of one's first experience », *Journal of Applied Social Psychology*, 13 (1), p. 1-16.

29. Lee L., Piliavin J. A. & Call V. R. A. (1999), « Giving time, money, and blood : Similarities and differences », *Social Psychology Quarterly*, 62 (3), p. 276-290.

30. Swinyard W. et Ray M.L. (1979), « Effects of praise and small requests on receptivity to direct-mail appeals », *Journal of Social Psychology*, 108, p. 177-184.

31. Kraut R. E. (1973), « Effects of social labeling on giving to charity », *Journal of Experimental Social Psychology*, 9, p. 551-562.

32. Strenta, A. & DeJong W. (1981), « The effect of a prosocial label on helping behavior », *Social Psychology Quarterly,* 44 (2), p. 142-147.

33. Bryan J. H. & Test M. A. (1967), « Models and helping : Naturalistic studies in aiding behavior », *Journal of Personality and Social Psychology,* 6 (4), p. 400-407.

34. *Idem.*

35. Reingen P. H. (1982), « Test of a list procedure for inducing compliance with a request to donate money », *Journal of Applied Psychology,* 67 (1), p. 110-118.

36. Bandura A. (2002), *Auto-efficacité,* Bruxelles, De Boeck Université. Voir aussi l'excellente présentation de P. Carré (2004), « Bandura : une psychologie pour le XXIe siècle ? », *Savoirs. Revue internationale de recherches en formation des adultes,* hors série, p. 9-50.

37. Guéguen N. (2008), « La politesse, clé du lien social », *Cerveau et psycho,* 27, p. 28-31.

38. Moser, G. & Corroyer D. (2001), « Politeness in the urban environment », *Environment and Behavior,* 33 (5), p. 611-625.

39. Phenice L. A., Griffore R. J. & Lee K. (2010), « Altruism in public : Holding open doors for those who follow », *European Journal of Social Sciences,* 16 (1), p. 7-10.

40. Solomon H., Zener-Solomon L. Z., Arnone M. M., Maur B. J., Reda R. M. & Roth E. O. (1981), « Anonymity and helping », *The Journal of Social Psychology,* 113, p. 37-43.

41. Eagly A. H. (2009), « The his and hers of prosocial behavior : An examination of the social psychology of gender », American Psychologist, 64 (8), p. 644-658. Eagly A. H. & Crowley M. (1986), « Gender and helping behavior : A meta-analytic review of the social psychological literature », *Psychological Bulletin,* 100 (3), p. 283-308.

42. Clary E. G. & Snyder M. (1999), « The motivations to volunteer : Theoretical and practical considerations », *Current Directions in Psychological Science,* 8 (5), p. 156-159 ; Clary E. G., Snyder M., Ridge R. D., Copeland J., Stukas A. A., Haugen J. & Miene P. (1998), « Understanding and assessing the motivations of volunteers : A functional approach », *Journal of Personality and Social Psychology,* 74 (6), p. 1516-1530.

43. Clary E. G. & Orenstein L. (1991), « The amount and effectiveness of help : The relationship of motives and abilities to helping behaviour », *Personality and Social Psychology Bulletin,* 17 (1), 58-64.

44. Penner L. A. & Finkelstein M. A. (1998), « Dispositional and structural determinants of volunteerism », *Journal of Personality and Social Psychology,* 74 (2), p. 525-537.

45. Omoto A. & Snyder M. (1995), « Sustained helping without obligation : Motivation, longevity of service, and perceived attitude change among AIDS volunteers », *Journal of Personality and Social Psychology,* 68 (4), p. 671-687.

46. Dunn E. W. Aknin L. B. & Norton M. I. (2008), « Spending money on others promotes happiness », *Science,* 319, p. 1687-1688.

47. Aknin L. B., Dunn E. W. & Norton M. I. (2011), « Happiness runs in a circular motion : Evidence for a positive feedback loop between prosocial spending and

happiness », *Journal of happiness studies* ; Thoits P.A., & Hewitt L.N. (2001), « Volunteer work and well-being », *Journal of Health and Social Behavior*, 42, p. 115-131.

48. Aknin L. B., Barrington-Leigh C. P., Dunn E. W., Helliwell J. F., Biswas-Diener R., Kemeza I., Nyende P., Ashton-James C. E. & Norton M. I. (2010), « Pro-social spending and well-being : Cross-cultural evidence for a psychological universal », à paraître.

49. Greenfield E. A. & Marks N. F. (2004), « Formal volunteering as a protective factor for older adults' psychological well-being », *The Journals of Gerontology*, 59B, S258-S264.

50. Oman D., Thoresen C. E., & McMahon K. (1999), « Volunteerism and mortality among the community dwelling elderly », *Journal of Health Psychology*, 4 (3), p. 301-316 ; Harris A. H. S. & Thoresen C. E. (2005), « Volunteering is associated with delayed mortality in older people : Analysis of the Longitudinal Study of Aging », *Journal of Health Psychology*, 10 (6), p. 739-752 ; Konrath S., Fuhrel-Forbis A., Lou A. & Brown S. (2011), « Motives for volunteering are associated with mortality risk in older adults », *Health Psychology*, in press.

51. Oman D. *et al.* (1999), *op. cit.*

52. Csikszentmihalyi M. (2004), *Vivre. La psychologie du bonheur*, Paris, Robert Laffont.

53. *Idem*, p. 17.

54. Csikszentmihalyi M. & Patton J. D. (1997), « Le bonheur, l'expérience optimale et les valeurs spirituelles : une étude empirique auprès d'adolescents », *Revue québécoise de psychologie*, 18 (2), p. 167-190.

55. *Idem*, p. 188.

56. Campbell W. K. & Baumeister R. F. (2001), « Is loving the self necessary for loving another ? An examination of identity and intimacy », *in* M. Clark & G. Fletcher (éd.), *Blackwell Handbook of Social Psychology*, vol. 2 : *Interpersonal Processes*, Londres, Blackwell, p. 437-456.

57. Haidt J. (2003), « Elevation and the positive psychology of morality », *in* C. L. M. Keyes & J. Haidt (éd.), *Flourishing. Positive Psychology and the Life Well-Lived,* Washington, American Psychological Association, p. 275-289 ; Haidt J. (2005), « Disgust and elevation : Opposing sources of "spiritual information" », *in* C. L. Harper Jr (éd.), *Spiritual Information. 100 perspectives*, Philadelphie, Templeton.

58. Cité par Haidt J. (2003), *op. cit.*, p. 275.

59. Schnall S., Roper, J. & Fessler D. M. T. (2010), « Elevation leads to altruistic behavior », *Psychological Science,* 21 (3), p. 315-320.

60. Hallie P. (1979), *Le Sang des innocents. Le Chambon-sur-Lignon, village sauveur*, Paris, Stock, p. 14.

61. *Idem*, p. 16.

62. *Idem,* p. 16-17, p. 27.

INTERMÈDE
L'altruisme est-il de l'égoïsme caché ?

1. Blau P. (1964), *Exchange and Power in Social Life*, New York, John Wiley, p. 17.

2. Freud A. & Sandler J. (1989), *L'Analyse de défense, entretiens avec Anna Freud. Nouveaux regards sur « Le Moi et les mécanismes de défense »*, Paris, PUF, p. 335-336.

3. Pour une présentation claire de cette conception et de ses limites, voir notamment Terestchenko M. (2007), *Un si fragile vernis d'humanité. Banalité du mal, banalité du bien*, Paris, La Découverte ; Feinberg J. (1999), « Moral motivation and human nature », *in* J. Feinberg & R. Shafer-Landau (éd.), *Reason and Responsibility*, Belmont, Wadsworth Publishing, p. 493-505 ; Wakefield J. C. (1993), « Is altruism part of human nature ? Toward a theoretical foundation for the helping professions », *Social Service Review*, 67 (3), p. 406-458.

4. Andreoni J. (1990), « Impure altruism and donations to public goods : A theory of warm-glow giving », *The Economic Journal*, 100, p. 464-477.

5. Lazare L. (1996), *Le Livre des Justes*, Paris, Hachette, « Pluriel », chapitre 11.

6. Badhwar N. K. (1993), « Altruism versus self-interest : Sometimes a false dichotomy », *Social Philosophy and Policy*, 10 (1), p. 90-117.

7. Cité par Wakefield J. C. (1993), « Is altruism part of human nature ? Toward a theoretical foundation for the helping professions », *Social Service Review*, 67 (3), 406-458 (p. 430).

8. Batson C. D. (1991), *The Altruism Question. Toward a Social Psychological Answer*, Hillsdale, Erlbaum ; Batson C. D. & Powell A. A. (2003), « Altruism and prosocial behavior », *in* T. Millon, M. J. Lerner & I. B. Weiner (éd.), *Handbook of Psychology*, volume 5 : *Personality and Social Psychology*, Hoboken, John Wiley, p. 463-484.

9. Voir notamment Cialdini R. B., Baumann D. J. & Kenrick D. T. (1981), « Insights from sadness : A three-step model of the development of altruism as hedonism », *Developmental Review*, 1, p. 207-223.

10. Voir notamment en français : Terestchenko M. (2007), *Un si fragile vernis d'humanité. Banalité du mal, banalité du bien*, Paris, La Découverte, chapitre 9.

11. Miller, D. T. (1999), « The norm of self-interest », *American Psychologist*, 54 (12), p. 1053-1060 ; Ratner R. K. & Miller D. T. (2001), « The norm of self-interest and its effects on social action », *Journal of Personality and Social Psychology*, 81 (1), p. 5-16.

12. Miller, D. T. (1999), « The norm of self-interest », *American Psychologist*, 54 (12), 1053-1060 (p. 1059).

13. L'exemple vient de Feinberg J. (1999), « Moral motivation and human nature », *in* J. Feinberg & R. Shafer-Landau (éd.), *Reason and Responsibility*, Belmont, Wadsworth Publishing, 493-505 (p. 496), qui reprend une idée de William James.

14. Terestchenko M. (2007), *Un si fragile vernis d'humanité. Banalité du mal, banalité du bien*, Paris, La Découverte, p. 13.

15. Popper K. (1983), *Le Réalisme et la Science*, Paris, Hermann, p. 2.

16. Boltanski L. (1993), *La Souffrance à distance*, Paris, Métaillé, p. 109.

17. Terestchenko M. (2007), *Un si fragile vernis d'humanité. Banalité du mal, banalité du bien*, Paris, La Découverte (en particulier la remarquable introduction) ; Margolis H. (1982), *Selfishness, Altruism, and Rationality. A Theory of Social Choice*, Londres, Cambridge University Press.

DEUXIÈME PARTIE

Les fondements de la bonté

CHAPITRE 7

Nous ne descendons pas d'un grand singe tueur

Ce que nous apprennent la préhistoire et la primatologie

1. de Waal F. (2010), *L'Âge de l'empathie. Leçons de la nature pour une société solidaire*, Paris, Les liens qui libèrent, p. 19.

2. Cité par Thorpe I. J. N. (2005), « The ancient origins of warfare and violence », *in* M. P. Pearson & I. J. N. Thorpe (éd.), *Warfare, Violence and Slavery in Prehistory*, British Archeological Reports, p. 2.

3. Ardrey R. (1977), *Les Enfants de Caïn*, Paris, Stock. Le titre anglais, *African Genesis*, est moins virulent, mais le titre français ne dénature pas le propos de l'auteur.

4. *Idem*, p. 299.

5. *Idem*, p. 308.

6. Voir ce qu'en dit de Waal F. (1997), *Le Bon Singe. Les bases naturelles de la morale*, Paris, Bayard, p. 304.

7. Berger L. R. & Clarke R. J. (1995), « Eagle involvement in accumulation of the Taung child fauna », *Journal of Human Evolution*, 29, p. 275-299 ; Berger L. R. & McGrawW. S., (2007), « Further evidence for eagle predation of, and feeding damage on, the Taung child », *South African Journal of Science*, p. 103, 496-503.

8. Stiner M. C. (1991), « The faunal remains from Grotta Guattari : A taphonomic perspective », *Current Anthropology,* 32 (2), p. 103-117 ; White T. D. & Toth N. (1991), « The question of ritual cannibalism at Grotta Guattari », *Current Anthropology,* 32 (2), 118-124. Voir également les commentaires d'autres experts ainsi que la réponse des auteurs, dans le même numéro.

9. Boaz N. T., Ciochon R. L., Su Q. & Liu J. (2000), « Large mammalian carnivores as a taphonomic factor in the bone accumulation at Zhoukoudian », *Acta Anthropologica Sinica*, 19 (supplément), p. 224-234.

10. Hart D. L. & Sussman R. W. (2005), *Man the Hunted. Primates, Predators, and Human Evolution*, Westview Press, Boulder.

11. White T. D. & Toth N. (1989), « Engis : Preparation damage, not ancient cutmarks », *American Journal of Physical Anthropology,* 78 (3), p. 361-368.

12. Pour une synthèse, voir ces deux documents : Hublin J.-J. (2009), « The prehistory of compassion », *Proceedings of the National Academy of Sciences*, 106 (16), p. 6429-6430 ; et Spikins P.A., Rutherford, H. E. & Needham A. P. (2010), « From hominity to humanity : Compassion from the earliest archaic to modern humans », *Time and mind*, 3 (3).

13. Lordkipanidze, D. *et al.* (2005), « The earliest toothless hominin skull », *Nature*, 434, p. 717-718.

14. Cuozzo F. P. & Sauther M. L. (2004), « Tooth loss, survival, and resource use in wild ringtailed lemurs (*Lemur catta*) : Implications form inferring conspecific care in fossil hominids », *Journal of Human Evolution*, 46, p. 623-631.

15. Keeley Lawrence (2002), *Les Guerres préhistoriques*, Monaco, Éditions du Rocher.

16. Otterbein K. (1997), « The origins of war », *Critical Review*, 11 (2), p. 251-277.

17. Outre Otterbein, voir notamment Thorpe I. J. N. (2003), « Anthropology, archaeology, and the origin of warfare », *World Archaeology*, 35 (1), p. 145-165 ; Ferguson R. B. (1997), « Review of *War Before Civilization. The Myth of the Peaceful Savage* », *American Anthropologist*, 99, p. 424-425.

18. Guilaine J. & Zammit J. (2001), *Le Sentier de la guerre. Visages de la violence préhistorique*, Paris, Seuil, p. 52, 329.

19. Thorpe I. J. N. (2005), « The ancient origins of warfare and violence », *in* M. P. Pearson & I. J. N. Thorpe (éd.), *Warfare, Violence and Slavery in Prehistory*, British Archeological Reports.

20. Lorenz K. (1969), *L'Agression. Une histoire naturelle du mal*, Paris, Flammarion, p. 5.

21. Voir Kim S. S. (1976), « The lorenzian theory of aggression and peace research : A critique », *Journal of Peace Research*, 13 (4), 253-276 (p. 262).

22. Barnett S. A. (1973), « On the hazards of analogies », *in* A. Montagu (éd.), *Man and Aggression*, Londres, Oxford University Press, 75-83 (p. 76).

23. Lorenz K. (1969), *op. cit.*, p. 229.

24. *Idem*, p. 157. C'est moi qui souligne.

25. Barnett S. A. (1973), *op. cit.*, p. 77.

26. Voir notamment Christens B. & Speer P. W. (2005), « Predicting violent crime using urban and suburban densities », *Behavior and Social Issues*, 14, p. 113-127 ; Regoeczi W. C. (2003), « When context matters : A multilevel analysis of household and neighborhood crowding on aggression and withdrawal », *Journal of Environmental Psychology*, 23 (4), p. 451-464.

27. Voir Lorenz K. (1969), *op. cit.*, chapitre 14.

28. *Idem*, p. 235-236.

29. Stewart O. C. (1973), « Lorenz/Margolin on the Ute », *in* A Montagu. (éd.), *Man and Aggression*, Londres, Oxford University Press, p. 221-228.

30. Eibl-Eibesfeldt I. (1972), *Contre l'agression*, Paris, Stock.

31. *Idem*, p. 91.

32. *Idem*, chapitre 6.

33. Wrangham R. W. (1999), « The evolution of coalitionary killing », *Yearbook of Physical Anthropology*, 42, p. 1-30.

34. Wrangham R. & Peterson D. (1997), *Demonic Males. Apes and the Origins of Human Violence*, Londres, Bloomsbury, p. 63, 258.

35. Crofoot M. C. & Wrangham R. C. (2009), « Intergroup aggression in primates and humans : The case for a unified theory », *in* P. M. Kappeler & J. B. Silk (éd.), *Mind the Gap. Tracing the Origins of Human Universals*, Berlin/Heidelberg, Springer-Verlag GmbH, p. 171-195.

36. Wrangham R. W. (1999), *op. cit.*, p. 23.

37. Wrangham R. & Peterson D. (1997), *op. cit.*, p. 178.

38. Wrangham R. W. (1999), *op. cit.*, p. 17.

39. Wrangham R. & Peterson D. (1997), *op. cit.*, p. 204-205.

40. *Idem*, p. 219.

41. Wrangham R. W. (1999), *op. cit.*, p. 18.

42. Wrangham R. (2010), *Chimpanzee Violence is a Serious Topic. A response to Sussman and Marshack's Critique of « Demonic Males. Apes and the Origins of Human Violence »*, Global Nonkilling Working Papers, 1, 29-47 (p. 43).

43. Sussman R. W. & Garber P. A. (2007), « Cooperation and competition in primate social interactions », *in* C. J. Campbell, A. Fuentes, K. C. MacKinnon, M. Panger & S. K. Bearder (éd.), *Primates in Perspective*, Oxford, Oxford University Press, p. 636-651.

44. de Waal F. (1997), *Le Bon Singe. Les bases naturelles de la morale*, Paris, Bayard, p. 205-208.

45. *Idem*, p. 166.

46. *Idem*, p. 220.

47. *Idem*, p. 225-227.

48. Sapolsky R. M. & Share L. J. (2004), « A pacific culture among wild baboons : Its emergence and transmission », *Plos Biology*, 2 (4), p. 534-541 ; Sapolsky R. M. (2006), « Social cultures among nonhuman primates », *Current Anthropology*, 47 (4), p. 641-656.

49. de Waal F. (1992), *De la réconciliation chez les primates*, Paris, Flammarion, « Champs ».

50. *Idem*, p. 21.

51. Warneken F. & Tomasello M. (2006), « Altruistic helping in human infants and young chimpanzees », *Science*, 311 (5765), p. 1301-1303.

52. Warneken F., Hare B., Melis A. P., Hanus D., & Tomasello M. (2007), « Spontaneous altruism by chimpanzees and young children », *PLoS Biology*, 5 (7), p. 1414-1420.

53. Warneken F. & Tomasello M. (2009), « The roots of human altruism », *British Journal of Psychology*, 100, p. 455-471.

54. *Idem*, p. 464.

55. Preston S. D. & de Waal F. B. M. (2002), « Empathy : Its ultimate and proximate bases », *Behavioral and Brain Science*, 25, 1-20 (p. 19).

56. de Waal F. (2010), *L'Âge de l'empathie. Leçons de la nature pour une société solidaire*, Paris, Les Liens qui libèrent, p. 152-153.

57. *Idem*, p. 161.

58. de Waal F. (2006), *Le Singe en nous*, Paris, Fayard, p. 218.

59. Boesch C., Bole C., Eckhardt N. & Boesch H. (2010), « Altruism in forest chimpanzees : The case of adoption », *PLoS ONE* 5 (1), p. 1-6.

60. Cité par de Waal F. (1997), *Le Bon Singe. Les bases naturelles de la morale*, Paris, Bayard, p. 75-76.

61. de Waal F. (2010), *L'Âge de l'empathie. Leçons de la nature pour une société solidaire*, Paris, Les Liens qui libèrent, p. 298 et 305.

62. Brosnan S. & de Waal F. (2003), « Monkeys reject unequal pay », *Nature*, 425, p. 297-299 ; de Waal F. (2010), *L'Âge de l'empathie. Leçons de la nature pour une société solidaire*, Paris, Les Liens qui libèrent, p. 274-278.

63. Brosnan S. F., Schiff H. C. & de Waal F. B. M. (2005), « Tolerance for inequity may increase with social closeness in chimpanzees », *Proceedings of the Royal Society B*, 272, p. 253-258.

64. de Waal F. (2010), *L'Âge de l'empathie. Leçons de la nature pour une société solidaire*, Paris, Les Liens qui libèrent, p. 278-279.

65. de Waal F. (1997), *Le Bon Singe. Les bases naturelles de la morale*, Paris, Bayard, p. 191 et 199.

66. de Waal F. (2010), *op. cit.*, p. 260-261.

67. Wrangham R. & Peterson D. (1997), *Demonic Males. Apes and the Origins of Human Violence*, Londres, Bloomsbury, p. 214-215.

68. Wildman D. E., Uddin M., Liu G., Grossman L. I. & Goodman M. (2003), « Implications of natural selection in shaping 99.4 % nonsynonymous DNA identity between humans and chimpanzees : Enlarging genus *Homo* », *Proceedings of the National Academy of Sciences USA*, 100 (12), p. 7181-7188.

69. de Waal F. & Lanting F. (1999), *Bonobos, le bonheur d'être singe*, Paris, Fayard, p. 1-2.

70. de Waal F. (2006), *Le Singe en nous*, Paris, Fayard, p. 278.

CHAPITRE 8
Le « peuple féroce » imaginaire et les peuples pacifiques réels
Ce que nous apprend l'anthropologie

1. Chagnon N. A. (1968), *Yanomamö. The Fierce People*, New York, Holt, Rinehart and Winston. Ce livre a connu de multiples éditions, avec des modifications successives dues à de nouveaux séjours de l'auteur chez les Yanomami et des réactions à diverses critiques. L'édition que j'ai en ma possession est la quatrième, datant de 1992, dans laquelle le sous-titre *The Fierce People* a disparu.

2. *Idem*, chapitre 6.

3. Voir la contradiction entre le passage du livre *Yanomamö* (1992), p. 189 et les extraits présentés par Albert B. (1990), « On Yanomami warfare : Rejoinder », *Current Anthropology*, 31 (5), p. 559.

4. Chagnon N. A. (1988), « Life histories, blood revenge, and warfare in a tribal population », *Science*, 239, p. 985-992.

5. Ghiglieri M. P. (1999), *The Dark Side of Man. Tracing the Origins of Male Violence*, Reading, Perseus Books.

6. LeBlanc S. A. (2003), *Constant Battles. The Myth of the Peaceful, Noble Savage*, New York, St. Martin's Press.

7. Smith D. L. (2007), *The Most Dangerous Animal. Human Nature and the Origins of War*, New York, St. Martin's Press.

8. Watson L. (1995), *Dark Nature. A Natural History of Evil*, New York, HarperCollins.

9. Keeley Lawrence (2002), *Les Guerres préhistoriques*, Monaco, Éditions du Rocher, p. 49 ; Le titre anglais *War Before Civilization. The Myth of the Peaceful Savage* est plus explicite sur l'intention de l'auteur.

10. Wrangham R. & Peterson D. (1997), *Demonic Males. Apes and the Origins of Human Violence*, Londres, Bloomsbury, p. 63.

11. Anonyme, « Beastly or manly ? », *Time*, 10 mai 1976 http://www.time.com/time/magazine/article/0,9171,914185,00.html.

12. Good K. & Chanoff D. (1991), *Yarima, mon enfant, ma sœur*, Paris, Seuil, p. 50 et 84.

13. Albert B. (1989), « Yanomami "violence" : Inclusive fitness or ethnographer's representation ? », *Current Anthropology*, 30 (5), 637-640 (p. 639) ; Lizot J. (1994), « Of warfare : An answer to N. A. Chagnon », *American Ethnologist*, 21 (4), 845-862 (p. 857). Ces auteurs préfèrent l'orthographe *waitheri*.

14. Albert B., Ramos A., Taylor K. I. & Watson F. (2001), *Yanomami. The Fierce People ?,* Londres, Survival International, Accessible sur http://www.survivalinternational.org/material/87.

15. Good K. & Chanoff D. (1991), *Yarima, mon enfant, ma sœur*, Paris, Seuil, p. 63.

16. *Idem*, p. 15.

17. *Idem*, p. 37.

18. *Idem*, p. 78.

19. *Idem*, p. 198.

20. *Idem*, p. 90-92.

21. *Idem*, p. 93.

22. Sponsel L. (2010), « Into the heart of darkness, rethinking the canonical ethnography on the Yanomamo », *in* J. Evans Pim (éd.), *Nonkilling Societies*, Honolulu, Center for global nonkilling, 197-240, p. 197-240.

23. Sponsel L. (1998), « Yanomami : An arena of conflict and aggression in the Amazon », *Aggressive Behavior* 24, 97-122 (p. 104).

24. Chagnon N. A. (1988), « Life histories, blood revenge, and warfare in a tribal population », *Science*, 239, 985-992 (p. 991).

25. Lizot J. (1985), *Tales of the Yanomami. Daily Life in the Venezuelan Forest*, New York, Cambridge University Press, p. xiv-xv.

26. Chagnon N. A. (1996), « Chronic problems in understanding tribal violence and warfare », *in* G. Bock & J. Goode (éd.), *The Genetics of Criminal and Antisocial Behavior*, New York, Wiley, 202-232 (p. 217).

27. Sponsel L. (1998), « Yanomami : An arena of conflict and aggression in the Amazon », *Aggressive Behavior* 24, 97-122 (p. 101).

28. Sponsel L. (2010), *Is There Any Light in the Darkness in El Dorado Controversy a Decade Later ?*, convention annuelle de l'American Anthropological Association à La Nouvelle-Orléans, novembre.

29. Ferguson R. B. (1995), *Yanomami Warfare. A Political History*, Santa Fe, School of American Research Press, chapitre 13.

30. D'autres critiques visent de multiples comportements non éthiques de Chagnon et son collaborateur Neel. Elles ne concernent pas le sujet de ce livre et je ne les développerai donc pas. Voir en particulier : Tierney P. (2002), *Au nom de la civilisation. Comment anthropologues et journalistes ont ravagé l'Amazonie*, Paris, Hachette ; Salamone F. A. (1997), *The Yanomami and Their Interpreters. Fierce People or Fierce Interpreters ?*, Lanham, University Press of America ; Borofsky R. (2005) *Yanomami. The Fierce Controversy and What We Can Learn About It*, Berkeley, University of California Press.

31. Albert B. (1989), « Yanomami "violence" : Inclusive fitness or ethnographer's representation ? », *Current anthropology*, 30 (5), p. 637-640 ; Albert B. (1990), « On Yanomami warfare : Rejoinder », *Current Anthropology*, 31 (5), p. 558-563 ; Ferguson R. B. (1989), « Do Yanomamo killers have more kids ? », *American ethnologist*, 16, p. 564-565 ; Fry D. P. (2005), *The Human Potential for Peace. An Anthropological Challenge to Assumptions About War and Violence*, Oxford, Oxford University Press, p. 187-199 et 290-304 ; Lizot J. (1994), « Of warfare : An answer to N. A. Chagnon », *American Ethnologist*, 21 (4), p. 845-862 ; Sponsel L. (1998), « Yanomami : An arena of conflict and aggression in the Amazon », *Aggressive Behavior* 24, p. 97-122.

32. Chagnon N. (1989), « Response to Ferguson », *American Ethnologist*, 16 (3), p. 565-570 ; Chagnon N. A. (1990), « On Yanomamö violence : Reply to Albert », *Current Anthropology*, 31, p. 49-53.

33. Chagnon N. (1996), « Sticks and stones », *in* L. Betzig, *Human Nature. A Critical Reader*, Oxford University Press, p. 100-102.

34. Chagnon N. (1989), « Response to Ferguson », *American Ethnologist*, 16 (3), 565-570 (p. 566).

35. Ferguson R. B. (2001), « Materialist, cultural and biological theories on why Yanomami make war », *Anthropological Theory*, 1 (1), 99-116 (p. 108).

36. Moore J. H. (1990), « The reproductive success of Cheyenne war chiefs : A contrary case to Chagnon's Yanomamö », *Current Anthropology*, 31 (3), p. 322-330 ; Beckerman S., Erickson P. I., Yost J., Regalado J., Jaramillo L., Sparks C., Ironmenga M. & Long K., (2009), « Life histories, blood revenge, and reproductive success among the Waorani of Ecuador », *Proceedings of the National Academy of Sciences*, 106 (20), p. 8134-8139.

37. Ferguson R. B. (1990), « Blood of the Leviathan : Western contact and warfare in Amazonia », *American Ethnologist*, 17 (2), p. 237-257 ; Ferguson R. B. (1995), « *Yanomami Warfare. A Political History* », Santa Fe, School of American Research Press.

38. Albert B. & Ramos A. (1989), « Yanomami Indians and anthropological ethics », *Science*, 244, p. 632 ; Early J. D. & Peters J. F. (2000), *The Xilixana Yano-*

mami of the Amazon. History, Social Structure, and Population Dynamics, Gainesville, University of Florida Press, p. 229.

39. Sponsel L. E. (2000), « Response to Otterbein », *American Anthropologist,* 102 (4), p. 837-841 (p. 838).

40. Robarchek C. A. & Robarchek C. J. (1996), « The Aucas, the cannibals and the missionaries : From warfare to peacefulness among the Waorani », *in* T. Gregor (éd.), *A Natural History of Peace*, Nashville, Vanderbilt University Press, p. 189-212.

41. *Idem*, p. 206.

42. Arens W. (1979), *The Man-Eating Myth*, Oxford, Oxford University Press.

43. *Idem*, p. V.

44. *Idem*, p. 21.

45. Lestringant F. (1994), *Le Cannibale, grandeur et décadence*, Paris, Perrin, p. 43.

46. Colomb C. (1979), *La Découverte de l'Amérique*, tome 1 : *Journal de bord. 1492-1493*, Paris, La Découverte, p. 94.

47. *Idem*, p. 112.

48. *Idem*, p. 117.

49. Wolff-Quenot M.-J. (1996), *Des monstres aux mythes*, Paris, Guy Trédaniel ; *Circé, Cahiers du Centre de recherche sur l'imaginaire* (1988), p. 10-11, p. 88-89.

50. Colomb C. (1979), *op. cit.*, « Journée du 12 novembre 1492 », p. 100.

51. Mead M. (1969), *Mœurs et sexualité en Océanie*, Paris, Plon.

52. *Idem*, p. 148.

53. Arens W. (1979), *op. cit.*, p. 36-40.

54. *Idem*, p. 173-174.

55. Arens W. (1998), « Rethinking anthropophagy », *in* F. Barker, P. Hulme & M. Iversen (éd.), *Cannibalism and the Colonial World,* Cambridge, Cambridge University Press, p. 39-62.

56. Voir les citations présentées par Arens W. (1979), *op. cit.*, p. 115 et Arens W. (1998), *op. cit.*, p. 50-53. Voir également Steadman L. B. & Merbs C. F. (1982), « Kuru and cannibalism ? », *American Anthropologist*, 84 (3), 611-627 (p. 618-619).

57. Steadman L. B. & Merbs C. F. (1982), *op. cit.*

58. Arens W. (1979), *op. cit.*, p. 139.

59. Arens W. (1979), *op. cit.*, p. 49-53 ; Whitehead N. L. (1992), « El Dorado, cannibalism and the Amazons. European myth and amerindian praxis in the conquest of South America », *in* W. Pansters & J. Weerdenburg (éd.), *Beeld en Verbeelding van Amerika*, Utrecht, Bureau Studium Generale, 53-70 (p. 63).

60. Nagy A. (2009), *Qui a peur du cannibale ? Récits antiques d'anthropophages aux frontières de l'humanité*, Turnhout, Brepols, IVe partie ; McGowan A. (1994), « Eating people : Accusations of cannibalism against Christians in the second century », *Journal of Early Christian Studies,* 2 (4), p. 413-442 ; Van der Horst P. W. (2008), « Jewish cannibalism : The history of an antisemitic myth », *Telos*, 144, p. 106-128.

61. Arens W. (1979), *The Man-Eating Myth*, Oxford, Oxford University Press, p. 10-12, 46, 107-109.

62. Frankfurter D. (2008), « Le mal et ses complots imaginaires. Du cannibalisme des premiers chrétiens aux abus rituels sataniques », *Terrain*, 50, 14-31 ; Bottoms B. L. & Davis S. L. (1997), « The creation of satanic ritual abuse », *Journal of Social and Clinical Psychology*, p. 16, 112-132.

63. L'affaire d'Outreau, en France, présente quelques éléments de similitude avec cette « épidémie » américaine.

64. Salmon M. H. (2000), « Anthropology : Art of science ? A controversy about the evidence for cannibalism », *in* P. Machamer, M. Pera & A. Baltas (éd.), *Scientific Controversies. Philosophical and Historical Perspectives*, New York, Oxford University Press.

65. Arens W. (1979), *op. cit.*, p. 181.

66. Voir en particulier les ouvrages suivants : Bonta B. (1993), *Peaceful Peoples. An Annotated Bibliography*, Metuchen, Scarecrow Press ; Gregor T. (éd.) (1996), *A Natural History of Peace*, Nashville, Vanderbilt University Press ; Howell S. & Willis R. (éd.) (1989), *Societies at Peace. Anthropological Perspectives*, Londres, Routledge ; Kemp G. & Fry D. P. (2003), *Keeping the Peace. Conflict Resolution and Peaceful Societies Around the World*, Londres, Routledge ; Sponsel L. E. & Gregor T. (éd.) (1994), *The Anthropology of Peace and Non-Violence*, Boulder, Lynne Rienner Publishers.

67. Boulding E. (2000), *Cultures of Peace. The Hidden Side of History*, Syracuse, Syracuse University Press, p. 89.

68. Bonta B. D. (1997), « Cooperation and competition in peaceful societies », *Psychological Bulletin*, 121 (2), p. 299-320.

69. Fry D. P. (2005), *The Human Potential for Peace. An Anthropological Challenge to Assumptions About War and Violence*, Oxford, Oxford University Press, p. 63-65.

70. *Idem*, p. 92-93.

71. Van der Dennen J. M. G. (1995), « Appendix », *The Origin of War. The Evolution of a Male-Coalitional Reproductive Strategy*, Origin Press, p. 95-125.

72. Pour les pages qui suivent, je me suis surtout appuyé sur les synthèses suivantes : Bonta B. D. (1997), « Cooperation and competition in peaceful societies », *Psychological Bulletin*, 121 (2), p. 299-320 ; Fry D. P. (2005), *The Human Potential for Peace. An Anthropological Challenge to Assumptions About War and Violence*, Oxford, Oxford University Press ; Sponsel L. E. (1996), « The natural history of peace : The positive view of human nature and its potential », *in* T. Gregor, *A Natural History of Peace*, Nashville, Vanderbilt University Press, p. 95-125.

73. Sponsel L. E. (1996), *op. cit.*, p. 112.

74. Bonta B. D. (1996), « Conflict resolution among peaceful societies : The culture of peacefulness », *Journal of Peace Research*, 33 (4), p. 403-420 ; Fry D. P. (2005), *The Human Potential for Peace. An Anthropological Challenge to Assumptions About War and Violence*, Oxford, Oxford University Press (chapitre 3).

75. Fry D. P. (2005), *The Human Potential for Peace. An Anthropological Challenge to Assumptions About War and Violence*, Oxford, Oxford University Press.

76. *Idem*, p. 183.

77. *Idem*, p. 177.

78. *Idem*, p. 177.

79. Cité par Fry D. P. (2005), *op. cit.*, p. 252.

80. Robarchek C. A. (1977), « Frustration, aggression and the nonviolent Semai », *American Ethnologist*, 4 (4), p. 762-770 ; Robarchek C. (1980), « The image of nonviolence : World view of the Semai Senoi », *Federation Museums Journal*, 25, p. 103-117 ; Robarchek C. A, Robarchek C. J. (1998), « Reciprocities and realities : World views, peacefulness, and violence among Semai and Waorani », *Aggressive Behavior*, 24, p. 123-133.

81. Cité par Fry D. P. (2005), *The Human Potential for Peace. An Anthropological Challenge to Assumptions About War and Violence*, Oxford, Oxford University Press, p. 73.

82. Robarchek C. (1989), « Primitive warfare and the ratomorphic image of mankind », *American Anthropologist*, 91 (4), 903-920 (p. 912).

83. *Idem*, p. 912.

84. Bonta B. D. (1996), « Conflict resolution among peaceful societies : The culture of peacefulness », *Journal of Peace Research*, 33 (4), 403-420 (p. 403-404).

85. Robarchek C. (1989), *op. cit.*

86. Crawford N. (1994), « A security regime among democracies : Cooperation among Iroquois nations », *International Organization*, 48, p. 345-385.

87. Kant E. (2002), *Projet de paix perpétuelle*, Paris, Bréal.

88. Blin A. (2001), *Géopolitique de la paix démocratique*, Paris, Éditions Charles Léopold Mayer.

89. Crawford N. (1994), *op. cit.*, p. 346.

90. Bonta B. D. (1996), *op. cit.*, p. 416.

CHAPITRE 9
L'empathie présente dès la naissance
Ce que nous apprend la psychologie des bébés et des jeunes enfants

1. Les ouvrages sur ce thème sont très nombreux. Quelques titres en français : Miljkovitch R. (2001), *L'Attachement au cours de la vie*, Paris, PUF ; Montagner H. (1988), *L'Attachement. Les débuts de la tendresse*, Paris, Odile Jacob ; Pierrehumbert B. (2003), *Le Premier Lien. Théorie de l'attachement*, Paris, Odile Jacob.

2. Harlow H. F. (1958), « The nature of love », *American Psychologist*, 13, p. 673-685.

3. Bowlby J. (1958), « The nature of the child's tie to his mother », *International Journal of Psychoanalisis*, 3, p. 350-373.

4. Ainsworth M. D., Bell S. M. & Stayton D. J. (1979), « L'attachement de l'enfant à sa mère », in *La Recherche en éthologie*, Paris, Seuil.

5. Ainsworth M. D. S. (1979), « Infant-mother attachment », *American Psychologist*, 34 (10), p. 932-937.

6. Main M. (1998), « De l'attachement à la psychopathologie », *Enfance*, 51 (3), p. 13-27.

7. Martin G. B. & Clark R. D. III (1982), « Distress crying in neonates : Species and peer specificity », *Developmental Psychology,* 18 (1), p. 3-9.

8. Hoffman M. (2008), *Empathie et développement moral. Les émotions morales et la justice*, Grenoble, PUG, chapitre 3 ; Sagi A. & Hoffman M. L. (1976), « Empathic distress in the newborn », *Developmental Psychology,* 12 (2), p. 175-176.

9. Trevarthen C. & Aitken K. J. (2003), « Intersubjectivité chez le nourrisson : recherche, théorie et application clinique », *Devenir,* 15 (4), p. 309-428.

10. Nagy E. & Molnar P. (2004), « Homo imitans or homo provocans ? Human imprinting model of neonatal imitation », *Infant Behavior and Development,* 27, p. 54-63.

11. Warneken F. & Tomasello M. (2007), « Helping and cooperation at 14 months of age », *Infancy,* 11 (3), p. 271-294.

12. http://email.eva.mpg.de/~warneken/video. Plus simplement, il suffit de taper « Warneken » sur Google et le site des vidéos apparaît en haut de page.

13. Warneken F. & Tomasello M. (2009), « The roots of human altruism », *British Journal of Psychology,* 100, p. 455-471 ; Warneken F. & Tomasello M. (2006), « Altruistic helping in human infants and young chimpanzees », *Science*, 311 (5765), p. 1301-1303.

14. Chomsky N. (1968), *Le Langage et la Pensée*, Paris, Payot.

15. Warneken F. & Tomasello M. (2009), *op. cit.*, p. 465.

16. Rheingold H. L. (1982), « Little children's participation in the work of adults, a nascent prosocial behavior », *Child Development*, 53, p. 114-125.

17. Haggbloom S. J. *et al.* (2002), « The 100 most eminent psychologists of the 20th century », *Review of General Psychology,* 6 (2), p. 139-152.

18. Freud S. (2004), *L'Interprétation du rêve*, in *Œuvres complètes*, Paris, PUF, p. 290.

19. Piaget J. (2000), *Le Jugement moral chez l'enfant*, Paris, PUF.

20. Skinner B. F. (1971), *Par-delà la liberté et la dignité*, Paris, Robert Laffont, p. 140.

21. *Idem*, p. 5.

22. Hoffman M. (2008), *Empathie et développement moral. Les émotions morales et la justice*, Grenoble, PUG, p. 100.

23. *Idem*, p. 100.

24. Zahn-Waxler C., Radke-Yarrow, M., Wagner E. & Chapman M. (1992), « Development of concern for others », *Developmental Psychology,* 28 (1), p. 126-136.

25. Svetlova M., Nichols S. R. & Brownell C. A. (2010), « Toddlers' prosocial behavior : From instrumental to empathic to altruistic helping » *Child Development*, 81 (6), p. 1814-1827.

26. Bischof-Köhler D. (1991), « The development of empathy in infants », *in* M. Lamb & M. Keller (éd.), *Infant Development. Perspectives from German-speaking Countries* Hillsdale, Erlbaum, p. 245-273.

27. Meltzoff A. N. (1995), « Understanding the intentions of others : Re-enactment of intended acts by 18-month-old children », *Developmental Psychology,* 31, p. 838-850.

28. Meltzoff A. N. (2005), « Imitation and other minds : The “like me” hypothesis », *in* S. Hurley & N. Chater (éd.), *Perspectives on Imitation. From Neuroscience to Social Science*, Cambridge, MIT Press, p. 55-77.

29. Montagner H. (1978), *L'Enfant et la Communication*, Paris, Stock, chapitres 4, 6 et 7.

30. Hay D. F. (2005), « The beginnings of aggression in infancy », *in* R. E. Tremblay, W. W. Hartup & J. Archer (éd.), *Developmental Origins of Aggression*, New York, Guilford Press, p. 107-132.

31. Turner P. J. (1991), « Relations between attachment, gender, and behavior with peers in preschool », *Child Development,* 62, p. 1475-1488 ; Lyons-Ruth K. (1996), « Attachment relationships among children with aggressive behavior problems : The role of disorganized early attachment patterns », *Journal of Consulting and Clinical Psychology*, 64, p. 64-73.

32. Kochanska G. (2002), « Mutually responsive orientation between mothers and their young children : A context for the early development of conscience », *Current Directions in Psychological Science,* 11 (6), p. 191-195.

33. Kochanska G. & Murray K. T. (2000), « Mother-child mutually responsive orientation and conscience development : From toddler to early school age », *Child Development,* 71 (2), p. 417-431.

34. Kochanska G., Aksan N., Knaack A. & Rhines H. M. (2004), « Maternal parenting and children's conscience : Early security as moderator », *Child Development*, 75 (4), p. 1229-1242.

35. Vaish A., Carpenter M., & Tomasello M. (2010), « Young children selectively avoid helping people with harmful intentions », *Child Development*, 81 (6), p. 1661-1669.

36. Janssens J. M. A. M. & Dekovic M. (1997), « Child rearing, prosocial moral reasoning, and prosocial behaviour », *International Journal of Behavioral Development*, 20 (3), p. 509-527.

37. Lipscomb T. J., Larrieu J. A., McAllister H. A. & Bregman N. J. (1982), « Modeling and children's generosity : A developmental perspective », *Merrill-Palmer Quarterly*, 28, p. 275-282 ; Presbie R. J. & Coiteux P. F. (1971), « Learning to be generous or stingy : Imitation of sharing behavior as a function of model generosity and vicarious reinforcement », *Child Development*, 42 (4), p. 1033-1038.

38. Bekkers R. (2007), « Intergenerational transmission of volunteering », *Acta Sociologica*, 50 (2), p. 99-114.

39. Wilhelm M. O., Brown E., Rooney P. M., Steinberg R. (2008), « The Intergenerational transmission of generosity », *Journal of Public Economics*, 92, p. 2146-2156.

40. Hoffman M. (2008), *Empathie et développement moral. Les émotions morales et la justice*, Grenoble, PUG, chapitre 6.

41. Hoffman M. L. & Saltzstein H. D. (1967), « Parent discipline and the child's moral development », *Journal of Personality and Social Psychology*, 5 (1), p. 45-57. Voir aussi Hoffman M. L. (1975), « Altruistic behavior and the parent-child relationship », *Journal of Personality and Social Psychology*, 31 (5), p. 937-943.

42. Krevans J. & Gibbs J. C. (1996), « Parent's use of inductive discipline : Relations to children's empathy and prosocial behavior », *Child Development,* 67, p. 3263-3277.

43. Eisenberg-Berg N. & Geisheker E. (1979), « Content of preachings and power of the model/preacher : The effects on children's generosity », *Developmental Psychology,* 15 (2), p. 168-175.

44. Hoffman M. L. (1970), « Conscience, personality, and socialization techniques », *Human Development,* 13, p. 90-126.

45. Trickett P. K. & Kuczynski L. (1986), « Children's misbehavior and parental discipline in abusive and non-abusive families », *Developmental Psychology,* 22 (1), p. 115-123.

46. Crockenberg S. & Litman C. (1990), « Autonomy as competence in 2-year-olds : Maternal correlates of child defiance, compliance, and self-assertion », *Developmental Psychology,* 26 (6), p. 961-971.

47. Lecomte J. (2007), *Donner un sens à sa vie,* Paris, Odile Jacob, chapitre 3.

48. Whiting B. B. & Whiting J. W. M., *Children of Six Cultures. A Psychocultural Analysis,* Cambridge, Harvard University Press, 1975.

49. Staub E. (2003), *The Psychology of Good and Evil. Why Children, Adults and Groups Help and Harm Others*, New York, Cambridge University Press, chapitre 11.

50. Seligman M. (2011), *La Fabrique du bonheur,* Paris, InterÉditions, p. 309.

51. Warneken F. & Tomasello M. (2008), « Extrinsic rewards undermine altruistic tendencies in 20-month-olds », *Developmental Psychology,* 44 (6), p. 1785-1788.

52. Fabes R. A., Fultz J., Eisenberg N., May-Plumlee T. & Christopher F. S. (1989), « Effects of rewards on children's prosocial motivation : A socialization study », *Developmental Psychology,* 25 (4), p. 509-515.

53. Brown C., & Morgan R. R. (1983), « The effects of reward on tutor's behaviors in a cross-age tutoring context », *Journal of Experimental Child Psychology,* 36, p. 196-208.

54. Voir, par exemple, les nombreuses recherches de Joan E. Grusec, notamment Grusec J. E. & Redler E. (1980), « Attribution, reinforcement, and altruism : A developmental analysis », *Developmental Psychology,* 16 (5), p. 525-534.

CHAPITRE 10

Notre cerveau est prédisposé à l'amour, la coopération et l'empathie

Ce que nous apprend la neurobiologie

1. Martin Buber (1969), *Je et Tu*, Paris, Aubier, p. 36.

2. Voir notamment : Eisenegger C., Naef M., Snozzi R., Heinrichs M. & Fehr E. (2010), « Prejudice and truth about the effect of testosterone on human bargaining behavior », *Nature*, 463 (7279), p. 356-359.

3. Macdonald K. & Macdonald T. M. (2010), « The peptide that binds : A systematic review of oxytocin and its prosocial effects in humans », *Harvard Review of Psychiatry*, 18 (1), p. 1-21.

4. Baron-Cohen S., Wheelwright S., Hill J., Raste Y. & Plumb I. (2001), « The "Reading the Mind in the Eyes" Test revised version : A study with normal adults, and adults with Asperger syndrome or high-functioning autism », *Journal of Child Psychology and Psychiatry*, 42 (2), p. 241-251.

5. Domes G., Heinrichs M., Michel A., Berger C. & Herpertz S. C. (2007), « Oxytocin improves "mind-reading" in humans », *Biological Psychiatry*, 61, p. 731-733.

6. Zak P. J., Stanton A. A. & Ahmadi S. (2007), « Oxytocin increases generosity in humans », *PLoS ONE*, 11 (e1128), p. 1-5.

7. Kosfeld M., Heinrichs M., Zak P. J., Fischbacher U. & Fehr E. (2005), « Oxytocin increases trust in humans », *Nature*, 435, p. 673-676.

8. Holt-Lunstad J., Birmingham W. A. & Light K. C. (2008), « Influence of a "warm touch" support enhancement intervention among married couples on ambulatory blood pressure, oxytocin, alpha amylase, and cortisol », *Psychosomatic Medicine*, 70, p. 976-985.

9. Grewen K. M., Girdler S. S., Amico J. & Light K. C. (2005), « Effects of partner support on resting oxytocin, cortisol, norepinephrine, and blood pressure before and after warm partner contact », *Psychosomatic Medicine*, 67, p. 531-538.

10. Zak P. J., Kurzban R. & Matzner W. T. (2005), « Oxytocin is associated with human trustworthiness », *Hormones and Behavior*, 48, p. 522-527.

11. Nagasawa M., Kikusui T., Onaka T. & Ohta M. (2009), « Dog's gaze at its owner increases owner's urinary oxytocin during social interaction », *Hormones and Behavior*, 55, p. 434-441.

12. Olds J. & Milner P. (1954), « Positive reinforcement produced by electrical stimulation of septal area and other regions of rat brain », *Journal of Comparative and Physiological Psychology*, 47, p. 419-427.

13. Berridge K. C. & Kringelbach M. L. (2008), « Affective neuroscience of pleasure : Reward in humans and animals », *Psychopharmacology*, 199, p. 457-480 ; Kringelbach M. L., Berridge K. C. (2009), « Towards a functional neuroanatomy of pleasure and happiness », *Trends in Cognitive Science*, 13, p. 479-487. Dans les expériences sur les zones de la récompense que je présente, il arrive que telle zone soit activée et non telle autre. J'ai évité de présenter ces différences, pour des raisons de clarté du texte.

14. Knutson B., Rick S., Wimmer G. E., Prelec D. & Loewenstein G. (2007), « Neural predictors of purchases », *Neuron*, 53 (1), p. 147-156.

15. Bressan R. & Crippa J. A. (2005), « The role of dopamine in reward and pleasure behaviour : Review of data from preclinical research », *Acta Psychiatrica Scandinavica*, 111 (427), p. 14-21.

16. Leboucher G. (2007-2008), « L'addiction : "dégât collatéral" du plaisir ? », *Cahiers de l'ED*, 139, Université Paris-Ouest-Nanterre-La Défense, p. 53-63.

17. Bartels A. & Zeki S. (2000), « The neural basis of romantic love », *NeuroReport*, 11 (17), p. 3829-3834 ; Bartels A. & Zeki S. (2004), « The neural correlates of maternal and romantic love », *NeuroImage*, 21, p. 1155-1166.

18. Kim J. W., Kim S.-E., Kim J.-J., Jeong B., Park C.-H., Son A. R. & Ki S. W. (2009), « Compassionate attitude towards others' suffering activates the mesolimbic neural system », *Neuropsychologia,* 47, p. 2073-2081.

19. Beauregard M., Courtemanche J., Paquette V. & St-Pierre E. L. (2009), « The neural basis of unconditional love », *Psychiatry Research. NeuroImaging*, 172, p. 93-98.

20. Fredrickson B. L., Cohn M. A., Coffey K. A., Pek J. & Finkel S. M. (2008), « Open hearts build lives : Positive emotions, induced through loving-kindness meditation, build consequential personal resources », *Journal of Personality and Social Psychology*, 95, p. 1045-1062.

21. Gilbert P. (2009), « Introducing compassion focused therapy », *Advances in Psychiatric Treatment*, 15, p. 199-208.

22. Moll, J., Krueger F., Zahn R., Pardini M., de Oliveira-Souza R. & Grafman J. (2006), « Human fronto-mesolimbic networks guide decisions about charitable donation », *Proceedings of the the National Academy of Sciences USA*, 103 (42), p. 15623-15628.

23. Harbaugh W. T., Mayr U. & Burghart D. R. (2007), « Neural responses to taxation and voluntary giving reveal motives for charitable donations », *Science*, 316 (5831), p. 1622-1625.

24. Rilling J. K., Gutman D. A., Zeh T. R., Pagnoni G., Berns G. S. & Kitlts C. D. (2002), « A neural basis for social cooperation », *Neuron*, 35, p. 395-405.

25. Singer T., Kiebel S. J., Winston J. S., Dolan R. J. & Frith C. D. (2004), « Brain responses to the acquired moral status of faces », *Neuron*, 41, p. 653-662.

26. King-Casas B., Tomlin D., Anen, C., Camerer C. F., Quartz S. R. & Montague P. R. (2005), « Getting to know you : Reputation and trust in a two-person economic exchange », *Science*, 308, p. 78-83.

27. Tabibnia G., Satpute A. B. & Lieberman M. D. (2008), « The sunny side of fairness : Preference for fairness activates reward circuitry (and disregarding unfairness activates self-control circuitry) », *Psychological Science*, 19, p. 339-347 ; Tabibnia G. & Lieberman M. D. (2007), « Fairness and cooperation are rewarding : Evidence from social cognitive neuroscience », *Annals of the New York Academy of Sciences*, 1118, p. 90-101 ; Sanfey A. G., Rilling J. K., Aronson J. A., Nystrom L. E. & Cohen J. D. (2003), « The neural basis of economic decision-making in the ultimatum game », *Science*, 300, p. 1755-1758.

28. Tabibnia G. *et al.* (2008), *op. cit.* ; Sanfey *et al.* (2003), *op. cit.*

29. Tabibnia G. *et al.* (2008), *op. cit.*

30. Fehr E. & Gächter S. (2002), « Altruistic punishment in humans », *Nature*, 415, p. 137-140.

31. de Quervain D. J., Fischbacher U., Treyer V., Schellhammer M., Schnyder U., Buck A. & Fehr E. (2004), « The neural basis of altruistic punishment », *Science,* 305, p. 1254-1258 ; Singer T., Seymour B., O'Doherty J. P., Stephan K. E., Dolan R. J. & Frith C. D. (2006), « Empathic neural responses are modulated by the perceived fairness of others », *Nature,* 439, p. 466-469.

32. Singer T., Seymour B., O'Doherty J., Kaube H., Dolan R. J. & Frith C. D. (2004), « Empathy for pain involves the affective but not sensory components of pain », *Science*, 303, p. 1157-1162.

33. Botvinick M., Jha A. P., Bylsma L. M., Fabian S. A., Solomon P. E. & Prkachin K. M. (2005), « Viewing facial expression of pain engages cortical areas involved in the direct experience of pain », *NeuroImage*, 25, p. 312-319 ; Jackson P. L., Meltzoff A. N., Decety J. (2005), « How do we perceive the pain of others ? A window into the neural processes involved in empathy », *NeuroImage*, 24, p. 771-779.

34. Rogers C. (1968), *Le Développement de la personne*, Paris, Dunod, p. 48-49 et p. 204-205 ; Decety J. (2004), « L'empathie est-elle une simulation mentale de la subjectivité d'autrui ? », *in* A. Berthoz A. & G. Jorland (éd.), *L'Empathie*, Paris, Odile Jacob, p. 53-88.

35. Jackson P. L., Brunet E., Meltzoff A. N. & Decety J. (2006), « Empathy examined through the neural mechanisms involved in imagining how I feel versus how you feel pain : An event-related fMRI study », *Neuropsychologia*, 44, p. 752-761.

36. Decety J. & Jackson P. L. (2006), « A social-neuroscience perspective on empathy », *Current Directions in Psychological Science*, 15, 54-58 (p. 57).

37. Jackson P. L., Brunet E., Meltzoff A. N. & Decety J. (2006), *op. cit.* ; Lamm C., Batson C. D. & Decety J. (2007), « The neural substrate of human empathy : Effects of perspective taking and cognitive appraisal », *Journal of Cognitive Neuroscience*, 19, p. 42-58.

38. Lanzetta J. T. & Englis B. G. (1989), « Expectations of cooperation and competition and their effects on observers' vicarious emotional responses », *Journal of Personality and Social Psychology,* 56 (4), p. 543-554.

39. Gu X. & Han S. (2007), « Attention and reality constraints on the neural processes of empathy for pain », *NeuroImage*, 36, p. 256-267.

40. Ramanchandran V. S. (2000), « Mirror neurons and imitation learning as the driving force behind "the great leap forward" in human evolution », *Edge*, 24 mars, 69.

41. Rizzolatti G. & Sinigaglia C. (2008), *Les Neurones miroirs*, Paris, Odile Jacob ; Gallese V., Keysers C. & Rizzolatti G. (2004), « A unifying view of the basis of social cognition », *Trends in Cognitive Sciences*, 8 (9), p. 396-403.

42. Le cortex prémoteur ventral (aire F5) et la partie rostrale du lobule pariétal inférieur.

43. Keysers C. & Gazzola V. (2009), « Expanding the mirror : Vicarious activity for actions, emotions, and sensations », *Current Opinion in Neurobiology,* 19 (6), p. 666-671 ; Bastiaansen J. A., Thioux M. & Keysers C. (2009), « Evidence for mirror systems in emotions », *Philosophical Transactions of the Royal Society B : Biological Sciences*, 364, p. 2391-2404.

44. Gallese V. (2001), « The "Shared Manifold" hypothesis : From mirror neurons to empathy », *Journal of Consciousness Studies*, 8, p. 33-50.

45. Rizzolatti G. & Sinigaglia C. (2008), *Les Neurones miroirs*, Paris, Odile Jacob, p. 11.

46. *Idem*, p. 201-202.

47. Rizzolatti G. & Craighero L. (2005), « Mirror neurons : A neurological approach to empathy », *in* J.-P. Changeux, A. R. Damasio, W. Singer & Y. Christen (éd.), *Neurobiology of Human Values*, Berlin, Springer, 107-123 (p. 120).

48. Heyes C. M. (2010), « Where do mirror neurons come from ? », *Neuroscience and Biobehavioral Reviews*, 34, p. 575-583.

49. Iacoboni M. (s.d.), « Neuroscience will change society », http://www.edge.org/q2007/q07_8.html#iacoboni.

50. Hume D. (1983), *Traité de la nature humaine*, Paris, Aubier.

51. Damasio A. R. (1995), *L'Erreur de Descartes*, Paris, Odile Jacob.

52. Greene J. D., Sommerville R. B., Nystrom L. E., Darley J. M. & Cohen J. D. (2001), « An fMRI investigation of emotional engagement in moral judgment », *Science*, 293, 14 septembre, p. 2105-2108.

53. Greene J. D., Nystrom L. E., Engell, A. D., Darley J. M. & Cohen J. D. (2004), « The neural bases of cognitive conflict and control in moral judgment », *Neuron*, 44, p. 389-400.

54. Blair R. J., (2003), « Neurobiological basis of psychopathy », *British Journal of Psychiatry*, 182, p. 5-7 ; Blair R. J. R. (2007), « Empathic dysfunction in psychopathic individuals », *in* T. F. D. Farrow (éd.), *Empathy in Mental Illness*, Cambridge, Cambridge University Press, p. 3-16.

55. Haidt J. (2007), « The new synthesis in moral psychology », *Science*, 316, 18 mai, p. 998-1002 ; Haidt J. (2002), « The moral emotions », *in* R. J. Davidson, K. R. Scherer & H. H. Goldsmith (éd.), *Handbook of Affective Sciences*, Oxford, Oxford University Press, p. 852-870 ; Haidt J. (2001), « The emotional dog and its rational tail : A social intuitionist approach to moral judgment », *Psychological Review,* 108 (4), p. 814-834.

56. Voir par exemple le débat publié dans la *Psychological Review* de 2003, 110 (1), p. 193-198.

57. Haidt J. (2001), *op. cit.*, p. 814.

58. Robertson D., Snarey J., Ousley O., Harenski K., Bowmand F. D., Gilkey R. & Kilts C. (2007), « The neural processing of moral sensitivity to issues of justice and care », *Neuropsychologia*, 45, p. 755-766.

CHAPITRE 11
Nous sommes plus généreux que ce qu'on essaie de nous faire croire
Ce que nous apprend l'économie expérimentale

1. Stiglitz J. (2001), *Information and the Change in the Paradigm in Economics*, Nobel Prize lecture, 8 décembre.

2. Cocteau J. (1951), « Lettre à Jacques Maritain », in *Œuvres complètes*, Genève, Marguerat, vol. 9, p. 289.

3. Elster J. (2009), *Le Désintéressement. Traité critique de l'homme économique*, Paris, Seuil, p. 11.

4. Andreoni J. (1990), « Impure altruism and donations to public goods : A theory of warm glow giving », *The Economic Journal*, 100, 464-477 (p. 475).

5. Olson M. (1987), *Logique de l'action collective*, Paris, PUF. La première édition anglaise date de 1965.

6. Hardin G. (1968), « The tragedy of the commons », *Science*, 162, p. 1243-1248.

7. Le terme anglais *free-rider* décrit le comportement d'une personne qui tire profit d'un bien commun tout en choisissant de ne pas apporter sa propre contribution. On le traduit de diverses manières : « passager clandestin », « cavalier seul » ou encore « ticket gratuit ».

8. Voir les synthèses dans Green D. P. & Shapiro I. (1994), *Pathologies of Rational Choice Theory. A Critique of Applications in Political Science,* New Haven, Yale University Press, chapitre 5 ; et dans Udehn L. (1993), « Twenty-five years with the logic of collective action », *Acta Sociologica,* 36, p. 239-261.

9. Voir les études citées par Green & Shapiro (1994), *op. cit.*, p. 87.

10. Opp K.-D. (2001), « Collective political action », *Analyse & Kritik*, 23, p. 1-20.

11. Hardin G. (1968), « The tragedy of the commons », *Science*, 162, p. 1243-1248.

12. Buck Cox S. J. (1985), « No tragedy on the commons », *Environmental Ethics*, 7, p. 49-61 ; Feeny D., Berkes F., McCay B. J. & Acheson J. M. (1990), « The tragedy of the commons : Twenty-two years later », *Human Ecology,* 18 (1), p. 1-19 ; Angus I. (2008), « The myth of the tragedy of the commons », *Climate and Capitalism*. http://climateandcapitalism.com/?p=513.

13. Cox S. J. (1985), « No tragedy on the commons », *Environmental Ethics*, 7, 49-61 (p. 60).

14. Ostrom E. (2010), *Gouvernance des biens communs. Pour une nouvelle approche des ressources naturelles*, Bruxelles, De Boeck ; Voir aussi Ostrom E. (2010), *Working Together. Collective Action, the Commons, and Multiple Methods in Practice*, Princeton, Princeton University Press.

15. Ostrom E. (2010), *op. cit.*, p. 90-104.

16. L'ouvrage de Gary Becker (1976), *The Economic Approach to Human Behavior,* Chicago, University of Chicago Press, est l'un des plus représentatifs de ce courant de pensée.

17. Sen A. (1993), *Éthique et économie*, Paris, PUF, p. 18.

18. Kahneman, D. & Tversky, A. (1979), « Prospect theory : An analysis of decision under risk », *Econometrica,* 47 (2), p. 263-291.

19. Eber N. & Willinger M. (2005), *L'Économie expérimentale*, Paris, La Découverte.

20. Ledyard J. (1995), « Public goods : A survey of experimental research », *in* J. Kagel & A. Roth (éd.), *Handbook of Experimental Economics*, Princeton, Princeton University Press, p. 111-194.

21. Kelley H. H. & Stahelski A. J. (1970), « Social interaction basis of cooperators' and competitors' beliefs about others », *Journal of personality and social psychology*, 16 (1), 66-91 ; Van Lange P. A. M. (1992), « Confidence in expectations : A test of the triangle hypothesis », *European Journal of Personality*, 6, p. 371-379.

22. Camerer C. (2003), *Behavioral Game Theory*, New York, Russell Sage, p. 49.

23. *Idem*, p. 57-58.

24. Eckel C. C. & Grossman P. J. (1996), « Altruism in anonymous dictator games », *Games and Economic Behavior*, 16, p. 181-191.

25. Sanfey A. G., Rilling J. K., A. Aronson J. A., Nystrom L. E., Cohen J. D. (2003), « The neural basis of economic decision-making in the ultimatum game », *Science*, 300, p. 1755-1758.

26. Slonim R. & Roth A. E. (1998), « Learning in high stakes ultimatum games : An experiment in the Slovak republic », *Econometrica*, 66 (3), p. 569-596.

27. Cameron L. (1999), « Raising the stakes in the Ultimatum game : Experimental evidence from Indonesia », *Economic Inquiry*, 37 (1), p. 47-59 ; Fehr E., Tougareva E. & Fischbacher U. (2002), « Do high stakes and competition undermine fairness ? Evidence from Russia », *Working Paper Series ISSN 1424-0459*, Institute for Empirical Research in Economics, Université de Zurich.

28. Gauchard Y. (2009), « En Loire-Atlantique : "Je préfère jeter le lait plutôt que d'être esclave des industriels" », *Le Monde*, 14 septembre.

29. Oded Stark, *in* J. Elster (2009), *Le Désintéressement. Traité critique de l'homme économique*, Paris, Seuil, p. 187.

30. Fehr E. & Rockenbach B. (2003), « Detrimental effects of sanctions on human altruism », *Nature*, 422, p. 137-140.

31. Balliet D. (2009), « Communication and cooperation in social dilemmas : A meta-analytic review », *Journal of Conflict Resolution*, 54 (1), p. 39-57.

32. Engelmann D. & Fischbacher U. (2009), « Indirect reciprocity and strategic reputation building in an experimental helping game », *Games and Economic Behavior*, 67 (2), p. 399-407.

33. Weber J. M. & Murnighan J. K. (2008), « Suckers or saviors ? Consistent contributors in social dilemmas », *Journal of Personality and Social Psychology*, 95 (6), p. 1340-1353.

34. Henrich J., Boyd R., Bowles S., Camerer C., Fehr E., Gintis H., McElreath R., Alvard M., Barr A., Ensminger J., Smith Henrich N., Hill K., Gil-White F., Gurven M., Marlowe F. W., Patton J. Q. & Tracer D. (2005), « Economic man in cross-cultural perspective : Behavioral experiments in 15 small-scale societies », *Behavioral and Brain Sciences*, 28 (6), p. 795-815 ; Henrich J., Boyd R., Bowles S., Camerer C., Gintis H., McElreath R. & Fehr E. (2001), « In search of *Homo economicus* : Behavioral experiments in 15 small-scale societies », *American Economic Review*, 91 (2), p. 73-79.

35. Vaillancourt-Rosenau P. (2006), « Is economic theory wrong about human nature ? », *Journal of Economic and Social Policy*, 10 (2), p. 61-77.

36. Lazear E. (2000), « Economic imperialism », *Quarterly Journal of Economics*, 115, p. 99-146.

37. Marwell G. & Ames R. E. (1981), « Economists free ride, does anyone else ? », *Journal of Public Economics*, 15, p. 295-310.

38. Frank R. H., Gilovich T. & Regan D. T. (1993), « Does studying economics inhibit cooperation ? », *Journal of Economic Perspectives*, 7 (2), p. 159-171.

39. Carter J. R. & Irons M. D. (1991), « Are economists different, and if so, why ? », *Journal of Economic Perspectives*, 5 (2), p. 171-177 ; Frey B. S. & Meier S., (2003), « Are political economists selfish and indoctrinated ? Evidence from a natural

experiment », *Economic Inquiry*, 41 (3), p. 448-462 ; Meyer S. & Frey B. S. (2004), « Do business students make good citizens ? », *International Journal of the Economics of Business*, 11 (2), p. 141-163 ; Frey B. S. & Meier S. (2005), « Selfish and indoctrinated economists ? », *European Journal of Law and Economics*, 19, p. 165-171.

40. Frank R. H., Gilovich T. & Regan D. T. (1993), « Does studying economics inhibit cooperation ? », *Journal of Economic Perspectives*, 7 (2), p. 159-171 ; Haucap J. & Just T. (2010), « Not guilty ? Another look at the nature and nurture of economics students », *European Journal of Law and Economics*, 29 (2), p. 239-254.

41. Blais A. & Young R. (1999), « Why do people vote ? An experiment in rationality », *Public Choice*, 99 (1-2), p. 39-55.

42. Ross L. & Ward, A. (1996), « Naive realism : Implications for social conflict and misunderstanding », *in* T. Brown, E. Reed & E. Turiel (éd.), *Values and Knowledge*, New York, Erlbaum ; Liberman V., Samuels S. & Ross L. (2004), « The name of the game : Predictive power of reputation vs. situational labels in determining prisoner's dilemma game moves », *Personality and Social Psychology Bulletin*, 30 (9), p. 1175-1185.

43. Burnham T., McCabe K. & Smith V. L. (2000), « Friend-or-foe intentionality priming in an extensive form trust game », *Journal of Economic Behavior and Organization*, p. *43* et 57-73.

44. Babiak P. & Hare R. D. (2006), *Snakes in Suits. When Psychopaths Go to Work*, New York, HarperCollins, p. 131.

45. Boddy C. (2011), « The corporate psychopaths theory of the global financial crisis », *Journal of Business Ethics*, 102, 255-259 (p. 258).

46. Fehr E. & Schmidt K. M. (2006), « The economics of fairness, reciprocity and altruism : Experimental evidence and new theories », *in* S.-C. Kolm & J. M. Ythier (éd.), *Handbook of the Economics of Giving, Altruism and reciprocity*, Amsterdam, Elsevier, vol. 1, p. 615-691 ; Meier S. (2007), « A survey of economic theories and field evidence on pro-social behavior », *in* S. Frey & A. Stutzer, *Economics and Psychology. A Promising New Cross-Disciplinary Field*, Cambridge, MIT Press, p. 51-87.

47. Etzioni A. (1988), *The Moral Dimension. Toward a New Economics*, New York, The Free Press.

48. Buber M. (1969), *Je et Tu*, Paris, Aubier, p. 36.

CONCLUSION
Un changement de paradigme porteur d'implications sociales et politiques

1. Halter M. (1995), *La Force du bien*, Paris, Robert Laffont, p. 187.

2. Kuhn T. (1983), *La Structure des révolutions scientifiques*, Paris, Flammarion, « Champs », p. 23.

3. *Idem*, p. 172.

4. Monroe K. R. (2004), *The Hand of Compassion. Portraits of Moral Choice During the Holocaust*, Princeton, Princeton University Press, p. xvi et 205-206.

5. *Idem*, p. 159.

6. Abbott E. A. (1884), *Flatland*, accessible sur le site http://www.ebooksgratuits.com/.

7. Vanistendael S. (1996), *La Résilience ou le Réalisme de l'espérance*, Genève, BICE ; Vanistendael S. & Lecomte J. (2000), *Le bonheur est toujours possible*, Paris, Bayard.

8. Jaurès J. (2008), *Discours à la jeunesse*, 30 juillet 1903, *in* D. Jamet (éd.), *I Have a Dream. Ces discours qui ont changé le monde*, Paris, L'Archipel, p. 18 et 19.

9. King M. L. (1961), « Love, law, and civil disobedience », *in* M. L. King (1991), *A Testament of Hope. The Essential Writings and Speeches of Martin Luther King Jr.*, New York, HarperCollins, p. 47-48.

10. Mandela N. (2002), *Un long chemin vers la liberté*, Paris, Le Livre de Poche, p. 753.

11. Mandela N. (10 mai 2004), Nelson Mandela's final address to Parliament, http://www.southafrica.info/pls/procs/iac.page?p_t1=1106&p_t2=0&p_t3=0&p_t4=0&p_dynamic=YP&p_content_id=321864&p_site_id=38.

12. Stengel R. (2009), *Les Chemins de Nelson Mandela. 15 leçons de vie, d'amour et de courage*, Paris, Michel Lafon, p. 129, 130, 141 et 142.

13. Gable, S. L. & Haidt J. (2005), « What (and why) is positive psychology ? », *Review of General Psychology,* 9 (2), 103-110 (p. 104),

14. Lecomte J. (dir.), (2009), *Introduction à la psychologie positive*, Paris, Dunod ; Martin-Krumm C. & Tarquinio C. (2011), *Traité de psychologie positive. Fondements théoriques et implications pratiques*, Bruxelles, De Boeck.

15. Le site http://www.psychologie-positive.net est une source d'informations très riche (bibliographies, agenda, actualités, etc.) et héberge l'Association française et francophone de psychologie positive, laquelle a pour mail : association@psychologie-positive.net.

16. Caillé A. (2011), *Pour un manifeste du convivialisme*, Lormont, Éditions Le Bord de l'eau.

17. *Idem*, p. 63.

18. de Cherisey M.-H. & L. (2005), *Passeurs d'espoir*, tome 1 : *Une famille à la rencontre des bâtisseurs du XXIe siècle*, Paris, Presses de la Renaissance ; de Cherisey M.-H. & L. (2006), *Passeurs d'espoir*, tome 2 : *Quel monde pour nos enfants, quel avenir pour le monde ?*, Paris, Presses de la Renaissance ; de Cherisey L. (2008), *Recherche volontaire pour changer le monde*, Paris, Presses de la Renaissance.

19. de Boisredon C., de Rosanbo L., de Fougeroux N. (2002), *L'Espérance autour du monde*, Paris, Pocket ; Lapierre D. (1999), *Mille soleils*, Paris, Pocket ; Bornstein S. (2005), *Comment changer le monde. Les entrepreneurs sociaux et le pouvoir des idées nouvelles*, Paris, La Découverte ; Darnil S. & Leroux M. (2006), *80 hommes pour changer le monde. Entreprendre pour la planète*, Paris, Le Livre de Poche.

20. Bertrand P. (2009), *Ceux qui font bouger la France,* Paris, Hoëbeke ; Association pour la biodiversité culturelle (2006), *Les Créatifs culturels en France*, Gap, Éditions Yves Michel.

21. http://www.reportersdespoirs.org/wordpress/.

22. Lecomte J. (2009), « La justice restauratrice », *in* J. Lecomte (éd.), *Introduction à la psychologie positive*, Paris, Dunod, p. 257-270.

Annexes

1
Pourquoi certains croient-ils si fort à la méchanceté humaine ?

1. Alfred de Musset (1963), *Lorenzaccio*, in *Œuvres complètes*, t. III, 3, Seuil, p. 340.

2. Popper K. (1985), *Conjectures et réfutations*, Paris, Payot, p. 22.

3. ACIFJF In Via.

4. Sheley, J. F. & Ashkins C. D. (1981), « Crime, crime news, and crime views », *Public Opinion Quarterly,* 45, p. 492-506.

5. Cité par Bushman B. J. & Anderson C. A. (2001), « Media violence and the American public : Scientific facts versus media misinformation », *American Psychologist,* 56 (6-7), 477-489 (p. 479).

6. « Box-office » sur Wikipédia France, le 29 février 2012.

7. Diener E. & DeFour D. (1978), « Does television violence enhance program popularity ? », *Journal of Personality and Social Psychology,* 36, p. 333-341.

8. Przybylski A. K., Ryan R. M. & Rigby C. S. (2009), « The motivating role of violence in video games », *Personality and Social Psychology Bulletin,* 35 (2), p. 243-259.

9. Sparks G. G. & Sparks C. W. (2000), « Violence, mayhem, and horror », *in* D. Zillmann & P. Vorderer (éd.), *Media Entertainment. The Psychology of Its Appeal,* Mahwah, NJ, Erlbaum, 73-92. (p. 73).

10. Voir une bonne présentation des différentes explications dans Sparks G. G. & Sparks C. W. (2000), *op. cit.*, p. 73.

11. Zuckerman, M. (1994), *Behavioral Expressions and Biosocial Bases of Sensation Seeking*, New York, Cambridge University Press, p. 27.

12. Voir les références citées par Sparks G. G. & Sparks C. W. (2000), *op. cit.*, p. 78.

13. Zaleski Z. (1984), « Sensation-seeking and preference for emotional visual stimuli », *Personality & Individual Differences*, 5, p. 609-611.

14. Zuckerman M. (1996), « Sensation seeking and the taste for vicarious horror », *in* J. B. Weaver III & R. Tamborini (éd.), *Horror Films. Current Research on Audience Preferences and Reactions,* Mahwah, NJ, Lawrence Erlbaum Associates, 147-160 (p. 155).

15. Hitchcock A. (1997), *Hitchcock on Hitchcock. Selected Writings and Interviews*, University of California Press, p. 57-58.

16. Leyens, J. P. (1977), « La valeur cathartique de l'agression : un mythe ou une inconnue ? », *L'Année psychologique*, 2, p. 525-550 ; Pfister R. (1985), « Le sport et la catharsis de l'agressivité », *in* P. Arnaud & G. Broyer, *La Psychopédagogie des activités physiques et sportives*, Toulouse, Privat, p. 225-238.

17. La littérature scientifique est pléthorique sur ce thème. Pour une synthèse récente sur l'impact de la violence dans les médias : Desmurget M. (2011), *TV Lobotomie. La vérité scientifique sur les effets de la télévision*, Paris, Éditions Max Milo. Pour une synthèse sur l'impact des jeux vidéo violents : Anderson C. A., Shibuya A., Ihori N., Swing E. L., Bushman B. J., Sakamoto A., Rothstein H. R. & Saleem M. (2010), « Violent video game effects on aggression, empathy, and prosocial behavior in Eastern and Western countries », *Psychological Bulletin,* 136 (2), p. 151-173.

18. Voir notamment Gerbner G., Gross L., Morgan M. & Signorielli N. (1993), « Growing up with television : The cultivation perspective », *in* J. Bryant & D. Zillman (éd.), *Media Effects. Advances in Theory and Research*, Hillsdale, NJ, Lawrence Erlbaum, p. 17-41.

19. Lowry D. T., Nio T. C. J. & Leitner D.W. (2003), « Setting the public fear agenda : A longitudinal analysis of network TV crime reporting, public perceptions of crime, and FBI crime statistics », *Journal of Communication*, 53, p. 61-73. Voir aussi, pour la peur du crime engendrée par cette couverture médiatique, Romer D., Jamieson K. H. & Aday S. (2003), « Television news and the cultivation of fear of crime », *Journal of Communication*, 53, p. 88-104.

20. Bernard Y. (1992), « North American and European research on fear of crime », *Applied Psychology. An International Review*, 41 (1), p. 65-75.

21. Cité par Dubois J. (2003), « La couverture médiatique du crime organisé : peur et consensus », *Les Cahiers du journalisme*, 12, 314-325 (p. 321).

22. Holbert R. L., Shah D. & Kwak N. (2004), « Fear, authority, and justice : Crime-related TV viewing and endorsements of capital punishment and gun ownership », *Journalism & Mass Communication Quarterly,* 81 (2), p. 343-363 ; Eyal K., Metzger M., Lingsweiler R., Mahood C. & Yao M. (2006), « Aggressive political opinions and exposure to violent media », *Mass Communication & Society,* 9 (4), p. 399-428.

23. Furedi F. (2005), *The Politics of Fear,* Londres, Continuum.

24. Sotirovic M. (2001), « Affective and cognitive processes as mediators of media influences on crime-policy preferences », *Mass Communication and Society,* 4 (3), p. 311-329.

25. Amalou F. (2002), « La télévision a accru sa couverture de la violence durant la campagne », *Le Monde*, 28 mai.

26. Institut national de l'audiovisuel (2009), « Catastrophes et faits divers, drames dans les JT », *INA Stat*, 13, juin.

27. Perloff R. M. (1999), « The third-person effect : A critical review and synthesis », *Media Psychology,* 1, p. 353-378.

28. Hoffner C., Plotkin R. S., Buchanan M., Anderson J. D., Kamigaki S. K., Hubbs L. A., Kowalczyk L., Silberg K. & Pastorek A. (2001), « The third person effect in perceptions of the influence of television violence », *Journal of Communication*, 51, p. 283-299 ; Innes J. M. & Zeitz H. (1988), « The public's view of the impact

of the mass media : A test of the "third person" effect », *European Journal of Social Psychology,* 18, p. 457-463.

29. Rozin P. & Royzman E. B. (2001), « Negativity bias, negativity dominance, and contagion », *Personality and Social Psychology Review,* 5, p. 296-320 ; Baumeister R. F., Bratslavsky E., Finkenauer C. & Vohs K. D. (2001), « Bad is stronger than good », *Review of General Psychology,* 5 (4), p. 323-370 ; Ito T. A. & Cacioppo J. T. (2005), « Variations on a human universal : Individual differences in positivity offset and negativity bias », *Cognition and Emotion*, 19 (1), p. 1-26.

30. Rozin P. & Royzman E. B. (2001), « Negativity bias, negativity dominance, and contagion », *Personality and Social Psychology Review,* 5, 296-320 (p. 310).

31. Wang C. S., Galinsky A. D. & Murnighan J. K. (2009), « Bad drives psychological reactions, but good propels behavior : Response to honesty and deception », *Psychological Science*, 20 (5), p. 634-644.

32. Mezulis A. H., Abramson L. Y., Hyde J. S. & Hankin B. L. (2004), « Is there a universal positivity bias in attributions ? A meta-analytic review of individual, developmental, and cultural differences in the self-serving attributional bias », *Psychological Bulletin,* 130 (5), p. 711-747.

33. Amabile T. M. (1983), « Brilliant but cruel : Perceptions of negative evaluators », *Journal of Personality and Social Psychology,* 19, p. 146-156.

34. Gibson B. & Oberlander E. (2008), « Wanting to appear smart : Hypercriticism as an indirect impression management strategy », *Self and Identity,* 7 (4), p. 380-392.

35. Amabile, T. M. & Glazebrook A. H. (1982), « A negativity bias in interpersonal evaluation », *Journal of Experimental Social Psychology,* 18, p. 1-22.

36. Cité par Fry D. P. (2005), *The Human Potential for Peace. An Anthropological Challenge to Assumptions About War and Violence*, Oxford, Oxford University Press, p. 75-77.

37. Gade C. B. N. (2010), *Ubuntu and the South African Truth and Reconciliation Process*, mémoire, départment de philosophie and d'histoire des idées, Aarhus University, Danemark, p. 72.

38. Tutu D. (2000), *Il n'y a pas d'avenir sans pardon*, Paris, Albin Michel, p. 59.

39. *Idem*, p. 38-39.

40. Fry D. P. (2005), *The Human Potential for Peace. An Anthropological Challenge to Assumptions About War and Violence*, Oxford, Oxford University Press, p. 71-72.

41. de Waal F. (2010), *L'Âge de l'empathie. Leçons de la nature pour une société solidaire*, Paris, Les Liens qui libèrent, 249.

42. BVA-Gallup International (2010), *Les Perspectives économiques 2011.*

43. Algan Y. & Cahuc P. (2007), *La Société de défiance. Comment le modèle social français s'autodétruit*, Paris, Éditions Rue d'Ulm.

44. *Idem*, p. 27.

45. Plaute (1971), *La Comédie des ânes*, in *Théâtre complet*, Paris, Gallimard, « Folio », p. 85.

46. Thucydide (2009), *La Guerre du Péloponnèse*, Paris, Les Belles Lettres, Livre 1, p. 51, 57 et 60.

47. Minois G. (2002), *Les Origines du mal. Une histoire du péché originel*, Paris, Fayard, p. 27-28.

48. Causse J.-D. (2009), « Le mal, la faute et le péché », *in* J.-D. Causse & D. Müller (éd.), *Introduction à l'éthique. Penser, croire, agir*, Genève, Labor et Fides, p. 259-282 (p. 267), Je remercie Philippe Augendre de m'avoir fait connaître cette référence.

49. *Idem*, p. 43.

50. Saint Augustin (2000), *La Cité de Dieu*, in *Œuvres*, Paris, Gallimard, « Bibliothèque de la Pléiade », tome II, p. 596.

51. Pagels E. (1989), *Adam, Ève et le serpent*, Paris, Flammarion, p. 200.

52. Luther M. (1985), *Commentaire de l'Épître aux Romains*, in *Œuvres*, Genève, Labor et Fides, tome 12, p. 114.

53. Une déclaration commune a permis d'harmoniser les positions catholique et protestante qui avaient longtemps divergé sur ce point. Voir Église catholique et Fédération luthérienne mondiale (1999), *La Doctrine de la justification. Déclaration commune*, Paris, Cerf. Document également disponible sur Internet : http://www.vatican.va/roman_curia/pontifical_councils/chrstuni/documents/rc_pc_chrstuni_doc_31101999_cath-luth-joint-declaration_fr.html.

54. Catéchisme de l'Église catholique, article 1263. http://www.vatican.va/archive/FRA0013/_P3I.HTM.

55. de Plinval G. (1943), *Pélage, ses écrits, sa vie et sa réforme. Étude d'histoire littéraire et religieuse*, Lausanne, Payot, p. 23.

56. *Idem*.

57. Rohmer J. (1941), « Syndérèse », *in Dictionnaire de théologie catholique*, Paris, Letouzey et Ané, 14-2, p. 2993.

58. Benoît XVI (28 janvier 2008), discours du pape Benoît XVI aux participants au colloque interacadémique promu par l'Académie des sciences de Paris et l'Académie pontificale des sciences sociales. Téléchargé le 15 décembre 2011 sur http://www.vatican.va/holy_father/benedict_xvi/speeches/2008/january/documents/hf_ben-xvi_spe_20080128_convegno-individuo_fr.html.

59. Butler J. (2006), *Human Nature and Other Sermons*, Teddington, Echo library, p. 1-3.

60. Skaltas G. (2001), « Le péché comme aliénation de la liberté autonome de l'homme, selon la théologie orientale », *in* J. Doré (éd.), *Le Péché*, Académie internationale des sciences religieuses, Paris, Le Cerf, 125-165.

61. Machiavel (1987), *Le Prince*, Paris, Garnier, p. 371, 373, 377 et 379.

62. Hobbes T. (1999), *Le Léviathan*, Paris, Dalloz, p. 96.

63. Hobbes T. (2010), *Du citoyen*, Paris, Garnier-Flammarion, p. 75.

64. *Idem*, p. 291.

65. Hobbes T. (1999), *Le Léviathan*, Paris, Dalloz, p. 125.

66. von Pufendorf S. (1987), *Le Droit de la nature et des gens*, Caen, Centre de philosophie politique et juridique de l'université de Caen, tome I, p. 162.

67. *Idem*, p. 164.

68. Locke J. (1994), *Le Second Traité du gouvernement*, Paris, PUF, p. 6.

69. *Idem*, p. 16.

70. Frazer M. (2010), *The Enlightenment of Sympathy. Reflective Sentimentalism in the Eighteenth Century and Today*, Oxford University Press ; Fiering N. S. (1976), « Irresistible compassion : An aspect of 18th century sympathy and humanitarianism », *Journal of the History of Ideas,* 37 (2), p. 195-218 ; Humphreys A. R. (1948), « The friend of mankind (1700-60) – An aspect of eighteen-century sensibility », *The Review of English Studies*, 24 (95), p. 203-218.

71. Rousseau J.-J. (2001), *Du contrat social*, Paris, Garnier-Flammarion, Livre 1, chapitre 8, p. 61.

72. Rousseau E. (1971), *Lettre à Christophe de Beaumont*, in *Œuvres complètes*, Paris, Seuil, vol. 3, p. 340.

73. Rousseau J.-J. (1985), *Discours sur l'origine et les fondements de l'inégalité parmi les hommes*, Paris, Gallimard, « Folio », p. 77.

74. Kant I. (2010), *Sur le mal radical dans la nature humaine*, Paris, Éditions Rue d'Ulm, p. 19.

75. *Idem*, p. 27, 59.

76. Himmelfarb G. (2005), *The Roads to Modernity. The British, French, and American Enlightenments*, New York, Alfred A. Knopf, p. 19.

77. *Idem*, p. 6.

78. *Idem*, p. 133-134.

79. *Idem*, chapitre 5.

80. Shaftesbury (1998), *Essai sur le mérite et la vertu*, Paris, Alive.

81. Hutcheson F. (1991), *Recherches sur l'origine de nos idées de la beauté et de la vertu*, Paris, Vrin, p. 43.

82. *Idem*, p. 150 et 145.

83. *Idem*, p. 129.

84. *Idem*, p. 155-156.

85. Hume D. (1972), *A Treatise of Human Nature*, New York, Everyman's Library, p. 222.

86. Hume D. (2010), *Enquête sur les principes de la morale*, Paris, Flammarion, p. 157.

87. Smith A. (2000), *Recherche sur la nature et les causes de la richesse des nations*, Paris, Economica, p. 20.

88. Smith A. (1999), *Théorie des sentiments moraux*, Paris, PUF.

89. *Idem*, p. 23-24.

90. *Idem,* p. 103.

91. Voir l'excellente synthèse de Rochon O. (2009), *La Philosophie morale dans l'œuvre d'Adam Smith*, mémoire de maîtrise en économie, Université du Québec à Montréal.

92. *Idem*, p. 5.

93. Smith A. (1999), *Théorie des sentiments moraux*, Paris, PUF, p. 409-417.

94. Mandeville B. (1985-1991), *La Fable des abeilles ou les vices privés font le bien public*, Paris, Vrin.

95. Smith (1999), *op. cit*., p. 409, 411 et 415.

96. Sen A. (1993), *Éthique et économie*, Paris, PUF, p. 29.

97. Freud S. (2004), *L'Interprétation du rêve*, in *Œuvres complètes*, Paris, PUF, p. 290.

98. Freud S. (1991), *Correspondance avec le pasteur Pfister 1909-1939*, Paris, Gallimard, « Tel », p. 103.

99. Freud S. (1981), *Malaise dans la civilisation*, Paris, PUF, p. 68.

100. *Idem*, p. 64-66.

101. Freud S. (1977), *Essais de psychanalyse*, Paris, Payot, p. 262.

102. Freud S., *Pourquoi la guerre ?*, in *Œuvres complètes*, Paris, PUF, volume 19 : *1931-1936*, p. 77-78.

103. Jung C. G. (1978), *Présent et avenir. De quoi l'avenir sera-t-il fait ?*, Paris, Denoël, p. 137.

104. *Idem*, p. 138 et 140.

105. Myers D. (2000), « Hope and happiness », *in* M. E. P. Seligman (éd.) *The Science and Optimism and Hope. Research Essays in Honor of Martin E. Seligman*, Templeton Foundation Press, p. 323-336.

106. Edgeworth F. Y. (1967), *Mathematical Psychics. An Essay on the Application of Mathematics to the Moral Sciences*, New York, A. M. Kelley, p. 16.

107. Tullock G. (2006), *The Vote Motive*, Westminster, Institute of Economic Affairs, p. 38.

108. Voir par exemple Green D. P. & Shapiro I. (1994), *Pathologies of Rational Choice Theory. A Critique of Applications in Political Science,* New Haven, Yale University Press ; Coleman J. C. (1993), « The impact of Gary Becker's work on sociology », *Acta Sociologica,* 36 (3), p. 169-178.

109. Blau P. (1964), *Exchange and Power in Social Life*, New York, John Wiley and Sons, p. 17.

110. Je développerai longuement ce thème dans mon prochain ouvrage.

111. Morgenthau H. J. (1978), *Politics Among Nations. The Struggle for Power and Peace*, New York, Knopf, 5e édition revue, p. 36-37.

112. Lorenz K. (1969), *L'Agression*, Paris, Flammarion, p. 265. Ce passage contient une erreur de traduction dans la version française, qui modifie le sens de la phrase ; il faut remplacer « celui-ci » par « ceci ».

113. *Idem*, p. 232.

114. Ardrey R. (1977), *Les Enfants de Caïn*, Paris, Stock, p. 299.

115. Voir surtout Maslow A. (1972), *Vers une psychologie de l'être*, Paris, Fayard ; Rogers C. (1968), *Le Développement de la personne*, Paris, Dunod.

116. Voir en particulier la *Revue du Mauss* (Mouvement anti-utilitariste en sciences sociales), animée par Alain Caillé et ses collègues.

2
La bonté humaine sur Internet

1. Fabien Fenouillet, professeur de psychologie à l'université Paris-Ouest-Nanterre-La Défense, a assuré la mise en œuvre technique du site.

Remerciements

Écrire un ouvrage sur la bonté ne constitue pas un simple exercice intellectuel. L'idée ne m'en serait certainement jamais venue si je n'avais pas bénéficié de la présence bienfaisante de personnes qui me sont chères.

Je pense bien entendu en premier à l'amour dont me témoignent mon épouse Carmen et mes filles Audrey et Aurélie. Leur affection est la principale source de sens dans mon existence. Je pense également particulièrement à l'affection de Denise et Philippe Augendre depuis de longues années.

Il y a également le soutien de tout un réseau d'amis et collègues (plusieurs sont en même temps l'un et l'autre) :

Colette Aguerre, Christophe André, Laurence Baranski, Jean-Christophe Barralis, Laurent Bègue, Paul et Marlyse Bleeckx, Alain Caillé, Philippe Carré, Antonia Csilik, Michael Dambrun, Maximilien Durin, Daniel Favre, Fabien Fenouillet, Jean Henriet, Ilios Kotsou, Pierre-Marc Lecouillard, Caroline Lesire, François Mabille, Ivan Maltcheff, Michel Manciaux, Éric et Pascale Marchandet, Charles Martin-Krumm, Benjamin Menel, Étienne Mullet, Jean Pagès, Alain Pekar-Lempereur, Matthieu Ricard, Thomas Saïas, Rébecca Shankland, Jean-Michel Tavan, Gilles Teneau, Stefan Vanistendael.

Plusieurs d'entre eux ont lu une première version de cet ouvrage et m'ont fait des remarques très pertinentes qui m'ont conduit à en améliorer certaines parties.

Enfin, je tiens à remercier Marie-Lorraine Colas pour l'excellent travail d'éditrice qu'elle a réalisé en m'accompagnant dans ce périple. Le livre a beaucoup gagné en clarté à la suite de ses remarques.

Table

Introduction 9

PREMIÈRE PARTIE

Quand la bonté surmonte le mal radical

Chapitre 1 – *Face aux grandes catastrophes, la solidarité plutôt que l'égoïsme* 21

Chapitre 2 – *Ceux qui ont sauvé des Juifs*
Ce qu'ils nous enseignent sur la nature humaine 40

Chapitre 3 – *L'altruisme et le pardon nés de la souffrance* ... 59

Chapitre 4 – *La répugnance des soldats et des exécuteurs à tuer, sauf lorsque…* 80

Chapitre 5 – *Même les pires gangsters peuvent redevenir comme vous et moi* 119

Chapitre 6 – *Chroniques de la bonté ordinaire* 143

INTERMÈDE – **L'altruisme est-il de l'égoïsme caché ?** 165

SECONDE PARTIE
Les fondements de la bonté

Chapitre 7 – *Nous ne descendons pas d'un grand singe tueur*
Ce que nous apprennent la préhistoire et la primatologie 177

Chapitre 8 – *Le « peuple féroce » imaginaire et les peuples pacifiques réels*
Ce que nous apprend l'anthropologie 197

Chapitre 9 – *L'empathie présente dès la naissance*
Ce que nous apprend la psychologie des bébés et des jeunes enfants 224

Chapitre 10 – *Notre cerveau est prédisposé à l'amour, la coopération et l'empathie*
Ce que nous apprend la neurobiologie 249

Chapitre 11 – *Nous sommes plus généreux que ce qu'on essaie de nous faire croire*
Ce que nous apprend l'économie expérimentale 270

Conclusion – **Un changement de paradigme porteur d'implications sociales et politiques** 295

Annexes

1 – *Pourquoi certains croient-ils si fort à la méchanceté humaine ?* 309

2 – *La bonté humaine sur Internet* 345

Notes et références bibliographiques 347

Remerciements 395

DU MÊME AUTEUR
CHEZ ODILE JACOB

Guérir de son enfance, 2004.
Donner un sens à sa vie, 2007.

Achevé d'imprimer en France
par Dupli-Print à Domont (95)
en novembre 2013
www.dupli-print.fr

Cet ouvrage a été composé et mis en pages
Chez NORD COMPO (Villeneuve-d'Asq)

N° d'impression : 2013102027
N° d'édition : 7381-2710-3
Dépôt légal : novembre 2013

Imprimé en France